Rosa Luxemburg
Einführung in die Nationalökonomie

SEVERUS Verlag

Luxemburg, Rosa: Einführung in die Nationalökonomie. 2017
Neuauflage der Ausgabe von 1925
ISBN: 978-3-95801-488-6

Korrektorat: Chris Kaiser
Satz: Chris Kaiser

Umschlaggestaltung: Annelie Lamers, SEVERUS Verlag

Bibliografische Information der Deutschen Nationalbibliothek: Die Deutsche Nationalbibliothek verzeichnet diese Publikation in der Deutschen Nationalbibliografie; detaillierte bibliografische Daten sind im Internet über https://dnb.de abrufbar.

Der SEVERUS Verlag ist ein Imprint der Bedey & Thoms Media GmbH,
Hermannstal 119k, 22119 Hamburg

SEVERUS Verlag, 2017
http://www.severus-verlag.de
Gedruckt in Deutschland
Der SEVERUS Verlag übernimmt keine juristische Verantwortung oder irgendeine Haftung für evtl. fehlerhafte Angaben und deren Folgen.

Rosa Luxemburg

Einführung in die Nationalökonomie

Inhalt

Vorwort 3

1. Was ist Nationalökonomie? 11

2. Wirtschaftsgeschichtliches 89

3. Wirtschaftsgeschichtliches (II) 155

4. Die Warenproduktion 207

5. Lohngesetz 245

6. Die Tendenzen der kapitalistischen Wirtschaft 289

Vorwort

Diese Blätter von Rosa Luxemburg verdanken ihre Entstehung den Vorträgen, die sie an der Sozialdemokratischen Parteischule gehalten hat. Sie sind von ihr handschriftlich niedergeschrieben: der Stil aber verrät gar oft, dass es niedergeschriebene Rede ist, die hier festgehalten wurde. Das Werk ist auch nicht vollständig. Es fehlen namentlich die theoretischen Teile über Wert, Mehrwert, Profit usw., d.h. das, was im „Kapital" von Karl Marx über die Funktion des kapitalistischen Systems dargetan ist. Es lässt sich aus dem Nachlass nicht feststellen, woran diese Lücken beruhen: ob darauf, dass der jähe Abschluss ihres Lebens die Verfasserin verhindert hat, das, was sie beabsichtigte, zu Ende zu bringen, ob darauf, dass die Ordnung hütenden Banditen, die in ihre Wohnung eindrangen, neben anderen auch die fehlenden Manuskriptteile gestohlen haben: mehr Freunde vom Stehlen als Freunde vom Gestohlenen. Der Nachlass bietet aber sicheren Anhalt dafür, dass das Manuskript so, wie es jetzt vorliegt, nicht als fertiges gedacht war. Wir glauben trotzdem, dass die Veröffentlichung beitragen könne zu dem Erfolg, der Rosa Luxemburg vorgeschwebt hat: dem einfachen Arbeiter – nicht dem Mann – der von der Philosophie kommend, eine neue Welt sich ausklügelt, sondern dem, der von der Arbeit und aus der Not kommend, seine Gedanken der Frage zuwendet: woher? wozu? –diesem Arbeiter ein Leitfaden zu sein, an dem er nicht nur seine Gedanken sammelnd orientieren kann, sondern mit dem er auch ein praktisches Ziel und einen praktischen Ausweg für sich und seine Klasse finden kann. Gewiss wird auch dieser Arbeiter jener theoretischen Teile des Marxschen Systems nicht entraten können, aber gerade sie sind bereits volkstümlich, leichtverständlich dargestellt; als die Sozialdemokratie noch nicht so beladen war mit allerhand Sorgen um den Staat, entstand jene Literatur, die ja nicht nur Bildungsmittel war, sondern auch politische Kraftquelle.

Über alle diese Literatur hinaus aber glauben wir, dass auch in diesem Torso etwas Neues enthalten sei und etwas, was die gegenwärtige sozialistische Literatur noch nicht besitzt, auch nicht in den Schriften von Karl Marx. Nicht, dass Rosa Luxemburg hier unternehme, Marx zu verbessern und zum geeigneten Gebrauch zurechtzustutzen: das haben andere, theoretisch und praktisch, vor ihr und nach ihr, mit diesen und mit jenen Mitteln versucht und immer mit gleich bleibendem Erfolg. Marx selbst aber und seine Schüler haben seine geschichtskritische Methode angewendet, immer nur auf ein gegebenes geschichtliches oder politisches Problem. Die Methode hat sie befähigt, die treibenden Kräfte jeder einzelnen Periode zu erkennen, die Wirksamkeit, die Ziele der einzelnen Klassen darzustellen, die Auseinandersetzung der einzelnen Klassen festzustellen und aus dieser kritischen Erkenntnis heraus nicht nur die persönliche Stellung zu wählen, sondern mit wissenschaftlicher Schärfe das Geschehende zu begreifen und das Kommende vorauszusehen. In diesem Sinne besitzt die sozialistische Literatur in der Tat unvergängliche Dokumente: man lese heute den „18. Brumaire" oder die „Klassenkämpfe in Frankreich", und man wird zugeben, dass noch nie ein Zeitschriftsteller solche Dokumente von dauerndem Wert geschaffen habe. Wir können auch, was die rein geschichtliche Betrachtung angeht, in diesem Zusammenhang an Mehrings „Lessinglegende" erinnern.

Diese kritische Methode Marx', so sehr sie befruchtend ist, weil sie dem Politiker Halt und Richtung gibt, ist aber nicht das eigentlich Revolutionäre der Marxschen Lehre. Wir finden, dass darüber Marx sich nirgendwo klarer ausgelassen habe als in dem Vorwort zur zweiten Auflage seines „Kapital". Es ist eine merkwürdige Fügung, dass es Russland war, von wo die erste „so treffende" Schilderung dessen kam, was auch Marx als seine wirkliche Methode bezeichnet. Jener russische Aufsatz hatte in einer Würdigung des im Jahre 1867 erschienenen ersten Bandes des Kapital im Jahre 1872 zusammenfassend geschrieben:

„Der wissenschaftliche Wert solcher Forschung liegt in der Aufklärung der besonderen Gesetze, welche Entstehung, Existenz, Entwicklung und Tod eines gegebenen gesellschaftlichen Organismus und seinen Ersatz durch einen anderen, höheren regeln." Was hat, sagt Marx, der Verfasser „anderes geschildert als die dialektische Methode?" und, indem Marx auch in diesem Vorwort es noch einmal unternimmt, die Hegelsche Methode von der Mystik zu befreien, die bei Hegel die Dialektik verdeckt, ohne sie aufzuheben, fasst er sich wie folgt zusammen:

„In ihrer mystifizierten (Hegelschen) Form ward die Dialektik deutsche Mode, weil sie das Bestehende zu verklären schien. In ihrer rationellen Gestalt ist sie dem Bürgertum und seinen doktrinären Wortführern ein Ärgernis und ein Gräuel, weil sie in dem positiven Verständnis des Bestehenden zugleich auch das Verständnis seiner Negation, seines notwendigen Unterganges einschließt, jede gewordene Form im Fluss der Bewegung, also auch nach ihrer vergänglichen Seite auffasst, sich durch nichts imponieren lässt, ihrem Wesen nach kritisch und revolutionär ist."

Wir glauben, dass in diesem Sinne auch dieses letzte Werk von Rosa Luxemburg revolutionär sei und gewiss nicht in der Methode aber in der Anwendung der Methode etwas Neues bringe. In diesem Sinne sind, glauben wir, namentlich die Ausführungen über die alten Gesellschaftsformen, über die urkommunistischen zumal, zu werten. Für manche besorgte Gemüter hatte die Entdeckung urkommunistischer Überbleibsel in allen Weltteilen, die Entdeckung urkommunistischer Formen in einzelnen Hinterwäldern und damit die Rekonstruktion urkommunistischer Gesellschaftsformen in allen Ländern etwas Befreiendes. Es ist, auch für manche „revolutionäre" Gemüter, doch ein beruhigendes Gefühl, aus einem Schifflein zu sitzen, das seinen Kiel lenkt nach etwas, was „schon einmal war". Der verdammte „Sprung ins Dunkle", Hemmung für so manchen kleingläubigen Staatsbürger, der sich in seiner Haut nicht mehr wohl fühlte, war damit nicht mehr vonnöten. Man konnte dem getrost sagen: Freund, du sollst ja nur so klug werden, wie deine grauen Vorfahren schon waren!

Denen, die so denken – und sie sollen nicht ausgestorben sein – wird dieses Buch keine Stütze sein, sondern ein Hemmnis. Denn die Schrift bemüht sich, eben zu beweisen, „worin der fundamentale Unterschied der sozialistischen Weltwirtschaft der Zukunft von den primitiven kommunistischen Gruppen der Urzeit besteht". Die Schrift zeigt eben auf, wo der Punkt war, aus dem heraus der Urkommunismus mit allen Formen, die ihm folgten, der Zersetzung verfallen musste,

„weil sie in dem positiven Verständnis des Bestehenden zugleich auch das Verständnis seiner Negation, seines notwendigen Unterganges einschließt". Mit dem Gefasel von den „Jäger"-, von den „Fischer"-, von den „Hirtenvölkern" und wie die erlauchten Divisionen und Subdivisionen alle lauten, wird aufgeräumt. Bis in die frühesten Zeiten hinein wird das Prinzip herausgeschält, das alle Gesellschaftsformen bestimmte und ihren Untergang wie ihren Aufstieg bedingte: „Die gesellschaftliche Gestaltung der Produktion, d.h. die Frage nach dem Verhältnis der Arbeitenden zu den Produktionsmitteln ..."

Dieses auf die Gesamtstrecke der bewussten menschlichen Geschichte getan zu haben, jede kommende Gesellschaft aus dem Untergang der früheren heraus haben wachsen lassen: das scheint uns hier zum ersten Male unternommen; die erste Skizze einer umfassenden marxistischen Kultur- und Wirtschaftsgeschichte.

Und solch ein Versuch ist nicht ohne die gegenwärtige Bedeutung, die ja Rosa Luxemburg in jeder Zeile, die sie schrieb, vor Augen schwebte. Sie sagt: „Die Entfremdung der Produktionsmittel aus den Händen der Arbeitenden in dieser oder jener Form ist die gemeinsame Grundlage aller Klassengesellschaft, weil sie die Grundbedingung jeder Ausbeutung und Klassenherrschaft ist. Von dieser wunden Stelle die Aufmerksamkeit abzulenken, sie auf alle Äußerlichkeiten und Nebensächlichkeiten zu konzentrieren, ist nicht sowohl bewusstes Streben des bürgerlichen Gelehrten, als vielmehr die instinktive Abneigung der Klasse, die er geistig repräsentiert, dagegen vom Baume der Erkenntnis die gefährliche Frucht zu kosten."

Diese Erkenntnis, in die Massen gedrungen, ist an sich etwa ein Gewinn, der an Bedeutung wächst, wenn damit zugleich der bürgerlichen Nationalökonomie als Wissenschaft die gebührende Stellung zugewiesen wird. Auch das hat Rosa Luxemburg unternommen. Das erste Kapitel der Schrift beschäftigt sich nur mit der Nationalökonomie als Wissenschaft: sie ist die Wissenschaft, die „die Gesetze der anarchischen kapitalistischen Produktionsweise aufzudecken hat", und aus dieser Feststellung ergibt sich alles Weitere. Was den Anfang dieser Wissenschaft angeht: sie „konnte offenbar nicht eher entstehen, als diese Produktionsweise selbst, nicht eher, als bis die geschichtlichen Bedingungen für die Klassenherrschaft der modernen Bourgeoisie nach und nach ... zusammengetragen waren." Was ihre weiteren Schicksale angeht: „Wenn die Nationalökonomie einmal eine Wissenschaft über die besonderen Gesetze des Kapitalismus darstellt, so ist ihre Existenz und Funktion offenbar an das Dasein jener geknüpft und verliert ihre Basis, sobald jene Produktionsweise aufgehört hat, zu bestehen." Was also das Ende der Nationalökonomie als Wissenschaft angeht: „Die Nationalökonomie als Wissenschaft hat ihre Rolle ausgespielt, sobald die anarchische Wirtschaft des Kapitalismus einer planmäßigen, von der gesamten arbeitenden Gesellschaft bewusst organisierten und geleiteten Wirtschaftsordnung Platz gemacht hat."

Wir glauben heute schon imstande zu sein, die Richtigkeit der Diagnose wie der Prognose zu erkennen. Die nationalökonomische Wissenschaft hatte ihre Herden am Anfang, als der Kapitalismus himmelstürmend war. Als der Kapitalismus im Zenit stand, als neue große wirtschaftliche Gesetze nicht mehr zu entdecken waren, wandte sich die Nationalökonomie der geschichtlichen Forschung zu. Der Krieg, der trotz allem der Beginn des Zusammenbruchs des Kapitalismus ist, hat auch die Nationalökonomie zum Zusammenbruch geführt. Nach vorwärts kann sie nicht mehr: jeder Schritt nach vorne würde die Nationalökonomie hinausführen über das Gebiet der bürgerlichen Gesellschaft, der sie entwachsen ist, wäre Selbstzerstörung. Die historische Forschung, reizvoll in Zeiten wirtschaftlicher Fülle und scheinbarer Ruhe, hat ihren Reiz verloren. Und so hat die Nationalökonomie in diesen katastrophalen Zeiten, in Zeiten des Zusammenbruches ganzer Länder und fast Erdteile, sich darauf beschränkt, in irgendwelchen obskuren Studierstuben der „deutschen Jugend" völkische Gedanken einzubläuen; während der eine die Halbwilden vom Teutoburger Walde pries, drohte der andere, mit dem Finger nach Tunis weisend, England das Karthagische Schicksal an. Die Nationalökonomie als Wissenschaft wird uns Gewiss den Abschied vom Kapitalismus nicht schwer machen.

Man muss, wenn man die Zuverlässigkeit der Marxschen Methode auch für die Voraussicht der Dinge erkennen will, bedenken, dass dieses Buch von Rosa Luxemburg teils wohl vor, teils in der ersten Hälfte des Krieges geschrieben worden ist. Dann erst zeigt sich, wie richtige Voraussicht es war, was damals über die Tendenzen des Kapitalismus gesagt wurde. Das Buch konnte nur mit Zahlenmaterial der Vorkriegszeit arbeiten.

„Die Vereinigten Staaten Nordamerikas", sagt die Verfasserin, „bildeten erst ein agrarisches Hinterland des kapitalistischen Europa, das Rohstoffe für die englische Industrie wie Baumwolle und Korn lieferte, dafür Abnehmer für allerlei Industrieprodukte aus Europa war. In der zweiten Hälfte des 19. Jahrhunderts ersteht aber in den Vereinigten Staaten eine eigene Industrie, die nicht nur die Einfuhr aus Europa verdrängt, sondern bald in Europa selbst und in anderen Weltteilen dem europäischen Kapitalismus harte Konkurrenz bereitet."

Es hieße heute Eulen nach Athen tragen, diese Tatsache noch durch Zahlen zu erhärten.

„In Indien ist dem englischen Kapitalismus gleichfalls ein gefährlicher Konkurrent entstanden in der einheimischen Textil und sonstigen Industrie."

In der Tat: Indien hatte im Jahre 1913 an Baumwollwebereien und -spinnereien 224 mit 221 000 beschäftigten Personen, dagegen im Jahre 1923 deren 285 mit 307 000 Personen; 6 Millionen Spindeln gegenüber 6,8. Vielleicht mag dem einen oder anderen dieses Wachstum nicht einmal so enorm erscheinen; dann möge er sich vergegenwärtigen, dass der Baumwollkonsum der englischen Baumwollindustrie von 2,074 Millionen Pfund im Durchschnitt der Jahre 1911–1913 auf 1,305 Millionen Pfund im „Durchschnitt der Jahre 1920–1921 zurückgegangen ist. Indien hatte 1923 ein Eisenwerk mit 21 000 Arbeitern, vor dem Kriege keines. Auch das mag nicht überwältigend sein, erhält aber seine rechte Bedeutung erst, wenn man daneben hält, dass in England die Zahl der Hochöfen von 338 im Jahre 1913 auf 200 im Jahre 1923, die Roheisenproduktion von 1026 0000 auf 4902 000 Tonnen, dessen Export von 1128 000 auf 651 000 Tonnen zurückgegangen ist.

Das sind Zahlen, mit denen jene angedeutete Entwicklung belegt werden kann; mit anderen Zahlen für andere Länder nicht minder. Doch das ist vielleicht weniger das entscheidende. Viel mehr entscheidend ist die Konsequenz, die daraus gezogen wird. Es sind ja, wieder neu, alte Theorien aufgegangen am politischen Firmament: Von der „wirtschaftlichen Verflechtung", die den Krieg „unwirtschaftlich" und „unmöglich" erscheinen lassen, von der steigenden Interessensolidarität usw.

In Wirklichkeit ist die Entwicklung umgekehrt.

„Je mehr Länder eine eigene kapitalistische Industrie entwickeln, umso größer das Ausdehnungsbedürfnis und die Ausdehnungsmöglichkeit der Produktion auf der einen Seite, umso geringer im Verhältnis dazu die Ausdehnungsmöglichkeit der Marktschranken."

Das ist der Widerspruch, der den Kapitalismus treibt zu einer extensiven und einer intensiven Wirksamkeit. Zu einer intensiven: nicht nur in Deutschland, wo durch die Inflation einerseits, durch die Schwäche und Planlosigkeit der Arbeiterpolitik andererseits alle Verhältnisse gesteigert sind, muss der Kapitalismus beginnen, sich durch Vernichtung der Reste der früheren Produktionsformen Luft zu schaffen. Die Vernichtung der Mittelklassen schreitet vor, die Proletarisierung der breiten Massen wächst. In Deutschland ist in einem Jahrfünft mehr geschehen, als in vielen Jahrzehnten zuvor und die Entwicklung hat noch keinen Stillstand genommen. Die extensive Wirksamkeit: Die Zahl der kapitalistisch noch nicht beherrschten Rohstoffquellen und Absatzmärkte ist geringer geworden, ihr Besitz daher umso wichtiger und wertvoller. Der Konkurrenzkampf um sie ist schärfer geworden. Man denke: wir sind erst sechs Jahre nach jenem schrecklichen Aderlass für die Menschheit, und schon ertönt die Welt von neuem von Kriegsschrei und Waffenlärm. Wo von Abrüstung geredet wird, dient sie der Verhüllung neuer Rüstungen, wo sich Friedensbünde bilden, dienen sie – wie vor dem Krieg – dem Aufmarsch zum neuen Krieg. Wir sind in der Tat berechtigt, zu glauben, dass die Frist, die dem Kapitalismus gegönnt ist, ehe seine innere Gegensätzlichkeit ihn zu neuen Katastrophen treibt, nur kurz sei.

So werden in diesem Buche viele keine Belehrung finden: die „Wissenschaftler", patentiert und abgestempelt, werden es als „unwissenschaftlich" zur Seite legen; die guten Leute, die die Welt mit der „Vernunft" kurieren wollen, werden mit Schrecken erkennen, wie die menschliche Geschichte weder beherrscht war, noch beherrscht ist von ausgebrüteten „vernünftigen" Gedanken; die biederen Männer, die glauben, sie hätten nach zehn so unruhigen Jahren sich das geschichtliche Recht erworben, im Schatten irgendwelcher Kompromisse sich für den Rest ihres Daseins auszuruhen: sie alle werden an diesem Buche keine Freude haben.

Die Arbeiter aber, für die diese Schrift von der Verfasserin allein gedacht war, werden in den kommenden Jahren, die für sie nicht die Hölle, sondern das Fegefeuer sein werden, aus diesem Buch Hoffnung und Zuversicht schöpfen können: die Hoffnung, dass der Kapitalismus, wie er gekommen, dahingehen wird, die Zuversicht, dass sie, ihre Klasse, die Totengräber dieser sinkenden Gesellschaft und die Begründer einer neuen Epoche der Menschengeschichte zu sein berufen sind.

Wenn das Buch dazu beitragen möchte, diese Gefühle in den Proletariern wach zu halten auch in verzweifelten Tagen, so ist es der schönste Lohn, den eine Tote erlangen kann.

Berlin, den 5. Oktober 1924

Paul Levi

1. Was ist Nationalökonomie?

I.

Die Nationalökonomie ist eine merkwürdige Wissenschaft. Die Schwierigkeit und der Streit der Meinungen beginnen schon bei dem ersten Schritt, den man auf ihr Gebiet tut, schon bei der allerelementarsten Frage: Was ist der eigentliche Gegenstand dieser Wissenschaft? Der einfache Arbeiter, der nur eine ganz vage Vorstellung davon hat, was die Nationalökonomie lehrt, wird seine Unklarheit der eigenen mangelhaften Bildung zuschreiben. Doch teilt er sein Missgeschick diesmal in gewissem Sinne mit vielen gelehrten Doktoren und Professoren, die über die Nationalökonomie dickbändige Werke schreiben und Vorlesungen für die studierende Jugend an den Universitäten halten. So unglaubwürdig es klingt, ist es doch Tatsache, dass die meisten Fachgelehrten der Nationalökonomie einen sehr verschwommenen Begriff davon haben, was der wirkliche Gegenstand ihrer Gelehrsamkeit ist.

Da es Brauch bei den Herren Fachgelehrten ist, mit Definitionen zu arbeiten, das heißt; das Wesen der kompliziertesten Dinge in einigen wohlgeordneten Sätzen zu erschöpfen, so versuchen wir zur Probe von einem amtlichen Vertreter der Nationalökonomie zu erfahren, was diese Wissenschaft im Grunde genommen sei. Hören wir zunächst, was der Senior der deutschen Professorenwelt, der Verfasser einer Unzahl erschreckend dicker Lehrbücher über die Nationalökonomie, der Begründer der sogenannten „historischen Schule" Wilhelm Roscher darüber zu sagen weiß. In seinem ersten großen Werke: „Die Grundlagen der Nationalökonomie. Ein Hand- und Lesebuch für Geschäftsmänner und Studierende", das 1854 erschienen ist und seitdem 23 Auflagen erlebt hat, lesen wir im 2. Kapitel § 16:

„Wir verstehen unter Nationalökonomie, Volkswirtschaftslehre, die Lehre von den Entwicklungsgesetzen der Volkswirtschaft, des wirtschaftlichen Volkslebens (Philosophie der Volkswirtschaftsgeschichte nach v. Mangoldt). Sie knüpft sich, wie alle Wissenschaften vom Volksleben, einerseits an die Betrachtung des einzelnen Menschen an; sie erweitert sich auf der anderen Seite zur Erforschung der ganzen Menschheit."

Verstehen nun die „Geschäftsmänner und Studierenden", was die Volkswirtschaftslehre ist? Es ist eben – die Lehre von der Volkswirtschaft. Was ist eine Hornbrille? Eine Brille in Horneinfassung. Was ist ein Packesel? Ein Esel, auf den Lasten gepackt werden. Ein höchst einfaches Verfahren in der Tat, um kleinen Kindern den Gebrauch zusammengesetzter Worte zu erläutern· Das üble dabei ist nur, dass, wer vorher den Sinn der fraglichen Worte nicht verstand, auch nicht klüger wird, ob die Worte so oder anders gestellt werden.

Wenden wir uns an einen anderen deutschen Gelehrten, an den jetzigen Lehrer der Nationalökonomie an der Berliner Universität, der eine Leuchte der amtlichen Wissenschaft ist, berühmt „weit über die Lande, bis an das blaue Meer", an den Professor Schmoller. In dem großen Sammelwerk deutscher Professoren: „Handwörterbuch der Staatswissenschaften", herausgegeben von Professor Conrad und Professor Lexis, gibt Schmoller in einem Aufsatz über die Volkswirtschaftslehre, auf die Frage, was diese Wissenschaft sei, die folgende Antwort:

„Ich möchte sagen, sie ist die Wissenschaft, welche die volkswirtschaftlichen Erscheinungen beschreiben, definieren und aus Ursachen erklären sowie als ein zusammenhängendes Ganzes begreifen will, wobei freilich vorausgesetzt ist, dass die Volkswirtschaft vorher richtig definiert sei. Im Mittelpunkt der Wissenschaft stehen die bei den heutigen Kulturvölkern sich wiederholenden typischen Erscheinungen der Arbeitsteilung und -organisation, des Verkehrs, der Einkommensverteilung, der gesellschaftlichen Wirtschaftseinrichtungen, welche, an bestimmte Formen des privaten und öffentlichen Rechts angelehnt, von gleichen oder ähnlichen psychischen Kräften beherrscht, ähnliche oder gleiche Anordnungen oder Kräfte erzeugen, in ihrer Gesamtbeschreibung eine Statik der gegenwärtigen wirtschaftlichen Kulturwelt, eine Art durchschnittlicher Verfassung derselben darstellen. Von da aus hat die Wissenschaft dann die Abweichungen der einzelnen Volkswirtschaften voneinander, die verschiedenen Formen der Organisation da und dort zu konstatieren gesucht, hat gefragt, in welcher Verbindung und Folge die verschiedenen Formen vorkommen, und ist so zu der Vorstellung der kausalen Entwicklung der Formen auseinander und der historischen Aufeinanderfolge wirtschaftlicher Zustände gekommen; sie hat so zu der statischen die dynamische Betrachtung gefügt. Und wie sie in ihrem ersten Auftreten schon vermöge sittlich historischer Werturteile zur Aufstellung von Idealen kam, so hat sie diese praktische Funktion stets bis auf einen gewissen Grad beibehalten. Sie hat neben der Theorie stets praktische Lehren für das Leben aufgestellt."

Uff! Holen wir Atem. Wie war's also? Gesellschaftliche Wirtschaftseinrichtungen – privates und öffentliches Recht – psychische Kräfte – Ähnliches und Gleiches – Gleiches und Ähnliches – Statistik – Statik – Dynamik – durchschnittliche Verfassung – kausale Entwicklung – sittlich-historische Werturteile ... Dem gewöhnlichen Sterblichen wird sicher bei alledem so dumm, als ging' ihm ein Mühlenrad im Kopfe herum. In seinem beharrlichen Wissensdrang und in blindem Vertrauen auf den professoralen Weisheitsborn wird er sich Mühe geben, den Gallimathias zweimal, dreimal mit Anstrengung durchzunehmen, um irgendeinen greifbaren Sinn herauszufinden. Wir fürchten, es wird vergebliche Mühe sein. Es ist eben nichts als klingende Phrasen, als geschraubtes Wortgebimmel, was hier geboten wird. Und dafür gibt es ein untrügliches Zeichen: wer klar denkt und die Sache, von der er spricht, selbst gründlich beherrscht, drückt sich auch klar und verständlich aus. Wer sich dunkel und verstiegen ausdrückt, wo es sich nicht um reine Gedankenbilder der Philosophie oder Hirngespinste der religiösen Mystik handelt, zeigt nur, dass er über die Sache selbst im unklaren ist oder aber der Klarheit aus dem Wege zu gehen Ursache hat. Wir werden später sehen, dass die dunkle und verwirrende Sprache der bürgerlichen Gelehrten über das Wesen der Nationalökonomie kein Zufall ist, dass in ihr vielmehr beides zum Ausdruck kommt: sowohl die eigene Unklarheit der Herren wie auch ihre tendenziöse, verbissene Abneigung gegen die wirkliche Aufklärung der Frage.

Dass die unklare Bestimmung des Wesens der Nationalökonomie in der Tat eine strittige Frage ist, kann ein äußerer Umstand plausibel machen. Es ist dies die Tatsache, dass über das Alter der nationalökonomischen Wissenschaft die widersprechendsten Ansichten geäußert worden sind. Ein bekannter alter Geschichtsschreiber und ehemals Professor der Nationalökonomie an der Pariser Universität, Adolf Blanqui – Bruder des berühmten Sozialistenführers und Kommunekämpfers August Blanqui – beginnt z.b. das erste Kapital seiner 1837 erschienenen „Geschichte der wirtschaftlichen Entwicklung" mit folgender Inhaltsüberschrift: „Die politische Ökonomie (dies der französische Ausdruck für Nationalökonomie) ist älter, als man denkt. Die Griechen und die Römer hatten bereits die ihrige." Andere nationalökonomische Geschichtsschreiber, wie z.B. der ehemalige Dozent an der Berliner Universität Eugen Dühring, halten es für wichtig, umgekehrt zu betonen, die Nationalökonomie sei viel jünger, als man gewöhnlich denke, diese Wissenschaft sei eigentlich erst in der zweiten Hälfte des 18. Jahrhunderts entstanden. Um auch sozialistische Urteile hierüber anzuführen, so macht Lassalle 1864 im Vorwort zu seiner klassischen Streitschrift wider Schultze-Delitzsch „Kapital und Arbeit" die folgende Äußerung: „Die Nationalökonomie ist eine Wissenschaft, für die erst Anfänge existieren, und die noch zu machen ist."

Hingegen hat Karl Marx seinem ökonomischen Hauptwerk „Das Kapital", dessen erster Band drei Jahre später, gleichsam als die Erfüllung der von Lassalle ausgesprochenen Erwartung erschienen ist, den Untertitel: „Kritik der politischen Ökonomie" gegeben. Auf diese Weise stellt Marx fein eigenes Werk außerhalb der bisherigen Nationalökonomie, betrachtet diese als etwas Abgeschlossenes, Fertiges, an dem er seinerseits Kritik übt. Es ist klar, dass eine Wissenschaft, von der die einen behaupten, sie sei fast so alt wie die geschriebene Geschichte der Menschheit, die anderen, sie sei kaum anderthalb Jahrhunderte alt, die dritten, sie sei überhaupt noch erst in den Windeln, wieder andere aber, sie habe bereits abgelebt, und es sei Zeit, sie kritisch zu bestatten, – es ist klar, dass eine solche Wissenschaft ein ziemlich eigenartiges und verwickeltes Problem darstellt.

Ebenso übel wären wir aber beraten, wenn wir einen von den amtlichen Vertretern dieser Wissenschaft fragen würden, wie denn eigentlich die merkwürdige Tatsache zu erklären sei, dass die Nationalökonomie, wie das ja jetzt vorherrschende Meinung, erst so spät, kaum vor etwa 150 Jahren, entstanden sei? Der Professor Dühring z.B. wird uns unter großem Wortschwall auseinandersetzen, dass die alten Griechen und Römer über nationalökonomische Dinge noch gar keine wissenschaftlichen Begriffe, sondern bloß „unzurechnungsfähige", „oberflächliche", „allergewöhnlichste" Ideen aus der täglichen Erfahrung hätten, das Mittelalter aber überhaupt höchst „unwissenschaftlich" gewesen sei. Welche gelehrte Erklärung uns offenbar um keinen Schritt vorwärtsbringt, abgesehen davon, dass sie, zumal in ihren Verallgemeinerungen über das Mittelalter auch ganz irreführend ist.

Eine andere originelle Erklärung bringt Professor Schmoller fertig. In demselben Aufsatz, den wir oben aus dem „Handwörterbuch der Staatswissenschaften" angeführt haben, gibt er das folgende zum Besten:

„Jahrhundertelang waren einzelne privat- und sozialwirtschaftliche Tatsachen beachtet und beschrieben, einzelne volkswirtschaftliche Wahrheiten erkannt, in den Moral- und Rechtssystemen wirtschaftliche Fragen erörtert worden. Zu einer besonderen Wissenschaft konnten die einzelnen, hierhergehörigen Teile sich erst vereinigen als die volkswirtschaftlichen Fragen zu früher nie geahnter Bedeutung für die Leitung und Verwaltung der Staaten im 17. – 19. Jahrhundert gelangten, zahlreiche Schriftsteller sich mit ihnen beschäftigten, eine Unterweisung der studierenden Jugend in ihnen nötig wurde und zugleich der Aufschwung des wissenschaftlichen Denkens überhaupt dazu führte, die gesammelten volkswirtschaftlichen Sätze und Wahrheiten zu einem selbständigen durch gewisse Grundgedanken – wie Geld und Tauschverkehr, staatliche Wirtschaftspolitik, Arbeit und Arbeitsteilung – verbundenen Systeme zu verknüpfen, wie es die bedeutenden Schriftsteller des 18. Jahrhunderts versuchten. Seither besteht die Volkswirtschaftslehre oder Nationalökonomie als selbständige Wissenschaft."

Fasst man der langen Rede kurzen Sinn zusammen, so erhalten wir die Belehrung: einzelne nationalökonomische Beobachtungen, die lange Zeit zerstreut vorlagen, haben sich zu einer besonderen Wissenschaft zusammengeschlossen, als ein Bedürfnis der „Leitung und Verwaltung der Staaten", d.h. der Regierung, danach vorlag, und als es zu diesem Zwecke nötig wurde, an den Universitäten die Nationalökonomie zu lehren. Wie wundervoll, wie klassisch ist diese Erklärung für einen deutschen Professor! Erst wird aus einem „Bedürfnis" der hochwohllöblichen Regierung heraus ein Katheder gegründet, auf dem ein diensteifriger Professor Platz nimmt. Alsdann muss natürlich auch die entsprechende Wissenschaft geschaffen werden, denn was sollte der Professor sonst wohl lehren? Wer denkt da nicht an jenen Hofzeremonienmeister, der behauptete, die Monarchien müssten immer bestehen bleiben; denn gäbe es diese nicht – zu was wäre er, der Hofzeremonienmeister, auf der Welt? Doch der Kern der Sache: die Nationalökonomie ist entstanden, weil die Regierungen der modernen Staaten diese Wissenschaft brauchten. Die Bestellung der Obrigkeit ist die eigentliche Geburtslegitimation der Nationalökonomie. Der Denkweise eines heutigen Professors, der als wissenschaftlicher Kammerdiener der jeweiligen Reichsregierung in ihrem Auftrage für eine beliebige Flottenvorlage, Zoll- oder Steuervorlage „wissenschaftliche" Agitation, treibt oder als Hyäne des Schlachtfeldes während eines Krieges chauvinistische Völkerverhetzung und geistigen Kannibalismus predigt, entspricht es nun freilich vollkommen, sich einzubilden, dass das Geldbedürfnis der Fürsten, die Interessen der „fürstlichen Schatzkammern", dass ein Kommandowort der Regierungen genügt, um selbst eine ganz neue Wissenschaft aus dem Boden zu stampfen. Für die übrige, nicht vom Fiskus besoldete Menschheit wird eine solche Vorstellung indes ihre Schwierigkeiten haben. Vor allem aber gibt uns auch diese Erklärung nur ein neues Rätsel auf. Denn nun müssen wir fragen: Was ist geschehen, dass um das 17. Jahrhundert herum, wie Professor Schmoller behauptet, die Regierungen der modernen Staaten plötzlich ein Bedürfnis verspürten, ihren lieben Untertanen nach wissenschaftlichen Grundsätzen das Fell über die Ohren zu ziehen, während sie die jahrhundertelang zuvor mit gutem Erfolg ohne solche Grundsätze in altväterischer Weise besorgten? Sollten nicht auch hier die Dinge auf den Kopf gestellt werden und die neumodischen Bedürfnisse der „fürstlichen Schatzkammern" vielleicht selbst nur eine bescheidene Folge jenes großen geschichtlichen Umschwungs gewesen sein, aus dem die neue Wissenschaft der Nationalökonomie um die Mitte des 19. Jahrhunderts entsprossen ist?

Kurzum: nachdem wir erst von den Zunftgelehrten nicht erfahren haben, was die Nationalökonomie eigentlich behandelt, wissen wir erst recht nicht, wann und weshalb sie entstanden ist.

II.

Eins steht jedenfalls fest: In all den Definitionen der bürgerlichen Gelehrten, die wir eben angeführt haben, ist stets die Rede von der „Volkswirtschaft". Nationalökonomie ist auch nur ein Fremdwort für Volkswirtschaftslehre Der Begriff der Volkswirtschaft steht im Mittelpunkt der Ausführungen bei allen offiziellen Vertretern dieser Wissenschaft. Was ist nun eigentlich die Volkswirtschaft? Professor Bücher, dessen Werk über „Die Entstehung der Volkswirtschaft" sich in Deutschland und im Auslande einer großen Berühmtheit erfreut, gibt darüber folgende Auskunft: „Die Gesamtheit der Veranstaltungen, Einrichtungen und Vorgänge, welche die Bedürfnisbefriedigung eines ganzen Volkes hervorruft, bildet die Volkswirtschaft Die Volkswirtschaft zerfällt wieder in zahlreiche Einzelwirtschaften, welche durch den Verkehr miteinander verbunden und dadurch voneinander mannigfach abhängig sind, dass jede für alle anderen gewisse Aufgaben übernimmt und von anderen für sich solche Aufgaben übernehmen lässt".

Versuchen wir, auch diese gelehrte „Definition" in der Sprache gewöhnlicher Sterblicher zu verdeutschen.

Wenn wir zunächst von der „Gesamtheit der Einrichtungen und Vorgänge" hören, welche die Bedürfnisse eines ganzen Volkes zu befriedigen bestimmt sind, so müssen wir an allesmögliche denken: an Fabriken und Werkstätten, an Ackerbau und Viehzucht, an Eisenbahnen und Warenhäuser, nicht minder aber an Kirchenpredigten und Polizeiwachen, an Ballettdarbietungen, Standesämter und Sternwarten, an Parlamentswahlen, Landesväter und Kriegervereine, an Schachklubs, Hundeausstellungen und Duelle, – denn alles dies und noch eine endlose Kette anderer „Einrichtungen und Vorgänge" dient heute dazu, „die Bedürfnisse eines ganzen Volkes zu befriedigen". Die Volkswirtschaft wäre dann alles zusammen, was zwischen Himmel und Erde vorgeht und die Nationalökonomie würde eine Universalwissenschaft sein „von allen Dingen und noch einigen mehr", wie ein lateinisches Sprichwort sagt.

Die weitherzige Definition des Leipziger Professors muss offenbar eine Einschränkung erfahren. Wahrscheinlich wollte er nur von „Einrichtungen und Vorgängen" sprechen, die zur Befriedigung materieller Bedürfnisse eines Volkes dienen oder richtiger: zur Befriedigung der Bedürfnisse durch materielle Dinge. Auch dann wäre die „Gesamtheit" noch reichlich zu weit gegriffen und würde wieder leicht ins Nebelhafte verschwimmen. Doch suchen wir uns darin, so gut wir vermögen, zurechtzufinden.

Alle Menschen brauchen, um leben zu können, Speise und Trank, ein schützendes Obdach, in kälteren Zonen Kleider, ferner allerlei Gerätschaften zum täglichen Gebrauch im Hause. Diese Dinge mögen einfacher oder verfeinerter, spärlicher oder reichlicher bemessen sein, immerhin sind sie für jede menschliche Gesellschaft zur Existenz unentbehrlich und müssen deshalb von den Menschen – da gebratene Tauben nirgends in den Mund fliegen – ständig hergestellt werden. In allen Kulturzuständen kommen noch allerlei Gegenstände hinzu, die der Verschönerung des Lebens und der Befriedigung geistiger, sozialer Bedürfnisse dienen, sowie Waffen zum Schutze vor Feinden: bei den sogenannten Wilden Tanzmasken, Bogen und Pfeil, Götzenbilder, bei uns Luxusgegenstände, Kirchen, Maschinengewehre und Unterseebooten. Zur Herstellung dieser sämtlichen Gegenstände gehören wiederum verschiedenartige Naturstoffe, woraus, und verschiedene Werkzeuge, womit sie hergestellt werden. Auch jene Stoffe, wie Steine, Holz, Metall, Pflanzen usw. werden der Erdrinde durch menschliche Arbeit abgewonnen, und die Werkzeuge, die dabei benutzt werden, sind gleichfalls Produkte menschlicher Arbeit.

Wollen wir uns vorläufig mit dieser grob behauenen Vorstellung zufrieden geben, so könnten wir uns die Volkswirtschaft etwa so denken: jedes Volk schafft ständig durch eigene Arbeit eine Menge zum Leben notwendiger Dinge: Nahrung, Kleidung, Baulichkeiten, Hausrat, Schmuck, Waffen, Kulturgegenstände usw., desgleichen Stoffe und Werkzeuge die für die Herstellung jener unentbehrlich sind. Die Art und Weise nun, wie ein Volk alle diese Arbeit verrichtet, wie es die hergestellten Güter unter seine einzelnen Mitglieder verteilt, wie es sie verbraucht und in ewigem Kreislauf des Lebens von neuem herstellt, all das zusammen bildet die Wirtschaft des gegebenen Volkes, eine „Volkswirtschaft". Das wäre so ungefähr der Sinn des ersten Satzes in der Definition des Professor Bücher. Doch gehen wir in der Erläuterung weiter.

„Die Volkswirtschaft zerfällt wieder in zahlreiche Einzelwirtschaften, welche durch den Verkehr miteinander verbunden und dadurch voneinander mannigfach abhängig sind, dass jede für alle anderen gewisse Aufgaben übernimmt und von anderen für sich solche Aufgaben übernehmen lässt". Hier stehen wir vor einer neuen Frage: Was sind das für „Einzelwirtschaften", in die jene „Volkswirtschaft", die wir uns erst mühsam zurechtgedacht haben, zerfallen soll? Das Nächstliegende ist wohl, dass wir uns darunter die einzelnen Hausstände, Familienwirtschaften zu denken haben. In der Tat besteht jedes Volk in den sogenannten Kulturländern aus einer Anzahl Familien, und jede Familie führt auch in der Regel eine „Wirtschaft" für sich. Diese Privatwirtschaft besteht darin, dass die Familie, sei es aus der Beschäftigung ihrer erwachsenen Mitglieder, sei es aus sonstigen Quellen gewisse Geldeinnahmen bezieht, womit sie wiederum ihre Bedürfnisse an Nahrung, Kleidung, Wohnung usw. bestreitet, wobei, wenn wir an eine Familienwirtschaft denken, uns gewöhnlich im Mittelpunkt dieser Vorstellung die Hausmutter, die Küche, der Wäscheschrank und die Kinderstube erscheinen. Sollte die „Volkswirtschaft" in solche „Einzelwirtschaften" zerfallen? Wir geraten in eine gewisse Verlegenheit. Bei der Volkswirtschaft, wie wir sie uns eben konstruiert haben, handelt es sich vor allem um die Herstellung all jener Güter, die als Nahrung, Kleidung, Wohnung, Möbel, Werkzeuge und Stoffe zum Leben und zur Arbeit gehören. Im Mittelpunkt der Volkswirtschaft steht die Produktion. In den Familienwirtschaften hingegen handelt es sich nur um den Verbrauch der Gegenstände, die sich die Familie für ihr Einkommen fertig verschafft. Wir wissen, dass sich die meisten Familien in den modernen Staaten heutzutage fast alle Lebensmittel, Kleidung, Möbel usw. in den Läden, auf dem Markte fertig kaufen. In der Hauswirtschaft wird nur aus eingekauften Lebensmitteln die Speise zubereitet, oder es werden höchstens aus gekauften Stoffen

Kleider verfertigt. Nur in ganz zurückgebliebenen ländlichen Gegenden findet man wohl noch Bauernfamilien, die sich das meiste zum Leben durch eigene Arbeit in der Wirtschaft verschaffen. Freilich gibt es andererseits auch in den modernen Staaten viele Familien, die gerade Zuhause verschiedene Industrieprodukte in Massen herstellen: so die Hausweber, die Konfektionsarbeiter; es gibt auch, wie wir wissen, ganze Dörfer, wo man Spielzeug und dergleichen in der Hausindustrie verfertigt. Allein gerade hier gehört das von den Familien verfertigte Produkt ausschließlich dem Unternehmer, der es bestellt und bezahlt, nicht das geringste Stück davon geht in den eigenen Verbrauch, in die Wirtschaft der heimarbeitenden Familie über. Für die eigene Wirtschaft kaufen sich die Heimarbeiter aus ihrem kärglichen Lohn genauso alles fertig wie die anderen Familien. Wir kämen also mit dem Bücherschen Satz, die Volkswirtschaft zerfalle in viele Einzelwirtschaften, mit anderen Worten etwa zu dem Resultat: die Herstellung der Existenzmittel eines ganzen Volkes „zerfällt" in lauter Verbrauch der Lebensmittel durch Einzelfamilien, – ein Satz, der stark nach einem blühenden Unsinn aussieht.

Noch ein anderer Zweifel steigt auf. Die „Einzelwirtschaften" sollen nach Professor Bücher auch noch „durch den Verkehr miteinander verbunden" und voneinander gänzlich abhängig sein, da „jede für alle anderen gewisse Aufgaben übernimmt". Welcher Verkehr und welche Abhängigkeit mag damit gemeint sein? Ist es etwa der Verkehr freundschaftlicher und nachbarlicher Art der zwischen verschiedenen Privatfamilien stattfindet? Doch was sollte dieser Verkehr wohl mit Volkswirtschaft und mit Wirtschaft überhaupt zu tun haben? Ist es doch, wie jede tüchtige Hausfrau behauptet, für die Wirtschaft und für den Hausfrieden umso gedeihlicher, je weniger Verkehr von Haus zu Haus mit Nachbarn stattfindet. Und gar was die besagte „Abhängigkeit" betrifft, ist es gar nicht auszudenken, welche „Aufgaben" die Hauswirtschaft des Rentiers Meyer für die Wirtschaft des Gymnasialoberlehrers Schulze und für alle anderen übernommen haben soll. Wir sind offenbar ganz vom Wege abgeirrt und müssen die Frage von einem anderen Ende anfassen.

Die einzelnen Familienwirtschaften können es also augenscheinlich nicht sein, in die die „Volkswirtschaft" des Professors Bücher zerfällt. Sollten es nicht die einzelnen Fabriken, Werkstätten, landwirtschaftlichen Betriebe und dergleichen sein? Ein Umstand scheint zu bestätigen, dass wir diesmal auf richtiger Fährte sind. Es wird in allen diesen Betrieben auch wirklich verschiedenes hergestellt, produziert, was zur Erhaltung des ganzen Volkes dient, und es besteht auch andererseits auch wirklich Verkehr und gegenseitige Abhängigkeit unter ihnen. Eine Hosenknopffabrik z.B. ist gänzlich auf die Schneiderwerkstätten angewiesen, in denen sie Abnehmer für ihre Ware findet, während die Schneider wiederum Hosen nicht gut ohne Hosenknöpfe verfertigen können. Andererseits brauchen die Schneiderwerkstätten Stoffe, und damit sind sie auf Woll- und Baumwollwebereien angewiesen, die ihrerseits von der Schafzucht und vom Baumwollhandel abhängen usw. – Hier können wir tatsächlich einen weitverzweigten Zusammenhang der Produktion bemerken. Zwar ist es etwas hochtrabend, von „Aufgaben" zu sprechen, die jeder dieser Betriebe „für alle anderen übernimmt", dieweil es sich um den ordinärsten Verkauf von Hosenknöpfen an Schneider, von Schafwolle an die Spinnereien und dergleichen handelt. Aber solche Blüten müssen wir nun einmal als unvermeidliches Professoralkauderwelsch hinnehmen, dass die profitlichen Geschäftchen der Unternehmerwelt mit etwas Poesie und „sittlichen Werturteilen" zu umwinden liebt, wie Professor Schmoller so schön sagt. Allein hier steigen uns noch ärgere Zweifel auf. Die einzelnen Fabriken, landwirtschaftlichen Betriebe, Kohlengruben, Eisenwerke sollen ebenso viele „Einzelwirtschaften" sein, in welche die Volkswirtschaft „zerfällt". Aber zum Begriff einer „Wirtschaft", wenigstens so wie wir uns die Volkswirtschaft vorgestellt haben, muss offenbar in einem gewissen Umkreis sowohl die Herstellung von Lebensmitteln wie ihr Verbrauch, sowohl Produktion wie Konsumtion gehören. In den Fabriken, Werkstätten, Gruben und Werken wird jedoch lediglich produziert, und zwar für andere produziert. Verbraucht werden hier nur die Stoffe, woraus und womit die Werkzeuge gearbeitet wird. Das fertige Produkt hingegen geht im Betriebe gar nicht in den Verbrauch ein. Nicht ein Hosenknopf wird von dem Fabrikanten und seiner Familie, geschweige von den Fabrikarbeitern, nicht ein Eisenrohr von dem Eigentümer der Eisenwerke in der Familie verbraucht. Ferner: wie wir auch näher die „Wirtschaft" bestimmen wollen, immerhin müssen wir darunter etwas Ganzes für sich, einigermaßen Geschlossenes verstehen, eine annähernde Herstellung und Verbrauch der wichtigsten Lebensmittel, die zur Existenz des Menschen gehören. Die einzelnen heutigen Industrie und Landwirtschaftsbetriebe liefern aber, wie jedes Kind weiß, nur je ein einzelnes, höchstens ein paar Produkte, die zum menschlichen Unterhalt nicht entfernt ausreichen würden, ja, die meisten noch gar nicht konsumierbar, erst ein Teil eines Lebensmittels oder ein Stoff dazu oder ein Werkzeug sind. Die heutigen Produktionsbetriebe sind eben lauter Bruchstücke einer Wirtschaft, die für sich allein vom wirtschaftlichen Standpunkt gar keinen Sinn und Zweck haben, die gerade dadurch schon dem ungeschulten Blick auffallen, dass sie jedes für sich gar keine „Wirtschaft", sondern nur ein formloses Splitterchen von einer Wirtschaft darstellen. Sagt man also: die Volkswirtschaft, d.h. die Gesamtheit der Einrichtungen und Vorgänge, die zur Befriedigung der Bedürfnisse eines Volkes dienen, zerfalle wieder in Einzelwirtschaften, als da sind: Fabriken, Werkstätten, Gruben usw., so könnte man ebenso gut sagen: die Gesamtheit der biologischen Einrichtungen, die zur Ausführung aller Funktionen des menschlichen Organismus dienen, ist der Mensch selbst, dieser zerfällt wieder in viele Einzelorganismen, als da sind: Nase, Ohren, Beine, Arme usw. In der Tat ist eine heutige Fabrik ungefähr in dem „Maße eine „Einzelwirtschaft", als die Nase ein Einzelorganismus ist.

So gelangen wir auch auf diesem Wege zu einer Absurdität; ein Beweis, dass die auf lauter äußerlichen Merkmalen und Wortspaltungen ausgebauten kunstvollen Definitionen der bürgerlichen Gelehrten augenscheinlich Grund haben, sich in diesem Falle um den wahren Kern der Sache herumzudrücken.

Versuchen wir selbst, den Begriff der Volkswirtschaft einer näheren Prüfung zu unterziehen.

III.

Man erzählt uns von den Bedürfnissen eines Volkes, von der Befriedigung dieser Bedürfnisse in einer zusammenhängenden Wirtschaft und auf diese Weise von der Wirtschaft eines Volkes. Die Nationalökonomie soll die Wissenschaft sein, die uns das Wesen dieser Volkswirtschaft erklärt, d.h. die Gesetze, nach denen ein Volk seinen Reichtum durch die Arbeit schafft, vermehrt, an die einzelnen verteilt, verbraucht und von neuem schafft. Es soll also das Wirtschaftsleben eines ganzen Volkes sein, was den Gegenstand der Untersuchung bildet, im Gegensatz zur Privatwirtschaft oder Einzelwirtschaft, was diese letztere immer bedeuten mag. So trägt auch in scheinbarer Bestätigung dieser Auffassung, das 1776 erschienene epochemachende Werk des Engländers Adam Smith, den man den Vater der Nationalökonomie nennt, den Titel: „Der Reichtum der Nationen".

Gibt es aber, so müssen wir vor allem fragen, in Wirklichkeit so etwas wie die Wirtschaft eines Volkes? Führen die Völker jedes einen besonderen Haushalt, ein geschlossenes wirtschaftliches Leben für sich? Die Ausdrücke: Volkswirtschaft, Nationalökonomie werden besonders in Deutschland mit Vorliebe gebraucht, so richten wir denn unsere Blicke auf Deutschland.

Durch die Hände deutscher Arbeiter und Arbeiterinnen werden alljährlich in der Landwirtschaft und Industrie ungeheure Mengen von allerlei Gebrauchsgütern produziert. Wird dies alles aber etwa zum Eigengebrauch der im deutschen Reich wohnenden Bevölkerung hergestellt? Wir wissen, dass ein enormer und mit jedem Jahr wachsender Teil der deutschen Produkte nach anderen Ländern und Weltteilen, für andere Völker ausgeführt wird. Die deutschen Eisenwaren gehen nach verschiedenen benachbarten Ländern in Europa, ferner nach Südamerika, nach Australien; Leder und Lederwaren gehen aus Deutschland nach allen europäischen Staaten, Glassachen, Zucker, Handschuhe wandern nach England; Pelzfelle nach Frankreich, England, Osterreich-Ungarn; der Farbstoff Alizarin nach England, nach den Vereinigten Staaten, nach Indien; Thomasschlacken, die als Dungmittel dienen, nach den Niederlanden, nach Österreich-Ungarn; Koks nach Frankreich; Steinkohle nach Österreich Belgien, nach den Niederlanden, der Schweiz; elektrische Kabel nach England, Schweden, Belgien; Spielzeug nach den Vereinigten Staaten; deutsches Bier, Indigo sowie Anilin und andere Teerfarbstoffe, deutsche Arzneien, Zellulose, Goldwaren, Strümpfe, baumwollene und wollene Stoffe und Kleider, deutsche Eisenbahnschienen werden fast nach sämtlichen handeltreibenden Ländern der Welt verschickt.

Aber auch umgekehrt ist das deutsche Volk auf Schritt und Tritt bei der Arbeit wie im täglichen Verbrauch auf Erzeugnisse fremder Länder und Völker angewiesen. Wir essen Brot aus russischem Getreide und Fleisch von ungarischem, dänischem, russischem Vieh; der Reis, den wir verzehren, stammt aus Ostindien und aus Nordamerika, der Tabak aus Niederländisch Indien und aus Brasilien; wir beziehen Kakaobohnen aus Westafrika, Pfeffer aus Indien, Schweineschmalz aus den Vereinigten Staaten, Tee aus China, Obst aus Italien, Spanien und aus den Vereinigten Staaten, Kaffee aus Brasilien, Zentralamerika und Niederländisch-Indien; Fleischextrakt aus Uruguay, Eier aus Russland, Ungarn und Bulgarien; Zigarren von der Insel Kuba, Taschenuhren aus der Schweiz, Schaumweine aus Frankreich, Rindshäute aus Argentinien, Bettfedern aus China, Seide aus Italien und Frankreich, Flachs und Hanf aus Russland, Baumwolle aus den Vereinigten Staaten, aus Indien, Ägypten, feine Wolle aus England; Jute aus Indien; Malz ans Österreich-Ungarn; Leinsaat aus Argentinien; gewisse Sorten Steinkohle aus England, Braunkohle aus Österreich, Salpeter aus Chile; Quebrachoholz zum Gerben aus Argentinien, Nutz und Bauholz aus Russland, Korbholz aus Portugal, Kupfer aus den Vereinigten Staaten, Zinn aus Niederländisch-Indien, Zink aus Australien, Aluminium aus Österreich-Ungarn und Kanada, Asbest aus Kanada, Asphalt und Marmor aus Italien, Pflastersteine aus Schweden; Blei aus Belgien, den Vereinigten Staaten, Australien; Graphit von Ceylon, phosphorsalzigen Kalk aus Amerika und aus Algerien, Jod aus Chile …

Vom einfachsten Nahrungsmittel des täglichen Gebrauches bis zu den ausgesuchtesten Gegenständen des Luxus und den notwendigsten Stoffen und Werkzeugen stammt das meiste direkt oder indirekt, ganz oder in irgendeinem Bestandteil aus fremden Ländern, ist Produkt fremder Volksarbeit. Wir lassen somit, um in Deutschland leben und arbeiten zu können, fast sämtliche Länder, Völker, Weltteile für uns arbeiten und arbeiten unsererseits für alle Länder.

Um uns den enormen Umfang dieses Austausches zu vergegenwärtigen, werfen wir einen Blick auf die offizielle Statistik der Einfuhr und Ausfuhr. Nach dem „Statistischen Jahrbuch für das Deutsche Reich"

1914 gestaltet sich der Gesamteigenhandel (d.h. ohne die nur über Deutschland zur Durchfuhr gelangenden fremden Waren) wie folgt:

Deutschland hat im Jahre 1913 eingeführt:

an Rohstoffen	für 5262 Millionen Mark
an halbfertigen Waren	für 1246 Millionen Mark
an fertigen Waren	für 1776 Millionen Mark
an Nahrungs- und Genussmitteln	für 2063 Millionen Mark
an lebenden Tieren	für 289 Millionen Mark
im Ganzen	Für 11 638 Millionen Mark

Oder beinahe für 12 Milliarden Mark.
In demselben Jahre hat Deutschland ausgeführt:

an Rohstoffen	für 1720 Millionen Mark
an halbfertigen Waren	für 1159 Millionen Mark
an fertigen Waren	für 6642 Millionen Mark
an Nahrungs- und Genussmitteln	für 1362 Millionen Mark
an lebenden Tieren	für 7 Millionen Mark
im Ganzen	Für 10 891 Millionen Mark

Oder beinahe für 11 Milliarden Mark. Zusammen beläuft sich der jährliche Außenhandel Deutschlands somit auf mehr als 22 Milliarden.

Dasselbe aber, was in Deutschland, ist in größerem oder geringerem Maße auch in den anderen modernen Ländern der Fall, d.h. gerade in jenen, mit deren Wirtschaftsleben sich die Nationalökonomie ausschließlich befasst. Alle diese Länder produzieren füreinander, zum Teil auch für die entlegensten Weltteile, lassen sich aber auch ihrerseits auf Schritt und Tritt Erzeugnisse sämtlicher Weltteile bei Konsumtion wie bei Produktion zunutze kommen.

Wie soll man angesichts eines so enorm entwickelten Austausches die Grenzen zwischen der „Wirtschaft" eines Volkes und eines anderen ziehen, von ebenso vielen „Volkswirtschaften" sprechen, als wären es ökonomisch ganze, für sich zu betrachtende Gebiete?

Nun, der zunehmende internationale Warenaustausch ist freilich keine Entdeckung, die etwa den bürgerlichen Gelehrten unbekannt wäre. Die offiziellen statistischen Erhebungen mit ihren alljährlich veröffentlichten Berichten haben die einschlägigen Tatsachen längst zum Gemeingut aller Gebildeten gemacht; der Geschäftsmann, der Industriearbeiter kennt sie überdies aus dem täglichen Leben. Die Tatsache des rapid zunehmenden Welthandels ist heute so allgemein bekannt und anerkannt, dass sie nicht mehr bestritten und angezweifelt werden kann. Allein wie wird diese Tatsache von dem Fachgelehrten der Nationalökonomie aufgefasst? Als rein äußerer loser Zusammenhang, als Ausfuhr des sogenannten „Überschusses" in den Erzeugnissen eines Landes über den Eigenbedarf und als Einfuhr des zur eigenen Wirtschaft „etwa Fehlenden", – ein Zusammenhang, der sie durchaus nicht hindert, nach wie vor von der „Volkswirtschaft" und der „Volkswirtschaftslehre" zu sprechen.

So verkündet z.B. Professor Bücher, nachdem er uns des langen und breiten über die heutige „Volkswirtschaft" als die höchste und letzte Entwicklungsstufe in der Reihe der geschichtlichen Wirtschaftsformen belehrt hat:

„Es ist ein Irrtum, wenn man aus der (im liberalistischen Zeitalter erfolgten) Erleichterung des internationalen Verkehrs schließen zu dürfen meint, die Periode der Volkswirtschaft gehe zur Neige und mache der Periode der Weltwirtschaft Platz. – Gewiss sehen wir heute in Europa eine Reihe von Staaten, welche der nationalen Selbständigkeit in ihrer Güterversorgung insofern entbehren, als sie erhebliche Mengen ihrer Nahrungs- und Genussmittel aus dem Auslande zu beziehen genötigt sind, während ihre industrielle Produktionstätigkeit weit über das nationale Bedürfnis hinausgewachsen ist und dauernd Überschüsse liefert, die auf fremden Konsumtionsgebieten ihre Verwertung finden müssen. Aber das Nebeneinander" bestehen solcher Industrie- und Rohproduktionsländer, die gegenseitig aufeinander angewiesen sind, diese „internationale Arbeitsteilung" ist nicht als ein Zeichen anzusehen, dass die Menschheit eine neue Stufe der Entwicklung zu erklimmen im Begriffe steht, die unter dem Namen der Weltwirtschaft den früheren Stufen gegenübergestellt werden müsste. Denn einerseits hat keine Wirtschaftsstufe volle Selbstherrlichkeit der Bedürfnisbefriedigung auf die Dauer garantiert; jede ließ gewisse Lücken bestehen, die so oder so ausgefüllt werden mussten. Andererseits hat jene sogenannte Weltwirtschaft bis jetzt wenigstens keine Erscheinungen hervortreten lassen, die von denen der Volkswirtschaft in wesentlichen Merkmalen abweichen, und es steht sehr zu bezweifeln, dass solche in absehbarer Zukunft austreten werden"[1]).

Noch kühner ist Professor Büchers jüngerer Kollege Sombart, der schlankweg erklärt, dass wir nicht in die Weltwirtschaft hineinwachsen, sondern gar umgekehrt uns immer mehr von ihr entfernen: „Die Kulturvölker, so behaupte ich vielmehr, sind heute (im Verhältnis zu ihrer Gesamtwirtschaft) nicht wesentlich mehr, sondern eher weniger durch Handelsbeziehungen untereinander verknüpft. Die einzelne Volkswirtschaft ist heute nicht mehr, sondern eher weniger in den Weltmarkt einbezogen als vor hundert oder fünfzig Jahren. Mindestens aber ... ist es falsch, anzunehmen, dass die internationalen Handelsbeziehungen eine verhältnismäßig wachsende Bedeutung für die moderne Volkswirtschaft gewinnen. Das Gegenteil ist richtig." Professor Sombart ist überzeugt, dass „die einzelnen Volkswirtschaften immer vollkommenere Mikrokosmen (d.h. kleine abgeschlossene Welten) werden, und dass der innere Markt für alle Gewerbe den Weltmarkt immer mehr an Bedeutung überflügelt"[2]).

Diese funkelnde Narretei, die allen täglichen Wahrnehmungen des Wirtschaftslebens ungeniert ins Gesicht schlägt, unterstreicht aufs glücklichste jene verbissene Abneigung der Herren Zunftgelehrten gegen die Anerkennung der Weltwirtschaft als einer neuen Entwicklungsphase der menschlichen Gesellschaft, – eine Abneigung, die wir uns wohl zu merken, und deren verborgenen Wurzeln wir nachzugehen haben.

---

1   Die Entstehung der Volkswirtschaft. 5. Auflage, S. 147.
2   Auflage, 1909, S. 399 –420.

Weil also schon auf den „früheren Wirtschaftsstufen", z.B. zu König Nebukadnezars Zeiten, „gewisse Lücken" im Wirtschaftsleben der Menschen durch den Austausch ausgefüllt wurden, so hat der heutige Welthandel gar nichts zu besagen, und es bleibt bei der „Volkswirtschaft". Dies die Meinung Professor Büchers.

Wie bezeichnend für die Rohheit der geschichtlichen Auffassung eines Gelehrten, dessen Ruhm gerade auf angeblich scharfsinnigen und tiefen wirtschaftshistorischen Einblicken beruht! Den internationalen Handel verschiedenster, durch Jahrtausende getrennter Kultur- und Wirtschaftsstufen bringt er einem abgeschmackten Schema zuliebe ohne weiteres unter einen Hut. Freilich, es gibt und es gab keine Gesellschaftsform ohne Austausch. Die ältesten vorgeschichtlichen Funde, die rohesten Höhlen, die der „vorsintflutlichsten" Menschheit als Wohnräume dienten, die primitivsten Gräber aus der Vorzeit, sie alle sind schon Zeugen eines gewissen Austausches der Produkte zwischen weit entfernten Gegenden. Der Austausch ist so alt wie die Kulturgeschichte der Menschheit, er ist seit jeher ihr ständiger Begleiter und ihr mächtigster Förderer gewesen. In dieser allgemeinen und in ihrer Allgemeinheit ganz vagen Erkenntnis ertränkt nun unser Gelehrter alle Besonderheiten der Epochen, der Kulturstufen der Wirtschaftsformen. Wie in der Nacht alle Katzen grau sind, so sind im Dunkel dieser professoralen Theorie alle himmelweit verschiedenen Gestalten des Austausches ein und dasselbe. Der primitive Austausch einer Botokudenhorde in Brasilien, die hier und da gelegentlich ihre eigenartig geflochtenen Tanzmasken gegen kunstvoll verfertigte Bogen und Pfeile einer anderen Horde austauscht, die glänzenden Warenlager Babylons, wo die Pracht der orientalischen Hofhaltungen aufgestapelt war; der antike Markt Korinths, wo am Neumond orientalische Linnen, griechische Tonwaren, Papier aus Tyrus, syrische und anatolische Sklaven für die reichen Sklavenhalter feilgeboten wurden; der mittelalterliche Seehandel Venedigs, der Luxusgegenstände für die europäischen Feudalhöfe und Patrizierhäuser lieferte, – und der heutige kapitalistische Welthandel, der Orient und Okzident, Nord und Süd, sämtliche Ozeane und Weltwinkel in sein Netz gespannt hat, der alles – vom täglichen Brot und Zündholz des Bettlers bis zum ausgesuchtesten Kunstgegenstand des reichen Liebhabers, vom einfachsten

Bodenprodukt bis zum kompliziertesten Werkzeug, von den menschlichen Arbeitshänden, der Quelle alles Reichtums, bis zu den Mordwerkzeugen des Krieges – jahrein, jahraus in ungeheuren Massenhin und her wälzt, – das alles ist unserem Professor der Nationalökonomie ein und dasselbe: bloßes „Ausfüllen" „gewisser Lücken" im selbständigen Wirtschaftsorganismus!...

Vor 50 Jahren erzählte Schultze von Delitzsch den deutschen Arbeitern, jedermann produziere heute zunächst für sich selbst die gewonnenen Produkte, aber, „die er nicht für sich selbst gebrauche", gebe er „im Austausch gegen die Produkte der anderen hin". Die Antwort Lassalles auf diesen Unsinn bleibt unvergesslich: „Herr Schultze! Patrimonialrichter! Haben Sie denn gar keinen Begriff von der wirklichen Gestalt der heutigen gesellschaftlichen Arbeit? Sind Sie denn nie aus Bitterfeld und Delitzsch herausgekommen? In welchem Jahrhundert des Mittelalters leben Sie denn eigentlich noch mit allen Ihren Anschauungen? ... Haben Sie denn gar keine Ahnung davon, dass sich die heutige gesellschaftliche Arbeit gerade dadurch charakterisiert, dass jeder das produziert, was er für sich selbst nicht gebrauchen kann? Haben Sie gar keine Ahnung davon, dass dies seit der großen Industrie so sein muss, dass hierin die Form und das Wesen der heutigen Arbeit liegt, und dass ohne die schärfste Festhaltung dieses Punktes keine einzige Seite unserer heutigen ökonomischen Zustände, keine einzige unserer heutigen ökonomischen Erscheinungen begriffen werden kann?

Nach Ihnen produziert also Herr Leonor Reichenheim auf Wüstegiersdorf zunächst das Baumwollgarn, das er für sich gebraucht. Den Überschuss desselben, den ihm seine Töchter nicht mehr zu Strümpfen und Nachtjacken verarbeiten können, tauscht er aus.

Herr Borsig produziert zunächst Maschinen für seinen Familienbedarf. Die überschüssigen Maschinen verkauft er dann.

Die Trauermagazine arbeiten zunächst vorsorglich für die Todesfälle in der eigenen Familie. Was dann, indem diese zu spärlich ausfallen, an Trauerstoffen noch übrigbleibt, tauschen sie aus.

Herr Wolfs, der Eigentümer des hiesigen Telegraphenbüros, lässt zunächst die Depeschen zu seiner eigenen Belehrung und Vergnügen kommen. Was dann, nachdem er sich hinreichend an ihnen gesättigt, noch übrigbleibt, tauscht er mit den Börsenwölfen und Zeitungsredaktionen aus, die ihm dagegen mit ihren überschüssigen Zeitungskorrespondenzen aufwarten! ...

Also: Das ist eben der unterscheidende, scharf festzuhaltende Charakter der Arbeit in früheren Gesellschaftsperioden, dass man damals zunächst für den eigenen Bedarf produzierte und den Überschuss abgab, d.h. vorherrschend Naturalwirtschaft trieb. Und das ist wieder der unterscheidende Charakter, die spezifische Bestimmtheit der Arbeit in der modernen Gesellschaft, dass jeder nur produziert, was er durchaus nicht braucht, d.h. dass jeder Tauschwerte produziert, wie früher vorherrschend Nutzwerte.

Und begreifen Sie nicht, Herr Schultze, dass dies die notwendige und immer mehr um sich greifende Form und Art der Arbeitsverrichtung ist in einer Gesellschaft, in welcher sich die Teilung der Arbeit so weit entwickelt hat wie in der modernen Gesellschaft?", Was Lassalle hier Schultze von dem kapitalistischen Privatbetrieb klar zu machen sucht, trifft mit jedem Tage mehr auf die Wirtschaftsweise so stark entwickelter kapitalistischer Länder zu, wie England, Deutschland, Belgien, die Vereinigten Staaten, in deren Fußtapfen die übrigen Länder, eines nach dem anderen, treten. Und die Irreführung der Arbeiter durch den fortschrittlichen Patrimonialrichter aus Bitterfeld war nur viel naiver, aber nicht gröber als die tendenziöse Polemik eines Bücher oder eines Sombart heute gegen den Begriff Weltwirtschaft.

Ein deutscher Professor liebt als pünktlicher Beamter in seinem Ressort die Ordnung. Der Ordnung zuliebe pflegt er auch die Welt hübsch sauber in die Schubfächer eines wissenschaftlichen Schemas einzuschachteln. Und genau wie er seine Bücher auf den Regalen aufstellt, so hat er auch die verschiedenen Länder auf zwei Regalen verteilt: hier Länder, die Industrieprodukte herstellen und davon „einen Überschuss" haben; dort Länder die Landbau und Viehzucht treiben, und deren Rohprodukte jenen anderen Ländern mangeln. Daraus entsteht und darauf beruht der internationale Handel.

Deutschland ist eines der industriellsten Länder der Welt. Nach dem Schema müsste es den regsten Austausch mit einem agrarischen Großstaat wie Russland führen. Wie kommt es nun, dass Deutschlands wichtigste Partner im Handel die beiden anderen industriellen

Länder: die Vereinigten Staaten Nordamerikas und England, sind? Der Austausch Deutschlands mit den Vereinigten Staaten belief sich nämlich 1913 auf 2,4 Milliarden Mark, mit England auf 2,3 Milliarden Mark; Russland kommt erst an dritter Stelle in Betracht. Und speziell was die Ausfuhr betrifft, so ist gerade der erste Industriestaat der Welt der größte Abnehmer für die deutsche Industrie: mit 1,4 Milliarden Mark Jahreseinfuhr aus Deutschland steht England an der Spitze und lässt alle anderen Staaten weit hinter sich. Das Britische Reich mit seinen Kolonien aber nimmt ein ganzes Fünftel der gesamten deutschen Ausfuhr auf. Was sagt das professorale Schema zu diesem merkwürdigen Phänomen?

Hie Industriestaat – dort Agrarstaat, dies ist das starre Gerippe der weltwirtschaftlichen Beziehungen, mit dem Professor Bücher und die meisten seiner Kollegen operieren. Nun, Deutschland war in den sechziger Jahren ein Agrarstaat; es führte einen Überschuss an landwirtschaftlichen Erzeugnissen aus und musste sich mit den nötigsten Industriewaren von England versehen lassen. Seitdem hat es sich selbst in einen Industriestaat und den nächsten Rivalen Englands verwandelt. Die Vereinigten Staaten machen dasselbe, was Deutschland in den siebziger und achtziger Jahren, in einer noch kürzeren Frist durch; sie sind gerade jetzt mitten im Wandel begriffen. Noch sind sie neben Russland, Kanada, Australien und Rumänien das größte Weizenland der Welt, und noch waren nach der letzten Zählung (freilich aus dem Jahre 1900) ganze 36% ihrer Gesamtbevölkerung in der Landwirtschaft beschäftigt. Zugleich aber schreitet die Industrie der Union mit beispielloser Geschwindigkeit vorwärts, so dass sie neben der englischen und der deutschen als gefährliche Nebenbuhlerin auftritt. Und wir geben einer hohen nationalökonomischen Fakultät die Preisaufgabe, zu definieren, ob die Vereinigten Staaten im Schema des Professor Bücher in der Rubrik Agrarstaat oder in der Rubrik Industriestaat unterzubringen seien. Russland folgt langsam auf derselben Bahn und wird – sobald es die Fesseln einer veralteten Staatsform abgestreift hat – dank der ungeheuren Bevölkerung und dem unerschöpflichen Naturreichtum – mit Siebenmeilenstiefeln das Versäumte nachholen, um vielleicht noch vor unseren Augen, die wir heute leben, als mächtiger Industriestaat Deutschland und England und der amerikanischen Union an die Seite zu treten, wo nicht sie zu überflügeln. Die Welt ist also nicht ein starres Gerippe, wie die Weisheit eines Professors, sondern sie bewegt sich, lebt, verändert sich. Der polare Gegensatz zwischen Industrie und Landwirtschaft, aus dem der internationale Austausch allein entspringen soll, ist also selbst ein fließendes Element; er wird immer weiter aus dem Kreis der modernen Kulturwelt an ihre Peripherie verdrängt. Was geschieht aber mittlerweile mit dem Handel innerhalb dieses Kulturkreises? Nach der Bücherschen Theorie müsste er immer mehr zusammenschrumpfen. Anstatt dessen wird er – o Wunder! – gerade zwischen den Industrieländern immer gewaltiger.

Nichts ist so lehrreich wie das Bild, dass uns die Entwicklung unseres modernen Wirtschaftsgebietes in dem letzten Vierteljahrhundert bietet. Trotzdem wir seit den achtziger Jahren in allen Industrieländern und Großstaaten in Europa wie in Amerika wahre Orgien der Schutzzöllnerei, d.h. der gegenseitigen künstlichen Absperrung der „Volkswirtschaften", erleben, ist die Entwicklung des Welthandels im gleichen Zeitraum nicht bloß nicht zum Stillstand gekommen; sie ist in eine rasende Karriere verfallen. Wie dabei gerade die zunehmende Industrialisierung und der Welthandel Hand in Hand gehen, dies kann ein Blinder an den drei führenden Ländern: England, Deutschland und den Vereinigten Staaten ablesen.

Kohle und Eisen sind die Seele der modernen Industrie. Nun stieg von 1885 bis 1910 die Kohlengewinnung:

in England	von 162 auf 269 Mill. Tonnen
in Deutschland	von 74 auf 222 Mill. Tonnen
in den Vereinigten Staaten	von 101 auf 455 Mill. Tonnen

Die Roheisengewinnung stieg in derselben Zeit

in England	von 7,5 auf 10,2 Mill. Tonnen
in Deutschland	von 3,7 auf 14,8 Mill. Tonnen
in den Vereinigten Staaten	von 4,1 auf 27,7 Mill. Tonnen

Gleichzeitig stieg der jährliche Außenhandel (Einfuhr und Ausfuhr) von 1885 bis 1912:

in England	von 13 auf 27,4 Mill. Tonnen
in Deutschland	von 6,2 auf 21,3 Mill. Tonnen
in den Vereinigten Staaten	von 5,5 auf 16,2 Mill. Tonnen

Nimmt man aber den gesamten Außenhandel (Einfuhr und Ausfuhr) aller wichtigeren Länder der Erde in der jüngsten Zeit, so ist er von 105 Milliarden Mark im Jahre 1904 auf 165 Milliarden Mark im Jahre 1912 gestiegen. Das bedeutet ein Wachstum um 57% binnen 8 Jahren! In der Tat ein so atemraubendes Tempo der wirtschaftlichen Entwicklung, wie davon die ganze bisherige Weltgeschichte kein annäherndes Beispiel zu bieten hat! „Die Toten reiten schnelle." Die kapitalistische „Volkswirtschaft" scheint Eile zu haben, die Grenzen ihrer Existenzfähigkeit zu erschöpfen, die Gnadenfrist ihrer Daseinsberechtigung abzukürzen. Was sagt aber zu alledem das Schema von „gewissen Lücken" und von dem schwerfälligen Tanz zwischen Industriestaat und Agrarstaat?

Doch es gibt im modernen Wirtschaftsleben solcher Rätsel noch mehr.

Betrachten wir etwas aufmerksamer die Tabellen der deutschen Einfuhr und Ausfuhr, statt uns mit Gesamtsummen der ausgetauschten Warenwerte oder nur mit ihren großen allgemeinen Kategorien zu begnügen, lassen wir zur Probe die wichtigsten Warengattungen des deutschen Handels vor uns Revue passieren.

Es wurden im Jahre 1913			
nach Deutschland eingeführt:		aus Deutschland ausgeführt:	
	Millionen Mark		Millionen Mark
Baumwolle roh	für 607	Maschinen aller Art	für 680
Weizen	417	Eisenwaren	652
Schafswolle roh	413	Steinkohlen	516
Geste	390	Baumwollenwaren	271
Rindshäute	322	Papier und Papierwaren	263
Eisenerze	227	Felle und Pelzwerk	225
Steinkohlen	204	Eisen in Stäben	205
Eier	194	Seidenwaren	202
Felle und Pelzwerk	188	Koks	147
Chilesalpeter	172	Anilin- und andere Teerfabrikate	142
Rohseide	158	Kleider	132
Kautschuk	147	Kupferwaren	130
Nadelholz gesägt	135	Oberleder	114
Baumwollengarn	116	Lederwaren	114
Wollengarn	108	Spielzeug	103
Nadelholz roh	97	Eisenblech	102
Kalbfelle	95	Wollengarn	91
Jute	94	Eiserne Röhren	84

Maschinen aller Art	80	Rindshäute	81
Lamm-, Schaf- und Ziegenfelle	73	Eisendraht	76
Baumwollengarn	72	Eisenbahnschienen usw.	73
Braunkohlen	69	Roheisen	65
Wolle gekämmt	61	Baumwollengarn	61
Wollenwaren	43	Kautschukwaren	57

Zwei Tatsachen springen hier auch dem oberflächlichen Beobachter sofort in die Augen. Die erste ist, dass ein und dieselbe Warengattung mehrfach in beiden Rubriken, wenn auch mit verschiedenen Beträgen, figuriert. Deutschland setzt für enorme Summen Maschinen im Auslande ab, es bezieht aber gleichzeitig für die ansehnliche Summe von 80 Millionen Mark im Jahre „Maschinen aus dem Auslande. Ebenso werden Steinkohlen aus Deutschland ausgeführt und zugleich ausländische Steinkohlen nach Deutschland eingeführt. Dasselbe bezieht sich auf Baumwollenwaren, Wollengarne und Wollenwaren, dasselbe auf Rindshäute und Pelzfelle und noch auf viele andere Waren, die nicht in der Tabelle aufgezählt sind. Vom Standpunkte des kahlen Gegensatzes zwischen Industrie und Landwirtschaft, der unseren Professor der Nationalökonomie wie Aladins Zauberlampe alle Geheimnisse des modernen Welthandels beleuchten hilft, ist diese merkwürdige Duplizität ganz unbegreiflich, ja sie wirkt wie eine vollendete Absurdität. Wie denn nun? Hat Deutschland an Maschinen einen „Überschuss über den eigenen Bedarf", oder hat es darin umgekehrt „gewisse Lücken"? Und an Steinkohle und an Baumwollenwaren? Und an Rindshäuten? Und an hundert anderen Dingen! Oder wie sollte eine „Volkswirtschaft" gleichzeitig und an denselben Produkten ständig etwaigen „Überschuss" und „gewisse Lücken" aufweisen können? Aladins Lampe flackert unsicher. Offenbar ist die beobachtete Tatsache nur zu erklären, wenn wir annehmen, dass zwischen Deutschland und den anderen Ländern komplizierte, tiefgreifende wirtschaftliche Zusammenhänge bestehen, eine weitverzweigte, ins einzelne gehende Arbeitsteilung, die gewisse Sorten derselben Produkte in Deutschland für das Ausland, andere Sorten im Auslande für Deutschland bestellen lässt, ein tägliches Hinüber und Herüber schafft und einzelne Länder nur als organische Teile eines größeren Ganzen erscheinen lässt.

Jedermann muss ferner schon auf den ersten Blick auf die Tabelle von der Tatsache frappiert sein, dass Einfuhr und Ausfuhr hier nicht als zwei getrennte, hier durch „Lücken" der eigenen Wirtschaft, dort durch ihre „Überschüsse" erklärte Erscheinungen austreten, dass sie vielmehr miteinander ursächlich verkettet sind. Die enorme Baumwolleneinfuhr Deutschlands ist ganz augenscheinlich nicht durch den eigenen Bedarf der Bevölkerung bemessen, vielmehr soll sie von vornherein die große Ausfuhr von Baumwollenstoffen und Kleidern aus Deutschland ermöglichen. Ebenso der Zusammenhang zwischen der Einfuhr von Wolle und der Ausfuhr von Wollenwaren, desgleichen zwischen der enormen Einfuhr fremder Erze und der enormen Ausfuhr von Eisenwaren in jeglicher Gestalt, und so auf Schritt und Tritt. Deutschland führt also ein, um ausführen zu können. Es schafft sich künstliche „gewisse Lücken", um diese Lücken hintennach in ebenso viele „Überschüsse" zu verwandeln. Der deutsche „Mikrokosmos" erscheint so von vornherein in allen seinen Maßstäben als ein Splitter eines größeren Ganzen, als eine Werkstatt in der Welt.

Doch schauen wir uns diesen „Mikrokosmos" in seiner „immer vollkommeneren" Selbstherrlichkeit einmal genauer an· Denken wir uns, dass durch irgendeine soziale oder politische Katastrophe die deutsche „Volkswirtschaft" wirklich von der übrigen Welt abgeschnitten, auf sich gestellt wäre. Welches Bild böte sich da unseren Augen? Fangen wir mit dem täglichen Brot an. Der deutsche Ackerbau weist eine doppelt so große Ertragsfähigkeit auf als in den Vereinigten Staaten; er nimmt in Bezug auf seine Qualität unter den Agrarstaaten der Welt die erste Stelle ein und steht nur dem noch intensiveren Ackerbau Belgiens, Irlands und der Niederlande nach. Vor 50 Jahren gehörte Deutschland mit seiner damals noch viel rückständigeren Landwirtschaft zu den Kornkammern Europas, es ernährte andere Länder mit dem Überschuss an eigenem Brot. Heute reicht der deutsche Ackerbau trotz seiner Ertragsfähigkeit nicht entfernt hin, das eigene Volk und den eigenen Viehstand zu ernähren: ein Sechstel der Nahrungsmittel muss vom Auslande bezogen werden. Das heißt mit anderen Worten: Sperren Sie die deutsche „Volkswirtschaft" von der Welt ab, und ein Sechstel der Bevölkerung, über 11 Millionen Deutsche sind ihrer Lebensmittel beraubt!

Das deutsche Volk verzehrt jährlich für 220 Millionen Mark Kaffee, für 67 Millionen Kakao, für 8 Millionen Tee, für 61 Millionen Reis; es verbraucht für etwa ein Dutzend Millionen verschiedene Gewürze und für 134 Millionen Mark fremde Tabakblätter. Alle diese Erzeugnisse, ohne die der Ärmste heute sein Leben nicht fristen kann, die zu den täglichen Gewohnheiten, zu unserer Lebenshaltung gehören, werden in Deutschland gar nicht (oder wie beim Tabakbau nur in geringen Mengen) erzeugt, weil das deutsche Klima hierfür ungeeignet ist. Schließen Sie Deutschland dauernd von der Welt, ab, und die Lebenshaltung des deutschen Volkes, die seiner heutigen Kultur entspricht, bricht zusammen.

Nach der Ernährung kommt die Kleidung in Betracht. Die Leibwäsche sowie die gesamte Kleidung der breiten Volksmassen sind heute fast ausschließlich aus Baumwolle, die Wäsche des reicheren Bürgertums aus Leinwand, die Kleider aus feiner Wolle und Seide. Baumwolle und Seide werden in Deutschland gar nicht erzeugt, ebenso wenig der hochwichtige Textilstoff Jute, ebenso wenig die feinste Wolle, deren Monopol in der ganzen Welt England innehat; an Hanf und Flachs hat Deutschland ein großes Defizit. Sperren Sie Deutschland dauernd von der Welt ab, entziehen Sie ihm die Rohstoffe und den Absatz im Auslande, und das deutsche Volk in allen seinen Schichten ist seiner notwendigsten Kleidung beraubt, die deutsche Textilindustrie, die heute zusammen mit der Bekleidungsindustrie 14 00000 erwachsene und jugendliche Arbeiter und Arbeiterinnen ernährt, ist ruiniert.

Gehen wir weiter. Das Rückgrat der heutigen Großindustrie ist die sogenannte schwere Industrie: die Maschinenproduktion und die Metallbearbeitung; das Rückgrat dieser sind aber Metallerze. Deutschland verbraucht (1913) jährlich etwa 17 Millionen Tonnen Roheisen. Seine eigene Gewinnung an Roheisen beträgt gleichfalls 17 Millionen Tonnen. Auf den ersten Blick könnte man meinen, die deutsche „Volkswirtschaft" decke so ziemlich ihren Bedarf an Eisen selbst. Zur Gewinnung von Roheisen gehören aber Eisenerze, und da finden wir, dass die eigene Förderung Deutschlands nur etwa 27 Millionen Tonnen zum Werte von über 110 Millionen Mark beträgt, während 12 Millionen Tonnen höherwertige Eisenerze für mehr als 200 Millionen Mark, Erze, ohne die die deutsche Metallindustrie gar nicht auskommen könnte, aus Schweden, Frankreich und Spanien bezogen werden.

Ungefähr dasselbe Bild sehen wir in Bezug auf die anderen Metalle. Bei einem Jahresverbrauch von 22 0000 t Zink hat Deutschland eine Eigengewinnung von 270 000 t, von denen 100 000 t ausgeführt werden, während mehr als 50 000 t fremden Metalls den deutschen Bedarf mitdecken müssen. Die benötigten Zinkerze werden wiederum nur zum Teil in Deutschland gefördert: nämlich etwa eine halbe Million Tonnen im Werte von 50 Millionen Mark. 300 000 t höherwertige Erze für 400 Millionen Mark müssen vom Auslande bezogen werden. An Blei führt Deutschland 94 000 t fertigen Metalls und 123 000 t Erze ein. Endlich was das Kupfer betrifft, so ist die deutsche Produktion bei einem Jahresverbrauch von 241 000 t mit ganzen 206 000 t auf die Ausfuhr vom Auslande angewiesen. Vollends wird Zinn ganz von auswärts bezogen. – Sperren Sie Deutschland dauernd von der Welt ab, und mit dieser Zufuhr des wertvollsten Metalls sowie mit dem enormen Absatz der deutschen Eisenerzeugnisse und deutscher Maschinen im Auslande schwindet die Existenzbasis der deutschen Metallbearbeitung die 662 000 Arbeiter beschäftigt, und der Maschinenindustrie, bei der 113 0000 Arbeiter und Arbeiterinnen ihr Brot finden. Mit der Metall- und Maschinenindustrie müsste aber eine ganze Reihe anderer Gewerbezweige, die von jenen Rohstoffe und Werkzeuge beziehen, wie auch solcher, die ihnen Roh- und Hilfsstoffe liefern, namentlich also der Kohlenbergbau und endlich auch solcher, die für die gewaltigen Arbeiterarmeen dieser Industriezweige Lebensmittel produzieren, zusammenbrechen.

Erwähnen wir nur noch die chemische Industrie mit ihren 168 000 Arbeitern, die für die ganze Welt produziert. Erwähnen wir die Holzindustrie, die heute 45 0000 Arbeiter beschäftigt, die aber ohne ausländisches Bau- und Nutzholz zum größten Teil ihren Betrieb schließen müsste. Erwähnen wir die Lederindustrie, die ohne ausländische

Häute wie auch ohne den großen Absatz im Auslande mit ihren 117 000 Arbeitern auf dem Pflaster liegen würde. Erwähnen wir die Edelmetalle Gold und Silber, die das Geldmaterial und als solches die unentbehrliche Basis des ganzen heutigen Wirtschaftslebens bilden, die aber in Deutschland so gut wie gar nicht produziert werden. Stellen wir uns das alles lebendig vor und fragen wir dann: Was ist die deutsche „Volkswirtschaft"? Das heißt, vorausgesetzt, dass Deutschland wirklich und dauernd von der übrigen Welt abgeschnitten wäre und seine Wirtschaft ganz allein führen müsste, was würde aus dem heutigen Wirtschaftsleben und somit aus der ganzen heutigen Kultur Deutschlands werden? Ein Produktionszweig würde nach dem anderen zusammenbrechen, einer den anderen in den Abgrund ziehen, eine enorme Proletariermasse ohne Beschäftigung, die ganze Bevölkerung beraubt der notwendigsten Nahrungs- und Genussmittel und der Kleidung, der Handel beraubt seiner Basis des Edelmetallgeldes, die ganze „Volkswirtschaft" – ein Haufen von Trümmern, ein zerschmettertes Wrack!...

So sehen die „gewissen Lücken" im deutschen Wirtschaftsleben aus und so der „immer vollkommenere Mikrokosmos", der sich selbstgefällig im blauen Äther der professoralen Theorie wiegt.

Doch halt! Und der Weltkrieg von 1914, die große Probe aufs Exempel der „Volkswirtschaft"? Hat er nicht die Bücher und Sombart aufs glänzendste gerechtfertigt? Hat er nicht der neidischen Welt gezeigt, wie vortrefflich der deutsche „Mikrokosmos" dank der strammen staatlichen Organisation und der Leistungsfähigkeit der deutschen Technik auch in hermetischer Abschließung vom Weltverkehr existenzfähig, gesund und kräftig ist? Hat nicht die Ernährung des Volkes ohne fremde Landwirtschaft vollauf ausgereicht, und ist nicht das Räderwerk der Industrie ohne Zufuhr aus dem Auslande ohne Absatz dorthin munter in Bewegung geblieben?

Sehen wir uns die Tatsachen an.

Zunächst die Ernährung. Sie war nicht entfernt von der deutschen Landwirtschaft allein bestritten. Mehrere Millionen erwachsener männlicher Bevölkerung, zur Armee gehörig, wurden fast während der ganzen Dauer des Krieges von fremden Ländern erhalten: von Belgien, Nordfrankreich und zum Teil von Polen und Litauen. Zur

Ernährung des deutschen Volkes wurde also die Fläche der eigenen „Volkswirtschaft" um das ganze Areal der okkupierten Landstriche Belgiens und Nordfrankreichs, im zweiten Kriegsjahre um den westlichen Teil des Russischen Reiches vergrößert, die mit ihren landwirtschaftlichen Erzeugnissen in hohem Maße den Ausfall in der deutschen Zufuhr decken mussten. Das ergänzende Gegenstück dazu bildete das grauenhafte Defizit in der Ernährung der einheimischen Bevölkerung jener fremden Landstriche, die ihrerseits – wie z.B. in Belgien – auf dem Wege der Wohltätigkeit von Produkten der amerikanischen Landwirtschaft erhalten wurde. Die zweite Ergänzung bildete in Deutschland die Verteuerung sämtlicher Lebensmittel um 100 bis 200% und die erschreckende Unterernährung breitester Schichten der einheimischen Bevölkerung.

Ferner das industrielle Räderwerk. Wie konnte dieses im Betrieb erhalten werden ohne die Zufuhr fremder Rohstoffe und anderer Produktionsmittel, deren ungeheure Wichtigkeit wir kennengelernt haben? Wie konnte ein solches Wunder geschehen? Das Rätsel löst sich auf die einfachste Weise und ohne jedes Wunder. Die deutsche Industrie konnte in Tätigkeit bleiben einzig und allein deshalb, weil sie eben mit den unentbehrlichen ausländischen Rohstoffen fortlaufend gespeist wurde, und zwar bezog sie diese auf dreifachem Wege: erstens aus großen Vorräten, die Deutschland an Baumwolle, an Wolle, an Kupfer in verschiedener Gestalt usw. bereits im Lande besaß und nur aus ihren Schlupfwinkeln hervorzulocken und flüssig zu machen brauchte; zweitens aus den Vorräten, die es wiederum in fremden Ländern: Belgien, Nordfrankreich, zum Teil Polen und Litauen kraft militärischer Okkupation mit Beschlag belegt und für die eigene Industrie nutzbar machte; drittens endlich aus der fortlaufenden Zufuhr vom Auslande, die durch die Vermittlung neutraler Länder (und aus Luxemburg) auch im Laufe des ganzen Krieges nicht aufgehört hatte. Fügt man hinzu, dass die unentbehrliche Voraussetzung dieser ganzen „Kriegswirtschaft" und ihres glatten Fortganges auch noch ein enormer Vorrat ausländischem Edelmetalls war, das in den deutschen Banken aufgeschatzt lag, so erweist sich, dass die hermetische Abschließung der deutschen Industrie und des Handels von der Außenwelt eine ebensolche Legende war, wie die ausreichende Ernährung der deutschen Bevölkerung durch die einheimische Landwirtschaft, und dass die angebliche Selbstherrlichkeit des deutschen „Mikrokosmos" im Weltkriege somit auf zwei Ammenmärchen beruhte.

Endlich der Absatz der deutschen Industrie, den wir in so hohem Maße in allen Weltgegenden festgestellt haben. Er wurde während der Kriegsdauer durch den eigenen Kriegsbedarf des Staates ersetzt. Mit anderen Worten hatten die wichtigsten Industriezweige: Metall-, Textil-, Leder-, chemische Industrie, eine Ummodelung erfahren und wurden in ausschließliche Lieferungsindustrien für die Armee verwandelt. Da die Kosten des Krieges von den deutschen Steuerzahlern gezahlt werden, so bedeutete diese Umwandlung der Industrie in Kriegsindustrie, dass die deutsche „Volkswirtschaft", statt einen großen Teil ihrer Produkte ins Ausland zum Austausch zu schicken, ihn der fortlaufenden Vernichtung im Kriege preisgab, mit dem so entstehendem Verlust aber vermittelst des öffentlichen Kreditsystems die zukünftigen Ergebnisse der Wirtschaft auf Jahrzehnte hinaus belastete.

Nimmt man alles zusammen, dann ist es klar, dass das Wunderbare Gedeihen des „Mikrokosmos" im Kriege nach jeder Richtung ein Experiment darstellte, von dem es nur eine Frage war, wie lange es hingezogen werden kann, ohne dass das künstliche Gebäude wie ein Kartenhaus zusammenstürzt.

Jetzt noch einen Blick auf eine merkwürdige Erscheinung. Wenn wir den auswärtigen Handel Deutschlands in seinen Gesamtzahlen betrachten. so fällt es aus, dass seine Einfuhr bedeutend größer ist als die Ausfuhr: die erstere betrug 1913, 11,6 die letztere 10,9 Milliarden Mark. Und dieses Verhältnis ist nicht etwa eine Ausnahme des genannten Jahres, sondern seit einer längeren Reihe von Jahren zu konstatieren. Dasselbe bei Großbritannien, das 1913 im Gesamteigenhandel für 13 Milliarden Mark ein und für 10 Milliarden Mark ausführte. Ähnlich liegen die Dinge in Frankreich, in Belgien, in den Niederlanden. Wie ist eine derartige Erscheinung möglich? Will Professor Bücher uns nicht mit seiner Theorie des „Überschusses über den eigenen Bedarf" und der „gewissen Lücken" erleuchten?

Wenn die wirtschaftlichen Beziehungen der verschiedenen „Volkswirtschaften" zueinander sich dahin erschöpfen, dass, wie der Professor uns belehrt, die einzelnen „Volkswirtschaften" einander, wie schon zu Zeiten Nebukadnezars, ihre jeweiligen „Überschüsse" zuwerfen, d.h. wenn der einfache Warenaustausch die einzige Brücke über den blauen Luftraum ist, der einen dieser „Mikrokosmen" von dem anderen trennt, dann ist es klar, dass ein Land just so viel an fremden Waren einführen kann, als es an eigenem ausführt. Ist doch das Geld bei einfachem Warenaustausch bloßer Vermittler, und wird die fremde Ware letzten Endes mit der eigenen Ware bezahlt. Wie kann eine „Volkswirtschaft" also das Kunststück fertigbringen, dauernd mehr aus der Fremde einzuführen, als es an eigenem „Überschuss" ausführt? Vielleicht wird uns der Professor spöttisch zurufen: Aber die Lösung ist die einfachste Lösung von der Welt: Das einführende Land braucht den Überschuss seiner Einfuhr über seine Ausfuhr bloß mit barem Gelde zu begleichen. Allein, mit Verlaub! Einen solchen Luxus, jahrein, jahraus in den Abgrund seines auswärtigen Handels eine beträchtliche Summe baren Geldes auf Nimmerwiedersehen zu schmeißen, könnte sich höchstens ein Land mit reichen eigenen Gold- und Silbergruben leisten, was weder auf Deutschland noch auf Frankreich, weder auf Belgien noch auf die Niederlande zutrifft. Außerdem sehen wir – o Wunder! – die folgende Überraschung: Deutschland führt nicht bloß ständig mehr Waren, sondern auch mehr Geld ein als aus! So betrug im Jahre 1913 die deutsche Einfuhr an Gold und Silber 441,3 Millionen Mark, die Ausfuhr 102,8 Millionen Mark, und ungefähr dasselbe Verhältnis schon seit Jahren. Was sagt Professor Bücher mit seinen „Überschüssen" und seinen „Lücken" zu diesem Rätsel? Die Zauberlampe flackert trübselig. In der Tat. Wir fangen an zu ahnen, dass hinter dem rätselhaften Zeichen des Welthandels wohl noch ganz andersgeartete ökonomische Verhältnisse zwischen den einzelnen „Volkswirtschaften" bestehen müssen als einfacher Warenaustausch; ständig von anderen Ländern mehr an Produkten kriegen, als man ihnen von Eigenem abgibt, könnte offenbar nur ein Land, das etwa ökonomische Forderungsrechte an jene anderen hätte. Rechte, die vom Austausch zwischen Gleichen durchaus verschieden sind. Und solche Forderungsrechte und Abhängigkeitsverhältnisse zwischen den Ländern bestehen in der Tat auf Schritt und Tritt, obwohl professorale Theorien nichts von ihnen wissen. Ein solches Abhängigkeitsverhältnis und zwar in einfachster Form, ist das eines sogenannten Mutterlandes zu seiner Kolonie. Großbritannien zieht aus seiner größten Kolonie: Britisch-Indien jährlich über 1 Milliarde Mark Tribut in verschiedener Form" und wir sehen dementsprechend, dass die Warenausfuhr Indiens nur 1,2 Milliarden Mark jährlich seine Ausfuhr übertrifft. Dieser „Überschuss" ist nichts anderes als der ökonomische Ausdruck der kolonialen Ausbeutung Indiens durch den englischen Kapitalismus – ob wir uns die Waren als direkt für Großbritannien bestimmt denken, oder ob Indien an alle möglichen Staaten jedes Jahr für 1,2 Milliarden Mark Waren speziell zu dem Zwecke verkaufen muss, um den Tribut an seine englischen Ausbeuter zu entrichten.[3] Aber es gibt noch andere wirtschaftliche Abhängigkeitsverhältnisse, die nicht durch politische Gewaltherrschaft begründet sind. Russland führt jährlich um 1 Milliarde Mark mehr Waren aus als ein. Ist es etwa der große „Überfluss" an Bodenprodukten über die Bedürfnisse der eigenen Volkswirtschaft, was diesen gewaltigen Warenstrom jährlich aus dem Russischen Reich wegdräniert? Aber der russische Muschik, dessen Korn in dieser Weise aus dem Lande geführt wird, krankt bekanntlich an Skorbut von Unterernährung und verzehrt häufig Brot mit reichlicher Zutat an Baumrinde. Die massenhafte Ausfuhr seiner Brotfrucht ist eben unter Vermittlung eines zweckentsprechenden Finanz- und Steuersystems im Innern eine blanke Lebensnotwendigkeit für den russischen Staat, um dessen Verpflichtungen aus auswärtigen Anleihen nachzukommen Russlands staatlicher Apparat wird seit dem famosen Zusammenbruch im Krimkriege und seit seiner Modernisierung durch Reformen in hohem Maße durch geliehenes Kapital aus Westeuropa, in der Hauptsache aus Frankreich, bestritten. Um auf die französischen Anleihen Zinsen zahlen zu können, muss Russland jährlich Massen von Weizen, Holz, Flachs, Hanf, Rindern und Geflügel an England, Deutschland, die Niederlande verkaufen. Der enorme Überschuss der russischen Ausfuhr repräsentiert somit den Tribut des Schuldners an den Gläubiger, ein Verhältnis, dem auf Seiten Frankreichs ein großer Überschuss an Einfuhr entspricht, der

---

3 Hintergrund in Indien: Die „Volkswirtschaft" der Bauerngemeinde bricht zusammen. Industrie ... Die stummen Zahlen der Ein- und Ausfuhr sprechen eine eindringliche Sprache.

nichts anderes als die vom Leihkapital eingeheimsten Zinsen darstellt. Aber in Russland selbst zieht sich die Kette der ökonomischen Zusammenhänge weiter. Das geliehene französische Kapital dient seit Jahrzehnten in der Hauptsache zu zwei Zwecken: Eisenbahnbau mit Staatsgarantien und Militärausrüstungen. Zur Bedienung beider ist in Russland seit den siebziger Jahren – unter dem Schutze des Hochschutzzollsystems – eine starke Großindustrie entstanden. Das Leihkapital aus dem alten kapitalistischen Lande Frankreich hat in Russland einen jungen Kapitalismus großgezogen, der aber seinerseits der Unterstützung und Ergänzung durch eine bedeutende Einfuhr an Maschinen und anderen Produktionsmitteln aus technisch führenden Industrieländern, England und Deutschland, bedarf. So schlingt sich zwischen Russland, Frankreich, Deutschland, England ein Band ökonomischer Zusammenhänge, von denen der Warenaustausch nur das letzte knappe Wort ist.

Doch ist die Mannigfaltigkeit der Zusammenhänge damit noch nicht erschöpft. Ein Land wie die Türkei oder China gibt dem professoralen Schema ein neues Rätsel auf: es hat, umgekehrt wie Russland und ähnlich wie Deutschland und Frankreich, eine stark überwiegende Einfuhr, die in manchem Jahr nahezu das Doppelte der Ausfuhr beträgt. Wie kann sich die Türkei oder China den Luxus einer so reichlichen Ausfüllung eigener „Lücken" in der „Volkswirtschaft" leisten, da diese ihre Volkswirtschaft nicht entfernt entsprechende „Überschüsse" abzugeben imstande sind? Wird dem Halbmond und dem Reiche des Zopfes etwa jahrein, jahraus von den europäischen Westmächten in christlicher Nächstenliebe ein Geschenk von mehreren 100 Millionen Mark in Gestalt von allerlei nützlichen Waren gemacht? Aber jedes Kind weiß, dass sowohl die Türkei wie China vielmehr über die Ohren in den Krallen des europäischen Wuchers stecken und den englischen, deutschen, französischen Bankhäusern enorme Tribute an Zinsen zahlen müssen. Nach dem russischen Beispiel müsste sowohl die Türkei wie China also umgekehrt einen Überschuss an Ausfuhr von eigenen Landesprodukten aufweisen, um an ihre westeuropäischen Wohltäter Zinsen zahlen zu können. Allein in der Türkei wie in China ist die sogenannte „Volkswirtschaft" grundverschieden von der russischen. Die auswärtigen Anleihen werden zwar gleichfalls in der Hauptsache zu Eisenbahnbauten, Hasenanlagen sowie zu Militärausrüstungen verwendet. Aber die Türkei besitzt bis jetzt so gut wie gar keine eigene Industrie und kann sie aus dem Boden einer mittelalterlichen bäuerlichen Naturalwirtschaft mit ihrem primitiven Feldbau und ihren Zehnten nicht plötzlich stampfen. Ungefähr dasselbe in abweichenden Formen ist in China der Fall. Darum muss nicht nur der gesamte Bedarf der Bevölkerung an Industrieerzeugnissen, sondern auch alle für die Verkehrskonstruktionen wie für die Ausrüstung von Heer und Flotte notwendigen Hilfsmittel fertig aus Westeuropa bezogen und von europäischen Unternehmern, Technikern, Ingenieuren an Ort und Stelle in Ausführung genommen werden. Ja, die Anleihen sind häufig im Voraus an solche Lieferungen geknüpft. China kriegt z.B. von dem deutschen und österreichischen Bankkapital eine Anleihe nur unter der Bedingung, dass es gleich bei den Skoda-Werken und bei Krupp für eine bestimmte Summe Rüstungen bestellt; andere Anleihen werden von vornherein an Konzessionen zur Ausführung von Eisenbahnen geknüpft. So wandert das europäische Kapital nach der Türkei, nach China meist gleich schon als Waren (Militärrüstungen) oder als Industriekapital in natura in Gestalt von Maschinen, Eisen usw. Diese letzteren Waren fließen hin nicht zum Austausch, sondern zur Profiterzeugung. Die Zinsen auf dieses Kapital nebst übrigen Profiten werden von den europäischen Kapitalisten im Lande selbst aus den türkischen Bauern bzw. aus dem chinesischen Bauern mit Hilfe eines entsprechenden Steuersystems unter europäischer Finanzkontrolle herausgeschunden. Hinter den knappen Zahlen der überwiegenden türkischen oder chinesischen Einfuhr und der entsprechenden europäischen Ausfuhr lauert so das eigenartige Verhältnis zwischen dem reichen großkapitalistischen Westen und dem von ihm ausgesogenen armen und zurückgebliebenen Orient, der von jenen mit den modernsten und großartigsten Verkehrsanlagen und Militäreinrichtungen versehen wird – und zugleich mit dem reißenden Ruin der alten bäuerlichen „Volkswirtschaft".

Noch einen anderen Fall zeigen uns die Vereinigten Staaten. Hier übertrifft wiederum wie in Russland die Ausfuhr um ein bedeutendes die Einfuhr – die letztere betrug 1913 7,4, die erstere 10,2 Milliarden Mark –; aber die Ursachen dieser Erscheinung sind von den russischen grundverschieden. Freilich verschlingt auch die amerikanische Union enorme Mengen europäischen Kapitals. Schon seit Beginn des 19. Jahrhunderts saugt die Londoner Börse ganze Stöße amerikanischer Anleihepapiere und Anteilscheine auf; die Spekulation in amerikanischen Gründungen und Papieren zeigte bis in die 60er Jahre wie ein Fieberthermometer jedes Mal den nahen Ausbruch einer großen englischen Industrie und Handelskrise an. Seitdem hat der Zufluss englischen Kapitals nach den Vereinigten Staaten nicht aufgehört. Dieses Kapital wandert nach der Union zum Teil als Leihkapital an die Städte und Privatgesellschaften, meistens jedoch als Industriekapital: sei es, dass an der Londoner Börse amerikanische Eisenbahn- und Industriepapiere gekauft werden, sei es, dass englische Industriekartelle in der Union eigene Filialen gründen, um die hohe Zollmauer zu umgehen, oder dass sie durch Aufkauf der Aktien dortige Unternehmungen an sich bringen, um ihre Konkurrenz auf dem Weltmarkt loszuwerden. Die Vereinigten Staaten besitzen denn auch heute eine hochentwickelte und immer rascher fortschreitende Großindustrie, die, während ihr immerfort aus Europa Geldkapital zufließt, selbst schon in steigendem Maße Industriekapital – Maschinen, Kohle – nach Kanada, Mexiko und anderen zentral- und südamerikanischen Ländern ausführt. Die Vereinigten Staaten verbinden auf diese Weise eine enorme Ausfuhr an Rohprodukten: Baumwolle, Kupfer, Weizen, Holz, Petroleum nach den alten kapitalistischen Ländern, mit einer wachsenden industriellen nach den jungen Ländern beginnender Industrialisierung. In dem großen Ausfuhrüberschuss der amerikanischen Union spiegelt sich so das eigentümliche Übergangsstadium von einem Kapital empfangenden Agrarland zum Kapitalausführenden Industrieland, die Rolle eines vermittelnden Gliedes zwischen dem alten kapitalistischen Europa und dem jungen zurückgebliebenen amerikanischen Kontinent.

Überblickt man im Ganzen diese große Auswanderung des Kapitals aus den alten Industrieländern nach den jungen und die ihr entsprechende Rückwanderung der aus jenem Kapital bezogenen Einkommen, die als Tribut der jungen Länder jährlich an die alten zurückfließen, so ergeben sich hauptsächlich drei gewaltige Ströme. England hatte nach Schätzungen aus dem Jahre 1906 schon damals in seinen

Kolonien und im Auslande 54 Milliarden Mark angelegt, wovon es ein jährliches Einkommen von 2,8 Milliarden Mark als Zinsen bezog. Das Auslandskapital Frankreichs betrug um dieselbe Zeit 32 Milliarden Mark mit einer Jahreseinnahme von mindestens · 1,3 Milliarden Mark. Endlich Deutschland hatte vor 10 Jahren bereits 26 Milliarden Mark im Auslande angelegt, die ihm etwa 1,24 Milliarden Mark jährlich eintragen Seitdem sind diese Anlagen wie Einkommen rapid gewachsen. Die großen Hauptströme verteilen sich aber zum Schluss in dünnere Nebenflüsse. Wie die Vereinigten Staaten den Kapitalismus weiter auf dem amerikanischen Kontinent verbreiten, so überträgt sogar Russland – selbst noch ganz von französischem Kapital, von englischer und deutscher Industrie gespeist – bereits Leihkapital wie Industrieerzeugnisse auf seine asiatischen Hinterländer: nach China, Persien, Zentralasien; es beteiligt sich am Eisenbahnbau in China usw.

So entdecken wir hinter den trockenen Hieroglyphen des internationalen Handels ein ganzes Netz von wirtschaftlichen Verschlingungen, die mit dem einfachen Warenaustausch, der allein für die Professoralweisheit existiert, nichts zu tun haben.

Wir entdecken, dass die Unterscheidung des gelehrten Herrn Bücher nach Ländern der Industrieproduktion und nach Ländern der Rohproduktion, auf welches hölzerne Gerüst er den internationalen Austausch spannt, selbst nur ein rohes Produkt der professoralen Schematik ist. Parfümerien, Baumwollstoffe und Maschinen sind gleichermaßen Fabrikate. Aber die Ausfuhr der ersten aus Frankreich zeigt nur, dass Frankreich das Land der Luxusproduktion für die dünne Schicht der reichen Bourgeoisie in der ganzen Welt ist; die Ausfuhr von Baumwollstoffen aus Japan beweist, dass Japan um die Wette mit Westeuropa in ganz Ostasien die hergebrachte bäuerliche und handwerksmäßige Produktion untergräbt und durch den Warenhandel verdrängt; die Ausfuhr von Maschinen aus England, Deutschland und den Vereinigten Staaten aber zeigt, dass diese drei Länder die Großindustrie selbst nach allen Weltgegenden verpflanzen.

Wir entdecken also, dass heute eine „Ware" ausgeführt und eingeführt wird, die zu König Nebukadnezars Zeiten und auch in der ganzen antiken und mittelalterlichen Geschichtsperiode unbekannt war: das Kapital. Und diese Ware dient nicht dazu, „gewisse Lücken" fremder

„Volkswirtschaften" auszufüllen, sondern umgekehrt dazu, Lücken zu schaffen, Risse und Spalten im Gemäuer altertümlicher „Volkswirtschaften" zu öffnen, in sie einzudringen und, wie Sprengpulver wirkend, über kurz oder lang jene „Volkswirtschaften" in Trümmerhaufen zu verwandeln. Mit der „Ware" Kapital werden so noch merkwürdigere „Waren" immer massenhafter aus einigen alten Ländern nach der ganzen Welt getragen: moderne Verkehrsmittel und Ausrottung ganzer eingeborener Völkerschaften, Geldwirtschaft und Verschuldung des Bauerntums, Reichtum und Armut, Proletariat und Ausbeutung, Unsicherheit der Existenz und Krisen, Anarchie und Revolutionen. Die europäischen „Volkswirtschaften" strecken ihre Polypenarme nach sämtlichen Ländern und Völkern der Erde aus, um sie in einem großen Netz der kapitalistischen Ausbeutung zu erwürgen.

IV.

Kann Professor Bücher trotz alledem an eine Weltwirtschaft nicht glauben? Nein. Denn so erklärt der Gelehrte, nachdem er sich nach allen Weltgegenden aufmerksam umgeschaut und nichts entdeckt hat: Ich kann mir nicht helfen, ich sehe gar keine „besonderen Erscheinungen", die von einer Volkswirtschaft „in wesentlichen Merkmalen abweichen" würden, „und es steht sehr zu bezweifeln, dass solche in absehbarer Zukunft austreten werden". Nun, so verlassen wir ganz den Handel und die Handelsstatistiken und wenden wir uns direkt an das Leben, an die Geschichte der modernen Wirtschaftsbeziehungen. Nur ein einziges kleines Kapitel aus dem bunten Riesenbilde.

Im Jahre 1768 wird in Nottingham in England die erste Baumwollspinnerei mit mechanischem Betrieb von Cerkwright errichtet, im Jahre 1785 erfindet Cartright den mechanischen Webstuhl. Die nächste Folge ist in England die Vernichtung der Handweberei und die rapide Verbreitung der mechanischen Fabrikation. Anfangs des 19. Jahrhunderts gab es in England nach einer Schätzung ca. eine Million Handweber; sie sind nun auf den Aussterbeetat gesetzt, und um das Jahr 1860 gibt es im Vereinigten Königreich nur noch wenige Tausende von Handwebern, dafür aber mehr als eine halbe Million

Fabrikarbeiter in der Baumwollbranche. Im Jahre 1863 spricht der Ministerpräsident Gladstone im Parlament von einer („berauschenden Vermehrung von Reichtum und Macht", die sich über die englische Bourgeoisie ergossen habe, ohne dass die Arbeiterklasse daran irgendeinen Anteil genommen hätte.

Die englische Baumwollindustrie bezieht ihren Rohstoff aus Nordamerika. Das Wachstum der Fabriken im Distrikt Lancashire rief enorme Plantagen der Baumwolle in dem südlichen Teil der Vereinigten Staaten hervor. Als billige Arbeitskräfte für die mörderische Arbeit in den Baumwollplantagen, genauso wie für die Zucker-, Reis- und Tabakpflanzungen, wurden Neger aus Afrika importiert. In Afrika belebt sich außerordentlich der Sklavenhandel, ganze Negerstämme werden im Innern des „schwarzen Erdteils" gejagt, von ihren Häuptlingen verschachert, über enorme Strecken zu Lande und zu Wasser transportiert, um nach Amerika verkauft zu werden. Es entsteht eine förmliche schwarze „Völkerwanderung". Am Ende des 18. Jahrhunderts, im Jahre 1790, gab es in Amerika nach einer Berechnung nur 697 000 Neger, im Jahre 1861 aber 4 Millionen.

Die kolossale Ausdehnung des Sklavenhandels und der Sklavenarbeit im Süden der Union ruft einen Kreuzzug der Nordstaaten gegen diese unchristlichen Gräuel hervor. Die massenhafte Einfuhr englischen Kapitals in den Jahren 1825–1860 hatte im Norden der Vereinigten Staaten einen lebhaften Eisenbahnbau, die Anfänge einer eigenen Industrie ins Leben gerufen und mit ihnen eine Bourgeoisie, die für modernere Reformen der Ausbeutung, für die kapitalistische Lohnsklaverei schwärmte. Die märchenhaften Geschäfte der südlichen Plantagenbesitzer, die ihre Sklaven binnen 7 Jahren zu Tode schinden konnten, waren den frommen Puritanern des Nordens umso mehr ein Gräuel, als die klimatischen Verhältnisse es ihnen verboten, dasselbe Paradies in ihren Staaten zu errichten. So wurde auf Betreiben der Nordstaaten die Sklaverei für das ganze Gebiet der Union im Jahre 1861 durch ein Gesetz in aller Form aufgehoben. Die in ihren innersten Gefühlen getroffenen Pflanzer des Südens beantworteten den Streich mit einem offenen Aufruhr. Die Südstaaten erklärten ihre Sezession aus der Union, und der große Bürgerkrieg brach aus.

Die nächste Wirkung des Krieges war die Verheerung und der wirtschaftliche Ruin der Südstaaten. Produktion und Handel lagen darnieder, die Ausfuhr der Baumwolle wurde unterbrochen. So wurde die englische Industrie ihres Rohstoffs beraubt, und im Jahre 1863 bricht in England eine furchtbare Krise, der sogenannte „Baumwollhunger", aus. Im Distrikt Lancashire wurden 250 000 Arbeiter ganz arbeitslos, 166 000 nur teilweise beschäftigt, und nur 12 0000 Arbeiter finden noch volle Beschäftigung, doch bei Löhnen, die um 10 –20% herabgedrückt sind. Grenzenloses Elend herrscht unter der Bevölkerung des Distrikts, und 5 0000 Arbeiter fordern in einer Petition an das englische Parlament die Bewilligung von Staatsmitteln, um mit Weib und Kind aus England auszuwandern. Die australischen Staaten, die für ihren beginnenden kapitalistischen Aufschwung erforderlicher Arbeitskräfte ermangeln – nachdem die eingeborene Bevölkerung durch die europäischen Einwanderer bis auf einen geringen Rest ausgerottet worden ist –, erklären sich bereit, die arbeitslosen Proletarier aus England aufzunehmen. Allein die englischen Fabrikanten protestieren heftig gegen die Auswanderung ihrer „lebendigen Maschinen", die sie bei demnächst zu erwartendem Aufschwung der Industrie wieder selbst brauchen können. Die Mittel zur Emigration werden den Arbeitern verweigert und die Schrecken der Krise von ihnen bis auf die Neige ausgekostet.

Die englische Industrie sucht, nachdem die amerikanische Quelle versagt hat, sich anderweitig ihren Rohstoff zu verschaffen, und richtet die Blicke nach Ostindien. Baumwollplantagen werden hier fieberhaft angelegt, und der Ackerbau, der seit Jahrtausenden die tägliche Nahrung der Bevölkerung liefert und ihre Existenzbasis bildet, muss auf weiten Strecken den profitablen Aussichten der Spekulanten weichen. Im Anschluss an diese Verdrängung des Reisbaues stellt sich nach wenigen Jahren eine außerordentliche Teuerung und eine Hungersnot ein, bei der 1866 in einem einzigen Distrikt, Orissa, nördlich von Bengalen, mehr als 1 Million Menschen vom Hungertode weggerafft werden.

Ein zweites Experiment wird in Ägypten gemacht. Um die Konjunktur des Sezessionskrieges auszunützen, legt der Vizekönig von Ägypten, Ismael Pascha, schleunigst Baumwollplantagen an. Eine förmliche

Revolution findet in den Eigentumsverhältnissen der Landwirtschaft des Landes statt. Das Bauernland wird auf weiten Strecken gestohlen, als königliches Gut erklärt und zu Plantagen größten Stils verwendet. Tausende von Fronbauern werden mit der Karbatsche auf die Plantagen getrieben, um für den Vizekönig Dämme aufzurichten, Kanäle zu bauen und den Pflug zu führen. Der Vizekönig aber stürzt sich noch tiefer in Schulden bei englischen und französischen Bankiers, um für geliehenes Geld modernste Dampfpflüge und Entkörnungsanlagen aus England zu beziehen. Die großartige Spekulation endete schon nach einem Jahre mit dem Bankrott, als nach dem Friedensschluss in den Vereinigten Staaten der Preis der Baumwolle in wenigen Tagen wieder auf den vierten Teil fiel. Das Ergebnis der Baumwollperiode für Ägypten war der beschleunigte Ruin der Bauernwirtschaft, der beschleunigte Zusammenbruch der Finanzen und am letzten Ende die beschleunigte Okkupation Ägyptens durch englisches Militär.

Inzwischen macht die Baumwollindustrie neue Eroberungen. Der Krimkrieg des Jahres 1855 hatte die Zufuhr von Hanf und Flachs aus Russland unterbunden, was in Westeuropa zu einer heftigen Krisis in der Leinwandfabrikation führte. Die Baumwolle dringt dabei vielfach an Stelle der Leinwand, die Baumwollindustrie dehnt sich aus Kosten der Leinwandproduktion immer mehr aus. In Russland erfolgt gleichzeitig seit dem Zusammenbruch des alten Systems im Krimkriege eine politische Umwälzung, Abschaffung der Leibeigenschaft, liberale Reformen, Freihandel und rapider Bau von Eisenbahnen. Ein neuer gewaltiger Absatzmarkt für Industrieprodukte wird damit im Innern des Riesenreiches eröffnet, und die englische Baumwollindustrie dringt mit als die erste auf die russischen Märkte vor. In den sechziger Jahren wird gleichfalls nach einer Reihe blutiger Kriege China für den englischen Handel erschlossen. England beherrscht den Weltmarkt, und die Baumwollindustrie liefert die Hälfte seiner Ausfuhr. Die Periode der sechziger und siebziger Jahre ist die Zeit der glänzendsten Geschäfte der englischen Kapitalisten, zugleich die Zeit, wo sie am meisten geneigt sind, sich durch kleine Konzessionen an die Arbeiter die „Hände" und den „gewerblichen Frieden" zu sichern. In dieser Periode erreichen die englischen Trade-Unions, die Baumwollspinner und -weber an der Spitze, ihre bedeutendsten Erfolge, zugleich ist dies die Zeit des endgültigen Absterbens der revolutionären Traditionen der Chartisten-Bewegung und der Owenschen Ideen im englischen Proletariat und seine Erstarrung im konservativen Tradeunionismus.

Bald wendet sich jedoch das Blatt. Überall auf dem Kontinent, wohin England seine Baumwollprodukte ausführte, entsteht nach und nach eine eigene Baumwollindustrie. Schon 1844 spielen sich Hungeraufstände der Handwerker in Schlesien und Böhmen als die ersten Vorboten der Märzrevolution ab. Auch in den eigenen Kolonien Englands entsteht eine einheimische Industrie. Die Baumwollfabriken Bombays machen bald den englischen Konkurrenz und helfen in den achtziger Jahren das Monopol Englands auf dem Weltmarkt brechen.

Endlich in Russland inauguriert der Aufschwung einer eigenen Baumwollfabrikation in den siebziger Jahren die Ära der Großindustrie und des Schutzzolls. Zur Umgehung der hohen Zollschranke werden aus Sachsen, aus dem Vogtlande ganze Fabriken mitsamt ihrem Personal nach Russisch-Polen übertragen, wo neue Fabrikzentren, Lodz, Zgierz, mit kalifornischer Plötzlichkeit anwachsen. Zu Anfang der achtziger Jahre erzwingen die Arbeitsunruhen in dem Baumwolldistrikt Moskau-Wladimir die ersten Arbeiterschutzgesetze des Zarenreiches. Im Jahre 1896 veranstalten 6 0000 Arbeiter der Petersburger Baumwollfabriken den ersten Massenstreik in Russland. Und neun Jahre später, im Juli 1905, errichten im dritten Zentrum der Baumwollindustrie, in Lodz, 1 00000 Arbeiter, darunter die deutschen mit an der Spitze, die ersten Barrikaden der großen russischen Revolution.

Wir haben hier in knappen Zügen 140 Jahre Geschichte eines modernen Industriezweiges vor uns, einer Geschichte, die sich durch alle fünf Weltteile windet, Millionen von Menschenleben hinüberschleudert, hier als Krise, dort als Hungersnot ausbricht, bald als Krieg, bald als Revolution aufflammt, allenthalben auf ihrem Wege Goldberge von Reichtum und Abgründe des Elends zurücklässt – ein breiter blutgefärbter Schweißstrom der menschlichen Arbeit.

Das sind Zuckungen des Lebens, das sind Fernwirkungen, die bis an die Eingeweide der Völker greifen, wovon aber auch nicht ein blasser Schimmer in den trockenen Zahlen der internationalen Handelsstatistiken zu sehen ist. In den anderthalb Jahrhunderten, seitdem die moderne Industrie in England ihren Einzug gehalten, hat sich die kapitalistische Weltwirtschaft unter Schmerzen und Konvulsionen der gesamten Menschheit erst recht herausgebildet. Sie hat einen Produktionszweig nach dem anderen ergriffen, sich eines Landes nach dem anderen bemächtigt. Mit Dampf und Elektrizität, mit Feuer und Schwert hat sie sich in die entferntesten Erdwinkel Eingang verschafft, hat alle chinesischen Mauern niedergerissen und durch die Ära der Weltkrisen, durch gemeinsame periodische Katastrophen die wirtschaftliche Zusammengehörigkeit der heutigen Menschheit eingeweiht. Der italienische Proletarier, der, aus dem heimischen Elend durch das vaterländische Kapital vertrieben, nach Argentinien oder Kanada auswandert, findet dort bereits ein fertiges neues Joch des Kapitals, aus den Vereinigten Staaten oder aus England importiert. Und der deutsche Proletarier, der Zuhause bleibt und sich redlich nähren will, ist in seinem Wohl und Wehe auf Schritt und Tritt von dem Gang der Produktion und des Handels in der ganzen Welt abhängig. Ob er Arbeit findet oder nicht, ob sein Lohn ausreichen wird, Weib und Kinder zu sättigen, ob er mehrere Tage in der Woche zu erzwungener Muße oder Tag und Nacht zur Hölle der Überarbeit verurteilt wird – das alles schwankt fortwährend in Abhängigkeit von der Baumwollernte in den Vereinigten Staaten, der Weizenernte in Russland, den Entdeckungen neuer Gold- oder Diamantenfelder in Afrika, den Revolutionswirren in Brasilien, den Zollkämpfen, diplomatischen Wirren und Kriegen in fünf Weltteilen. Nichts ist heute so frappant, nichts ist von so entscheidender Bedeutung für die gesamte Gestaltung des heutigen sozialen und politischen Lebens, wie der klaffende Widerspruch zwischen dieser jeden Tag enger und fester zusammenwachsenden wirtschaftlichen Grundlage, die alle Völker zu einem großen Ganzen verbindet, und dem politischen Überbau der Staaten, welcher die Völker durch Grenzpfähle, Zollschranken und Militarismus künstlich in ebenso viele fremde und feindliche Teile zu spalten suchen.

Und all dies existiert nicht für die Bücher, Sombart und ihre Kollegen! Für sie existiert nur der „immer vollkommenere Mikrokosmos"! Sie sehen weit und breit keine „besonderen Erscheinungen", die von einer Volkswirtschaft „in wesentlichen Merkmalen abweichen" würden! Ist das nicht ein Rätsel? Ist eine ähnliche Blindheit offizieller

Vertreter der Wissenschaft für Phänomena, die in ihrer Fülle und ihrer grellen blitzartigen Leuchtkraft auf die Sinne jedes Beobachters einstürmen, auf irgendeinem anderen Gebiete des Wissens als dem der Nationalökonomie denkbar? In der Naturwissenschaft würde jedenfalls ein Gelehrter von Ruf, der heute öffentlich die Ansicht vertreten wollte, dass nicht die Erde um die Sonne, sondern die Sonne mit sämtlichen Gestirnen um die Erde als ihrem Mittelpunkt kreise, der behaupten würde, dass er „gar keine Erscheinungen kenne", die dieser seiner Ansicht „in wesentlichen Merkmalen" widersprächen – ein solcher Gelehrter würde sicher sein, dem homerischen Gelächter der ganzen gebildeten Welt zu begegnen und schließlich auf Betreiben der bekümmerten Verwandten auf seinen Geisteszustand untersucht zu werden. Freilich, vor 400 Jahren wurden solche Ansichten nicht nur ungestraft verbreitet, sondern ein jeder, der es unternahm. Ihre Verkehrtheit öffentlich darzutun, lief selbst Gefahr, auf dem Scheiterhaufen zu enden. Damals lag die Aufrechterhaltung der irrigen Meinung, als ob die Erde Mittelpunkt der Welt in der Bewegung der Gestirne wäre, im dringenden Interesse der katholischen Kirche, und jeder Angriff auf die eingebildete Majestät des Erdballs im Weltraum war zugleich ein Attentat auf die geistige Zwingherrschaft der Kirche und auf ihre Zehnten auf der platten Erde. Damals war also die Naturwissenschaft der kitzlige Nervenpunkt des herrschenden Gesellschaftssystems und die naturwissenschaftliche Mystifikation ein unentbehrliches Instrument der Knechtung. Heute, unter der Herrschaft des Kapitals, liegt der kitzlige Punkt des Gesellschaftssystems nicht im Glauben an die Mission der Erde im blauen Himmelsraum, sondern im Glauben an die Mission des bürgerlichen Staates auf Erden. Und weil auf den gewaltigen Wogen der Weltwirtschaft bereits schwere Übel aufsteigen und sich zusammenballen, weil sich dort Stürme vorbereiten, die den „Mikrokosmos" des bürgerlichen Staates wie einen Hühnerstall vom Erdboden hinwegfegen werden, deshalb stürzt die wissenschaftliche „Schweizergarde" der Kapitalherrschaft vor die Tore ihrer Zwingburg: des „Nationalstaates", um sie bis zum letzten Atemhauche zu verteidigen. Das erste Wort, der Grundbegriff der heutigen Nationalökonomie ist eine wissenschaftliche Mystifikation im Interesse der Bourgeoisie.

V.

Manchmal wird uns die Nationalökonomie auch einfach so definiert: sie sei „die Wissenschaft über die wirtschaftlichen Beziehungen der Menschen". Diejenigen, die eine solche Formulierung geben, glauben die Klippen der „Volkswirtschaft" in der Weltwirtschaft umschifft zu haben, indem sie das Problem ins Unbestimmte verallgemeinern und von der Wirtschaft „der Menschen" überhaupt sprechen. Die Sache wird indes durch dieses Hinüberspielen in die blaue Luft nicht klarer, sondern womöglich nur noch verworrener; denn nun entsteht die Frage: Ob und weshalb denn eine besondere Wissenschaft über die wirtschaftlichen Verhältnisse „der Menschen", also aller Menschen, zu allen Zeiten und in allen Umständen notwendig sein soll?

Greifen wir irgendein Beispiel beliebiger menschlicher Wirtschaftsverhältnisse heraus, ein möglichst einfaches und übersichtliches Beispiel. Versetzen wir uns in jene Zeit, wo die heutige Weltwirtschaft noch nicht bestand, wo der Warenhandel erst in den Städten florierte, auf dem platten Lande hingegen die Naturalwirtschaft, d.h. die Produktion für den eigenen Bedarf so gut in den großen Grundherrschaften wie auf den kleinen Bauerngütern vorherrschte. Nehmen wir z.B. die von Dugald Stewart in den fünfziger Jahren des vorigen Jahrhunderts beschriebenen Verhältnisse in Hochschottland: „In einigen Teilen von Hochschottland erschienen nach den statistischen Berichten viele Schafhirten und Häusler mit Frau und Kind in Schuhen, die sie selbst gemacht aus Leder, das sie selbst gegerbt, in Kleidern, die keine Hand außer ihrer eigenen angetastet, deren Material sie selbst von den Schafen geschoren oder wofür sie den Flachs selbst gebaut hatten. In die Zubereitung der Kleider ging kaum irgendein gekaufter Artikel ein, mit Ausnahme von Pfrieme, Nadel, Fingerhut und sehr wenigen Teilen des beim Weben angewandten Eisenwerks. Die Farben wurden von den Webern selbst von Bäumen, Sträuchern und Kräutern gewonnen usw.[4]

---

[4] Zitiert bei Karl Marx „Das Kapital" Band I, 4. Auflage, S. 451.

Oder nehmen wir ein Beispiel aus Russland, wo noch vor verhältnismäßig kurzer Zeit, Ende der siebziger Jahre, die Bauernwirtschaft vielfach so beschaffen war:

„Der Grund und Boden, den er (der Bauer des Distrikts Wjasma im Gouvernement Smolensk) bebaut, liefert ihm Nahrung, Kleidung, fast alles, was zu seiner Existenz notwendig ist: Brot, Kartoffeln, Milch, Fleisch, Eier, Leinewand, Tuch, Schafpelze und Wolle zur warmen Kleidung ... Für Geld schafft er sich nur Stiefel an und einige Toilettenkleinigkeiten, wie Gurt, Mütze, Handschuhe, desgleichen einige notwendige Hausgeräte: irdenes und hölzernes Geschirr, Feuerhaken, Kessel und dergleichen."[5]

Heute noch gibt es solche Bauernwirtschaften in Bosnien und Herzegowina, in Serbien, in Dalmatien. Wollten wir einem solchen selbstwirtschaftenden Bauern von Hochschottland oder von Russland, von Bosnien oder Serbien die üblichen professoralen Fragen der Nationalökonomie nach dem „Wirtschaftszweck", der „Entstehung und Verteilung des Reichtums" und dergleichen vorlegen, so würde er sicher große Augen machen. Weshalb und zu welchem Zweck ich und meine Familie arbeiten, oder, wie sie sich gelehrt ausdrücken: welche „Triebfedern" uns zum „Wirtschaften" bewegen? würde er ausrufen: Nun, wir müssen doch leben, und gebratene Tauben fliegen uns nicht in den Mund. Wenn wir nicht arbeiten würden, dann müssten wir Hungers sterben. Wir arbeiten also, um uns durchzuschlagen, um uns satt zu essen, sauber zu kleiden und ein Dach über dem Kopfe zu haben. Was wir produzieren, „welche Richtung" wir unserer Arbeit geben? Wieder eine recht einfältige Frage! Wir produzieren, was wir brauchen, was jede Bauernfamilie zum Leben benötigt. Wir bauen Weizen und Roggen, Hafer und Gerste, setzen Kartoffeln, wir halten je nachdem Kühe und Schafe, Hühner und Enten. Im Winter wird gesponnen, was Sache der Weiber ist, wir Männer aber machen – mit Axt, Säge und Hammer zurecht, was für das Hauswesen nötig. Nennen Sie das meinetwegen „Landwirtschaft" oder „Gewerbe", jedenfalls müssen wir ein wenig von allem treiben, weil man allerlei im Hause und im Felde braucht. Wie wir diese Arbeiten „teilen"? Noch eine merkwürdige Frage! Die Män-

---

5 Prof. Nikolai Sieber, „David Ricardo und Karl Marx", Moskau 1879, S. 480.

ner machen selbstverständlich, was die männliche Kraft erfordert, die Frauen besorgen das Haus, die Kühe und den Hühnerhof, die Kinder helfen bei dem und jenem. Oder meinen Sie, ich sollte die Frau zum Holzfällen schicken und selbst die Kuh melken? (Der gute Mann weiß nicht – fügen wir unsererseits hinzu –, dass es bei vielen primitiven Völkern, z.B. bei den brasilianischen Indianern, gerade die Frau ist, die in den Wald Holz sammeln, Wurzeln graben und Früchte pflücken geht, während bei den Hirtenvölkern in Afrika und Asien wiederum die Männer das Vieh nicht bloß warten, sondern auch melken. Auch kann man heute noch in Dalmatien die Frau schwere Lasten auf dem Rücken schleppen sehen, während der baumstarke Mann daneben, behäbig auf dem Esel reitend, seine Pfeife schmaucht. Diese „Arbeitsteilung" erscheint alsdann genauso natürlich, wie es unserem Bauern selbstverständlich erscheint, dass er das Holz fällt und seine Frau die Kühe milkt.) und weiter: was ich meinen Reichtum nenne? Das versteht doch wieder jedes Kind im Dorfe! Reich ist der Bauer, der volle Scheunen, einen gut gefüllten Kuhstall, eine ansehnliche Schafherde, einen großen Hühnerhof hat; arm ist wohl der, bei dem es schon um die Osterzeit knapp mit dem Mehl wird und in dessen Stube es bei Regenwetter durch das Dach tropft. Wovon hängt „die Vermehrung meines Reichtums" ab? Was ist denn da zu fragen? Wenn ich ein größeres Stück gutes Land hätte, so wäre ich natürlich reicher, und wenn im Sommer, was Gott verhüte, ein starkes Hagelwetter heruntergeht, so macht es uns in 24 Stunden alle miteinander im Dorfe arm.

Wir haben hier den Bauer geduldig auf die gelehrten Fragen der Nationalökonomie antworten lassen, doch sind wir sicher, dass, bevor der Professor, der mit Notizbuch und Füllfeder zu wissenschaftlichen Forschungen auf so einen Bauernhof in Hochschottland oder Bosnien gekommen, bei der Hälfte seiner Fragen angelangt wäre, er auch schon wieder zum Tor hinausspazieren müsste. In der Tat sind alle Verhältnisse einer derart beschaffenen Bauernwirtschaft so selbstverständlich einfach und durchsichtig, dass ihre Zergliederung mit dem nationalökonomischen Seziermesser wie eine müßige Spielerei anmutet.

Man kann uns freilich entgegenhalten, dass wir vielleicht das Beispiel unglücklich gewählt hätten, indem wir eine winzige, sich selbst genügende Bauernwirtschaft ins Auge fassen, in der allerdings die äußerste Einfachheit durch die kümmerlichen Mittel und Dimensionen bedingt ist. Nehmen wir also ein anderes Beispiel: Verlassen wir den kleinen Bauernhof, der irgendwo im weltvergessenen Winkel sein bescheidenes Dasein fristet, und richten wir den Blick auf die höchste Spitze eines gewaltigen Reiches, auf die Wirtschaft Karls des Großen. Dieser Kaiser, der zu Beginn des 9. Jahrhunderts das Deutsche Reich zum mächtigsten in Europa gemacht, der zur Vergrößerung und Befestigung seines Reiches nicht weniger denn 53 Kriegszüge unternommen und unter seinem Zepter außer dem heutigen Deutschland auch noch Frankreich, Italien, die Schweiz, den nördlichen Teil Spaniens, Holland und Belgien vereinigt hatte, war jedoch auf die ökonomischen Verhältnisse in seinen Gütern und Höfen sehr bedacht. Er hatte eine besondere Gesetzesurkunde über die Wirtschaftsgrundsätze seiner Höfe, bestehend aus 70 Paragraphen, eigenhändig verfasst: das berühmte Capitulare de villis, d.h. Gesetz über die Gutshöfe, welche Urkunde als ein unschätzbares Kleinod der geschichtlichen Überlieferung glücklich im Staub und Moder der Archive für uns erhalten worden ist. Sie beansprucht aus zwei Gründen ganz besondere Beachtung. Erstens sind aus den meisten Höfen Karls des Großen nachmals mächtige Reichsstädte geworden, so sind z.B. Aachen, Köln, München, Basel, Straßburg und viele andere große Städte ehemals landwirtschaftliche Höfe Kaiser Karls gewesen. Zweitens aber wurden die Wirtschaftseinrichtungen Karls ein Vorbild für alle großen weltlichen und geistlichen Grund Herrschaften des früheren Mittelalters; Karls Höfe nahmen die Überlieferungen des alten Roms und der verfeinerten Lebensweise seiner adligen Villen auf, um sie in das rohere Milieu des jungen germanischen Kriegsadels zu verpflanzen, und seine Vorschriften über den Weinbau, Gartenbau, Obst- und Gemüsebau, die Geflügelzucht usw. waren eine kulturhistorische Tat.

Sehen wir uns nun die Urkunde näher an. Der große Kaiser fordert hier vor allem, dass man ihm redlich diene und dass für die Untertanen auf seinen Gütern gesorgt werde, so dass sie vor Armut geschützt sind; man solle sie nicht über die Kraft mit Arbeit belasten; wenn sie in die Nacht hinein arbeiten, sollen sie dafür entschädigt werden. Die Untertanen aber ihrerseits sollen rechtschaffen für den Weinbau Sorge tragen und den gekelterten Wein in Flaschen tun, damit er keinen

Schaden nehme. Wenn sie sich ihren Pflichten entziehen, werden sie „auf den Rücken oder anders" gezüchtigt. Ferner schreibt der Kaiser vor, dass man in seinen Gütern Bienen und Gänse züchten solle; das Geflügel soll gut gehalten und vermehrt werden. Man solle auch auf die Vergrößerung des Bestandes an Kühen und Zuchtstuten, desgleichen Schafen die größte Sorgfalt wenden.

Wir wollen, schreibt der Kaiser, weiter, dass unsere Wälder mit Verstand bewirtschaftet werden, dass sie gar nicht ausgerodet und dass Sperber und Falken darin gehalten werden. Man solle zu unserer Verfügung stets fette Gänse und Hühnchen halten; Eier, die nicht in der Wirtschaft verbraucht werden, solle man auf dem Markt verkaufen. In jedem unserer Höfe soll ein Vorrat an guten Federbetten, Matratzen, Decken, Geschirr aus Kupfer, Blei, Eisen und Holz, Ketten, Kesselhaken, Beilen, Bohrern vorhanden sein, so dass nichts von anderen Leuten geborgt zu werden brauche. Der Kaiser schreibt weiter vor, man solle ihm genau von dem Ertrage seiner Güter Rechenschaft ablegen, und zwar wieviel von jedem Ding hervorgebracht wurde, und er zählt auf: Gemüse, Butter, Käse, Honig, Öl, Essig, Rüben „und andere Kleinigkeiten", wie es im Text der berühmten Urkunde heißt. Weiter schreibt der Kaiser vor, auf jeder seiner Domänen sollen verschiedene Handwerker, in jeder Kunst beflissen, in genügender Anzahl vorhanden sein, und er zählt wieder die Arten genau im Einzelnen auf. Weiter bestimmt er den Weihnachtstag als die Frist, wo er alljährlich die Rechnungen seiner Reichtümer einfordert, und der kleinste Bauer zählt nicht wachsamer jedes Stück Vieh und jedes Ei in seinem Hof nach wie der große Kaiser Karl. Der 62. Paragraph der Urkunde besagt: „Es ist wichtig, dass wir wissen, was und wieviel wir von all den Dingen haben", und er zählt wieder auf: Ochsen, Mühlen, Holz, Schiffe, Weinreben, Gemüse, Wolle, Leinen, Hanf, Obst, Bienen, Fische, Häute, Wachs und Honig, alte und neue Weine und anderes, was ihm geliefert wird. Und er fügt zum Trost für die lieben Untertanen, die all das liefern sollen, treuherzig hinzu: „Wir hoffen, dass euch das alles nicht zu hart erscheinen wird, denn ihr könnt es ja eurerseits einfordern, da ja jeder auf seinem Gute Herr ist." Weiter finden wir genaue Vorschriften über die Art der Verpackung und des Transports der Weine, die anscheinend eine besondere Regierungssorge des großen Kaisers ausmachten: „Man solle den Wein in Fässern mit festen Eisenleisten fahren und niemals in Schläuchen. Was das Mehl betrifft, so soll es in doppelten Karren und mit Leder gedeckt transportiert werden, so dass es über die Flüsse gebracht werden kann, ohne Schaden zu nehmen. Ich will auch, dass man mir genaue Rechenschaft gibt, von den Hörnern meiner Böcke und Ziegen, sowohl wie von den Häuten der Wölfe, die im Laufe jedes Jahres erlegt werden. Im Monat Mai solle man nicht verabsäumen, einen unerbitterlichen Krieg den jungen Wölflein anzusagen." Endlich im letzten Paragraphen zählt Karl noch all die Blumen und Bäume und Kräuter aus, die er in seinen Gütern gepflegt wissen will, als da sind: Rosen, Lilien, Rosmarin, Gurken, Zwiebel, Radieschen, Kümmel usw. Die berühmte Gesetzesurkunde schließt ungefähr mit der Aufzählung verschiedener Apfelsorten.

Dies das Bild der kaiserlichen Wirtschaft im 9. Jahrhundert, und obwohl es sich hier um einen der mächtigsten und reichsten Fürsten des Mittelalters handelte, so wird jedermann zugeben müssen, dass seine Wirtschaft ebenso wie die Prinzipien dieses Wirtschaftsbetriebes überraschend an jenen zwerghaften Bauernhof erinnern, den wir zuerst betrachtet haben. Auch hier würde uns der kaiserliche Wirt, wenn wir ihm die bewussten Grundfragen der Nationalökonomie nach dem Wesen des Reichtums, dem Zweck der Produktion, der Arbeitsteilung usw. vorlegen wollten, mit einer königlichen Handbewegung aus die Berge Getreide, Wolle und Hanf, auf die Fässer Wein, Öl und Essig, aus die Ställe voll Kühe, Ochsen und Schafe verweisen. Und wir wüssten wahrlich ebenso wenig, was in dieser Wirtschaft eigentlich die nationalökonomische Wissenschaft an geheimnisvollen „Gesetzen" zu untersuchen und zu enträtseln hätte, da alle Zusammenhänge, Ursache und Wirkung, Arbeit und ihr Resultat klar wie auf flacher Hand liegen.

Vielleicht hätte der Leser hier Lust, uns wieder darauf aufmerksam zu machen, dass wir das Beispiel abermals verkehrt gewählt hätten. Nach allem gehe nämlich aus der Urkunde Karls des Großen hervor, dass es sich hier nicht um die öffentlichen „Wirtschaftsverhältnisse des Deutschen Reiches handelt, sondern um die Privatwirtschaft auf den Gütern des Kaisers. Wollte aber jemand diese zwei Begriffe einander entgegensetzen, so würde er sicher in Bezug auf das Mittelalter einen geschichtlichen Irrtum begehen. Freilich bezog sich das Kapitular auf die Wirtschaft in den Höfen und Gütern Kaiser Karls, aber diese Wirtschaft leitete er als Herrscher, nicht als Privatmann. Oder richtiger: der Kaiser war Grundherr in seinen Hofländereien, aber jeder große adlige Grund Herr war im Mittelalter, namentlich in der Zeit nach Karl dem Großen, ungefähr ein solcher Kaiser im Kleinen, d.h. er war schon Kraft seines freien adligen Grundbesitzes Gesetzgeber, Steuereinnehmer und Richter gegenüber der Bevölkerung seiner Güter. Dass die Wirtschaftsverfügungen Karls, die wir kennengelernt haben, tatsächlich Regierungsakte waren, beweist ihre Form selbst: sie bilden eins von den 65 Gesetzen oder „Kapitularen" Karls, die, vom Kaiser verfasst, auf den jährlichen Reichsversammlungen seiner Großen publiziert wurden. Und die Bestimmungen über die Radieschen und die eisenbeschlagenen Weinfässer sind aus derselben Machtvollkommenheit heraus und in demselben Stil abgefasst, wie z.B. die Ermahnungen an die Geistlichen in der Capitula Episcoporum, dem „Bischöflichen Gesetz", wo Karl die Diener des Herrn beim Ohr fasst und energisch ermahnt, nicht zu fluchen, sich nicht zu betrinken, schlechte Orte nicht zu besuchen, Frauenzimmer nicht auszuhalten und die heiligen Sakramente nicht zu teuer zu verkaufen. Wir mögen im Mittelalter suchen, wo wir wollen, wir finden nirgends auf dem platten Lande einen wirtschaftlichen Betrieb, für den nicht der obige Karls des Großen ein Muster und ein Typus wäre, sofern es sich um adelige Grundherrschaften handelt, oder aber jenen einfachen Bauernbetrieb, sei es, dass es sich um einzelne für sich wirtschaftende Bauernfamilien oder um gemeinschaftlich wirtschaftende Markgenossenschaften handelt.

Was in den beiden Beispielen das Hervorstechendste ist, – dass hier das Bedürfnis des menschlichen Lebens so unmittelbar die Arbeit leitet und bestimmt und das Resultat so genau der Absicht und dem Bedürfnis entspricht, dass dadurch eben die Verhältnisse, ob auf großem oder kleinem Maßstab, jene überraschende Einfachheit und Durchsichtigkeit erhalten. Der kleine Bauer auf seiner Hufe wie der große Monarch in seinen Höfen wissen ganz genau, was sie durch die Produktion erreichen wollen. Auch ist es keine Hexerei, dies zu wissen: Beide wollen die natürlichen Bedürfnisse des Menschen nach Speise und Trank, Bekleidung und Lebensbequemlichkeiten befriedigen. Der Unterschied ist nur der, dass der Bauer wohl auf einem Strohsack und der große Grundherr auf weichen Federbetten schläft, jener Bier und Met oder auch klares Wasser, dieser edle Weine zur Tafel trinkt. Der Unterschied liegt nur in der Menge und den Gattungen der hergestellten Güter. Die Grundlage der Wirtschaft aber und ihre Aufgabe: menschliche Bedürfnisse unmittelbar zu befriedigen, bleibt dieselbe. Der Arbeit, die von dieser natürlichen Aufgabe ausgeht, entspricht mit der gleichen Selbstverständlichkeit das Resultat. Auch hier wieder, im Arbeitsprozess, sind Unterschiede vorhanden: der Bauer arbeitet selbst mit seinen Familienmitgliedern, und er hat von der Frucht seiner Arbeit nur so viel, als seine Hufe Land und sein Anteil an der Allmende hervorbringen kann, oder genauer – da wir hier vom mittelalterlichen Fronbauern sprechen – so viel, als ihm die Abgaben und Roboten für den Gutsherrn und die Kirche übrig lassen. Der Kaiser oder jeder andere adlige Gutsherr arbeitet nicht selbst, sondern lässt für sich seine Untertanen und Hintersassen arbeiten. Ob aber jeder Bauer mit Familie für sich oder ob alle zusammen unter Leitung des Dorfschulzen oder des Fronvogtes für den Grundherrn arbeiten, das Resultat dieser Arbeit ist doch nichts als eine bestimmte Menge Lebensmittel im weiteren Sinne, d.h. gerade das, was benötigt, und ungefähr so viel als benötigt wird. Man mag die so beschaffene Wirtschaft drehen und wenden wie man will, man findet keine Rätsel darin, die erst durch tiefsinnige Untersuchungen, durch eine besondere Wissenschaft zu ergründen wären. Der dümmste Bauer wusste im Mittelalter ganz genau, wovon sein „Reichtum" oder vielmehr seine Armut abhing, abgesehen von Naturerscheinungen, die herrschaftliche wie bäuerliche Ländereien von Zeit zu Zeit heimsuchten. Er wusste ganz genau, dass seine bäuerliche Not eine sehr einfache und direkte Ursache hatte: erstens die grenzenlosen Erpressungen der Grundherrschaften an Roboten und Abgaben, zweitens die Diebereien derselben Herrschaften an Gemeindeland, an Wald, Wiese und Wasser. . Und was der Bauer wusste, das schrie er in den Bauernkriegen laut in die Welt hinaus, das zeigte er, indem er seinen Blutsaugern den roten Hahn aufs Dach steckte. Was hierbei wissenschaftlich zu erforschen blieb, das war nur der geschichtliche Ursprung und die Entwicklung jener Verhältnisse, das war die Frage, wieso es kommen konnte, dass in ganz Europa die ehemals freien bäuerlichen Ländereien in zins- und abgabepflichtige adelige Grundherrschaften, der ehemals freie Bauernstand in eine fronpflichtige und später auch schollenpflichtige Untertanenmasse verwandelt wurde. Ganz anders sehen indes die Dinge aus, sobald wir irgendeine Erscheinung aus dem heutigen wirtschaftlichen Leben ins Auge fassen. Wählen wir als Beispiel eines der bemerkenswertesten Phänomene: die Handelskrise. Jeder von uns hat schon mehrere große Handels- und Industriekrisen erlebt und kennt aus eigener Anschauung diesen von Friedrich Engels so klassisch beschriebenen Vorgang: „Der Verkehr stockt, die Märkte sind überfüllt, die Produkte liegen da, ebenso massenhaft wie unabsetzbar, das bare Geld wird unsichtbar, der Kredit verschwindet, die Fabriken stehen still, die arbeitenden Massen ermangeln der Lebensmittel, weil zu viel Lebensmittel produziert wurden, Bankrott folgt auf Bankrott, Zwangsverkauf auf Zwangsverkauf. Jahrelang dauert die Stockung, Produktivkräfte wie Produkte werden massenhaft vergeudet und zerstört, bis die aufgehäuften Warenmassen unter größerer oder geringerer Entwertung endlich abfließen, bis Produktion und Austausch allmählich wieder in Gang kommen. Nach und nach beschleunigt sich die Gangart, fällt in Trab, der industrielle Trab geht über in Galopp und dieser steigert sich wieder bis zur zügellosen Karriere eines vollständigen industriellen kommerziellen, kreditlichen und spekulativen Wettrennens, um endlich nach den halsbrechendsten Sprüngen wieder anzulangen – im Graben des Krachs". Wir wissen alle, dass eine solche Handelskrise der Schrecken jedes modernen Landes ist und sehr bezeichnend ist schon die Art und Weise, wie das Herannahen einer Krise angekündigt wird. Nach Verlauf von einigen Jahren der Prosperität und des guten Geschäftsgangs beginnt erst hie und da in der Presse ein unklares Gemunkel, auf der Börse werden einzelne beunruhigende Nachrichten über Bankrotte gemeldet, dann werden die Winke in der Presse deutlicher, die Börse wird immer unruhiger, die Staatsbank erhöht den Diskont, d.h. erschwert und beschränkt den gewährten Kredit, bis die Nachrichten über Bankrotte, Stockungen wie ein Platzregen kommen. Und ist die Krise im vollen Gang, dann hebt der Streit darum an, wer an ihr die Schuld trägt. Die Geschäftsleute schieben die Schuld auf die schroffe Kreditverweigerung der Banken, auf die Spekulationswut der Börsenleute, die Börsianer auf die Industriellen, die Industriellen auf den Mangel an Geld im Lande usw. Und fängt das Geschäft endlich an wieder in Gang zu kommen, dann notieren auch die Börse, die Zeitungen mit Erleichterung die ersten Anzeichen der Besserung, bis Hoffnung, Ruhe und Sicherheit wieder für eine Zeitlang einkehren. Was bei alledem das Merkwürdige ist, das ist der Umstand, dass die Krise von allen Beteiligten, von der ganzen Gesellschaft, wie etwas betrachtet und behandelt wird, was außer dem Bereich des menschlichen Willens und der menschlichen Berechnung steht, wie ein Schicksalsschlag von einer unsichtbaren Macht auf uns herniedergeschickt, wie eine Prüfung vom Himmel in der Art etwa eines schweren Gewitters, eines Erdbebens oder einer Überschwemmung. Schon die Sprache, in der die Handelszeitungen über eine Krise zu berichten pflegen, bewegt sich mit Vorliebe in solchen Wendungen, wie: „der bisher heitere Himmel der Geschäftswelt fängt an, sich mit düsteren Wolken zu beziehen", oder wenn eine schroffe Erhöhung des Bankdiskonts zu melden ist, so wird sie unter dem unvermeidlichen Titel: „Sturmzeichen" serviert, ebenso wie wir nachher vom vorüberziehenden Gewitter und heiteren Horizont lesen. Diese Ausdrucksweise bringt etwas mehr, als die Geschmacklosigkeit der Tintenkulis der Geschäftswelt zum Ausdruck, sie ist geradezu typisch für die seltsame sozusagen naturgesetzliche Wirkung der Krise. Die moderne Gesellschaft merkt ihr Nahen mit Schrecken, sie beugt zitternd den Nacken unter den hageldichten Schlägen, sie wartet das Ende der Prüfung ab und erhebt dann wieder das Haupt, erst zagend und ungläubig, endlich beruhigt. Es wird dies genau die Art sein, wie im Mittelalter das Volk den Ausbruch einer großen Hungersnot oder der Pest gewärtigte; wie heute der Landmann ein schweres Gewitter mit Hagel erduldet: dieselbe Ratlosigkeit und Machtlosigkeit gegenüber der schweren Prüfung. Allein die Hungersnot wie die Pest sind, wenn auch in letzter Linie soziale Erscheinungen, zunächst und unmittelbar Ergebnisse von Naturerscheinungen: einer Missernte, einer Verbreitung krankheitserregender Keime und dergleichen. Gewitter ist ein Elementarereignis der physischen Natur, und kein Mensch vermag, wenigstens bei dem heutigen Stand der Naturwissenschaft und Technik, ein Gewitter herbeizuführen oder zu verhindern. Was ist aber die moderne Krise? Sie besteht, wie wir wissen, darin, dass zu viel Waren produziert worden sind, die keinen Absatz finden, dass infolgedessen der Handel und mit ihm die Industrie stocken. Die Herstellung von Waren, ihr Verkauf, der Handel, die Industrie – das sind aber rein menschliche Beziehungen. Es sind die Menschen selbst, die Waren produzieren, und die Menschen selbst, die sie kaufen, der Handel wird von Mensch zu Mensch geführt, wir finden in den Umständen, welche die moderne Krise ausmachen, nicht ein einziges Element, das außerhalb des menschlichen Tuns liegen würde. Es ist also niemand anderes als die menschliche Gesellschaft selbst, die die Krise periodisch hervorbringt. Und doch wissen wir gleichzeitig, dass die Krise eine wahre Geißel für die menschliche Gesellschaft ist, dass sie mit Schrecken erwartet und mit Verzweiflung ertragen wird, dass sie von niemand gewollt, herbeigewünscht wird. Denn abgesehen von einzelnen Börsenwölfen, die sich bei einer Krise auf anderer Kosten rasch zu bereichern trachten, dabei aber häufig selbst hereinfallen, ist die Krise für alle zum mindesten eine Gefahr oder eine Störung. Niemand will die Krise und doch kommt sie. Die Menschen schaffen sie mit eigenen Händen, und doch wollen sie sie um nichts in der Welt haben. Hier haben wir in der Tat ein Rätsel des Wirtschaftslebens vor uns, das uns keiner von den Beteiligten zu erklären weiß. Der mittelalterliche Bauer auf seiner kleinen Parzelle produzierte zu einem Teil, was sein Grundherr, zum andern Teil, was er selbst wollte und brauchte: Korn und Vieh, Lebensmittel für sich und seine Familie. Der große Grundherr im Mittelalter ließ für sich produzieren was er wollte und brauchte: Korn und Vieh, gute Weine und feine Kleider, Lebensmittel und Luxusgegenstände für sich und seinen Hofhalt. Die heutige Gesellschaft produziert aber, was sie weder will noch brauchen kann: Krisen; sie produziert von Zeit zu Zeit Lebensmittel, die sie nicht verwenden kann, sie leidet periodisch durch Hungersnot bei ungeheuren Speichern unverkäuflicher Produkte. Das Bedürfnis und die Befriedigung, die Aufgabe und das Resultat der Arbeit decken sich nicht mehr, zwischen ihnen steckt etwas Unklares, Rätselhaftes.

Nehmen wir ein anderes, allgemein bekanntes, den Arbeitern aller Länder allzu gut bekanntes Beispiel: die Arbeitslosigkeit.

Die Arbeitslosigkeit ist nicht mehr, wie die Krise, ein Kataklysmus, der die Gesellschaft von Zeit zu Zeit heimsucht: sie ist heute in größerem oder geringerem Grade eine ständige alltägliche Begleiterscheinung des Wirtschaftslebens geworden. Die bestorganisierten und bestbezahlten Arbeiterkategorien, die ihre Listen der Arbeitslosen führen, notieren eine ununterbrochene Kette von Zahlen für jedes Jahr und für jeden Monat und jede Woche im Jahre; diese Zahlen unterliegen starken Schwankungen, sie versiegen aber niemals gänzlich. Wie machtlos die heutige Gesellschaft der Arbeitslosigkeit, dieser furchtbaren Geißel der Arbeiterklasse, gegenübersteht, zeigt sich jedes Mal, wenn der Umfang dieses Übels so groß wird, dass er die gesetzgebenden Körper zwingt, sich mit ihm zu befassen. Der regelmäßige Verlauf solcher Verhandlungen gipfelt nach langem Hin- und Herreden in dem Beschluss, eine Enquete, eine Umfrage über die vorhandene Zahl der Arbeitslosen vorzunehmen. Man beschränkt sich in der Hauptsache darauf, den jeweiligen Stand des Übels zu messen, wie man bei Überschwemmungen den Pegel des Wassers misst, und im besten Falle durch schwächliche Palliativmittel in Gestalt von Arbeitslosenunterstützung – zumeist auf eigene Kosten der beschäftigten Arbeiter – die Wirkungen des Übels etwas zu mindern, ohne auch nur einen Versuch zu machen, das Übel selbst zu beseitigen.

Zu Beginn des 19. Jahrhunderts hatte der große Prophet der englischen Bourgeoisie, der Pfaffe Malthus, mit der ihm eigenen herzerfrischenden Brutalität den Grundsatz proklamiert: „Wer in einer bereits in Besitz genommenen Welt geboren ist, hat, falls er von seinen Verwandten, an die er Forderungsrechte hat, keine Existenzmittel erlangen kann, und falls die Gesellschaft seine Arbeit nicht braucht, kein Anrecht auf die geringste Menge Nahrungsmittel, und er hat tatsächlich auf dieser Welt nichts zu schaffen. An dem großen Bankett der Natur ist für ihn kein Tisch gedeckt. Die Natur bedeutet ihm, sich zu drücken und sie vollzieht rasch ihren eigenen Befehl." Die heutige offizielle Gesellschaft mit der ihr eigenen „sozialreformerischen" Heuchelei verpönt so klare Offenherzigkeiten. Tatsächlich aber lässt sie schließlich den arbeitslosen Proletarier, „dessen Arbeit sie nicht braucht", sich in dieser oder jener Weise, rasch oder langsam, von dieser Welt „drücken", worüber die Zahlen der zunehmenden Krankheiten, der Säuglingssterblichkeit, der Verbrechen gegen das Eigentum während jeder großen Krise quittieren.

Gerade der von uns gebrauchte Vergleich der Arbeitslosigkeit mit einer Überschwemmung zeigt sogar die auffallende Tatsache, dass wir Elementarereignissen physischer Natur an sich weniger machtlos gegenüberstehen, als unseren eigenen, rein gesellschaftlichen, rein menschlichen Angelegenheiten! Die periodischen Wasserüberschwemmungen, die im Frühling im Osten Deutschlands so ungeheuren Schaden anrichten, sind in letzter Linie nur eine Folge der ganz verwahrlosten Wasserwirtschaft, die wir jetzt führen. Die Technik gibt selbst in ihrem heutigen Stand bereits ausreichende Mittel zum Schutze der Landwirtschaft vor der Wassergewalt, ja zur Nutzbarmachung dieser Gewalt in die Hand, bloß sind diese Mittel nicht anders anwendbar, als auf der höchsten Stufenleiter einer zusammenhängenden, rationellen Wasserwirtschaft, die das ganze heimgesuchte Gebiet umbauen, Ackerflächen und Wiesen entsprechend verlegen, Dämme und Schleusen errichten, Flüsse regulieren müsste. Diese große Reform wird freilich nicht in Angriff genommen, teils weil weder Privatkapitalisten noch der Staat für eine solche Unternehmung die Mittel hergeben wollen, teils weil sie auf dem großen Gebiete, das in Betracht käme, auf die Schranken der verschiedensten privaten Bodenbesitzrechte stoßen würde. Die Mittel jedoch, um der Wassergefahr zu begegnen und das rasende Element zu fesseln, hat auch die heutige Gesellschaft schon in der Hand, wenn sie sie gleich nicht zu gebrauchen imstande ist. Ein Mittel gegen die Arbeitslosigkeit jedoch ist in der heutigen Gesellschaft noch nicht erfunden. Und doch ist es kein Element, keine physische Naturerscheinung, keine übermenschliche Gewalt, sondern ein rein menschliches Produkt der wirtschaftlichen Verhältnisse. Und auch hier wieder stehen wir also vor einem ökonomischen Rätsel: vor einer Erscheinung, die niemand beabsichtigt, niemand bewusst anstrebt und die sich dennoch mit der Regelmäßigkeit einer Naturerscheinung einstellt, gewissermaßen über die Köpfe der Menschen hinweg.

Aber wir brauchen gar nicht zu solchen ausfallenden Erscheinungen des heutigen Lebens, wie Krise oder Arbeitslosigkeit, also nicht bloß zu Kalamitäten und Fällen außerordentlicher Natur zu greifen, die nach der landläufigen Vorstellung in dem gewöhnlichen Lauf der Dinge eine Ausnahme bilden. Nehmen wir ein allergewöhnlichstes Beispiel aus dem täglichen Leben, das sich tausendmal in allen Ländern wiederholt: die Preisschwankungen der Waren. Jedes Kind weiß, dass die Preise aller Waren nicht etwas Festes und Unveränderliches darstellen, sondern im Gegenteil fast jeden Tag, ja oft jede Stunde, hinauf oder hinunter gehen, Nehmen wir eine beliebige Zeitung in die Hand, schlagen wir den Bericht von der Produktenbörse auf, und wir werden über die Preisbewegung des vergangenen Tages lesen: Weizen – Vormittag, Stimmung schwach, um die Mittagszeit etwas lebhafter, gegen Schluss der Börse ziehen die Preise an, oder auch umgekehrt. Dasselbe bei Kupfer und Eisen, Zucker und Rüböl. Und dasselbe bei den Aktien der verschiedenen Industrieunternehmungen, bei staatlichen und privaten Wertpapieren an der Effektenbörse. Die Preisschwankungen sind eine unaufhörliche, alltägliche, ganz „normale" Erscheinung des heutigen Wirtschaftslebens Durch diese Preisschwankungen vollzieht sich aber täglich und stündlich eine Veränderung im Vermögensstand der Besitzer all dieser Produkte und Wertpapiere. Steigen die Preise der Baumwolle, so wächst momentan „das Vermögen aller Händler und Fabrikanten, die Baumwollbestände auf ihren Lagern vorrätig haben; sinken die Preise, so schmelzen jene Vermögen entsprechend zusammen. Gehen die Kupferpreise in die Höhe, so werden die Inhaber der Aktien von Kupferbergwerken reicher, fallen die Preise, so werden sie ärmer. So können Leute durch einfache Preisschwankungen auf Grund eines Börsentelegramms in wenigen Stunden zu Millionären und zu Bettlern werden, und darauf beruht ja wesentlich die Börsenspekulation mit ihrem Schwindel. Der mittelalterliche Grundherr konnte reicher oder ärmer werden durch eine gute oder schlechte Ernte; oder aber er bereicherte sich, wenn er als Raubritter, der dem vorüberziehenden Kaufmann auflauerte, einen guten Fang gemacht hatte; oder aber – und dies war allzumal das probateste und beliebteste Mittel – er vergrößerte seinen Reichtum, wenn er aus seinen leibeigenen Bauern durch Erhöhung der geforderten Fronden und Abgaben mehr pressen konnte, als es ehedem der Fall war. Heute kann ein Mensch plötzlich reich oder arm werden ohne sein geringstes Zutun, ohne dass er nur den Finger rührte, ohne irgendein Naturereignis, auch ohne dass jemand ihm etwas geschenkt oder ihn gewaltsam beraubt hätte. Die Preisschwankungen sind gleichsam eine geheimnisvolle Bewegung, die, hinter dem Rücken der Menschen durch eine unsichtbare Macht gelenkt, eine fortwährende Verschiebung und Schwankung in der Verteilung des gesellschaftlichen Reichtums hervorrufen. Man notiert bloß diese Bewegung, wie man die Temperatur am Thermometer, den Lustdruck am Barometer abliest. Und doch sind Warenpreise und ihre Bewegung offenbar eine rein menschliche Angelegenheit und keine Zauberei. Niemand anderes als die Menschen selbst stellen die Waren mit eigenen Händen her und bestimmen ihre Preise, bloß dass auch hier wieder aus ihrem Tun etwas herauskommt, was niemand beabsichtigte und anstrebte; auch hier wieder sind Bedürfnis, Zweck und Resultat des wirtschaftlichen Tuns der Menschen in ein klaffendes Missverhältnis zueinander geraten.

Woher kommt dies, und welches sind die dunklen Gesetze, nach denen sich hinter dem Rücken der Menschen ihr eigenes wirtschaftliches Leben heute zu so seltsamen Ergebnissen fügt? Dies aufzuhellen ist nur durch eine wissenschaftliche Untersuchung möglich. Es ist notwendig geworden, auf dem Wege einer angestrengten Forschung, eines tieferen Nachdenkens, Analysierens, Vergleichens, alle diese Rätsel zu lösen, d.h. die verborgenen Zusammenhänge ausfindig zu machen, die es mit sich bringen, dass die Ergebnisse des wirtschaftlichen Tuns der Menschen nicht mehr mit ihren Absichten, mit ihrem Willen, kurz mit ihrem Bewusstsein übereinstimmen Es ergibt sich so als Aufgabe der wissenschaftlichen Forschung, was sich als Mangel an Bewusstsein innerhalb der gesellschaftlichen Wirtschaft zeigt, und hier sind wir unmittelbar an der Wurzel der Nationalökonomie angelangt.

Darwin erzählt uns von seiner Reise um die Welt über die Feuerländer:

„Sie leiden oft unter Hungersnöten; ich hörte, wie Mister Low, der Kapitän eines Robbenjägers, der sehr genau mit den Eingeborenen des Landes bekannt war, eine merkwürdige Schilderung des Zustandes von einer Gesellschaft von 150 Eingeborenen an der Westküste gab, welche sehr mager und in großer Not waren. Eine Reihe von Stürmen verhinderte die Frauen, Muscheln von den Felsen zu sammeln, auch konnten sie nicht in Canus ausfahren, um Robben zu fangen. Eine kleine Partie dieser Leute machte sich eines Morgens auf den Weg und die anderen Indianer erklärten ihm, dass sie sich auf eine viertägige Reise aufmachten, um Nahrung zu holen. Bei ihrer Rückkehr ging Low hin, um sie zu treffen und fand sie äußerst ermüdet; jeder trug ein großes viereckiges Stück fauligen Walfischspecks mit einem Loch in der Mitte, durch das sie ihren Kopf gesteckt hatten, gerade so wie die Gaucho ihren Poncho oder Mantel tragen. Sobald der Speck in einen Wigwam gebracht war, schnitt ein alter Mann dünne Scheibchen davon ab, murmelte ein paar Worte über sie, röstete sie eine Minute lang und verteilte sie dann an seine verhungerte Gesellschaft, welche während der ganzen Zeit ein tiefes Stillschweigen bewahrte."[6]

Dies das Leben eines der tiefststehenden Völker der Erde. Äußerst eng sind hier noch die Grenzen, innerhalb deren Wille und bewusste Ordnung der Wirtschaft walten können. Die Menschen hängen hier noch ganz am Gängelband der äußeren Natur und sind von ihrer Gunst und Missgunst abhängig. Aber innerhalb dieser engen Grenzen macht sich in dieser kleinen Gesellschaft von etlichen 150 Individuen Organisation des ganzen geltend. Die Vorsorge für die Zukunft äußert sich erst in der kümmerlichen Gestalt des Vorrats an fauligem Walfischspeck. Aber der kümmerliche Vorrat wird unter bestimmten Zeremonien an alle verteilt, und an der Arbeit der Nahrungssuche beteiligen sich alle gleichfalls unter planmäßiger Leitung.

Nehmen wir einen griechischen Oikos, eine antike Hauswirtschaft mit Sklaven, die im Großen und Ganzen tatsächlich einen „Mikrokosmos", eine kleine Welt für sich bildete. Hier herrscht bereits die größte soziale Ungleichheit. Die primitive Dürftigkeit hat einem behaglichen Überfluss in den Früchten der menschlichen Arbeit Platz gemacht. Aber die körperliche Arbeit ist zum Fluch des einen, die Muße zum Vorrecht des anderen, der Arbeitende selbst zum Eigentum des Nichtarbeitenden geworden. Doch aus diesem Herrschaftsverhältnis ergibt sich auch die strengste Planmäßigkeit und Organisation der Wirtschaft, des Arbeitsprozesses, der Verteilung.

---

6   D. 295.

Der bestimmende Wille des Herrn ist ihre Grundlage, die Peitsche des Sklavenaussehers ihre Sanktion.

In dem feudalen Fronhof des Mittelalters bekommt die despotische Organisation der Wirtschaft schon früh das Gesicht eines ausführlichen, im Voraus ausgearbeiteten Kodex, worin der Arbeitsplan, die Arbeitsteilung, die Pflichten wie die Ansprüche eines jeden klar und fest umrissen sind. An der Schwelle dieser Geschichtsperiode steht jenes schöne Dokument, das wir bereits kennengelernt haben; das Capitulare de villis Karls des Großen, das noch heiter und sonnig in der Fülle der leiblichen Genüsse schwelgt, auf die allein die Wirtschaft gerichtet ist. An ihrem Ende steht der düstere Kodex der Fronden und Abgaben, der, durch die entfesselte Geldgier der Feudalherren diktiert, im 15. Jahrhundert in den deutschen Bauernkrieg mündet, um noch ein paar Jahrhunderte später den französischen Bauer zu jenem elenden, halbvertierten Wesen zu machen, das erst durch die gellende Alarmglocke der Großen Revolution zum Kampf um seine Menschen- und Bürgerrechte aufgerüttelt wird. Aber solange der Besen der Revolution den Feudalhof nicht weggefegt hatte, war es selbst in jenem Elend das unmittelbare Herrschaftsverhältnis, das die Zusammenhänge der feudalen Wirtschaft wie ein unabwendbares Schicksal fest und klar bestimmte.

Heute kennen wir keine Herren und Sklaven, keine Feudalbarone und Leibeigenen. Freiheit und Gleichheit vor dem Gesetz haben formell alle despotischen Verhältnisse beseitigt, wenigstens in den alten bürgerlichen Staaten; in den Kolonien wird ja – wie bekannt – von diesen Staaten selbst Sklaverei und Leibeigenschaft häufig genug erst eingeführt. Wo jedoch die Bourgeoisie Zuhause ist, da herrscht als alleiniges Gesetz über den Wirtschaftsverhältnissen die freie Konkurrenz. Damit ist aber jeglicher Plan, jegliche Organisation aus der Wirtschaft verschwunden. Freilich: blicken wir in einen einzelnen Privatbetrieb, in eine moderne Fabrik oder einen gewaltigen Komplex von Fabriken und Werken, wie bei Krupp, in eine landwirtschaftliche Bonanzafarm in Nordamerika, so finden wir dort die strengste Organisation, die weitgehendste Arbeitsteilung, die raffinierteste, auf wissenschaftlicher Erkenntnis basierte Planmäßigkeit. Dort klappt alles aufs Wunderbarste, von einem Willen, einem Bewusstsein geleitet.

Kaum verlassen wir aber die Tore der Fabrik oder der Farm, als uns auch schon das Chaos empfängt. Während die zahllosen Einzelteile – und ein heutiger Privatbetrieb, auch der riesigste, ist nur ein Teilchen jener großen Wirtschaftsbande, die sich über die ganze Erde erstrecken – während die Einzelteile aufs strengste organisiert sind, ist das Ganze der sogenannten „Volkswirtschaft", d.h. der kapitalistischen Weltwirtschaft, völlig unorganisiert. In dem Ganzen, dass sich über Ozeane und Weltteile schlingt, macht sich kein Plan, kein Bewusstsein, keine Regelung geltend; nur blindes Walten unbekannter, ungebändigter Kräfte treibt mit dem Wirtschaftsschicksal der Menschen sein launisches Spiel. Ein übermächtiger Herrscher regiert freilich auch heute die arbeitende Menschheit: das Kapital. Aber seine Regierungsform ist nicht Despotie, sondern Anarchie.

Und diese eben macht es, dass die gesellschaftliche Wirtschaft Resultate hervorbringt, die den beteiligten Menschen selbst unerwartet und rätselhaft sind, sie macht es, dass die gesellschaftliche Wirtschaft zu einer uns fremden, entäußerten, von uns unabhängigen Erscheinung geworden ist, deren Gesetz wir ebenso ergründen müssen, wie wir die Erscheinungen der äußeren Natur untersuchen, wie wir die Gesetze zu ergründen suchen, die das Leben des Pflanzenreichs und des Tierreichs, die Veränderungen in der Erdrinde und die Bewegungen der Himmelskörper beherrschen. Die wissenschaftliche Erkenntnis muss hinterdrein den Sinn und die Regel der gesellschaftlichen Wirtschaft aufdecken, die der bewusste Plan ihr nicht von vornherein diktiert hat.

Es ist nun klar, weshalb es den bürgerlichen Nationalökonomen unmöglich ist, das Wesen ihrer Wissenschaft klar herauszuheben, den Finger in die Wunde ihrer Gesellschaftsordnung zu legen, sie in ihrer inneren Gebrechlichkeit zu denunzieren. Erkennen und bekennen, dass Anarchie das Lebenselement der Kapitalherrschaft ist, heißt in gleichem Atem das Todesurteil sprechen, heißt sagen, dass ihrer Existenz nur eine Gnadenfrist gewährt ist. Es ist nun klar, weshalb die offiziellen wissenschaftlichen Anwälte der Kapitalherrschaft mit allen Wortkünsteleien die Sache zu verschleiern, den Blick vom Kern auf die äußere Schale, von der Weltwirtschaft auf die „Volkswirtschaft" zu richten suchen. Bereits bei dem ersten Schritt über die Schwelle der nationalökonomischen Erkenntnis, bereits bei der ersten grundlegenden Frage, was die Nationalökonomie eigentlich und was ihr Grundproblem sei, scheiden sich heute die Wege der bürgerlichen und der proletarischen Erkenntnis. Mit dieser ersten Frage, so abstrakt und gleichgültig für soziale Kämpfe der Gegenwart sie auf den ersten Blick erscheint, knüpft sich bereits ein besonderes Band zwischen der Nationalökonomie als Wissenschaft und dem modernen Proletariat als revolutionäre Klasse.

VI.

Stellen wir uns auf den oben gewonnenen Standpunkt, dann wird uns verschiedenes klar, was zuerst fraglich erschien.

Vor allem wird das Alter der Nationalökonomie klar. Eine Wissenschaft, die Gesetze der anarchischen kapitalistischen Produktionsweise aufzudecken zur Aufgabe hat, konnte offenbar nicht eher entstehen, als diese Produktionsweise selbst, nicht eher, als die geschichtlichen Bedingungen für die Klassenherrschaft der modernen Bourgeoisie nach und nach durch politische und wirtschaftliche Verschiebungen in einer Arbeit von Jahrhunderten zusammengetragen waren.

Nach Professor Bücher war die Entstehung der heutigen Gesellschaftsordnung freilich eine höchst einfache Sache, die mit der vorhergegangenen wirtschaftlichen Entwicklung wenig zu tun hat. Sie ist nämlich einfach eine Frucht des höheren Willens und der erhabenen Weisheit absolutistischer Fürsten.

„Die Ausbildung der Volkswirtschaft," erzählt uns Bücher – und wir wissen bereits, dass für einen bürgerlichen Professor der Begriff „Volkswirtschaft" nur eine mystifizierende Umschreibung der kapitalistischen Produktion ist –, „ist im Wesentlichen eine Frucht der politischen Zentralisation, welche gegen Ende des Mittelalters mit der Entstehung territorialer Staatsgebilde beginnt und in der Gegenwart mit der Schöpfung des nationalen Einheitsstaates ihren Abschluss findet. Die Zusammenfassung der wirtschaftlichen Kräfte geht Hand in Hand mit der Beugung der politischen Sonderinteressen unter die höheren Zwecke der Gesamtheit In Deutschland sind es die größeren Territorialfürsten, welche die moderne Staatsidee im Kampfe mit dem Landadel und den Städten zum Ausdruck zu bringen suchen."

Aber auch im übrigen Europa, in Spanien, Portugal, England, Frankreich, in den Niederlanden hat die fürstliche Gewalt solche Großtaten vollbracht.

„In allen diesen Ländern tritt, wenn auch in verschiedener Stärke, der Kampf mit den Sondergewalten des Mittelalters hervor: dem großen Adel, den Städten, Provinzen, geistlichen und weltlichen Korporationen. Zunächst handelt es sich ja Gewiss um Vernichtung der selbständigen Kreise, welche sich der politischen Zusammenfassung hemmend in den Weg stellten. Aber im tiefsten Grunde der Bewegung, welche zur Ausbildung des fürstlichen Absolutismus führte, schlummert doch der weltgeschichtliche Gedanke, dass die neuen größeren Kulturaufgaben der Menschheit eine einheitliche Organisation ganzer Völker, eine große lebendige Interessengemeinschaft erforderten, und diese konnte erst auf dem Boden gemeinsamer Wirtschaft erwachen."

Hier haben wir die schönste Blüte jener Bedientenhaftigkeit der Gedanken, die wir bei den deutschen Professoren der Nationalökonomie kennengelernt haben. Nach Professor Schmoller ist die nationalökonomische Wissenschaft auf Kommando des aufgeklärten Absolutismus entstanden. Nach Professor Bücher ist gar die ganze kapitalistische Produktionsweise nur eine Frucht des souveränen Willens und der himmelstürmenden Pläne absolutistischer Fürsten. Nun heißt es den großen spanischen und französischen Despoten wie den kleinen deutschen Despötlein bitter unrecht tun, wenn man sie in Verdacht bringt, dass sie sich bei ihren Katzbalgereien mit den übermütigen Feudalherren am Ausgang des Mittelalters oder bei den blutigen Kreuzzügen gegen die niederländischen Städte um irgendwelche „weltgeschichtlichen Gedanken" und „Kulturaufgaben der Menschheit" gekümmert hätten. Ja, es heißt die geschichtlichen Dinge sogar auf den Kopf stellen.

Freilich war die Herstellung der zentralisierten bürokratischen Großstaaten eine unumgängliche Voraussetzung der kapitalistischen Produktionsweise, sie war aber ihrerseits in demselben Maße nur eine Folge der neuen wirtschaftlichen Bedürfnisse, so dass man mit viel mehr Recht den Bücherschen Satz umdrehen und erklären könnte: die Ausbildung der politischen Zentralisation sei „im wesentlichen" eine Frucht der heranreifenden „Volkswirtschaft", d.h. der kapitalistischen Produktion.

Insofern aber der Absolutismus sein unbestreitbaren Teil an diesem historischen Vorbereitungsprozess gehabt hat, so hat er doch diese Rolle mit derselben stupiden Gedankenlosigkeit eines blinden Werkzeugs der geschichtlichen Entwicklungstendenzen gespielt, mit der er sich diesen Tendenzen auch bei jeder passenden Gelegenheit zu widersetzen wusste. So, wenn die mittelalterlichen Despoten von Gottesgnaden die mit ihnen gegen die Feudalherren verbündeten Städte als bloße Erpressungsobjekte betrachteten, die sie bei der ersten Möglichkeit wieder an die Feudalherrn verrieten. So, wenn sie den neuentdeckten Weltteil mit all seiner Menschheit und Kultur sofort und ausschließlich als das geeignete Feld für die brutalste, tückischste und roheste Ausplünderung ansahen, zu dem „höheren Kulturzwecke" die „fürstlichen Schatzkammern" in kürzester Frist mit Goldklumpen zu füllen. So namentlich auch später in dem hartnäckigen Widerstand zwischen dem Gottesgnadentum und „seine treuen Völker" das Blatt Papier, genannt bürgerlich-parlamentarische Verfassung, zu schieben, die ja für die ungehinderte Entwicklung der Kapitalherrschaft ebenso unumgänglich ist, wie die politische Einheit und die zentralisierten Großstaaten selbst.

Tatsächlich waren ganz andere Mächte, waren große Verschiebungen im wirtschaftlichen Leben der europäischen Völker am Ausgang des Mittelalters am Werk, um den Einzug der neuen Wirtschaftsweise zu inaugurieren.

Nachdem die Entdeckung Amerikas und die Umsegelung Afrikas, d.h. die Entdeckung des Seeweges nach Indien, einen ungeahnten Aufschwung und eine Verschiebung des Handels mit sich gebracht hatte, setzte die Aufhebung des Feudalismus wie des Zunftregiments in den Städten kräftig ein. Die gewaltigen Eroberungen, Landerwerbungen, Plünderungszüge in den entdeckten Ländern, der plötzliche starke Zustrom des Edelmetalls aus dem neuen Weltteil, der große Gewürzhandel mit Indien, der ausgedehnte Sklavenhandel, der Afrikaneger für die amerikanischen Plantagen lieferte, all das schuf in Westeuropa in kurzer Zeit neuen Reichtum und neue Bedürfnisse. Die kleine Werkstatt des Zunfthandwerkers mit ihren tausend Fesseln erwies sich als ein Hemmschuh für die nötige Erweiterung der Produktion und ihren raschen Fortschritt Die großen Kaufherren schufen sich einen Ausweg, indem sie die Handwerker in großen Manufakturen außerhalb des Weichbildes der Städte sammelten, sie hier unbekümmert um die engherzigen Zunftvorschriften unter eigenem Kommando rascher und besser produzieren zu lassen.

In England wurde die neue Produktionsweise durch eine Revolution in der Landwirtschaft eingeleitet. Das Aufblühen der Wollmanufaktur in Flandern gab mit seiner großen Nachfrage nach Wolle dem englischen Feudaladel den Anstoß, auf gewaltigen Strecken das Ackerland in Schafweide zu verwandeln, wobei das englische Bauerntum in größtem Maßstabe von Haus und Hof vertrieben wurde. Dadurch wurden massenhaft besitzlose Arbeiter, Proletarier, geschaffen, die zur Disposition der aufkommenden kapitalistischen Manufaktur stehen sollten. In derselben Richtung hatte die Reformation gewirkt, die zur Konfiskation der Kirchengüter führte, welche an den Hofadel und an Spekulanten teils verschenkt, teils verschleudert wurden und deren bäuerliche Bevölkerung zum größten Teil gleichfalls von der Scholle vertrieben ward. So fanden die Manufakturisten wie die kapitalistischen Landpächter massenhaft eine arme proletarische Bevölkerung vor, die außerhalb der feudalen wie der Zunftfesseln stand, und die nach einem längeren Martyrium im Vagabundenleben, im öffentlichen Arbeitshaus und unter blutiger Verfolgung durch Gesetz und Polizeibüttel, in der Lohnsklaverei bei der neuen Klasse von Ausbeutern den rettenden Hafen erblickte. Alsbald folgten auch die großen technischen Umwälzungen in den Manufakturen, die immer mehr an Stelle des gelernten Handwerkers und neben ihm die Verwendung der ungelernten Lohnproletarier in größeren Massen ermöglichte.

All dies Streben und Drängen neuer Verhältnisse stieß allenthalben auf feudale Schranken und die Misere verrotteter Zustände. Die durch den Feudalismus bedingte und in seinem Wesen liegende Naturalwirtschaft sowie die Verelendung der Volksmasse durch den schrankenlosen Druck der Leibeigenschaft schnürten naturgemäß den inneren Markt für die Manufakturwaren ein, während gleichzeitig die Zünfte die wichtigste Produktionsbedingung: die Arbeitskraft in den Städten immer noch fesselten. Der staatliche Apparat mit seiner unendlichen politischen Zersplitterung, seiner mangelnden öffentlichen Sicherheit – seinem Wust an zoll - und handelspolitischen Verkehrtheiten hemmte und belästigte den neuen Verkehr und die neue Produktion auf Schritt und Tritt.

Es war klar, dass das aufstrebende Bürgertum in Westeuropa als Vertreter des freien Welthandels und der Manufaktur all diese Hindernisse so oder anders aus dem Wege räumen musste, wollte es anders nicht aus seine weltgeschichtliche Mission gänzlich verzichten. Bevor es nun den Feudalismus in der großen Französischen Revolution in Stücke schlug, setzte es sich mit ihm erst kritisch auseinander, und die neue Wissenschaft der Nationalökonomie entsteht so als eine der wichtigsten ideologischen Waffen der Bourgeoisie im Kampfe gegen den mittelalterlichen Feudalstaat und für den modernen kapitalistischen Klassenstaat Die heranbrechende Wirtschaftsordnung bot sich zunächst unter der Form eines neuen rasch entstandenen Reichtums, der sich über die Gesellschaft in Westeuropa ergoss und der ganz anderen, ergiebigeren und scheinbar unerschöpflichen Quellen entstammte, als die patriarchalischen Methoden der feudalen Bauernschinderei, die übrigens bereits am Ende ihres Lateins angelangt waren. Die frappanteste Quelle der neuen Bereicherung war zuerst nicht die aufkommende neue Produktionsweise, sondern ihr Schrittmacher: der mächtige Aufschwung des Handels. Es ist auch in den wichtigsten Sitzen des Welthandels, am Ausgang des Mittelalters: in den reichen italienischen Handelsrepubliken am Mittelmeer, in Spanien, wo die ersten Fragen der Nationalökonomie und die ersten Versuche zu ihrer Beantwortung auftauchen.

Was ist Reichtum? Wodurch werden Staaten reich, wodurch arm gemacht? Dies war das neue Problem, nachdem die alten Begriffe der feudalen Gesellschaft in dem Strudel neuer Verhältnisse ihre überlieferte Gültigkeit verloren hatte. Reichtum ist Gold, für das man alles kaufen kann. Also schafft der Handel Reichtum. Also werden die Staaten reich, die in der Lage sind, viel Gold einzuführen und keines aus dem Lande herauszulassen. Also müssen Welthandel, Kolonialeroberungen im neuen Weltteil, Manufakturen, die Ausfuhrartikel herstellen, vom Staate gefördert, die Einfuhr fremder Produkte, die das Gold aus dem Lande lockt, verboten werden. Dies war die erste nationalökonomische Lehre, die schon am Ausgang des 16. Jahrhunderts in Italien auftaucht, und im 17. Jahrhundert in England, in Frankreich zur großen Geltung kommt und so roh diese Lehre noch ist, so bietet sie doch den ersten schroffen Bruch mit der Begriffswelt der feudalen Naturalwirtschaft, die erste kühne Kritik an ihr, die erste Idealisierung des Handels, der Warenproduktion, und in dieser Form – des Kapitals, endlich das erste Programm einer Staatspolitik nach dem Herzen der aufstrebenden jungen Bourgeoisie.

Bald schiebt sich an Stelle des Kaufmanns der warenproduzierende Kapitalist in den Mittelpunkt aber noch vorsichtig, unter der Maske des schäbigen Dieners im Vorzimmer der feudalen Herrschaften. Reichtum ist mitnichten Gold, das ja nur der Vermittler im Handel mit Waren ist, verkünden die französischen Aufklärer im 18. Jahrhundert. Welche kindische Verblendung, im gleißenden Metall das Glückspfand der Völker und Staaten zu sehen! Kann mich das Metall sättigen, wenn ich Hunger spüre, kann es mich vor Kälte schützen, wenn ich nackt friere? Litt nicht der persische König Darius mit Goldschätzen in seiner Hand Höllenqualen des Durstes im Felde, und hätte er sie nicht willig für einen Schluck Wasser hingegeben? Nein, Reichtum sind all die Geschenke der Natur an Nahrung und Stoff, womit wir alle, König wie Bettler, unsere Bedürfnisse befriedigen. Je üppiger die Bevölkerung ihre Bedürfnisse befriedigt, je reicher auch der Staat, weil umso mehr auch an Steuern für ihn abfallen kann. Wer entlockt aber der Natur das Korn zum Brot, die Faser, woraus wir unsere Kleidung spinnen, das Holz und das Erz, woraus wir unser Haus und Gerät bauen? Die Landwirtschaft! Sie ist es, nicht der Handel, die den wahren Born des Reichtums bildet. Also muss die Masse der landwirtschaftlichen Bevölkerung, die Bauernmasse, deren Hände den Reichtum aller schaffen, aus ihrem grenzenlosen Elend gerettet, vor der feudalen Ausbeutung geschützt zum Wohlstand emporgehoben werden! (Damit ich einen Absatzmarkt für meine Waren finde, fügte der Manufakturkapitalist leise hinzu.) Also müssen die großen Grundherren, die Feudalbarone, in deren Händen der ganze Reichtum aus der Landwirtschaft zusammenfließt auch die einzigen sein, die Steuern zahlen und den Staat erhalten! (Damit ich, der ich ja angeblich keinen Reichtum schaffe, auch keine Steuern zu zahlen brauche, murmelte sich wieder der Kapitalist schmunzelnd in den Bart.) Also braucht die Landwirtschaft die Arbeit am Schoße der Natur nur von allen Fesseln des Feudalismus befreit zu werden, damit die Springquellen des Reichtums für Volk und Staat in ihrer natürlichen Üppigkeit strömen, und damit das höchste Glück aller Menschen sich von selbst mit Notwendigkeit in natürlicher Harmonie zum Ganzen fügt.

War in diesen Lehren der Aufklärer schon das nahende Grollen des Sturms auf die Bastille deutlich zu hören, so fühlte sich bald die kapitalistische Bourgeoisie stark genug, die Maske der Unterwürfigkeit abzulegen, sich stämmig in den Vordergrund zu stellen und ohne Umschweife die Ummodelung des ganzen Staates nach ihrem Vorbild zu fordern. Landwirtschaft ist mitnichten die einzige Quelle des Reichtums, erklärt Adam Smith in England am Ausgang des 18. Jahrhunderts. Jegliche Lohnarbeit, die man zur Warenproduktion anspannt, ob auf dem landwirtschaftlichen Gut oder in der Manufaktur, schafft Reichtum! (Jegliche Arbeit, sagte Adam Smith; aber für ihn wie für seine Nachfolger – so sehr waren sie bereits nur noch Mundstück der aufkommenden Bourgeoisie – war der arbeitende Mensch von Natur kapitalistischer Lohnarbeiter!) Denn jegliche Lohnarbeit schafft außer dem notwendigsten Lohn zur eigenen Erhaltung des Arbeiters auch noch die Rente zur Erhaltung des Grundherrn und einen Profit als den Reichtum des Kapitalbesitzers, des Unternehmers und der Reichtum ist umso größer, je größere Massen Arbeiter in einer Werkstatt unter dem Kommando eines Kapitals an die Arbeit gespannt werden, je genauer und sorgfältiger die Arbeitsteilung unter ihnen durchgeführt ist. Dies also ist erst die wahre natürliche Harmonie, der wahre Reichtum der Nationen: aus jeglicher Arbeit für die Arbeitenden ein Lohn, der sie am Leben und zur weiteren Lohnarbeit gezwungen, erhält eine Rente, die zum sorglosen Leben der Grundherren ausreicht und ein Profit, der den Unternehmer bei guter Lust erhält, weiter das Geschäft zu treiben. So ist für alle gesorgt, ohne die alten plumpen Mittel des Feudalismus. Also heißt es den „Reichtum der Nationen" fördern, wenn man den Reichtum des kapitalistischen Unternehmers fördert der das Ganze im Betriebe erhält und die goldene Ader des Reichtums: die Lohnarbeit zur Ader lässt Also fort mit allen Fesseln und Hindernissen der alten guten Zeit wie auch mit den neuersonnenen väterlichen Beglückungsmethoden des Staates. Freie Konkurrenz, freies Ausleben des Privatkapitals, der ganze Steuer- und Staatsapparat im Dienste der kapitalistischen Unternehmer, – und alles wird zum Besten gehen in dieser besten der Welten!

Dies war das ökonomische Evangelium der Bourgeoisie, herausgeschält aus allen Hüllen, und damit war die Nationalökonomie in ihrem Kern und ihrer wahren Gestalt endgültig aus der Taufe gehoben. Freilich, die praktischen Reformvorschläge und Mahnungen der Bourgeoisie an den Feudalstaat scheiterten in ihren Versuchen so hoffnungslos wie die historischen Versuche, neuen Wein in alte Schläuche zu gießen, noch allemal gescheitert sind. Der Hammer der Revolution brachte in 24 Stunden fertig, was ein halbes Jahrhundert reformerischer Flickversuche nicht vermocht hatte. Es war die Tat der politischen Machteroberung, was der Bourgeoisie die Bedingungen ihrer Herrschaft in die Hand gab. Aber die Nationalökonomie war neben philosophischen, naturrechtlichen und sozialen Theorien des Aufklärungszeitalters und an erster Stelle unter ihnen ein Mittel der Selbstbesinnung, eine Formulierung des Klassenbewusstseins der Bourgeoisie und als solche Vorbedingung und Ansporn zur revolutionären Tat. Bis in seine blassesten Auskäufer war das Werk der bürgerlichen Welterneuerung in Europa von dem Gedankeninhalt der klassischen Nationalökonomie gespeist. In England holte sich die Bourgeoisie in ihrer Sturms und Drangperiode des Kampfes um den Freihandel, mit dem sie ihre Herrschaft auf dem Weltmarkt inaugurierte, die Waffen aus dem Arsenal von Smith-Ricardo. Und auch die Reformen der Stein-Hardenberg-Scharnhorstschen Periode, die den feudalen Plunder Preußens nach den bei Jena empfangenen Schlägen etwas modern zurechtputzen und lebensfähig machen wollten, schöpften ihre Ideen aus den Lehren der englischen Klassiker, so dass der junge deutsche Nationalökonom Marwitz im Jahre 1810 schreiben konnte: nebst Napoleon sei Adam Smith der mächtigste Herrscher in Europa.

Begreifen wir nun, warum die Nationalökonomie erst ungefähr vor anderthalb Jahrhunderten entstanden ist, so werden von demselben Standpunkt auch ihre weiteren Schicksale klar: wenn die Nationalökonomie einmal eine Wissenschaft über die besonderen Gesetze der kapitalistischen Produktionsweise darstellt so ist ihre Existenz und Funktion offenbar an das Dasein jener geknüpft und verliert ihre Basis, sobald jene Produktionsweise aufgehört hat zu bestehen. Mit anderen Worten: die Nationalökonomie als Wissenschaft hat ihre Rolle ausgespielt, sobald die anarchische Wirtschaft des Kapitalismus einer planmäßigen, von der gesamten arbeitenden Gesellschaft bewusst organisierten und geleiteten Wirtschaftsordnung Platz gemacht hat. Der Sieg der modernen Arbeiterklasse und die Verwirklichung des Sozialismus bedeuten somit das Ende der Nationalökonomie als Wissenschaft. Hier knüpft sich der besondere Zusammenhang zwischen Nationalökonomie und dem Klassenkampf des modernen Proletariats.

Wenn es Aufgabe und Gegenstand der Nationalökonomie ist, die Gesetze der Entstehung, Entwicklung und Ausbreitung der kapitalistischen Produktionsweise zu erklären, so ist eine unabweisbare Folge, dass sie in weiterer Konsequenz auch die Gesetze des Verfalls des Kapitalismus aufdecken muss, der ebenso wie die früheren Wirtschaftsformen nicht von ewiger Dauer, sondern nur eine vorübergehende Geschichtsphase, eine Staffel auf der unendlichen Leiter der gesellschaftlichen Entwicklung ist. Die Lehre von dem Auskommen des Kapitalismus schlägt so logischerweise um in die Lehre vom Untergang des Kapitalismus, die Wissenschaft über die Produktionsweise des Kapitals in die wissenschaftliche Begründung des Sozialismus, das theoretische Herrschaftsmittel der Bourgeoisie in eine Waffe des revolutionären Klassenkampfes für die Befreiung des Proletariats.

Diesen zweiten Teil des allgemeinen Problems der Nationalökonomie haben freilich weder die französischen noch die englischen und noch weniger die deutschen Gelehrten der bürgerlichen Klassen gelöst. Die letzten Konsequenzen aus der Theorie der kapitalistischen Produktionsweise hat ein Mann gezogen, der von vornherein auf dem Standpunkte des revolutionären Proletariats stand: Karl Marx. Damit wurde der Sozialismus und die moderne Arbeiterbewegung zum ersten Mal auf eine unerschütterliche Grundlage der wissenschaftlichen Erkenntnis gestellt.

Als das Ideal einer Gesellschaftsordnung die auf Gleichheit und Brüderlichkeit der Menschen beruht, als das Ideal einer kommunistischen Gemeinschaft war der Sozialismus Jahrtausende alt. Bei den ersten Aposteln des Christentums, bei verschiedenen religiösen Sekten des Mittelalters, im Bauernkrieg blitzte die sozialistische Idee immer als radikalste Äußerung der Empörung gegen die bestehende Gesellschaft auf. Allein gerade als ein Ideal, das zu jeder Zeit, in jedem geschichtlichen Milieu empfohlen werden konnte, war der Sozialismus nichts als ein schöner Traum vereinzelter Schwärmer, eine goldene Phantasie, unerreichbar wie der lustige Schein des Regenbogens an der Wolkenwand.

Am Ausgang des 18. und zu Beginn des 19. Jahrhunderts tritt die sozialistische Idee zuerst mit Kraft und Nachdruck auf, losgelöst von religiös-sektiererischer Schwärmerei, vielmehr als ein Wiederschein der Schrecken und Verheerungen, die der aufkommende Kapitalismus in der Gesellschaft anrichtete. Doch auch jetzt ist der Sozialismus im Grunde genommen nichts anderes als ein Traum, eine Erfindung einzelner kühner Köpfe. Hören wir den ersten Vorkämpfer der revolutionären Erhebungen des Proletariats, Gracchus Babeuf, der während der großen Französischen Revolution einen Handstreich zur gewaltsamen Einführung der sozialen Gleichheit unternahm, so ist die einzige Tatsache, auf die er sich in seinen kommunistischen Bestrebungen zu stützen weiß, die schreiende Ungerechtigkeit der bestehenden Gesellschaftsordnung. Diese in den düstersten Farben auszumalen wird er nicht müde in seinen leidenschaftlichsten Artikeln, Pamphleten, wie in seiner Verteidigungsrede vor dem Tribunal, das ihm das Todesurteil gesprochen hat. Sein Evangelium des Sozialismus ist eine eintönige Wiederholung von Anklagen gegen die Ungerechtigkeit des Bestehenden, gegen die Leiden und Qualen, das Elend und die Erniedrigung der arbeitenden Massen, auf deren Kosten sich eine Handvoll Müßiger bereichert und herrscht. Es genügte nach Babeuf, dass die bestehende Gesellschaftsordnung wert ist zugrunde zu gehen, damit sie auch schon vor hundert Jahren wirklich gestürzt werden konnte, sobald sich nur eine Gruppe entschlossener Männer fände, die sich der Staatsgewalt bemächtigte und das Regime der Gleichheit einführte, so wie die Jakobiner 1793 die politische Macht ergriffen und die Republik eingeführt hatten.

Auf ganz anderen Methoden und doch im Wesentlichen auf derselben Grundlage beruhen die sozialistischen Ideen, die von den drei großen Denkern: Saint Simon und Fourier in Frankreich, Owen in England in den zwanziger und dreißiger Jahren des vorigen Jahrhunderts mit viel mehr Genie und Glanz vertreten wurden. Freilich, an eine revolutionäre Machtergreifung zur Verwirklichung des Sozialismus dachte auch nicht entfernt einer von den genannten Männern mehr; im Gegenteil waren sie, wie die ganze Generation, die der großen Revolution nachfolgte, enttäuscht von allem sozialen Umsturz und aller Politik, ausgesprochene Anhänger rein friedlicher Propagandamittel. Allein die Basis der sozialistischen Idee war bei allen ihnen dieselbe; sie war in ihrem Wesen nur Projekt, Erfindung eines genialen Kopfes, der ihn der geplagten Menschheit zur Verwirklichung empfahl, um sie aus der Hölle der bürgerlichen Gesellschaftsordnung zu erlösen.

So blieben denn jene sozialistischen Theorien trotz aller Kraft ihrer Kritiken und des Zaubers ihrer Zukunftsideale ohne namhaften Einfluss auf die wirklichen Bewegungen und Kämpfe der Zeitgeschichte. Babeuf ging mit einem Häuflein Freunde in der konterrevolutionären Sturzwelle unter wie ein schwankes Schifflein, ohne zunächst eine andere Spur, als eine kurze leuchtende Zeile auf den Blättern der Revolutionsgeschichte zu hinterlassen. Saint Simon und Fourier haben es nur zu Sekten begeisterter und begabter Anhänger gebracht, die sich nach einiger Zeit zerstreuten oder neue Richtungen einschlugen, nachdem sie reiche und fruchtbare Anregungen an sozialen Ideen, Kritiken und Versuchen ausgestreut hatten. Am meisten hat Owen auf die Massen des Proletariats gewirkt, doch gehen auch seine Einflüsse, nachdem sie eine Elitetruppe der englischen Arbeiter in den dreißiger und vierziger Jahren begeistert hatten, nachmals spurlos verloren.

Eine neue Generation sozialistischer Führer trat in den vierziger Jahren auf: Weitling in Deutschland, Proudhon, Louis Blanc, Blanqui in Frankreich. Die Arbeiterklasse hatte bereits ihrerseits den Kampf gegen die Kapitalherrschaft aufgenommen, sie hat in den elementaren Ausständen der Lyoner Seidenweber in Frankreich, in der Chartisten-Bewegung in England das Signal zum Klassenkampf gegeben. Aber zwischen diesen spontanen Regungen der ausgebeuteten Massen und den verschiedenen sozialistischen Theorien bestand kein unmittelbarer Zusammenhang. Weder hatten die revolutionierenden Proletariermassen ein bestimmtes sozialistisches Ziel im Auge, noch suchten die sozialistischen Theoretiker ihre Ideen auf einen politischen Kampf der Arbeiterklasse zu stützen. Ihr Sozialismus sollte durch gewisse schlau ersonnene Einrichtungen, wie die Proudhonsche Volksbank, für gerechten Warenaustausch oder die Produktivassoziationen Louis Blancs realisiert werden. Der einzige Sozialist, der auf den politischen Kampf als Mittel zur Verwirklichung der sozialen Revolution rechnete, war Blanqui, dadurch der einzige wirkliche Vertreter des Proletariats und seiner revolutionären Klasseninteressen in jener Periode. Allein auch sein Sozialismus war im Grunde genommen ein Projekt das, jederzeit realisierbar, als eine Frucht des entschlossenen Willens einer revolutionären Minderheit und eines von ihr durchgeführten plötzlichen Umsturzes ins Werk gesetzt werden konnte.

Das Jahr 1848 sollte den Kulminationspunkt und zugleich die Krise des älteren Sozialismus in all seinen Spielarten werden. Das Pariser Proletariat beeinflusst durch Traditionen der früheren revolutionären Kämpfe, aufgewühlt durch verschiedene sozialistische Systeme, hing mit Leidenschaft verschwommenen Ideen von einer gerechten Gesellschaftsordnung nach. Sobald das Bürgerkönigtum Louis Philipps gestürzt war, benutzten die Pariser Arbeiter ihre Machtstellung, um von der erschrockenen Bourgeoisie diesmal die Verwirklichung der „sozialen Republik" und einer neuen „Organisation der Arbeit" zu fordern. Zur Durchführung dieses Programms wurde der provisorischen Regierung vom Proletariat die berühmte Frist von drei Monaten gewährt während der die Arbeiter hungerten und warteten, die Bourgeoisie aber und das Kleinbürgertum sich im stillen waffneten und die Niederwerfung der Arbeiter vorbereiteten. Die Frist endete mit der denkwürdigen Junischlächterei, in der das Ideal einer jederzeit realisierbaren „sozialen Republik" in Blutströmen des Pariser Proletariats erstickt wurde. Die Revolution von 1848 führte nicht das Reich der sozialen Gleichheit herbei, sondern die politische Herrschaft der Bourgeoisie und einen ungeahnten Aufschwung der kapitalistischen Ausbeutung unter dem zweiten Kaiserreich.

Doch um dieselbe Zeit, wo der Sozialismus alter Schulen unter den zerschmetterten Barrikaden der Juniinsurrektion auf immer begraben schien, wurde die sozialistische Idee von Marx und Engels auf eine ganz neue Basis gestellt Die beiden suchten Stützpunkte für den

Sozialismus nicht in der moralischen Verwerflichkeit der bestehenden Gesellschaftsordnung, noch im Ausklügeln möglichst einnehmender und verlockender Projekte, wie die soziale Gleichheit im heutigen Staate eingeschmuggelt werden könnte. Sie wandten sich an die Untersuchung der wirtschaftlichen Verhältnisse der heutigen Gesellschaft Hier, in den Gesetzen der kapitalistischen Anarchie selbst, deckte Marx den wirklichen Ansatzpunkt für die sozialistischen Bestrebungen auf. Hatten die französischen und englischen Klassiker der Nationalökonomie die Gesetze aufgefunden, nach denen die kapitalistische Wirtschaft lebt und sich entwickelt, so nahm Marx ihr Werk ein halbes Jahrhundert später genau dort auf, wo jene es abgebrochen hatten. Er deckte seinerseits auf, wie dieselben Gesetze der heutigen Wirtschaftsordnung auf ihren eigenen Untergang hinarbeiten, indem sie durch das Umsichgreifen der Anarchie immer mehr die Existenz der Gesellschaft bedrohen und zu einer Kette vernichtender wirtschaftlicher und politischer Katastrophen sich gestalten. Es sind also, wie Marx nachgewiesen hat die eigenen Entwicklungstendenzen der Kapitalherrschaft die auf einer gewissen Stufe ihrer Reife den Übergang zu einer planmäßigen, von der gesamten arbeitenden Gesellschaft bewusst organisierten Wirtschaftsweise notwendig machen, wenn die gesamte Gesellschaft und die menschliche Kultur nicht in den Konvulsionen der ungezügelten Anarchie ihren Untergang finden soll. Und diese Schicksalsstunde beschleunigt das herrschende Kapital selbst immer energischer, indem es seine künftigen Totengräber, die Proletarier, in immer größeren Massen zusammenführt indem es sich über alle Länder der Erde ausbreitet eine anarchische Weltwirtschaft herstellt und damit zugleich die Basis schafft für den Zusammenschluss des Proletariats aller Länder in einer revolutionären Weltmacht zur Beseitigung der kapitalistischen Klassenherrschaft. Damit hörte der Sozialismus auf, ein Projekt eine schöne Phantasie oder auch ein Experiment einzelner Arbeitergruppen in jedem Lande auf eigene Faust zu sein. Als gemeinsames politisches Aktionsprogramm des internationalen Proletariats ist der Sozialismus eine historische Notwendigkeit, weil eine Frucht der ökonomischen Entwicklungstendenzen des Kapitalismus.

Es ist nun klar, weshalb Marx seine eigene ökonomische Lehre außerhalb der offiziellen Nationalökonomie gestellt, sie „eine Kritik der politischen Ökonomie" genannt hat. Die von Marx entwickelten Gesetze der kapitalistischen Anarchie und ihres künftigen Untergangs sind freilich selbst nur eine Fortsetzung der Nationalökonomie, wie sie von den bürgerlichen Gelehrten geschaffen worden ist, aber eine Fortsetzung, die sich in ihren Schlussergebnissen in schärfsten Gegensatz zu den Ausgangspunkten jener setzt. Die Marxsche Lehre ist ein Kind der bürgerlichen Ökonomie, aber ein Kind, dessen Geburt der Mutter das Leben gekostet hat. In der Marxschen Theorie hat die Nationalökonomie ihre Vollendung aber auch ihren Abschluss als Wissenschaft gefunden. Was weiter zu folgen hat, ist – außer dem Ausbau der Marxschen Lehre in Einzelheiten – nur noch die Umsetzung dieser Lehre in die Tat, d.h. der Kampf des internationalen Proletariats um die Verwirklichung der sozialistischen Wirtschaftsordnung. Der Ausgang der Nationalökonomie als Wissenschaft bedeutet so eine welthistorische Tat: ihre Umsetzung in die Praxis einer planmäßig organisierten Weltwirtschaft. Das letzte Kapital der nationalökonomischen Lehre ist die soziale Revolution des Weltproletariats.

Der besondere Zusammenhang zwischen der Nationalökonomie und der modernen Arbeiterklasse erweist sich somit als ein gegenseitiges Verhältnis. Wenn einerseits die Nationalökonomie, so wie sie von Marx ausgebaut worden ist, mehr denn jede andere Wissenschaft die unentbehrliche Grundlage der proletarischen Aufklärung ist, so bildet andererseits das klassenbewusste Proletariat heutzutage die einzige verständnisfähige und empfängliche Zuhörerschaft für die Lehre der Nationalökonomie. Erst noch die verfallenden Ruinen der alten feudalen Gesellschaft vor den Augen, blickten einst die Quesnay und Boisguillebert in Frankreich, die Adam Smith und Ricardo in England voll Stolz und Begeisterung auf die junge bürgerliche Gesellschaft und ließen in festem Glauben an das aufsteigende tausendjährige Reich der Bourgeoisie und seine „natürliche" soziale Harmonie ihre Adlerblicke unerschrocken in die Tiefen der kapitalistischen Gesetze dringen.

Seitdem hatte der immer mächtiger anschwellende proletarische Klassenkampf und besonders die Juniinsurrektion des Pariser Proletariats den Glauben der bürgerlichen Gesellschaft an ihre Gottähnlichkeit längst zerstört. Seit sie vom Baume der Erkenntnis moderner Klassengegensätze gegessen, verabscheut sie die klassische Nacktheit, in der sie die Schöpfer ihrer eigenen Nationalökonomie einst der Welt gezeigt hatten. Ist es doch heute klar, dass jene wissenschaftlichen Entdeckungen es waren, aus denen die Wortführer des modernen Proletariats ihre tödlichen Waffen entnommen haben.

So kommt es, dass seit Jahrzehnten nicht bloß die sozialistische, sondern auch die bürgerliche Nationalökonomie, sofern sie einst wirkliche Wissenschaft war, in den besitzenden Klassen tauben Ohren predigt. Unfähig, die Lehren ihrer eigenen großen Ahnen zu verstehen und noch weniger, die aus ihnen hervorgegangene Marxsche Lehre anzunehmen, die der bürgerlichen Gesellschaft die Totenglocke läutet, tragen die heutigen bürgerlichen Gelehrten unter dem Namen der Nationalökonomie einen formlosen Brei von Abfällen allerlei wissenschaftlicher Gedanken und interessierter Verirrungen vor, wobei sie nicht mehr den Zweck verfolgen, die wirklichen Tendenzen den Kapitalismus zu erforschen, sondern nur noch dem umgekehrten. Zweck nachstreben, jene Tendenzen zu verschleiern, um den Kapitalismus als die beste, einzig mögliche, ewige Wirtschaftsordnung zu verteidigen.

Vergessen und verraten von der bürgerlichen Gesellschaft, sucht die wissenschaftliche Nationalökonomie ihre Zuhörer nur noch unter den klassenbewussten Proletariern, um bei ihnen nicht bloß theoretisches Verständnis, sondern auch tatkräftige Erfüllung zu finden. Die Nationalökonomie ist es in erster Linie, auf die das bekannte Wort Lassalles zutrifft:

„Wenn sich die Wissenschaft und die Arbeiter, diese beiden entgegengesetzten Pole der Gesellschaft, umarmen, werden sie in ihren Armen alle Kulturhindernisse erdrücken."

2. Wirtschaftsgeschichtliches

I.

Unsere Kenntnisse von den ältesten und primitivsten Wirtschaftsformen sind sehr jungen Datums. Noch im Jahre 1847 schrieben Marx und Engels in der ersten klassischen Urkunde des wissenschaftlichen Sozialismus, im kommunistischen Manifest: „Die Geschichte aller bisherigen Gesellschaft ist die Geschichte von Klassenkämpfen". Gerade um dieselbe Zeit, wo die Schöpfer des wissenschaftlichen Sozialismus diese Auffassung kundgaben, begann sie auch schon von allen Seiten durch neue Entdeckungen erschüttert zu werden. Fast jedes Jahr brachte bislang unbekannte Einblicke in die älteren wirtschaftlichen Zustände der menschlichen Gesellschaft, die zu dem Schluss führten, dass es in der vergangenen Geschichte Zeitstrecken von enormer Ausdehnung gegeben haben muss, in denen es noch keine Klassenkämpfe, weil überhaupt keine Scheidung in verschiedene Gesellschaftsklassen und keine Unterschiede von reich und arm, weil es kein Privateigentum gab.

In den Jahren 1851–1853 erschien in Erlangen das erste der epochemachenden Werke Georg Ludwig v. Maurer, die „Einleitung zur Geschichte der Markt-, Hof-, Dorf- und Stadtverfassung und der öffentlichen Gewalt", die ein neues Licht auf die germanische Vergangenheit und auf die soziale und ökonomische Struktur des Mittelalters warfen. Schon seit einigen Jahrzehnten war man an einzelnen Orten bald in Deutschland, bald in den nordischen Ländern, auf der Insel Island, auf merkwürdige Überbleibsel uralter ländlicher Einrichtungen gestoßen, die auf das ehemalige Bestehen eines Gemeineigentumes an Grund und Boden an jenen Orten, eines Agrarkommunismus hinweisen. Man wusste jedoch zunächst diese Überbleibsel nicht zu deuten. Nach einer früher, zumal seit Möser und Kindlinger, allgemein verbreiteten Ansicht sollte die Kultivierung des Bodens in Europa von Einzelhöfen ausgegangen und jeder Hof mit einer abgesonderten Feldmark umgeben gewesen sein, die das Privateigentum des Hofbesitzers war. Erst im späteren Mittelalter, so glaubte man, waren der größeren Sicherheit wegen die bis dahin zerstreuten Wohnungen zu Dörfern zusammengerückt und die früher getrennten Hoffeldmarken zu Dorffeldmarken zusammengeworfen worden. So unwahrscheinlich bei genauerer Erwägung diese Ansicht erscheint – muss man doch zu ihrer Begründung das Unglaublichste annehmen, nämlich, dass die zum Teil weitauseinanderliegenden Wohnungen niedergerissen wurden, bloß um sie an einer anderen Stelle wieder zu erbauen, und ferner, dass ein jeder die bequeme Lage seiner Privatfelder rund um seinen Hof herum mit völlig freier Bewirtschaftung aufgegeben habe, um sodann seine Felder in schmale Riemen zerlegt durch alle Fluren zerstreut und mit einer von seinen Dorfgenossen völlig abhängigen Bewirtschaftung wieder zu erhalten – so unwahrscheinlich diese Theorie war, so blieb sie doch die vorherrschende bis zur Mitte des vorigen Jahrhunderts. Erst v. Maurer fasste alle diese Einzelentdeckungen in einer kühnen, großangelegten Theorie zusammen und wies auf Grundenormen Tatsachenmaterials und gründlichster Forschungen in alten Archiven, Urkunden, Rechtsinstitutionen endgültig nach, dass das Gemeineigentum an Grund und Boden nicht erst im späteren Mittelalter entstanden war, sondern überhaupt die typische und allgemeine uralte Form der germanischen Ansiedlungen in Europa von allem Anfang an war. Vor zweitausend Jahren also und noch früher in jener grauen Vorzeit der germanischen Völker, von denen die geschriebene Geschichte noch nichts weiß, herrschten bei den Germanen Zustände, die von den heutigen grundverschieden waren. Kein Staat mit geschriebenen Zwangsgesetzen, keine Spaltung in Reiche und Arme, Herrschende und Arbeitende waren damals unter den Germanen bekannt. Sie bildeten freie Stämme und Geschlechter, die lange in Europa umherwanderten, bis sie sich erst zeitweise, schließlich dauernd ansiedelten. Die erste Kultivierung des Landes ist nämlich in Deutschland, wie v. Maurer nachwies, nicht von Einzelnen, sondern von ganzen Geschlechtern und Stämmen ausgegangen, wie in Island von größeren Gesellschaften, welche frändalid und fkulldalid – etwa Freundschaften und Gefolgschaften – genannt wurden. Die ältesten Nachrichten über die alten Germanen, die auf uns von den Römern gekommen sind, sowie die Prüfung der überlieferten Einrichtungen, verbürgen die Wahrheit dieser Auffassung. Herumziehende Hirtenvölker waren es, die Deutschland zuerst bevölkerten. Wie bei anderen Nomaden, so war zwar auch bei ihnen Viehzucht und also der Besitz reichlicher Weide die Hauptsache. Indessen konnten denn doch auch sie in die Länge ohne Ackerbau ebenso wenig bestehen, wie dies bei anderen Wandervölkern älterer und neuerer Zeit der Fall war. Und gerade in diesem Zustand der mit dem Ackerbau vereinigten Nomadenwirtschaft, wobei jedoch die Viehzucht als Hauptsache, der Feldbau aber als etwas Untergeordnetes erschien, befanden sich zu Julius Cäsars Zeiten, also etwa vor 1 000 Jahren, von dem ihm bekannt gewordenen germanischen Völkerschaften die Sueven oder Schwaben. Ähnliche Zustände, Sitten und Einrichtungen wurden aber auch bei den Franken, Allemannen, Vandalen und anderen germanischen Stämmen festgestellt. Nach zusammenhaltenden Stämmen und Geschlechtern siedelten sich alle die germanischen Völkerschaften, und zwar anfangs auf kurze Zeit, an, bauten das Land und zogen wieder weiter, sobald mächtigere Stämme vor- oder rückwärts drängten, oder die Weide nicht mehr zureiche. Erst als die wandernden Stämme zur Ruhe gelangt waren und keiner den anderen mehr drängte, blieben sie längere Zeit in diesen Niederlassungen und erhielten so nach und nach feste Wohnsitze. Die Ansiedelung geschah aber, ob in frühester oder späterer Zeit, ob auf freiem Boden oder auf alten römischen oder slawischen Besitzungen, in ganzen Stämmen und Geschlechtern. Dabei nahm je ein Stamm und in jedem Stamme je ein Geschlecht ein bestimmtes Gebiet ein, das allen betreffenden insgemein gehörte. Mein und Dein kannten die alten Germanen in Bezug auf den Grund und Boden nicht. Jedes Geschlecht bildete vielmehr bei der Ansiedlung eine sogenannte Markgenossenschaft die gemeinsam das ganze ihr zugehörige Gebiet bewirtschaftete, einteilte und bearbeitete. Der einzelne bekam durch Auslosung einen Ackeranteil, der ihm nur für bestimmte Zeit zur Benutzung überlassen wurde, wobei strengste Gleichheit der Bodenanteile beobachtet war. Alle wirtschaftlichem rechtlichen und allgemeinen Angelegenheiten einer solchen Markgenossenschaft, die zugleich meist eine Hundertschaft der waffenfähigen Männer bildete, wurden von der Versammlung der Markgenossen selbst geregelt, die auch den Markvorsteher und die anderen öffentlichen Beamten wählte.

Nur in Gebirgen, Wäldern oder Marschgegenden, wo Mangel an Raum oder kultivierbarem Land eine größere Ansiedlung unmöglich machte, wie z.B. im Odenwald, in Westfalen, in den Alpen, siedelten sich die Germanen in Einzelhöfen an, jedoch bildeten auch diese eine Genossenschaft unter sich, wobei zwar nicht das Feld, wohl aber Wiese, Wald und Weide Gemeineigentum des ganzen Dorfes, die sogenannte Allmende, bildete, und alle öffentlichen Angelegenheiten durch die Markgenossenschaft erledigt wurden.

Der Stamm als Zusammenfassung vieler, meist hundert solcher Markgenossenschaften, trat vorwiegend nur als oberste richterliche und militärische Einheit ins Werk. Diese Markgenossenschaftliche Organisation bildete, wie v. Maurer in den zwölf Bänden seines großen Werkes nachgewiesen hat, die Grundlage, gleichsam die kleinste Zelle des ganzen sozialen Gewebes vom frühesten Mittelalter bis in die spätere Neuzeit hinein, so dass sich die feudalen Fronhöfe, Dörfer und Städte in verschiedenen Modifikationen aus jenen Markgenossenschaften herausgebildet haben, deren Trümmer wir bis auf den heutigen Tag in einzelnen Gegenden Mittel- und Nordeuropas vorfinden.

Als die ersten Entdeckungen des uralten Gemeineigentums an Grund und Boden in Deutschland und in den nordischen Ländern bekannt wurden, da kam die Theorie auf, hier sei man einer besonderen spezifisch germanischen Einrichtung auf die Spur gekommen, die sich nur aus den Eigentümlichkeiten des germanischen Volkscharakters erklären lasse. Trotzdem Maurer selbst von dieser nationalen Auffassung des Agrarkommunismus des Germanen ganz frei war und auf ähnliche Beispiele anderer Völker hinwies, blieb es in der Hauptsache in Deutschland feststehender Satz, dass die alte ländliche Markgenossenschaft eine Besonderheit des germanischen öffentlichen und Rechtsverhältnisse, ein Ausfluss „germanischen Geistes" sei. Doch kamen fast zu gleicher Zeit mit dem ersten Maurerschen Werke über den uralten Dorfkommunismus der Germanen neue Entdeckungen auf einem ganz anderen Teil des Europäischen Kontinents ans Licht. 1847 –1852 veröffentlichte in Berlin der westfälische Baron v. Haxthausen, der anfangs der vierziger Jahre auf Wunsch des russischen Kaisers Nikolaus l. Russland bereist hatte, seine „Studien über die inneren Zustände, das Volksleben und insbesondere die ländlichen Einrichtungen Russlands". Aus diesem Werke erfuhr die erstaunte Welt, dass im Osten Europas noch in der Gegenwart ganz analoge Einrichtungen bestanden. Der uralte Dorfkommunismus, dessen Trümmer mit Mühe aus den Überlagerungen späterer Jahrhunderte und Jahrtausende in Deutschland herausgeschält werden mussten, lebte plötzlich in einem nachbarlichen Riesenreich im Osten in seiner Leibhaftigkeit auf. In dem erwähnten wie in einem späteren, 1866 in Leipzig erschienenen Werke über „Die „ländliche Verfassung Russlands", wies v. Haxthausen nach, dass die russischen Bauern in Bezug auf die Äcker, Wiesen und Wälder kein Privateigentum kennen, dass das ganze Dorf als Eigentümer desselben gilt, die einzelnen Bauernfamilien aber nur zur zeitweisen Benutzung Ackerparzellen kriegen, die sie auch – ganz wie die alten Germanen – auslosen.

In Russland herrschte zur Zeit, als Haxthausen das Land bereiste und erforschte, die Leibeigenschaft in voller Kraft, umso frappanter war auf den ersten Blick die Tatsache, dass unter der eisernen Decke einer harten Leibeigenschaft und eines despotischen Staatsmechanismus das russische Dorf eine kleine abgeschlossene Welt für sich darbot mit Landkommunismus und genossenschaftlicher Erledigung aller öffentlichen Angelegenheiten durch die Dorfversammlung, den Mir. Der deutsche Entdecker dieser Eigentümlichkeiten erklärte, die russische Landgemeinde als ein Produkt der uralten slawischen Familiengenossenschaft, wie wir sie noch bei den Südslawen in den Balkanländern vorfinden und wie sie in den alten russischen Rechtsbüchern noch im 12. Jahrhundert und später in voller Kraft besteht. Die Entdeckung Haxthausens wurde von einer ganzen geistigen und politischen Strömung in Russland vom Slawophilismus mit Jubel aufgegriffen. Diese auf eine Verherrlichung der slawischen Welt und ihrer Eigentümlichkeiten, ihrer „unverbrauchten Kraft" gegenüber dem „faulen Westen" mit seiner germanischen Kultur, gerichtete Strömung fand in den kommunistischen Einrichtungen der russischen Bauerngemeinde den stärksten Stützpunkt während der nächsten 2 bis 3 Jahrzehnte. Je nach der besonderen reaktionären oder revolutionären Abzweigung, in die sich der Slawophilismus spaltete, wurde die ländliche Gemeinde bald als eine von den drei echt slawischen Grundeinrichtungen des Russentums: griechisch-orthodoxer Glaube, zarischer Absolutismus und bäuerlich-patriarchalischer Dorfkommunismus gepriesen, bald umgekehrt als der geeignete Stützpunkt, um in Russland in nächster Zukunft die sozialistische Revolution einzuleiten und so unter Umgehung der kapitalistischen Entwicklung viel früher als Westeuropa den Sprung direkt ins gelobte Land des Sozialismus zu machen. Die entgegengesetzten Pole des Slawophilismus waren sich jedoch beide vollkommen einig in der Auffassung, dass die russische Landgemeinde eine spezifisch slawische, aus dem eigentümlichen Volkscharakter der slawischen Stämme erklärliche Erscheinung sei.

Inzwischen kam ein anderes Moment in der Geschichte der europäischen Nation hinzu, das sie mit neuen Weltteilen in Berührung brachte und ihnen eigentümliche öffentliche Einrichtungen, uralte Kulturformen sehr fühlbar zum Bewusstsein brachte bei Völkern, die weder zum germanischen noch zum slawischen Völkerkreis gehörten. Diesmal handelte es sich nicht um wissenschaftliche Forschungen und gelehrte Entdeckungen, sondern um faustdicke Interessen kapitalistischer Staaten Europas und ihre Erfahrungen in der praktischen Kolonialpolitik. Im 19. Jahrhundert, im Zeitalter des Kapitalismus, hatte die europäische Kolonialpolitik neue Bahnen eingeschlagen. Es handelte sich nicht mehr, wie im 16. Jahrhundert bei dem ersten Sturm aus die neue Welt, um rascheste Ausplünderung der Schätze und Naturreichtümer der neuentdeckten tropischen Länder an edlen Metallen, Gewürzen, kostbaren Schmucksachen und Sklaven, worin Spanier und Portugiesen so Großes geleistet hatten. Auch nicht mehr bloß um mächtige Handelsgelegenheiten, wobei verschiedene Rohstoffe der überseeischen Länder nach den europäischen Stapelplätzen eingeführt, den Eingeborenen jener Länder aber allerlei wertloser Schund und Plunder aufgedrängt wurde, worin namentlich die Holländer im 17. Jahrhundert bahnbrechend und für die Engländer vorbildlich gewirkt haben. Jetzt handelte es sich neben jenen älteren Methoden der Kolonisation, die gelegentlich bis auf den heutigen Tag im Flor stehen und nie aus der Übung gekommen sind, auch noch um eine neue Methode mehr nachhaltiger und systematischer Ausbeutung der Bevölkerung der Kolonien zur Bereicherung des „Mutterlandes". Hierzu sollte zweierlei dienen: einmal die tatsächliche Besitzergreifung des Grund und Bodens als der wichtigsten materiellen Quelle des Reichtums jedes Landes und ferner die ständige Besteuerung der breiten Masse der Bevölkerung. Bei diesem doppelten Bestreben nun mussten die europäischen Kolonialmächte in allen exotischen Ländern auf ein merkwürdiges felsenhartes Hindernis stoßen, und dies war die eigenartige Eigentumsverfassung der Eingeborenen, die der Ausplünderung durch die Europäer den hartnäckigsten Widerstand entgegensetzte. Um den Grund und Boden aus den Händen ihrer bisherigen Eigentümer zu reißen, musste man vorerst feststellen, wer der Eigentümer des Grund und Bodens war. Um Steuern nicht bloß auszulegen, sondern auch eintreiben zu können, musste man die Haftbarkeit der Besteuerten feststellen. Hier stießen nun die Europäer in ihren Kolonien auf ihnen völlig fremde Verhältnisse, die alle ihre Begriffe von der Heiligkeit des Privateigentums direkt auf den Kopf stellten. Dies war gleichermaßen die Erfahrung der Engländer in Südasien, wie der Franzosen in Nordafrika.

Gleich zu Anfang des 17. Jahrhunderts begonnen, endete die Eroberung Indiens durch die Engländer, nach schrittweiser Einnahme der ganzen Küste und Bengalens erst im 19. Jahrhundert mit der Unterwerfung des wichtigen Fünfstromlandes im Norden. Nach der politischen Unterwerfung begann aber erst das schwierige Werk der systematischen Ausbeutung Indiens. Die Engländer erlebten dabei auf Schritt und Tritt die größten Überraschungen: sie fanden verschiedenartigste große und kleine Bauerngemeinden, die seit Jahrtausenden auf dem Boden saßen, Reis bauten und in stillen geordneten Verhältnissen lebten, aber – o Graus! nirgend fand sich in diesen stillen Dörfern ein Privateigentümer des Grund und Bodens. Wen man auch packte, keiner durfte das Land oder die von ihm bearbeitete Landparzelle sein nennen, also auch nicht verkaufen, verpachten, verschulden, für rückständige Steuern verpfänden. Alle Mitglieder solcher Gemeinden, die manchmal ganze große Geschlechter umfassten, manchmal nur wenige vom Geschlecht abgezweigte Familien, hielten zäh und treu zusammen, und die Blutbande untereinander galten ihnen alles, das Eigentum des einzelnen dagegen nichts. Ja, die Engländer mussten zu ihrem Erstaunen an den Ufern des Indus und des Ganges solche Muster von ländlichem Kommunismus entdecken, vor denen auch die kommunistischen Sitten der alten germanischen Markgenossenschaften oder der slawischen Dorfgemeinden schon beinahe als Sündenfall ins Privateigentum anmuten.

„Wir sehen", hieß es im Bericht der englischen Steuerbehörde aus Indien vom Jahre 1845, „keine ständigen Anteile. Jeder besitzt den bebauten Anteil nur so lange, wie die Ackerbauarbeiten dauern. Wird ein Anteil unbebaut gelassen, so fällt er ins Gemeindeland zurück und kann von jedem anderen genommen werden unter der Bedingung, dass es bebaut wird."

Um dieselbe Zeit meldet ein Regierungsbericht über die Verwaltung im Pendschab (Fünfstromland) für 1849–1851: „Es ist höchst interessant zu beobachten, wie stark in diesem Gemeinwesen das Gefühl der Blutverwandtschaft und das Bewusstsein der Abstammung vom gemeinsamen Ahnen ist. – Die öffentliche Meinung beharrt so streng auf der Beibehaltung dieses Systems, dass wir nicht selten sehen, wie Personen, deren Vorfahren während einer oder selbst zweier Generationen gar keinen Anteil an dem Gemeindesitz nahmen, zu demselben zugelassen werden."

„Bei dieser Form des Grundbesitzes", schrieb der Bericht des englischen Staatsrats über die indische Geschlechtsgemeinde, „kann kein Mitglied des Clans (Geschlechts) ausweisen, dass ihm dieser oder jener Teil des Gemeindelandes nicht bloß zu eigen, sondern auch nur zur zeitweiligen Benutzung gehört. Die Produkte der gemeinsamen Wirtschaft werden in eine gemeinsame Kasse getan, und daraus werden alle Bedürfnisse bestritten." Hier haben wir also überhaupt keine Aufteilung der Äcker auch nur für eine landwirtschaftliche Saison; ungeteilt und gemeinschaftlich besitzen und bebauen die Gemeindebauern ihr Feld, tragen die Ernte in einen gemeinsamen Dorfspeicher, der dem kapitalistischen Auge der Engländer natürlich als „Kasse" erscheinen musste, und decken brüderlich aus der Frucht des gemeinsamen Fleißes ihre bescheidenen Bedürfnisse. In der nordwestlichen Ecke des Fünfstromlandes, hart an der Grenze des Afghanistan, fanden sich andere höchst merkwürdige Sitten, die jedem Begriff von Privateigentum hohnsprachen. Hier wurden zwar die Äcker geteilt und auch periodisch umgetauscht, aber – o Wunder! – es tauschten nicht einzelne Bauernfamilien ihre Losanteile untereinander, sondern ganze Dörfer tauschten alle fünf Jahre ihre Ländereien um", wobei ganze Dorfschaften umwanderten. „Ich darf", schrieb der englische Steuerkommissar James aus Indien im Jahre 1852 an seine vorgesetzte Regierungsbehörde, „eine höchst eigenartige Sitte nicht verschweigen, die sich bis jetzt in gewissen Gegenden erhalten hat: ich meine den periodischen Austausch der Ländereien zwischen den einzelnen Dörfern und ihren Unterabteilungen. In einigen Bezirken werden nur Äcker ausgetauscht, in anderen selbst die Wohnhäuser."

Da befand man sich also offenbar wieder einmal der Eigentümlichkeit einer bestimmten Völkerfamilie, diesmal einer „indischen" Eigentümlichkeit gegenüber. Die kommunistischen Einrichtungen der indischen Dorfgemeinden wiesen aber sowohl durch ihre geographische Lage, wie namentlich durch die Macht der Blutbande und der Verwandtschaftsverhältnisse auf ihren traditionellen uralertümlichen Charakter hin. Die gerade in den ältesten Wohnsitzen der Inder, im Nordwesten, bewahrten altertümlichsten Formen des Kommunismus wiesen deutlich auf den Schluss hin, dass das Gemeineigentum zusammen mit den starken Verwandtschaftsverbänden auf Jahrtausende alte Sitten zurückzuführen ist, die gleich an die ersten Ansiedlungen der eingewanderten Inder in ihrer neuen Heimat, dem heutigen Indien, anknüpften. Der Professor für vergleichende Rechtswissenschaft in Oxford und ehemaliges Mitglied der Regierung in Indien, Sir Henry Maine, machte schon 1871 die indischen Agrargemeinden zum Gegenstand seiner Vorlesungen und stellte sie in Parallele mit den v. Maurer für Deutschland und von Nasse für England nachgewiesenen Markgenossenschaften als uralte Einrichtungen von demselben Charakter wie die germanischen Agrargemeinden.

Das ehrbare geschichtliche Alter dieser kommunistischen Einrichtungen sollte auch noch in einer anderen Weise den staunenden Engländern fühlbar werden, nämlich durch die Zähigkeit, womit sie den Steuer- und Verwaltungskünsten der Engländer Widerstand leisteten. Erst in einem jahrzehntelangen Kampf gelang es ihnen unter allerlei Gewaltstreichen, Unredlichkeiten, skrupellosen Eingriffen in alte Rechte und herrschende Rechtsbegriffe des Volkes, eine heillose Verwirrung aller Eigentumsverhältnisse, allgemeine Unsicherheit und den Ruin der großen Bauernmasse herbeizuführen. Die alten Bande wurden gesprengt, die stille Weltabgeschiedenheit des Kommunismus zerrissen und durch Hader, Zwietracht, Ungleichheit und Ausbeutung ersetzt. Enorme Latifundien einerseits, eine enorme Millionenmasse mittelloser bäuerlicher Pächter andererseits waren das Ergebnis. Das Privateigentum feierte den Einzug in Indien und mit ihm der Hungertyphus und der Skorbut als ständige Gäste in den Niederungen des Ganges.

Mochte immerhin nach den Entdeckungen der englischen Kolonisatoren in Indien der alte Agrarkommunismus der bereits bei drei so wichtigen Zweigen der großen indogermanischen Völkerfamilie – bei den Germanen, Slawen und Indern – vorgefunden wurde als eine alte Eigentümlichkeit des indogermanischen Völkerkreises gelten, so schwankend dieser ethnographische Begriff auch ist, so führten die gleichzeitigen Entdeckungen der Franzosen in Afrika bereits weit über diesen Kreis hinaus. Hier handelte es sich nämlich um Entdeckungen, die bei den Arabern und Berbern im Norden Afrikas genau dieselben Einrichtungen feststellten, die im Herzen Europas und auf dem asiatischen Kontinent vorgefunden wurden. Bei den viehzüchtenden arabischen Nomaden war der Grund und Boden Eigentum der Geschlechter. Dieses Geschlechtseigentum, schrieb der französische Forscher Dareste im Jahre 1852, geht von Generation zu Generation, kein einziger Araber kann auf ein Stück Land weisen und sagen: dies ist mein.

Bei den Kabylen, die sich ganz arabisiert hatten, waren die Geschlechtsverbände bereits stark in einzelne Zweige zerfallen, doch blieb noch die Macht der Geschlechter groß: sie hafteten solidarisch für Steuern, sie kauften gemeinsam Vieh ein, das zur Verteilung unter die Familienzweige als Nahrung bestimmt war, in allen Streitfragen um Bodenbesitz war der Geschlechterrat oberster Schiedsrichter, zur Ansiedlung in der Mitte der Kabylen war für jeden die Einwilligung der Geschlechter erforderlich, auch über unbebaute Ländereien verfügte der Rat der Geschlechter. Als Regel galt aber das ungeteilte Eigentum der Familie, die nicht im heutigen europäischen Sinne einen einzelnen Ehestand umfasste, sondern eine typische patriarchalische Familie war, wie sie uns von den alten Israeliten in der Bibel geschildert wird, ein großer Verwandtschaftskreis, der aus Vater, Mutter, Söhnen, deren Frauen, Kindern und Enkeln, Onkeln, Tanten, Neffen und Vettern bestand. In diesem Kreise, sagt ein anderer französischer Forscher Letourne im Jahre 1873, verfügt gewöhnlich über das ungeteilte Eigentum das älteste Familienmitglied, das jedoch zu diesem Amt von der Familie gewählt wird und in allen wichtigeren Fällen, insbesondere über Verkauf und Ankauf des Grund Bodens den gesamten Familienrat befragen muss.

So beschaffen war die Bevölkerung Algeriens, als die Franzosen das Land zu ihrer Kolonie machten. Genau wie England in Indien erging es also Frankreich in Nordafrika. Überall stieß die europäische Kolonialpolitik auf den zähen Widerstand uralter Gesellschaftsverbände und ihrer kommunistischen Einrichtungen, die den einzelnen vor den Ausbeutungsgriffen des europäischen Kapitals und der europäischen Finanzpolitik schützten.

Gleichzeitig mit diesen neuen Erfahrungen trat eine alte halbvergessene Erinnerung aus den ersten Tagen der europäischen Kolonialpolitik und ihrer Beutezüge in die Neue Welt in ein ganz neues Licht. In den vergilbten Chroniken der spanischen Staatsarchive und Klöster war seit langen Jahrhunderten die seltsame Mär von einem Wunderlande Südamerikas bewahrt, in dem schon im Zeitalter der großen Entdeckungen die spanischen Konquistadores die merkwürdigsten Einrichtungen vorgefunden hatten. Die unklare Kunde von diesem südamerikanischen Wunderlande drang schon im 17. und 18. Jahrhundert in die europäische Literatur, die Kunde von dem Inkareich, das die Spanier im heutigen Peru vorgefunden hatten, und in dem unter der väterlichen theokratischen Regierung gütiger Despoten das Volk in völligem Gemeineigentum lebte. Die phantastischen Vorstellungen von dem sagenhaften Reich des Kommunismus in Peru haben sich so hartnäckig erhalten, dass noch 1875 ein deutscher Schriftsteller von dem Inkareich als von „einer in der Menschengeschichte fast einzig" dastehenden sozialen, auf theokratischer Basis fußenden Monarchie reden konnte, in der „der größte Teil von dem, was die Sozialdemokraten, ideal aufgefasst, in der Gegenwart erstreben, aber zu keiner Zeit erreicht haben", praktisch durchgeführt war.[7] Inzwischen war jedoch genaueres Material über das merkwürdige Land und seine Sitten an die Öffentlichkeit getreten.

Im Jahre 1840 war in der französischen Übersetzung ein wichtiger Originalbericht der von Alonso Zurita, ehemaligem Auditor des Königl. Rats in Mexiko, über die Verwaltung und die Agrarverhältnisse in den ehemaligen spanischen Kolonien der Neuen Welt erschienen. Und um die Mitte des 19. Jahrhunderts verstand sich auch die spanische Regierung dazu, die alten Urkunden über die Eroberung und Verwaltung der amerikanischen Besitzungen Spaniens aus den Archiven ans Licht hervorzuziehen. Damit kam ein neuer wichtiger urkundlicher Beitrag zu dem Material über die sozialen Zustände alter vorkapitalistischer Kulturstufen in überseeischen Ländern zur Kenntnis. Schon auf Grund der Berichte von Zurita kam der russische Gelehrte Maxim Kovalevsky in den siebziger Jahren zu dem Ergebnis, das sagenhafte Inkareich in Peru sei nichts anderes gewesen als ein Land, in dem dieselben uralten agrarkommunistischen Verhältnisse herrschten, die bereits Maurer für die alten Germanen allseitig beleuchtet hatte, und die nicht bloß in Peru, sondern auch in Mexiko, überhaupt auf dem ganzen von Spaniern eroberten Neuen Weltteil die vorherrschende Form waren. Spätere Veröffentlichungen ermöglichten eine genaue Untersuchung der ehemaligen peruanischen Agrarverhältnisse und enthüllten ein neues Bild des primitiven ländlichen Kommunismus, – wieder in einem neuen Weltteil, bei einer ganz anderen Rasse, auf einer ganz anderen Kulturstufe und in einem ganz anderen Zeitalter, als dies bei den bisherigen Entdeckungen der Fall war.

Hier hatte man eine uralte agrarkommunistische Verfassung vor sich, die – seit undenklichen Zeiten bei den peruanischen Stämmen vorherrschend – noch im 16. Jahrhundert, zur Zeit der spanischen Invasion, in voller Lebendigkeit und Kraft stand. Ein Verwandtschaftsverband, das Geschlecht, war auch hier der einzige Eigentümer des Grunds und Bodens in jedem Dorfe oder in ein paar Dörfern zusammen, auch hier wurde das Ackerland in Lose verteilt und jährlich von

---

7   Ausgeführt bei Cunow S. 6.

den Angehörigen des Dorfes verlost, auch hier wurden die öffentlichen Angelegenheiten durch die Dorfversammlung geregelt, die auch den Vorsteher wählte. Ja, man fand gerade in dem fernen südamerikanischen Lande, bei den Indianern, lebendige Spuren eines so weitgehenden Kommunismus, wie er in Europa ganz unbekannt schien: es waren dies enorme Massenhäuser, wo ganze Geschlechter in gemeinsamen Massenquartieren mit gemeinsamem Begräbnisplatz hausten. Von einem solchen Quartier wird erzählt, dass es von mehr als 4 000 Männern und Frauen bewohnt war. Namentlich der Hauptsitz der sogenannten Inkakaiser, die Stadt Cuzco, bestand aus mehreren solchen Massenquartieren, die jedes einen besonderen Namen seines Geschlechts trug.

So war um die Mitte des 19. Jahrhunderts und bis in die siebziger Jahre Material in Hülle und Fülle ans Licht gekommen, das die alte Vorstellung von der Ewigkeit des Privateigentums und seinem Bestehen von Anbeginn der Welt grausam durchlöcherte und bald ganz in Fetzen zerrissen hat. Nachdem man den Agrarkommunismus erst als eine germanische Volkseigentümlichkeit, dann als eine slawische, indische, arabisch-kabylische, altmexikanische, als die des Wunderstaats der peruanischen Inkas und noch vieler anderer „spezifischer" Völkertypen in allen Weltteilen entdeckt hatte, drängte sich von selbst der Schluss auf, dass dieser Dorfkommunismus überhaupt keine „Volkseigentümlichkeit" irgendeiner Rasse oder eines Weltteiles sei, sondern die allgemeine typische Form der menschlichen Gesellschaft auf einer bestimmten Höhe der Kulturentwicklung Zuerst sträubte sich die offizielle bürgerliche Wissenschaft, namentlich die Nationalökonomie, gegen diese Erkenntnis mit hartnäckigem Widerstand. Die in ganz Europa in der ersten Hälfte des 19. Jahrhunderts vorherrschende englische Schule Smith-Ricardos stellte rundweg die Möglichkeit eines Gemeineigentums an Grund und Boden in Abrede. Genauso wie ehemals die rohe Ignoranz und Borniertheit der ersten spanischen, portugiesischen, französischen und holländischen Eroberer in dem neuentdeckten Amerika den Agrarverhältnissen der Eingeborenen völlig verständnislos gegenüberstand und bei der Abwesenheit der Privateigentümer das ganze Land einfach für „Eigentum des Kaisers", für fiskalisches Land erklärte, so verfuhren auch im Zeitalter der bürgerlichen „Ausklärung" die größten Leuchten der nationalökonomischen Gelehrsamkeit. Im 17. Jahrhundert schrieb z.B. der französische Missionar Dubois über Indien: „Die Inder besitzen kein Grundeigentum. Die von ihnen bearbeiteten Äcker sind Eigentum der mongolischen Regierung." Und ein Medizindoktor der Fakultät von Montpellier, Herr Francois Bernier, der die Länder des Großmoguls in Asien bereist und im Jahre 1699 in Amsterdam eine sehr bekannte Beschreibung dieser Länder veröffentlicht hat, ruft entrüstet: „Diese drei Staaten: Türkei, Persien und Vorderindien, haben den Begriff selbst von Mein und Dein in Anwendung auf den Grundbesitz vernichtet, einen Begriff, der die Grundlage alles Guten und Schönen in der Welt ist." Genau derselben groben Unwissenheit und Verständnislosigkeit für alles, was nicht nach kapitalistischer Kultur aussah, befleißigte sich im 19. Jahrhundert der Gelehrte James Mill, Vater des berühmten John Stuart Mill, als er in seiner Geschichte Britisch-Indiens schrieb: „Auf Grund aller von uns betrachteten Tatsachen können wir nur zu dem einen Schlusse gelangen, dass das Grundeigentum in Indien dem Herrscher zukam; denn wollten wir annehmen, dass nicht er der Eigentümer des Grund und Bodens war, dann wäre es uns unmöglich zu sagen, wer denn der Eigentümer sei." Dass das Eigentum an Grund und Boden einfach den ihn seit Jahrtausenden bearbeitenden indischen Bauerngemeinden gehörte, dass es ein Land, eine große Kulturgemeinschaft geben konnte, in der der Grund und Boden kein Mittel der Ausbeutung fremder Arbeit, sondern bloß Existenzgrundlage der Arbeitenden selbst war, das wollte in das Hirn eines großen Gelehrten der englischen Bourgeoisie absolut nicht hinein. Diese fast rührende Beschränktheit des geistigen Horizonts auf die vier Pfähle der kapitalistischen Wirtschaft bewies nur, dass die offizielle Wissenschaft der bürgerlichen Aufklärung ein unendlich geringeres Augenmaß und kulturhistorisches Verständnis hat, als fast zweitausend Jahre zuvor die Römer, deren Feldherren, wie Cäsar, und Historiker wie Tacitus, uns äußerst wertvolle Einblicke und Beschreibungen der ihnen wildfremden wirtschaftlichen und sozialen Verhältnisse der germanischen Nachbarn überliefert haben.

Wie heute noch, hatte auch früher von allen Wissenschaften die bürgerliche Nationalökonomie als die geistige Schutzgarde der herrschenden Form der Ausbeutung, am wenigsten Verständnis andersgeartete Kultur- und Wirtschaftsformen gehabt, und es war Wissenschaftszweigen vorbehalten, die etwas weiter vom direkten Interessengegensatz und Kampfplatz zwischen Kapital und Arbeit stehen, in den kommunistischen Einrichtungen der früheren Zeiten eine allgemein herrschende Form der wirtschaftlichen und kulturellen Entwicklung auf einer bestimmten Stufe zu erkennen. Es waren Juristen wie v. Maurer, wie Kovalevsky und wie der englische Rechtsprofessor und Staatsrat für Indien, Sire Henry Maine, die zuerst den Agrarkommunismus als eine internationale, für alle Weltteile und Rassen geltende primitive Entwicklungsnorm zur Anerkennung brachten. Und einem juristisch ausgebildeten Soziologen, dem Amerikaner Morgan, war es vorbehalten, für diese wirtschaftliche Form der Entwicklung die nötige soziale Struktur der primitiven Gesellschaft als Basis zu entdecken. Die große Rolle der Verwandtschaftsbande bei den uralten kommunistischen Dorfgemeinden war den Forschern sowohl in Indien wie in Algerien wie auch bei den Slawen aufgefallen. Von den Germanen stand es nach den Forschungen v. Maurers fest, dass sie nicht anders denn als Geschlechter, also als Verwandtschaftsgruppen, ihre Ansiedlung in Europa vollzogen. Die Geschichte der antiken Völker, der Griechen und Römer, zeigte auf Schritt und Tritt, dass das Geschlecht bei ihnen seit jeher die größte Rolle als soziale Gruppe spielte, als wirtschaftliche Einheit, als Rechtsinstitut, als geschlossener Kreis des religiösen Kults. Endlich brachten fast alle Nachrichten der Reisenden in sogenannten wilden Ländern mit merkwürdiger Übereinstimmung die Tatsache zum Vorschein, dass, je primitiver ein Volk, umso größer die Rolle der Verwandtschaftsbande im Leben dieses Volkes; umso mehr beherrschen sie seine wirtschaftlichen und sozialen Verhältnisse und Vorstellungen.

Der wissenschaftlichen Forschung bot sich damit ein neues hochwichtiges Problem. Was waren eigentlich jene Geschlechtsverbände, die in uralten Zeiten eine so große Bedeutung hatten, wie hatten sie sich ausgebildet, in welchem Zusammenhang standen sie mit dem wirtschaftlichen Kommunismus und der wirtschaftlichen Entwicklung im Allgemeinen? Über all diese Fragen hat zum ersten Mal Morgan in seiner „Urgesellschaft" 1877 in epochemachender Weise Aufschluss gegeben. Morgan, der sein Leben zum großen Teil unter einem Indianerstamme der Irokesen im Staate New York verlebt und die Verhältnisse dieses primitiven Jägervolkes aufs gründlichste erforscht hat, kam durch Vergleichung dieser seiner Ergebnisse mit den von anderen primitiven Völkern bekannten Tatsachen zu einer neuen großangelegten Theorie über die Entwicklungsformen der menschlichen Gesellschaft in jenen enormen Zeitstrecken, die jeder geschichtlichen Kunde vorausgegangen sind. Die bahnbrechenden Ideen Morgans, die bis auf den heutigen Tag trotz einer Fülle neuen Materials, das seitdem hinzugetreten ist und manche Einzelheiten seiner Darlegungen korrigiert hat, volle Kraft bewahren, lassen sich in folgenden Punkten zusammenfassen.

1. Morgan hat als Erster in die vorgeschichtliche Kulturgeschichte eine wissenschaftliche Ordnung gebracht, indem er in ihr sowohl bestimmte Entwicklungsstufen aufzeichnete wie auch die grundlegende treibende Kraft dieser Entwicklung bloßlegte. Bis dahin bildete die enorme Zeitstrecke des Gesellschaftslebens vor jeder geschriebenen Geschichte und zugleich das Gesellschaftsleben der jetzt noch lebenden primitiven Völker mit all ihrer bunten Fülle von Formen und Stadien mehr oder minder ein wüstes Chaos, aus dem nur hie und da einzelne Kapitel und Fragmente etwas ans Licht der wissenschaftlichen Forschung gezogen worden waren. Namentlich gelten die Bezeichnungen „Wildheit" und „Barbarei", mit denen man jene Zustände summarisch zu belegen pflegte, nur als negative Begriffe, als Bezeichnung für den Mangel alles dessen, was man als Kennzeichen der „Zivilisation" – d.h. in der damaligen Auffassung – des gesitteten Lebens der Menschen betrachtete. Von jenem Standpunkte begann nämlich das eigentliche gesittete, das menschenwürdige Leben der Gesellschaft erst mit den Zuständen, die in der geschriebenen Geschichte aufgezeichnet sind, Alles, was zu „Wildheit" und „Barbarei" gehörte, bildete gleichsam nur eine minderwertige beschämende Vorstufe der Zivilisation, eine halb tierische Existenz, auf die die heutige Kulturmenschheit nur mit herablassender Geringschätzung blicken kann. Genauso wie für die offiziellen Vertreter der christlichen Kirche alle primitiven und vorchristlichen Religionen lediglich eine lange Reihe von Verrirrungen darstellen bei dem Suchen der Menschheit nach der einzigen

wahren Religion, so waren namentlich für die Nationalökonomen alle primitiven Wirtschaftsformen nur unbeholfene Versuche vor dem Auffinden der einzigen wahren Wirtschaftsform: des Privateigentums und der Ausbeutung, mit denen die geschriebene Geschichte und die Zivilisation beginnt. Morgan hat dieser Auffassung einen entscheidenden Stoß versetzt, indem er die gesamte primitive Kulturgeschichte als gleichwertigen, ja, als unendlich wichtigeren Teil in der ununterbrochenen Entwicklungsreihe der Menschheit hingestellt hat, unendlich wichtiger sowohl wegen der unendlich längeren Zeitdauer, die sie im Vergleich mit dem winzigen Abschnitt der geschriebenen Geschichte einnimmt, als auch wegen der entscheidenden Errungenschaften der Kultur, die gerade in jener langen Dämmerung des gesellschaftlichen Daseins der Menschheit gemacht worden sind. Indem Morgan zum ersten Mal die „Bezeichnungen" Wildheit, Barbarei und Zivilisation mit positivem Inhalt füllte, hat er sie zu exakten wissenschaftlichen Begriffen gemacht und als Werkzeuge der wissenschaftlichen Forschung verwendet. Wildheit, Barbarei und Zivilisation sind bei Morgan drei Abschnitte der Kulturentwicklung, geschieden voneinander durch ganz bestimmte materielle Kennzeichen und selbst zerfallend in je eine Unter-, Mittel- und Oberstufe, zu deren Unterscheidung wieder konkrete bestimmte Errungenschaften und Fortschritte der Kultur dienen. Mögen heute pedantische Besserwisser darüber eisern, dass die Mittelstufe der Wildheit nicht, wie Morgan meinte, mit dem Fischfang, die Oberstufe mit der Erfindung des Bogens und Pfeils beginnen konnte und dergleichen, da in vielen Fällen die Ordnung eine umgekehrte gewesen und in anderen ganze Stufen aus natürlichen Umständen ausfallen mussten, – Einwände, die übrigens gegen jede historische Klassifikation gemacht werden können, wenn man sie als starres Schema von absoluter Gültigkeit, als eiserne Sklavenkette der Erkenntnis, statt als ihr lebendiges und biegsames Leitseil auffasst. Es bleibt genau dasselbe epochemachende Verdienst Morgans, für die Forschung der Urgeschichte durch seine erste wissenschaftliche Klassifikation die Vorbedingungen geschaffen zu haben, wie es Linnes Verdienst ist, die erste wissenschaftliche Klassifikation der Pflanzen geliefert zu haben. Doch mit einem großen Unterschied. Linne hat bekanntlich zur Grundlage seiner Systematisierung der Pflanzen ein sehr brauchbares, aber rein äußerliches Merkmal – die Geschlechtsorgane der Pflanzen – genommen, und dieser erste Notbehelf musste später, wie es Linne selbst wohl erkannte, einer lebendigeren natürlichen Klassifikation vom Standpunkte der Entwicklungsgeschichte der Pflanzenwelt Platz machen. Morgan hat umgekehrt gerade durch die Wahl des Grundprinzips, auf das er seine Systematik stellte, am meisten die Forschung befruchtet: er hat nämlich zum Ausgangspunkt seiner Klassifikation den Satz gemacht, dass es jeweilig die Art der gesellschaftlichen Arbeit, die Produktion ist, die in jeder Geschichtsepoche von den ersten Anfängen der Kultur an die gesellschaftlichen Verhältnisse der Menschen in erster Reihe bestimmt, und deren entscheidende Fortschritte selbst ebenso viele Marksteine dieser Entwicklung sind.

2. Die zweite große Leistung Morgans bezieht sich auf die Familienverhältnisse der primitiven Gesellschaft. Auch hier hat er auf Grund eines umfangreichen Materials, das er sich durch eine internationale Umfrage verschafft hatte, die erste wissenschaftlich begründete Reihenfolge der Entwicklungsformen der Familie von den tiefsten Formen einer ganz primitiven Gesellschaft bis zu der jetzt herrschenden Monogamie, d.h. der festen staatlich beglaubigten Einzelehe mit der herrschenden Stellung des Mannes, aufgestellt. Freilich ist seither gleichfalls Material zutage gefördert worden, das an dem Morganschen Entwicklungsschema der Familie manche Korrektur im Einzelnen angebracht hat. Die Grundzüge seines Systems jedoch, als der ersten streng vom Entwicklungsgedanken geleiteten Stufenleiter der Familiennormen der Menschheit von der grauen Vorzeit bis zur Gegenwart bleiben ein dauernder Beitrag zur Schatzkammer der Gesellschaftswissenschaft. Auch dieses Gebiet hat Morgan übrigens nicht bloß um die Systematik bereichert, sondern auch um einen genialen grundlegenden Gedanken über das Verhältnis zwischen den jeweiligen Familienverhältnissen einer Gesellschaft und dem in ihr geltenden Verwandtschaftssystem. Morgan hat zuerst auf die frappante Tatsache aufmerksam gemacht, dass bei vielen primitiven Völkern die wirklichen Geschlechts- und Abstammungsverhältnisse, d.h. die wirkliche Familie gar nicht übereinstimmt mit den Verwandtschaftstiteln, die sich die Menschen gegenseitig beilegen, und mit den gegenseitigen

Pflichten, die ihnen aus diesen Titeln erwachsen. Er hat zuerst für dieses rätselhafte Phänomen eine rein materialistisch-dialektische Erklärung gefunden. „Die Familie", sagt Morgan, „ist das aktive Element, sie ist nie stationär, sondern sie schreitet vor von einer niedrigeren zu einer höheren Form, im Maß wie die Gesellschaft von niederer zu höherer Stufe sich entwickelt. Die Verwandtschaftssysteme dagegen sind passiv, nur in langen Zwischenräumen registrieren sie die Fortschritte, die die Familie im Lauf der Zeit gemacht hat, und erfahren nur dann radikale Änderung, wenn die Familie sich radikal verändert hat." So kommt es denn, dass bei den primitiven Völkern Verwandtschaftssysteme noch in Geltung sind, die einer früheren bereits überwundenen Familiennorm entsprechen, wie überhaupt die Vorstellungen und Ideen der Menschen meist noch lange an Zuständen haften bleiben, die bereits durch die tatsächliche materielle Entwicklung der Gesellschaft überholt sind.

3. Auf Grund der Entwicklungsgeschichte der Familienverhältnisse gab Morgan die erste erschöpfende Untersuchung jener alten Geschlechtsverbände, die bei allen Kulturvölkern, bei den Griechen und Römern, bei Kelten und Germanen, bei den alten Israeliten, am Anfang der historischen Überlieferung stehen und bei den meisten primitiven jetzt noch lebenden Völkern festgestellt sind. Er wies nach, dass diese auf Blutsverwandtschaft und gemeinsamer Abstammung beruhenden Verbände einerseits nur eine hohe Stufe in der Familienentwicklung, andererseits die Grundlage des gesamten gesellschaftlichen Lebens der Völker sind – in den langen Zeitstrecken, als noch kein Staat im modernen Sinne, d.h. keine politische Zwangsorganisation auf fester territorialer Grundlage existierte. Jeder Stamm, der selbst aus einer bestimmten Anzahl Geschlechtsverbände – oder wie die Römer es nannten – gentes bestand, hatte sein eigenes Gebiet, das ihm insgesamt gehörte und in jedem Stamm war der Geschlechtsverband die Einheit, in der gemeinsamer Haushalt kommunistisch geführt wurde, in der es keine Reichen und Armen, keine Faulenzer und Arbeiter, keine Herren und Knechte gab, und so sämtliche öffentlichen Angelegenheiten durch die freie Wahl und Entscheidung aller geregelt waren. Als ein lebendiges Beispiel dieser Verhältnisse, durch die ehemals alle Völker der heutigen Zivilisation hindurchgingen,

schilderte Morgan eingehend die Gentilorganisation der amerikanischen Indianer, wie sie zur Zeit der Eroberung Amerikas durch die Europäer in Blüte stand.

„Alle ihre Mitglieder", sagt er, „sind freie Leute, verpflichtet, einer des anderen Freiheit zu schützen; gleich in persönlichen Rechten – weder Friedensvorsteher noch Kriegsführer beanspruchen irgendwelchen Vorrang; sie bilden eine Brüderschaft, verknüpft durch Blutbande. Freiheit, Gleichheit, Brüderlichkeit, obwohl nie formuliert, waren die Grundprinzipien der Gens, und diese war wiederum die Einheit eines ganzen gesellschaftlichen Systems, die Grundlage der organisierten indianischen Gesellschaft. Das erklärt den unbeugsamen Unabhängigkeitssinn und die persönliche Würde des Auftretens, die jedermann bei den Indianern anerkennt."

4. Die Gentilorganisation führt die gesellschaftliche Entwicklung an die Schwelle der Zivilisation, die Morgan somit als diejenige kurze jüngste Epoche der Kulturgeschichte charakterisiert, in der auf den Trümmern des Kommunismus und der alten Demokratie Privateigentum entsteht und mit ihm die Ausbeutung, eine öffentliche Zwangsorganisation: der Staat und die ausschließliche Herrschaft des Mannes über die Frau im Staate, im Eigentumsrecht und in der Familie. In diese verhältnismäßig kurze historische Periode fallen die größten und raschesten Fortschritte der Produktion, der Wissenschaft, der Kunst, aber auch die tiefste Zerklüftung der Gesellschaft durch Klassengegensätze das größte Elend der Volksmassen und ihre größte Versklavung. Hier das eigene Urteil Morgans über unsere heutige Zivilisation, womit er die Ergebnisse seiner klassischen Untersuchung abschließt:

„Seit Eintritt der Zivilisation ist das Wachstum des Reichtums so ungeheuer geworden, seine Formen so verschiedenartig, seine Anwendung so umfassend und seine Verwaltung so geschickt im Interesse der Eigentümer, dass dieser Reichtum, dem Volk gegenüber, eine nicht zu bewältigende Macht geworden ist. Der menschliche Geist steht ratlos und gebannt da vor seiner eigenen Schöpfung. Aber dennoch wird die Zeit kommen, wo die menschliche Vernunft erstarken wird zur Herrschaft über den Reichtum, wo sie feststellen wird sowohl das Verhältnis des Staates zu dem Eigentum, das er schützt, wie die Grenzen der Rechte der Eigentümer. Die Interessen der Gesellschaft gehen den Einzelinteressen absolut vor, und beide müssen in ein gerechtes und harmonisches Verhältnis gebracht werden. Die bloße Jagd nach Reichtum ist nicht die Endbestimmung der Menschheit, wenn anders der Fortschritt das Gesetz der Zukunft bleibt, wie er es war für die Vergangenheit. Die seit Anbruch der Zivilisation verflossene Zeit ist nur ein kleiner Bruchteil der verflossenen Lebenszeit der Menschheit, nur ein kleiner Bruchteil der ihr noch bevorstehenden. Die Auslösung der Gesellschaft steht drohend vor uns als Abschluss einer geschichtlichen Laufbahn, deren einziges Endziel der Reichtum ist; denn eine solche Laufbahn enthält die Elemente ihrer eigenen Vernichtung. Demokratie in der Verwaltung, Brüderlichkeit in der Gesellschaft, Gleichheit der Rechte, allgemeine Erziehung werden die nächste höhere Stufe der Gesellschaft einweihen, auf die Erfahrung, Vernunft und Wissenschaft stetig hinarbeiten. Sie wird eine Wiederbelebung sein – aber in höherer Form – der Freiheit, Gleichheit und Brüderlichkeit der alten Gentes."

Die Leistung Morgans war für die Erkenntnis der Wirtschaftsgeschichte von weittragender Bedeutung. Er hat die uralte kommunistische Wirtschaft, die bis dahin nur in lauter Einzelfällen entdeckt und nicht erklärt war, als allgemeine Regel „an die breite Basis einer folgerichtigen Kulturentwicklung und namentlich der Gentilverfassung gestellt. Der Urkommunismus mit der ihm entsprechenden Demokratie und sozialen Gleichheit waren damit als die Wiege der gesellschaftlichen Entwicklung erwiesen. Durch diese Erweiterung der Horizonte der vorgeschichtlichen Vergangenheit hat er die ganze heutige Zivilisation mit ihrem Privateigentum, Klassenherrschaft, Männerherrschaft, Zwangsstaat und Zwangsehe bloß als eine kurze vorübergehende Phase hingestellt, die ebenso wie sie selbst erst aus der Auflösung der uralten kommunistischen Gesellschaft entstanden war, in der Zukunft ihrerseits höheren sozialen Formen Platz machen müsse. Damit hat Morgan aber eine mächtige neue Stütze dem wissenschaftlichen Sozialismus geliehen. Während Marx und Engels auf dem Wege der ökonomischen Analyse des Kapitalismus den unvermeidlichen historischen Übergang der Gesellschaft zur kommunistischen Weltwirtschaft für die nächste Zukunft nachgewiesen und damit den sozialistischen Bestrebungen eine feste wissenschaftliche

Basis gegeben hatten, hat Morgan gewissermaßen den ganzen gewaltigen Vorbau zu dem Marx-Engelschen Werk geliefert, indem er nachwies, dass die kommunistisch-demokratische Gesellschaft, wenn auch in anderen, primitiveren Formen, die ganze lange Vergangenheit der menschlichen Kulturgeschichte vor der heutigen Zivilisation umfasst. Den revolutionären Bestrebungen der Zukunft bot somit die adelige Überlieferung der grauen Vergangenheit die Hand, der Kreis der Erkenntnis schloss sich harmonisch zusammen, und aus dieser Perspektive erschien die heutige Welt der Klassenherrschaft und der Ausbeutung, die das All und Einzige der Kultur, das höchste Ziel der Weltgeschichte darzustellen vorgab, bloß als eine winzige vorübergehende Etappe auf dem großen Kulturvormarsch der Menschheit.

II.

Die „Urgesellschaft" Morgans bildete sozusagen eine nachträgliche Einleitung zum kommunistischen Manifest von Marx und Engels. Damit war aber gegeben, dass sie in der bürgerlichen Wissenschaft eine Reaktion auslösen musste. Binnen zwei bis drei Jahrzehnten seit der Mitte des Jahrhunderts hatte sich der Begriff des Urkommunismus von allen Seiten in die Wissenschaft Eingang verschafft. Allein solange es sich noch um ehrwürdige „germanische Rechtsaltertümer" handelte, um „slawische Stammeseigentümlichkeiten" oder um die historische Ausgrabung des peruanischen Inkastaates und dergleichen, überschritten die Entdeckungen nicht den Bereich ungefährlicher wissenschaftlicher Kuriositäten, ohne aktuelle Bedeutung, ohne unmittelbare Verbindung mit den Tagesinteressen und Tageskämpfen der bürgerlichen Gesellschaft, so gut, dass stockkonservative oder gemäßigt liberale Staatsmänner wie Ludwig v. Maurer oder Sir Henry Maine sich um diese Entdeckungen die größten Verdienste erwerben konnten. Bald sollte jedoch diese Verbindung hergestellt werden und zwar nach zwiefacher Richtung. Schon die Kolonialpolitik hatte, wie wir gesehen, einen Zusammenstoß greifbarer materieller Interessen zwischen der bürgerlichen Welt und den primitiven kommunistischen Zuständen gebracht. Je mehr in Westeuropa seit Mitte des 19.

Jahrhunderts nach den Stürmen der Februarrevolution von 1848, das kapitalistische Regime sich allmächtig zu installieren begann, umso schroffer wurde jener Zusammenstoß. Zugleich spielte gerade seit der Februarrevolution ein anderer Feind im eigenen Lager der bürgerlichen Gesellschaft – die revolutionäre Arbeiterbewegung – eine immer größere Rolle. Seit den Junitagen des Jahres 1848 in Paris verschwindet das „rote Gespenst" nicht mehr von der öffentlichen Bühne, um im Jahre 1871 im blendenden Feuerschein der Kommunekämpfe zum Entsetzen der französischen und der internationalen Bourgeoisie wieder aufzutauchen. Im Lichte dieser brutalen Klassenkämpfe zeigte nun auch die jüngste Entdeckung der wissenschaftlichen Forschung – der primitive Kommunismus – sein gefährliches Gesicht. Die in ihren Klasseninteressen empfindlich getroffene Bourgeoisie witterte einen dunkeln Zusammenhang zwischen den uralten kommunistischen Überlieferungen, die ihr in den Kolonialländern bei dem Vormarsch der profitgierigen „Europäisierung" der Eingeborenen den hartnäckigsten Widerstand leisteten und dem neuen Evangelium des revolutionären Ungestüms der proletarischen Masse in den alten kapitalistischen Ländern. Als in der französischen Nationalversammlung 1873 die Schicksale der unglücklichen Araber Algeriens durch ein Gesetz über die zwangsweise Einführung des Privateigentums entschieden werden sollten, ertönte in dieser Versammlung, in der noch die Feigheit und Mordlust der Sieger über die Pariser Kommune nachzitterte, immer wieder das Wort, das uralte Gemeineigentum der Araber müsse um jeden Preis vernichtet werden, „als eine Form, die in den Geistern kommunistische Tendenzen unterstütze". In Deutschland sollten inzwischen die Herrlichkeiten des neuen Deutschen Reiches, die Gründerära und der erste kapitalistische Krach der siebziger Jahre, das Bismarcksche Blut- und Eisenregime mit seinem Sozialistengesetz die Klassenkämpfe aufs äußerste steigen und jede Gemütlichkeit auch aus der wissenschaftlichen Forschung verbannen. Das beispiellose Wachstum der deutschen Sozialdemokratie als der fleischgewordenen Theorien von Marx und Engels hat den Klasseninstinkt der bürgerlichen Wissenschaft in Deutschland außerordentlich geschärft und hier setzte auch die Reaktion gegen die Theorien des Urkommunismus am kräftigsten ein. Kulturhistoriker wie Lippert und Schurtz, Nationalökonomen wie Bücher, Soziologen wie Starcke, Westermarck und Große sind sich heute einig in der eifrigen Bekämpfung der Lehre vom Urkommunismus und namentlich der Morganschen Theorien über die Entwicklung der Familie und die ehemals allgemeine Herrschaft der Sippenverfassung mit ihrer Gleichheit der Geschlechter und allgemeiner Demokratie. Ein Herr Starcke z.B. nennt in seiner „primitiven Familie" 1888 Morgans Hypothesen über die Verwandtschaftssysteme einen „wilden Traum", „um nicht zu sagen Fieberwahn".[8] Aber auch ernstere Gelehrte, wie der Verfasser der besten Kulturgeschichte, die wir besitzen, Lippert, ziehen gegen Morgan zu Felde. Auf Grund von veralteten, oberflächlichen Berichten ökonomisch und ethnologisch ganz ungebildeter Missionare aus dem 18. Jahrhundert und unter völliger Ignorierung der großartigen Studien Morgans schildert Lippert die Wirtschaftszustände der Indianer Nordamerikas gerade derselben, in deren Leben mit seiner fein ausgebildeten sozialen Organisation Morgan so gründlich wie kein anderer eingedrungen ist, als einen Beweis dafür, dass bei den Jägervölkern überhaupt keine gemeinschaftliche Regelung der Produktion und keine „Fürsorge" für die Gesamtheit und für die Zukunft, dass vielmehr nichts als Regellosigkeit und Gedankenlosigkeit vorherrsche. Die alberne Verzerrung der tatsächlich bei den Indianern bestehenden kommunistischen Einrichtungen durch den bornierten Europäerblick der Missionare übernimmt Lippert ganz kritiklos, wie z.B. das folgende Zitat aus der Geschichte der Mission der evangelischen Brüder unter den Indianern Nordamerikas von Loskiel aus dem Jahre 1789 beweist: „Viele unter ihnen (den amerikanischen Indianern), sagt unser trefflich orientierter Missionar, sind so träge, dass sie selbst nichts pflanzen, sondern

---

8   Starckes und Westermarcks Kritiken und Theorien sind von Eunow in seinen „Verwandtschaftsorganisationen der Australneger" 1894 einer gründlichen und vernichtenden Prüfung unterzogen worden, worauf die beiden Herren unseres Wissens bis jetzt kein Wort geantwortet haben. Das hindert jedoch nicht, dass sie von den neueren Soziologen, wie z.B. von Große, unverdrossen als Vernichter Morgans und erste Autoritäten gefeiert werden. Es geht den Morgan-Vernichtern ungefähr wie den Marx-Vernichtern: der bürgerlichen Wissenschaft genügt die Tendenz gegen die verhassten Revolutionäre, und der gute Wille ersetzt hier jede wissenschaftliche Leistung.

sich gänzlich darauf verlassen, dass sich andere nicht weigern dürfen, ihren Vorrat mit ihnen zu teilen. Da auf diese Weise die Fleißigeren von ihrer Arbeit nicht mehr genießen wie die Müßiggänger, so pflanzen sie von Zeit zu Zeit immer weniger. Fällt nun ein harter Winter ein, da sie wegen des tiefen Schnees nicht auf die Jagd gehen können, so entsteht leicht eine allgemeine Hungersnot, wobei öfters viele Menschen umkommen. Die Not lehrt sie dann Graswurzeln und die innere Rinde der Bäume, besonders der jungen Eichen, zu ihrer Nahrung zuzurichten." So führte also, fügt Lippert zu den Worten seines Gewährsmannes hinzu, in naturgemäßer Verbindung der Rückfall zu früherer Sorglosigkeit den zur früheren Lebenshaltung herbei. Und in dieser indianischen Gesellschaft, in der sich keiner „weigern darf", seinen Vorrat an Lebensmitteln mit anderen zu teilen, und in der sich ein „evangelischer Bruder" mit ganz offensichtlicher Willkür nach europäischem Muster die unvermeidliche Einteilung in „Fleißige" und in „Müßiggänger" konstruiert, will Lippert den besten Beweis gegen den Urkommunismus finden:

„Noch weniger sorgt natürlich auf solcher Stufe die ältere Generation für die Lebensausstattung der jüngeren. Der Indianer steht vom Urmenschen schon weit ab. Sobald der Mensch ein Werkzeug hat, hat er den Begriff des Besitzes, aber nur in der Beschränkung auf jenes. Einen solchen hat schon der Indianer auf der niedersten Stufe; allein in diesem Urbesitz fehlt jeder kommunistische Zug; die Entwicklung beginnt mit dem Gegenteil."

Professor Bücher hat der urkommunistischen Wirtschaft seine „Theorie von der individuellen Nahrungssuche" der primitiven Völker und von den „unermesslichen Zeiträumen" entgegengesetzt, in denen „der Mensch existiert hat, ohne zu arbeiten". Für den Kulturhistoriker Schurtz ist aber Professor Karl Bücher mit seinem „genialen Blick" der Prophet, dem er in Sachen primitiver Wirtschaftsverhältnisse blindlings folgt. Der typischste und energischste Wortführer aber der Reaktion gegen die gefährlichen Lehren vom Urkommunismus und der Gentilverfassung gegen den „Kirchenvater der deutschen Sozialdemokratie", Morgan, ist Herr Ernst Große. Auf den ersten Blick ist Große selbst Anhänger der materialistischen Geschichtsauffassung, d.h. er führt verschiedene rechtliche, geschlechtliche, geistige Formen des gesellschaftlichen Lebens aus die jeweiligen Produktionsverhältnisse als auf den jene Formen bestimmenden Faktor zurück. „Nur wenige Kulturhistoriker", sagt er in seinem 1894 erschienenen Anfängen der Kunst, „scheinen die ganze Bedeutung der Produktion begriffen zu haben. Es ist allerdings weit leichter, sie zu unterschätzen als zu überschätzen. Der Wirtschaftstrieb ist gleichsam das Lebenszentrum jeder Kulturform; er beeinflusst alle übrigen Faktoren der Kultur auf die tiefste und unwiderstehlichste Art, während er selbst nicht sowohl durch kulturelle als durch natürliche Faktoren, – durch geographische und meteorologische Verhältnisse bestimmt wird. Man könnte mit einem gewissen Rechte die Produktionsform das primäre Kulturphänomen nennen, neben dem alle anderen Zweige der Kultur nur als abgeleitet und sekundär erscheinen; – freilich nicht etwa in dem Sinne, als ob diese anderen Zweige aus dem Stamme der Produktion entstanden wären, sondern weil sie sich, obwohl sie selbständig entstanden sind, stets unter dem übermächtigen Drucke des herrschenden wirtschaftlichen Faktors geformt und entwickelt haben." Es scheint auf den ersten Blick, dass Große selbst den „Kirchenvätern der deutschen Sozialdemokratie", den Marx und Engels, seine Hauptgedanken abgelernt hat, wenn er sich auch wohlverständlich hütet, auch nur mit einem Wort zu verraten, aus wessen wissenschaftlichen Taschen er sich seine Überlegenheit über die „meisten Kulturhistoriker" in fertigem Zustand geholt hat. Ja, er ist sogar in Bezug auf die materialistische Geschichtsauffassung „katholischer als der Papst". Während Engels – neben Marx der Mitschöpfer der materialistischen Geschichtsauffassung – für die Entwicklung der Familienverhältnisse in primitiven Zeiten bis zur Ausbildung der heutigen staatlich beglaubigten Zwangsehe einen von wirtschaftlichen Verhältnissen unabhängigen Fortgang der Formen annahm, denen nur die Interessen der Erhaltung des Menschengeschlechts und seine Vermehrung zugrunde lagen, geht Große darin sehr viel weiter. Er stellt die Theorie auf, dass die jeweilige Familiennorm zu allen Zeiten nur das direkte Produkt der zurzeit herrschenden Wirtschaftsverhältnisse war. „Nirgends", sagt er, „tritt die Kulturbedeutung der Produktion so einleuchtend hervor als in der Geschichte der Familie, seltsame Gebilde, welche die Soziologen zu noch seltsameren Hypothesen begeistert haben, erscheinen überraschend verständlich, sobald man sie im Zusammenhange mit den Formen der Produktion betrachtet."

Sein 1896 erschienenes Buch: „Die Formen der Familie und die Formen der Wirtschaft" ist ganz dem Nachweis dieses Gedankens gewidmet. Zugleich aber ist Große entschiedener Gegner der Lehre vom Urkommunismus. Auch er sucht nachzuweisen, dass die gesellschaftliche Entwicklung der Menschheit beileibe nicht mit Gemeineigentum, sondern mit Privateigentum begonnen habe, auch er bemüht sich wie Lippert und Bücher, von seinem Standpunkt aus darzutun, dass, je weiter wir in der Urgeschichte zurückgehen, umso ausschließlicher und allmächtiger das „Individuum" mit seinem „individuellen Besitz" vorherrsche. Zwar ließen sich die Entdeckungen über die kommunistische Dorfgemeinde in allen Weltteilen und im Zusammenhang mit ihr die Geschlechtsverbände oder, wie Große sie nennt, die Sippen, nicht einfach bestreiten. Allein Große lässt eben – darin besteht seine eigentliche Theorie – die Geschlechtsorganisationen als Rahmen der kommunistischen Wirtschaft nur auf einer bestimmten Stufe der Entwicklung aufkommen: mit dem niederen Ackerbau, um sie alsbald auf der Stufe des höheren Ackerbaus der Auflösung verfallen und wieder dem „individuellen Eigentum" Platz machen zu lassen. Auf diese Weise stellt Große triumphierend die von Morgan-Marx aufgestellte historische Perspektive direkt auf den Kopf. Nach dieser war der Kommunismus die Wiege der Menschheit in ihrer Kulturentwicklung, die Form der Wirtschaftsverhältnisse, die diese Entwicklung in unermesslich langen Zeiträumen begleitete, um erst mit der Zivilisation der Auflösung zu verfallen und dem Privateigentum Platz zu machen, wobei die Epoche der Zivilisation ihrerseits einem raschen Auflösungsprozess und der Rückkehr zum Kommunismus in höherer Form der sozialistischen Gesellschaftsordnung entgegengeht. Nach Große war es das Privateigentum, das die Entstehung und den Fortschritt der Kultur begleitete, um nur auf einer bestimmten Stufe, des niederen Ackerbaus, vorübergehend dem Kommunismus Platz zu machen. Nach Marx-Engels und Morgan ist das Gemeineigentum, die gesellschaftliche Solidarität, nach Große und seinen Kollegen von der bürgerlichen Wissenschaft das „Individuum" mit dem Privateigentum der Anfangs- und Endpunkt der Kulturgeschichte. Doch nicht genug. Große ist ausgesprochener Gegner nicht nur Morgans und des Kommunismus, sondern der ganzen Entwicklungstheorie auf dem Gebiete des Gesellschaftslebens und gießt die Lauge seines Spottes über jene kindlichen Geister aus, die alle Erscheinungen des sozialen Lebens in eine Entwicklungsreihe bringen und als einen einheitlichen Prozess, als einen Fortgang der Menschheit von niederen zu höheren Lebensformen auffassen wollen. Diesen Grundgedanken, der der ganzen modernen Gesellschaftswissenschaft im Allgemeinen und insbesondere der Geschichtsauffassung und der Lehre des wissenschaftlichen Sozialismus zur Basis dient, bekämpft Herr Große als typischer Bourgeoisgelehrter mit aller ihm zu Gebote stehenden Kraft. „Die Menschheit, verkündet und unterstreicht er, bewegt sich keineswegs auf einer einzigen Linie in einer einzigen Richtung; sondern, so verschieden die Lebensbedingungen der Völker sind, so verschieden sind auch ihre Wege und Ziele." So ist in der Person Großes die bürgerliche Gesellschaftswissenschaft in ihrer Reaktion gegen die revolutionären Folgerungen ihrer eigenen Entdeckungen bis zu dem Punkt gelangt, zu dem auch die bürgerliche Vulgärökonomie in ihrer Reaktion gegen die klassische Ökonomie gelangt war: zur Negation der Gesetzmäßigkeit selbst der sozialen Entwicklung. Sehen wir uns diesen seltsamen historischen „Materialismus" des jüngsten Marx-, Engels- und Morgan-Überwinders etwas näher an.

Große redet sehr viel von „Produktion", er redet die ganze Zeit vom „Charakter der Produktion" als bestimmendem Faktor, der die gesamte Kultur beeinflusst. Was versteht er aber unter Produktion und ihrem Charakter? „Die Wirtschaftsform, welche in einer sozialen Gruppe herrscht oder vorherrscht, die Art, auf welche sich die Glieder der Gruppe den Lebensunterhalt erwerben, ist eine Tatsache, welche sich direkt beobachten und in ihren Hauptzügen überall mit genügender Sicherheit feststellen lässt. Wir mögen über die religiösen und die sozialen Anschauungen der Australier noch so sehr im Zweifel sein; über den Charakter ihrer Produktion ist auch nicht der geringste Zweifel möglich: die Australier sind Jäger und Pflanzensammler. Es ist vielleicht unmöglich, in die geistige Kultur der alten Peruaner einzudringen; aber die Tatsache, dass die Bürger des Inkareiches ein ackerbauendes Volk waren, liegt für jeden Blick offen."⁹

Unter „Produktion" und ihrem „Charakter" versteht also Große einfach die jeweilige Hauptquelle der Ernährung des Volkes. Jagd, Fischerei, Viehzucht, Ackerbau – das sind jene „Produktionsverhältnisse", die bestimmend auf alle übrigen Kulturverhältnisse eines Volkes einwirken. Hier muss man zunächst bemerken, dass, wenn es auf diese magere Entdeckung ankam, die Überhebung des Herrn Große über die „meisten Kulturhistoriker" zum mindesten ganz unbegründet war. Die Erkenntnis, dass die Art der Hauptquelle, die dem gegebenen Volke zur Ernährung dient, von außerordentlicher die Wichtigkeit für seine Kulturentwicklung ist, bildet nicht sowohl Herrn Großes funkelnagelneue Entdeckung, wie vielmehr ein uraltes, ehrwürdiges Inventarstück aller Gelehrten der Kulturgeschichte. Diese Erkenntnis hat ja gerade zu der landläufigen Einteilung der Völker in Jäger, Viehzüchter, und Ackerbauer geführt, die in allen Kulturgeschichten wiederkehrt, und die Herr Große selbst nach vielem Hin und Her schließlich doch selbst anwendet. Diese Erkenntnis ist aber nicht bloß ganz alt, sondern auch – in der platten Fassung, in der sie Große übernimmt – auch ganz falsch. Wissen wir lediglich, dass ein Volk von Jagd, Viehzucht oder Ackerbau lebt, so wissen wir von seinen Produktionsverhältnissen und von seiner sonstigen Kultur zunächst noch gar nichts. Die heutigen Hottentotten in Südwestafrika, denen die Deutschen ihre Herden und damit ihre bisherige Existenzquelle weggenommen und die sie dafür mit modernen Flinten versehen haben, sind erzwungenermaßen wieder Jäger geworden. Die Produktionsverhältnisse dieses „Jägervolkes" aber haben nicht das geringste gemein mit den indianischen Jägern Kaliforniens, die noch in ihrer primitiven Weltabgeschiedenheit leben, und die letzteren wieder sind den Jägerkompanien Kanadas sehr wenig ähnlich, die für amerikanische und europäische Kapitalisten gewerbsmäßig Tierfelle für den Rauchwarenhandel liefern. Die peruanischen Viehzüchter, die vor der spanischen Invasion ihre Lamas in den Kordilleren kommunistisch unter der Inkaherrschaft hüteten, die arabischen

---

9   Große, Anfänge der Kunst S. 34.

Nomaden mit ihren patriarchalischen Herden in Afrika oder Arabien, die heutigen Bauern in den Schweizer, Bayrischen oder Tiroler Alpen, die mitten in der kapitalistischen Welt ihre althergebrachten „Alpenbücher" führen, die halbverwilderten römischen Sklaven, die im rauen Apulien enorme Herden ihrer Herren hüteten, die Farmer, die im heutigen Argentinien für die Ohioer Schlachthäuser und Konservenfabriken zahllose Herden mästen, – das sind alles Muster der „Viehzucht", die ebenso viele total verschiedene Typen der Produktion und der Kultur darstellen. Endlich der „Ackerbau" umfasst eine so lange Skala verschiedenartigster Wirtschaftsweisen und Kulturstufen von der uralten indischen Markgenossenschaft zum modernen Latifundium, von der bäuerlichen Zwergwirtschaft zum ostelbischen Rittergut, vom englischen Pachtsystem zur rumänischen Jobagie, von dem chinesischen bäuerlichen Gartenbau zur brasilianischen Plantage und Sklavenarbeit, von dem weiblichen Hackbau auf Tahiti bis zur nordamerikanischen Bonanzafarm mit Dampf- und Elektrizitätsbetrieb, dass nur die glänzende Verständnislosigkeit für das, was wirkliche „Produktion" bedeutet, in den großspurigen Offenbarungen des Herrn Große über die Bedeutung der Produktion geoffenbart wird. Gerade gegen diese Art groben und rohen „Materialismus", der nur die äußeren Naturbedingungen der Produktion und Kultur in Betracht zieht und der in dem englischen Soziologen Buckle seinen besten und erschöpfenden Ausdruck fand, wandten sich Marx und Engels. Nicht die äußere Naturquelle der Ernährung ist für die wirtschaftlichen und kulturellen Verhältnisse der Menschen entscheidend, sondern die Beziehungen, in denen die Menschen zueinander bei ihrer Arbeit stehen. Die gesellschaftlichen Beziehungen der Produktion bestimmen die Frage: welche Produktionsform herrscht bei einem gegebenen Volke. Nur wenn man diese Seite der Produktion gründlich erfasst hat, kann man die bestimmenden Einflüsse der Produktion eines Volkes auf seine Familienverhältnisse, seine Rechtsbegriffe, seine religiösen Vorstellungen, seine Kunstentwicklung verstehen. Das Eindringen in die gesellschaftlichen Beziehungen bei der Produktion der sogenannten wilden Völker ist aber eine für die meisten europäischen Beobachter außerordentlich schwierige Sache. Im Gegensatz zu einem Herrn Große, der schon eine Welt zu wissen glaubt, wenn er nichts anderes weiß, als dass die Inkaperuaner ein ackerbautreibendes Volk waren, sagt ein ernster Gelehrter wie Sir Henry Maine.

„Der charakteristische Irrtum der unmittelbaren Beobachter fremder sozialer oder rechtlicher Verhältnisse ist der, dass sie diese zu schnell mit ihnen bekannten Verhältnissen vergleichen, die anscheinend von derselben Art sind."

Der Zusammenhang der Familiennormen mit den so verstandenen „Produktionsnormen sieht nun bei Herrn Große folgendermaßen aus: „Auf der niedersten Stufe ernährt sich der Mensch durch die Jagd – im weitesten Sinne – und durch das Einsammeln von Vegetabilien. Bei dieser primitiven Form der Produktion zeigt sich zugleich die primitivste Form der Arbeitsteilung zwischen den beiden Geschlechtern. Während sich der Mann die Sorge für die animalische Nahrung vorbehält, ist das Einsammeln von Wurzeln und Früchten die Aufgabe der Frau. Unter diesen Verhältnissen liegt der wirtschaftliche Schwerpunkt fast immer auf der männlichen Seite, und infolgedessen trägt die primitive Familiennorm überall einen unverkennbaren patriarchalischen Charakter. Welcher Art auch die Anschauungen über Blutsverwandtschaft sein mögen, der primitive Mann steht, selbst wenn er nicht als Blutsverwandter seiner Nachkommen gilt, tatsächlich als Herr und Eigentümer in der Mitte seiner Weiber und Kinder. Von dieser untersten Stufe aus kann die Produktion nach zwei Richtungen fortschreiten; je nachdem der weibliche oder der männliche Wirtschaftsbetrieb eine weitere Ausbildung erfährt. Welcher von den beiden Zweigen aber zum Stamme auswachsen soll, das hängt in erster Linie von den natürlichen Bedingungen ab, unter denen die primitive Gruppe lebt. Wenn die Flora und das Klima des Landes zunächst die Schonung und später die Pflege von Nutzpflanzen nahelegen und lohnen, so entwickelt sich der weibliche Wirtschaftszweig, das Pflanzensammeln allmählich zum Pflanzenbau. In der Tat liegt bei primitiven ackerbauenden Völkern dieses Geschäft stets in den Händen der Frau. Damit ist aber auch der wirtschaftliche Schwerpunkt auf die weibliche Seite verlegt, und infolgedessen finden wir bei allen primitiven Gesellschaften, die sich vorwiegend auf den Ackerbau stützen, eine matriarchalische Familiennorm, oder doch die Spuren einer solchen. Die Frau als Haupternährerin und Grundherrin steht jetzt im Mittelpunkt der Familie. Zu der Ausbildung eines Matriarchats im eigentlichen Sinne, zu einer wirklichen Frauenherrschaft, ist es allerdings nur in sehr seltenen Fällen gekommen, – nämlich nur dort, wo die soziale Gruppe den Angriffen äußerer Feinde entrückt war. In allen anderen Fällen gewann der Mann das Übergewicht, welches er als Ernährer verloren hatte, als Beschützer wieder. Auf diese Weise entstehen die Familiennormen, welche bei den meisten dieser ackerbauenden Völker herrschen und welche einen Kompromiss zwischen der matriarchalischen und der patriarchalischen Richtung darstellen. – Ein großer Teil der Menschheit hat indessen eine ganz andere Entwicklung erfahren. Diejenigen Jägervölker, welche in Gegenden lebten, die dem Ackerbau Schwierigkeiten entgegensetzten, während sie dem Menschen Tiere darboten, welche die Domestikation (Zähmung) gestatteten und lohnten, sind nicht wie jene ersten zur Pflanzenzucht, sondern zur Viehzucht fortgeschritten. Die Viehzucht aber, welche sich allmählich aus der Jagd entwickelt hat, erscheint genau wie diese ursprünglich überall als ein Vorrecht des Mannes. Auf diese Weise wird das bereits vorhandene wirtschaftliche Übergewicht der männlichen Seite noch verstärkt, und diese Verhältnisse finden einen konsequenten Ausdruck in der Tatsache, dass sämtliche Völker, die sich vorzugsweise durch die Viehzucht ernähren, unter der Herrschaft der patriarchalischen Familiennorm stehen. Außerdem wird die gebietende Stellung des Mannes in den viehzüchtenden Gesellschaften noch durch einen anderen Umstand erhöht, der ebenfalls unmittelbar mit der Form ihrer Produktion zusammenhängt. Viehzüchtende Völker neigen stets zu kriegerischen Verwicklungen und infolgedessen zur Ausbildung einer zentralisierten kriegerischen Organisation. Die unvermeidliche Folge ist jene extreme Form des Patriarchates, in welchem die Frau als rechtlose Sklavin unter ihrem mit despotischer Gewalt bekleideten Eheherren steht." Aber jene friedlichen ackerbautreibenden Völker, bei denen die Frau als Ernährerin in der Familie herrscht oder doch wenigstens zum Teil sich einer freieren Stellung erfreut, werden zumeist von den kriegerischen Viehzüchtern unterworfen und übernehmen von diesen mit anderen Sitten auch die despotische Herrschaft des Mannes in der Familie. „Und so finden wir denn heute alle Kulturnationen unter dem Zeichen einer mehr oder minder scharf ausgeprägten patriarchalischen Familiennorm."[10]

Die hier geschilderten seltsamen historischen Schicksale der menschlichen Familie in ihrer Abhängigkeit von den Produktionsformen laufen also auf das folgende Schema hinaus: Periode der Jagd – Einzelfamilie mit Männerherrschaft, Periode der Viehzucht – Einzelfamilie mit noch ärgerer Männerherrschaft, Periode des niederen Ackerbaues – – Einzelfamilie mit stellenweiser Frauenherrschaft, später aber Unterwerfung der Ackerbauer durch die Viehzüchter, also auch hier Einzelfamilie mit Männerherrschaft, und als Schlussstein des Gebäudes: Periode des höheren Ackerbaues, – Einzelfamilie mit Männerherrschaft. Herr Große nimmt es, wie man sieht, mit seiner Verleugnung der modernen Entwicklungslehre ernst. Bei ihm gibt es eine Entwicklung der Familienformen überhaupt nicht. Die Geschichte beginnt und endet mit der Einzelfamilie und Männerherrschaft. Dabei merkt Große nicht, dass er, nachdem er großspurig die Entstehung der Familiennormen aus den Produktionsformen zu erklären versprochen hat, die Familiennorm überhaupt schon als etwas gegebenes, fertiges, nämlich als die Einzelfamilie, als einen modernen Hausstand, voraussetzt und diese ganz unverändert unter allen Produktionsformen annimmt. Das, was er in Wirklichkeit als verschiedene „Familienformen" im Wandel der Zeiten verfolgt, ist lediglich die eine Frage nach dem Verhältnis der Geschlechter zueinander. Männerherrschaft oder Frauenherrschaft – das ist nach Große die „Familienform", die er somit in ganz harmonischer Weise ebenso roh auf ein äußeres Merkmal reduziert, wie er die „Produktionsform" auf die Frage: Jagd, Viehzucht oder Ackerbau versimpelt hat. Dass „Männerherrschaft" oder „Frauenherrschaft" Dutzende verschiedener Familienformen umfassen können, dass er innerhalb derselben Kulturstufe der „Jäger" Dutzende verschiedener Verwandtschaftssysteme geben kann – das alles existiert für Herrn Große ebenso wenig wie die Frage nach den gesellschaftlichen Verhältnissen innerhalb einer Produktionsart. Das gegenseitige Verhältnis der Familienformen und der Produktionsformen kommt dabei auf den folgenden geistreichen „Materialismus"

---

10 Große, Anfänge der Kunst, S. 36 –38.

hinaus: die beiden Geschlechter werden von vornherein als Geschäftskonkurrenten betrachtet. Wer die Familie ernährt, der herrscht auch in der Familie, meint der Philister und auch der bürgerliche Zivilkodex. Das Pech des weiblichen Geschlechts will aber, dass es nur einmal in der Geschichte ausnahmsweise – bei dem niedrigen Hackbau – Träger der Familienernährung war, aber auch dann musste es meist vor dem kriegerischen männlichen Geschlecht den Kürzeren ziehen. Und so ist die Geschichte der Familiennorm im Grunde genommen bloß eine Geschichte der Sklaverei der Frau, bei allen „Produktionsformen" und trotz aller Produktionsformen. Der einzige Zusammenhang der Familienformen mit den Wirtschaftsformen ist dabei schließlich nur der leichte Unterschied zwischen etwas milderen und etwas härteren Formen der Männerherrschaft. Zum Schluss erscheint als die erste Erlösungsbotschaft in der menschlichen Kulturgeschichte für die versklavte Frau – die christliche Kirche, die zwar nicht auf Erden, aber wenigstens im blauen Himmelsäther keinen Unterschied zwischen den beiden Geschlechtern kennt. „Durch diese Lehre hat das Christentum der Frau eine Hoheit verliehen, vor der sich die Willkür des Mannes beugen muss"[11], schließt Herr Große, indem er nach langen Irrfahrten auf den Gewässern der Wirtschaftsgeschichte glücklich im Hafen der christlichen Kirche vor Anker gegangen ist. Nicht wahr, wie „überraschend verständlich" erscheinen doch die Familienformen, welche die Soziologen zu so „seltsamen Hypothesen begeistert haben", wenn man sie „im Zusammenhang mit den Produktionsformen" betrachtet!

Das Frappanteste jedoch bei dieser Geschichte der „Familienform" ist die Behandlung des Geschlechtsverbandes oder der Sippe, wie Große ihn nennt. Wir haben gesehen, welche enorme Rolle die Geschlechtsverbände auf den früheren Kulturstufen für das gesellschaftliche Leben spielten. Wir haben gesehen, dass sie – namentlich nach Morgans epochemachenden Untersuchungen – die eigentliche Gesellschaftsform der Menschen vor der Ausbildung des territorialen Staates und noch lange danach die wirtschaftliche Einheit sowie die religiöse Gemeinschaft waren. Wie verhalten sich diese Tatsachen zur merkwürdigen Geschichte der Großeschen „Familienformen"? Große

---

11   Große, Formen der Familien, S. 238.

kann offenbar das Bestehen der Sippenverfassung bei allen primitiven Völkern nicht einfach leugnen. Da sie aber mit seinem Schema der Einzelfamilien und der Herrschaft des Privateigentums im Widerspruch stehen, so sucht er ihre Bedeutung möglichst auf nichts zu reduzieren, ausgenommen die eine Periode des niederen Ackerbaues. „Die Sippenmacht ist mit der niederen Ackerwirtschaft entstanden und mit ihr vergeht sie auch, bei sämtlichen höheren Ackerbauern ist die Sippenordnung entweder schon verfallen oder sie verfällt."[12] So lässt Große die „Sippenmacht" mit ihrer kommunistischen Wirtschaft mitten in der Wirtschaftsgeschichte und Familiengeschichte wie aus der Pistole geschossen auftauchen, um sie alsbald wieder der Auflösung anheimfallen zu lassen. Wie denn die Entstehung, das Bestehen, die Funktionen der Sippenordnung in den Jahrtausenden der Kulturentwicklung vor dem niederen Ackerbau zu erklären sind, da sie nach Große in jenen Zeiten weder eine wirtschaftliche Funktion noch eine soziale Bedeutung gegenüber der Einzelfamilie haben, was überhaupt diese Sippen, die bei den Jägern, bei den Viehzüchtern im Hintergrund der Sonderfamilien mit Privatwirtschaft ihr schattenhaftes Dasein führen, sind, bleibt ein Privatgeheimnis des Herrn Große. Ebenso wenig kümmert er sich darum, dass sein Geschichtchen in krassem Widerspruch zu einigen allgemein anerkannten Tatsachen steht. Die Sippen sollen erst bei niederem Ackerbau Bedeutung erlangen; nun sind die Sippen meist mit dem Institut der Blutrache, mit religiösem Kultus und sehr häufig mit einer Tierbenennung verbunden; alle diese Dinge sind aber viel älter als der Ackerbau, müssen also nach der eigenen Theorie Großes aus den Produktionsverhältnissen viel ursprünglicherer Kulturperioden ihre Macht ableiten. Große erklärt die Sippenordnung höherer Ackerbauer wie der Germanen, Kelten, Inder, als ein Vermächtnis der Periode des niederen Ackerbaues, wo sie in der weiblichen Landwirtschaft wurzeln. Nun ist aber der höhere Ackerbau der Kulturvölker nicht aus dem weiblichen Hackbau, sondern aus der Viehzucht entstanden, die schon von den Männern betrieben wurde, und wo folglich nach Große die Sippe gegenüber der patriarchalen Familienwirtschaft keine Bedeutung hatte. Nach Große ist die Sippenordnung bei den nomadisierenden

---

12 Große, Formen der Familie, S. 207, 215.

Viehzüchtern bedeutungslos, erst mit der Ansiedelung und dem Ackerbau gewinnt sie für einige Zeit die Macht. Nach den angesehensten Forschern der Agrarverfassung aber verließ die tatsächliche Entwicklung in gerade umgekehrter Richtung: solange die Viehzüchter eine nomadisierende Lebensweise führten, hatten die Geschlechterverbände die größte Gewalt in jeder Hinsicht, mit der Sesshaftigkeit und dem Ackerbau beginnt der Sippenzusammenhang sich zu lockern und zurückzutreten gegenüber dem örtlichen Verband der Ackerbauer, deren Interessengemeinsamkeit stärker ist als die Tradition der Blutbande, die Geschlechtsgemeinde verwandelt sich in die sogenannte Nachbargemeinde. Dies ist die Ansicht Ludwig v. Maurers, Kovalevskys, Henry Maines, Laveleyes, dieselbe Erscheinung weist gegenwärtig Kaufmann bei den Kirgisen und Jakuten Zentralasiens nach.

Zum Schluss sei noch erwähnt, dass Große für die wichtigsten Erscheinungen auf dem Gebiete der primitiven Familienverhältnisse, wie das Matriarchat (Mutterherrschaft) von seinem Standpunkte eingestandenermaßen nicht die geringste Erklärung zu geben weiß und sich darauf beschränkt, achselzuckend das Matriarchat für „die seltenste Kuriosität der Soziologie" zu erklären; dass er sich zu der unglaublichen Behauptung versteigt, bei den Australiern hätten die Vorstellungen über Blutsverwandtschaft keinerlei Einfluss auf ihre Familiensysteme gehabt, zu der noch unglaublicheren, bei den alten Peruanern habe es keine Spur von Sippen gegeben, dass er über die Agrarverfassung der Germanen nach dem veralteten und unzuverlässigen Material Laveleyes urteilt, und dass er endlich demselben Laveleye z.B. die fabelhafte Behauptung nachredet, „heute noch" bilde die russische Dorfgemeinde bei den 35 Millionen Großrussen einen Sippenverband mit Blutsverwandtschaft, eine „Familiengemeinschaft", was ungefähr so zutrifft wie die Behauptung, die gesamte Einwohnerschaft Berlins bilde „heute noch" eine große Familiengemeinschaft. Alles dies befähigt Große ganz besonders dazu, den „Kirchenvater der deutschen Sozialdemokratie", Morgan, wie einen toten Hund zu behandeln. Die obigen Proben der Großeschen Behandlung der Familiennormen und der Sippe geben eine Vorstellung davon, wie er die „Formen der Wirtschaft" behandelt. Seine ganze gegen die Annahme des Urkommunismus gerichtete Beweisführung beruht auf lauter Zwar und Aber, wobei die nicht zu bestreitenden Tatsachen zwar zugegeben, ihnen aber andere so entgegengestellt werden, dass das Nichterwünschte verkleinert, das Erwünschte ausgebaucht und das Resultat dementsprechend zurechtgemacht wird.

Zwar berichtet Große selbst über die niederen Jäger: „Der individuelle Besitz, der bei allen niederen Gesellschaften vornehmlich oder ausschließlich in der beweglichen Habe besteht, ist hier fast ganz bedeutungslos; der wertvollste Teil des Eigentums aber, der Jagdfund, gehört allen Männern eines Stammes gemeinsam. Infolgedessen muss auch die Jagdbeute zuweilen unter sämtliche Mitglieder einer Horde verteilt werden. Dies wird z.B. von den Botokuden berichtet (Ehrenreich, Zeitschrift für Ethnologie). Auch in einigen Teilen Australiens bestehen ähnliche Bräuche. So sind und bleiben denn sämtliche Mitglieder einer primitiven Gruppe ungefähr gleich arm. Da es keine wesentlichen Vermögensunterschiede gibt, so fehlt eine Hauptquelle für die Entstehung von Standesunterschieden. Im Allgemeinen sind alle erwachsenen Männer innerhalb eines Stammes gleichberechtigt" (S. 55 –56). Desgleichen „hat die Sippenzugehörigkeit in einigen (!) Beziehungen wesentlichen Einfluss auf das Leben des niederen Jägers. Sie verleiht ihm das Recht, einen bestimmten Jagdgrund zu benutzen, und sie gibt ihm das Recht und die Pflicht des Schutzes und der Rache" (S. 64). Desgleichen gibt Große die Möglichkeit eines Sippenkommunismus bei den niederen Jägern Kaliforniens zu.

Aber trotzdem ist die Sippe hier lose und schwach, eine Wirtschaftsgemeinschaft gibt es nicht. „Die Produktionsweise der arktischen Jäger ist jedoch so durchaus individualistisch, dass der Sippenzusammenhang zentrifugalen Gelüsten kaum zu widerstehen vermag." Desgleichen bei den Australiern „wird die Nutzung des gemeinsamen Jagdbodens durch Jagen und Sammeln in der Regel keineswegs gemeinschaftlich betrieben, sondern jede Einzelfamilie führt eine gesonderte Wirtschaft" und im Allgemeinen „der Nahrungsmangel duldet keine dauernde Vereinigung größerer Gruppen, sondern er zwingt sie zur Zerstreuung" (S. 63).

Gehen wir zu höheren Jägern über.

Zwar „der Boden ist auch bei den höheren Jägern in der Regel Gemeineigentum des Stammes oder der Sippe" (S. 69), zwar finden wir auf dieser Stufe direkt Massenhäuser als gemeinsame Quartiere für Sippen (S. 84), zwar hören wir weiter: „Die ausgedehnten Dämme und Wehre, welche Mackenzie in den Flüssen der Haida sah und welche nach seiner Schätzung die Arbeit des gesamten Stammes erfordert haben mussten, standen unter der Aufsicht des Häuptlings, ohne dessen Erlaubnis niemand fischen durfte. Sie galten also wahrscheinlich als Eigentum der gesamten Dorfgemeinde, der ja auch die Fischwasser und Jagdgründe ungeteilt gehörten" (S. 87).

Aber „die bewegliche Habe hat hier eine solche Ausdehnung und Bedeutung gewonnen, dass sich trotz der Gleichheit des Grundbesitzes eine große Ungleichheit des Vermögens entwickeln kann" (S. 69), und „in der Regel gilt die Nahrung, soviel wir sehen können, ebenso wenig als Gemeineigentum wie die übrige bewegliche Habe. Man darf also die Haussippen nur in einem sehr beschränkten Sinne als Wirtschaftsgemeinschaften bezeichnen" (S. 88).

Wenden wir uns an die nächsthöhere Kulturstufe, an die nomadisierenden Viehzüchter. Auch über sie berichtet Große:

Zwar „selbst die unruhigsten Nomaden schweifen nicht in unbegrenzte Weiten hinaus, sie bewegen sich vielmehr sämtlich nur innerhalb eines ziemlich fest umgrenzten Gebietes, welches als das Eigentum ihres Stammes gilt und welches häufig wiederum unter die einzelnen Sonderfamilien und Sippen verteilt ist". Und weiter: „Der Boden ist beinahe in dem ganzen Bereiche der Viehzucht, Gemeinbesitz des Stammes oder der Sippe'" (S. 91). „Das Land ist freilich Gemeingut aller Sippengenossen und wird als solches von der Sippe oder ihrem Vorsteher zur Benutzung unter die verschiedenen Familien verteilt" (S. 128).

Aber „das Land ist nicht der wertvollste Besitz des Nomaden, Sein höchstes Gut ist seine Herde, und das Vieh ist stets (!) Sondereigentum der einzelnen Familien. Die viehzüchtende Sippe ist niemals (!) zu einer Wirtschafts- und Besitzgemeinschaft geworden".

Endlich folgen die niederen Ackerbauer. Hier wird zwar zum ersten Mal die Sippe als eine völlig kommunistische Wirtschaftsgenossenschaft zugegeben.

Aber – auch hier folgt ein Aber auf dem Fuße – auch hier „untergräbt die Industrie die soziale Gleichheit" (Große spricht von Industrie, meint aber natürlich Warenproduktion, die er von jener nicht zu unterscheiden weiß) und schafft ein bewegliches Sondereigentum, das Übergewicht über das Gemeineigentum an Boden hat und dieses zerstört (S. 136 -87). Und trotz der Bodengemeinschaft „besteht auch hier bereits die Trennung in Reich und Arm". So ist der Kommunismus reduziert auf ein kurzes Zwischenspiel der Wirtschaftsgeschichte, die im Übrigen mit dem Privateigentum beginnt, um mit dem Privateigentum zu enden. Was zu beweisen war.

III.

Um den Wert des Großeschen Schemas zu prüfen, wenden wir uns zunächst direkt an die Tatsachen. Prüfen wir – wenn auch mit flüchtigem Blick- – die Wirtschaftsweise der tiefststehenden Völker. Welche sind das?

Große nennt sie die „Niederen Jäger" und sagt von ihnen: „Die niederen Jägervölker bilden heute nur einen geringen Bruchteil der Menschheit. Durch ihre unvollkommene und unergiebige Produktionsform zu numerischer Schwäche und kultureller Armut verdammt, sind sie überall vor den größeren und stärkeren Völkern zurückgewichen, so dass sie jetzt nur noch in unzugänglichen Urwäldern und unwirtlichen Wüsten ihr Dasein fristen. Ein großer Teil dieser kümmerlichen Stämme gehört zwerghaften Rassen an. Es sind eben die Schwächsten, welche im Kampfe um das Dasein von den Stärkeren in die kulturfeindlichsten Gegenden gedrängt und damit zugleich zum kulturellen Stillstande verurteilt wurden. Immerhin aber findet man auch heute noch in allen Erdteilen, mit Ausnahme von Europa, Vertreter der ältesten Wirtschaftsform. Afrika birgt eine Menge von klein gewachsenen Jägervölkern; leider aber sind wir bisher nur über ein einziges derselben, die Buschmänner der Kalahari-Steppe (in Deutsch-Südwestafrika) einigermaßen unterrichtet; das Leben der übrigen Pygmäenstämme versteckt sich noch in dem Dunkel der zentralen Urwälder. Wenden wir uns von Afrika nach Osten, so treffen wir zunächst im Innern von Ceylon (an der Südspitze der Ostindischen Halbinsel) das zwerghafte Jägervolk der Wedda. Weiter auf der Andamanengruppe die Mincopie, im Innern Sumatras die Kubu, und in den Bergwildnissen der Philippinen die Aeta, drei Stämme, die wiederum zu den kleinen Rassen gehören. Der australische Kontinent war vor der europäischen Besiedlung in seiner ganzen Weite von niederen Jägerstämmen bevölkert; und wenn die Eingeborenen in der letzten Hälfte des Jahrhunderts durch die Kolonisten aus dem größten Teile der Küstengebiete vertrieben sind, so halten sie sich doch noch in den Wüsten des Innern. In Amerika endlich kann man, vom tiefsten Süden bis in den höchsten Norden verstreut, eine ganze Reihe von kulturärmsten Gruppen verfolgen. In den regen- und sturmgepeitschten Bergöden im Kap Horn (Südspitze Südamerikas) hausen die Feuerländer, welche mehr als ein Beobachter für die elendesten und rohesten aller Menschen erklärt hat. Durch die Wälder Brasiliens streifen außer den übelberufenen Botokuden wohl noch manche Jägerhorden, von denen uns dank den Forschungen von den Steinens wenigstens die Bororá näher bekannt geworden sind. Zentralkalifornien (an der Westküste Nordamerikas) birgt verschiedene Stämme, die nur wenig über den armseligsten Australiern stehen".[13] Ohne Große weiter folgen zu können, der seltsamerweise auch die Eskimo zu den niedersten Völkern rechnet, wollen wir jetzt bei einigen der oben aufgezählten Stämme nach Spuren einer gesellschaftlich planmäßigen Organisation der Arbeit Umschau halten.

Wenden wir uns zunächst an die australischen Menschenfresser, die sich nach mehreren Gelehrten auf dem tiefsten Stand der Kultur befinden, den das Menschengeschlecht auf Erden aufzuweisen hat. Bei den Australnegern finden wir vor allem die bereits erwähnte primitive Arbeitsteilung zwischen Männern und Frauen: diese besorgen hauptsächlich die pflanzliche Nahrung sowie Holz und Wasser, die Männer liegen der Jagd ob und besorgen fleischliche Nahrung.

Ferner finden wir hier ein Bild der gesellschaftlichen Arbeit, das den direkten Gegensatz zur „individuellen Nahrungssuche" darstellt, und uns zugleich einen Beleg dafür gibt, wie in primitivsten Gesellschaften für den nötigen Fleiß aller erforderlichen Arbeitskräfte gesorgt wird: z.B. „Im Stamme Chepara wird von allen Männern, falls sie nicht krank

---

13   Ernst Große, Die Formen der Familie und die Formen der Wirtschaft, S. 30.

sind, erwartet, dass sie für Nahrung sorgen. Ist ein Mann faul und bleibt im Lager, so wird er von den anderen verhöhnt und beschimpft. Männer, Weiber und Kinder verlassen das Lager am frühen Morgen, um Nahrung zu suchen. Nachdem sie genügend gejagt haben, tragen Männer und Weiber ihre Beute zur nächsten Wassergrube, wo Feuer gemacht und das Wild gebraten wird. Männer, Weiber und Kinder essen alle freundschaftlich zusammen, nachdem die Alten die Nahrung unter alle gleich verteilt haben. Nach dem Mahl tragen die Weiber die Reste ins Lager, und die Männer jagen unterwegs."[14]

Nun aber Näheres über den Plan der Produktion bei den Australnegern. Dieser ist nämlich außerordentlich kompliziert und bis ins einzelne ausgearbeitet. Jeder australische Stamm zerfällt in eine Anzahl Gruppen, deren jede nach einem Tier oder einer Pflanze benannt ist, die sie verehrt und ein abgegrenztes Stück Gebiet innerhalb des Stammesgebiets besitzt. Ein gewisses Gebiet gehört also z.B. den Känguru-Männern, ein anderes den Emu-Männern (Emu ist ein großer Vogel, ähnlich dem Strauß), ein drittes den Schlangen-Männern (die Australneger verspeisen auch Schlangen) usw. Diese „Totems" sind nach der Erklärung der neuesten wissenschaftlichen Forschungen fast lauter Tiere und Pflanzen, die den Australnegern zur Nahrung dienen. Jede solche Gruppe hat ihren Häuptling, der die Jagd anführt und leitet. Der Tier- oder Pflanzenname und der entsprechende Kult sind nun keine leere Form: jede einzelne Gruppe der Australneger ist tatsächlich verpflichtet die tierische oder pflanzliche Kost ihres Namens zu besorgen, für Bestand und Nachwuchs dieser Nahrungsquelle Sorge zu tragen. Und zwar tut dies jede Gruppe nicht für sich, sondern vor allem für die anderen Gruppen des Stammes. So z.B. sind die Känguru-Männer verpflichtet Kängurufleisch für die übrigen Stammesgenossen zu besorgen, die Schlangen-Männer Schlangen zu beschaffen, die Raupen-Männer eine gewisse Raupe, die als Delikatesse gilt, zu sichern usw. Bezeichnenderweise ist all dies mit strengen religiösen Gebräuchen und großen Zeremonien verbunden. So ist z.B. fast allgemeine Regel, dass die Leute jeder Gruppe ihr eigenes Totemtier oder Pflanze nicht oder nur sehr mäßig essen

---

14 Somló nach Howitt S. 45.

dürfen, hingegen müssen sie sie für andere beschaffen. Ein Mann der Schlangengruppe muss sich z.B., wenn er eine Schlange erjagt – außer in großem Hunger – von ihrem Genuss enthalten, sie hingegen ins Lager für die andern bringen. Ebenso wird ein Mann das Fleisch des Emu nur äußerst mäßig, die Eier und das Fett des Vogels aber, das als Heilmittel gebraucht wird, gar nicht für sich nehmen, sondern den Stammesgenossen abliefern. Andererseits dürfen die anderen Gruppen das Tier oder die Schlange nicht ohne Erlaubnis der entsprechenden Totemmänner jagen oder sammeln und in Nahrung nehmen. Alljährlich wird von jeder Gruppe eine feierliche Zeremonie abgehalten, die den Zweck hat, den Nachwuchs des Totemtieres oder der Pflanze (durch Gesänge, Blasen und verschiedene Kultzeremonien) zu sichern, worauf erst den anderen Gruppen gestattet ist, davon zu essen. Den Zeitpunkt wann die Zeremonien stattzufinden haben, bestimmt für jede Gruppe ihr Häuptling, der auch die Zeremonie leitet. Und dieser Zeitpunkt ist direkt mit den Produktionsbedingungen verknüpft. In Zentralaustralien gibt es eine lange trockene Jahreszeit unter der Tier und Pflanze stark leiden, und eine kurze Regenzeit der eine Zunahme des tierischen Lebens und ein üppiger Pflanzenwuchs folgen. Die meisten Zeremonien der Totemgruppen werden nun beim Herannahen der guten Jahreszeit abgehalten. Noch Ratzel betrachtete es als ein „komisches Missverständnis", wenn gesagt wurde, die Australier benennen sich nach ihren wichtigsten Nahrungsmitteln.[15] In dem oben kurz angedeuteten System der Totemgruppen muss aber jedermann auf den ersten Blick eine ausgebildete Organisation der gesellschaftlichen Produktion erkennen. Die einzelnen Totemgruppen sind offenbar nichts anderes als Glieder eines ausgedehnten Systems. Alle Gruppen zusammen bilden ein geordnetes, planmäßiges Ganzes, und auch jede Gruppe für sich verfährt ganz organisiert und planmäßig unter einer einheitlichen Leitung. Die Tatsache aber, dass dieses Produktionssystem in religiöser Form auftritt, in Form von allerlei Speiseverboten, Zeremonien usw., beweist nur, dass dieser Produktionsplan uralten Datums ist, dass vor vielen Jahrhunderten, ja Jahrtausenden diese Organisation bereits bei den Australnegern

---

15   Fr. Ratzel, „Völkerkunde" 1887, 2. Bd., S. 64.

bestand, so dass sie Zeit hatte, in starren Formeln zu verknöchern, dass zu Artikeln des Glaubens an geheimnisvolle Zusammenhänge wurde, was ursprünglich einfache Zweckmäßigkeiten vom Standpunkte der Produktion und der Nahrungsbeschaffung war. Diese, von den Engländern Spencer und Gillen aufgedeckten Zusammenhänge, werden auch von einem anderen Gelehrten, Frazer, bestätigt. Dieser sagt z.B. ausdrücklich: „Wir müssen dessen eingedenk bleiben, dass die verschiedenen Totemgruppen in der totemistischen Gesellschaft nicht voneinander isoliert leben; dieselben sind vermengt und üben ihre magischen Kräfte zum Gemeinwohl aus. Im ursprünglichen System züchteten und töteten die Känguru-Männer – wenn wir nicht irren – Kängurus ebenso gut zum Nutzen aller übrigen Totemgruppen, wie zu ihrem eigenen, und so mag es mit dem Raupentotem, dem Falkentotem und den übrigen gestanden haben. Unter dem neuen System in der religiösen Form, nach welchem den Männern das Töten und Essen der Totemtiere verboten wurde, fuhren die Känguru-Männer fort Kängurus zu produzieren, doch nicht mehr zu eigenem Gebrauch; die Emu-Männer fuhren fort mit der Vermehrung der Emus, obwohl sie selbst vom Ema-Fleisch nichts mehr genießen durften; die Raupen-Männer setzten ihre Zauberkünste zur Fortpflanzung der Raupen fort, wenn auch diese Leckerbissen nunmehr für andere Mägen bestimmt waren." Mit einem Wort: was uns heute als ein Kultsystem entgegentritt, war schon in uralten Zeiten ein einfaches System der organisierten gesellschaftlichen Produktion und weitgehender Arbeitsteilung. – Wenden wir uns jetzt an die Verteilung der Produkte bei den Australnegern, so finden wir ein womöglich noch ausführlicheres und komplizierteres System. Jedes gejagte Stück Wild, jedes gefundene Vogelei, jede gesammelte Hand voll Früchte wird nach ganz festen Regeln planmäßig diesen oder jenen Gliedern der Gesellschaft zur Konsumtion zugewiesen. Was z.B. von den Weibern an pflanzlicher Nahrung gesammelt wird, gehört ihnen und ihren Kindern. Die Jagdbeute der Männer wird verteilt nach Regeln, die in jedem Stamme anders, die aber bei allen Stämmen äußerst eingehend sind. So z.B. beobachtete der englische Gelehrte Howitt der die Völkerschaften im Südosten Australiens hauptsächlich im Gebiete Viktoria beobachtete, folgende Verteilungsart:

„Ein Mann tötet ein Känguru in einer gewissen Entfernung vom Lager. Zwei andere Männer sind in seiner Begleitung, doch kommen sie nicht mehr dazu, ihm bei der Tötung des Tieres beizustehen. Die Entfernung vom Lager ist beträchtlich, weshalb das Känguru gebraten wird, bevor es heimgetragen wird. Der erste Mann zündet ein Feuer an, und die beiden andern zerschneiden das Wild, die drei braten die Eingeweide und essen sie. Die Verteilung geschieht folgendermaßen: die Männer Nr. 2 und 3 erhalten einen Schenkel und den Schweif und einen Schenkel mit einem Teil der Hüfte, weil sie zugegen waren und bei der Zerteilung mithalfen. Der Mann Nr. 1 behält das übrige und trägt es ins Lager. Den Kopf und Rücken trägt sein Weib zu ihren Eltern, das übrige kommt zu seinen Eltern. Wenn er kein Fleisch hat, behält er ein wenig für sich, doch hat er z.B. ein Opossum, so gibt er alles weg. Hat seine Mutter Fische gefangen, so mag sie ihm etwas davon geben, oder die Schwiegereltern geben ihm etwas von ihrem Teil; auch geben sie ihm in solchem Falle etwas am nächsten Morgen. Die Kinder sind in allen Fällen durch die Großeltern wohlversorgt".[16]
In einem Stamme gelten folgende Regeln: Von einem Känguru z.B. erhält der Erleger ein Lendenstück, der Vater das Rückenstück, die Rippen, Schultern und den Kopf; die Mutter den rechten Schenkel, der jüngere Bruder das linke Vorderbein, die ältere Schwester ein Stück entlang des Rückens, die jüngere das rechte Vorderbein. Der Vater gibt den Schwanz und ein Stück des Rückens weiter an seine Eltern, die Mutter gibt einen Teil des Schenkels und das Schienbein an ihre Eltern weiter. Von einem Bären behält der Jäger selbst die linken Rippen, der Vater erhält den rechten Hinterfuß, die Mutter den linken, der ältere Bruder den rechten Vorderfuß, der jüngere den linken. Die ältere Schwester bekommt das Rückenstück, die jüngere die Leber. Das rechte Rippenstück gehört dem Vatersbruder, ein Seitenstück dem mütterlichen Onkel, und der Kopf kommt ins Lager der jungen Männer.

In einem anderen Stamme hingegen wird die gewonnene Nahrung immer unter alle Anwesenden gleich verteilt. Wird z.B. ein Wallaby (kleinere Känguruart) erlegt und sind z.B. zehn oder zwölf dabei, so

---

16 Somló nach Howitt S. 42.

erhält jeder einen Teil des Tieres. Keiner von ihnen berührt das Tier
oder ein Stück desselben, bevor ihm sein Teil vom Erleger gegeben
wurde. Ist der, welcher das Tier erlegt hat, zufällig abwesend, während
es gebraten wurde, so rührt es keiner an, bevor er zurückkommt und
es verteilt. Die Weiber erhalten gleiche Teile wie die Männer, und die
Kinder werden von beiden Seiten sorgfältig bedacht.[17]

Auch diese verschiedenen Verteilungsarten, die in jedem Stamme
anders sind, verraten darin ihren altertümlichen Charakter, dass sie
in rituellen Formen austreten und in Sprüche gefasst sind. Es kommt
darin zum Ausdruck die vielleicht Jahrtausende alte Tradition, die
jeder Generation als etwas Überliefertes, als unverbrüchliche Regel
gilt und streng eingehalten wird. Dieses System zeigt aber zweierlei
in deutlichster Weise, Es zeigt vor allem, dass bei den Australnegern,
dieser vielleicht zurückgebliebensten Menschenart nicht bloß die Produktion, sondern auch die Konsumtion als gemeinsame, gesellschaftliche Sache planmäßig organisiert ist und zweitens, dass dieser Plan
deutlich die Versorgung und Sicherung aller Mitglieder der Gesellschaft im Auge hat, und zwar entsprechend sowohl den Nahrungsbedürfnissen wie den Leistungskräften: unter allen Umständen und vor
allem ist für die alten Leute gesorgt und diese wiederum, so wie die
Mütter, sorgen ihrerseits für die kleinen Kinder. So ist das ganze wirtschaftliche Leben der Australier – die Produktion, die Arbeitsteilung,
die Verteilung der Nahrungsmittel – in strengster Weise planmäßig
organisiert – seit den Urzeiten in feste Regeln gebracht.

Von Australien wenden wir uns nach Nordamerika. Hier bieten
im Westen die spärlichen Reste der Indianer, die auf der Insel Tiburon im Golf von Kalifornien und auf einem schmalen Streifen des
benachbarten Festlandes wohnen, ein besonderes Interesse dank ihrer
gänzlichen Abgeschlossenheit und Feindseligkeit Fremden gegenüber, wodurch sie sich ihre uralten Sitten in großer Reinheit bewahrt
haben. Im Jahre 1895 wurde von Gelehrten der Vereinigten Staaten
eine Expedition zur Erforschung dieses Stammes unternommen,
und die Resultate derselben sind uns von dem Amerikaner Mac Gee
geschildert. Danach zerfällt der Stamm der Seri-Indianer – denn so

---

17   Ratzel 1894, 1. Bd., S. 333.

heißt dieses nunmehr sehr spärliche Völklein – in vier Gruppen, von denen jede nach einem Tier benannt ist. Die beiden wichtigsten sind die Pelikangruppe und die Schildkrötengruppe. Die Gebräuche, Sitten und Regeln dieser Gruppen in Bezug auf ihre Totemtiere sind streng geheim gehalten und waren fast nicht zu ermitteln. Wenn wir aber zugleich erfahren, dass die Nahrung dieser Indianer hauptsächlich aus Pelikanfleisch, Schildkröten, Fischen und anderen Seetieren besteht, und wenn wir uns an das vorhin geschilderte System der Totemgruppen bei den Australnegern erinnern, so dürfen wir wohl mit einiger Sicherheit annehmen, dass auch bei den indianischen Nachbarn Kaliforniens der geheimnisvolle Kult der Totemtiere und die Einteilung des Stamms in entsprechende Gruppen nichts anderes als Überbleibsel eines uralten streng organisierten Produktionssystems mit Arbeitsteilung darstellt, das in religiösen Symbolen verknöcherte. Darin bestärkt uns z.B. der Umstand, dass der oberste Schutzgeist der Seri-Indianer der Pelikan ist; dieser Vogel ist es aber zugleich, der gerade die Grundlage des wirtschaftlichen Daseins des genannten Stammes bildet. Pelikanfleisch ist Hauptnahrung, Pelikanhäute dienen als Kleidung, als Bettung, als Schild, als wichtigster Tauschartikel gegenüber Fremden. Die wichtigste Arbeitsform der Seri, die Jagd, ist nun bis auf den heutigen Tag streng geregelt. So ist z.B. die Pelikanjagd eine wohlorganisierte gemeinsame Unternehmung „zum mindesten halbzeremoniellen Charakters". Pelikanjagden dürfen nur in bestimmten Zeiten stattfinden, und zwar so, dass während der Brutzeit die Vögel geschont werden, damit ihr Nachwuchs gesichert wird. „Der Schlächterei (das massenhafte Erschlagen der schwerfälligen Tiere bietet keine Schwierigkeiten) folgt ein großes Fressen, bei welchem die halbverhungerten Familien die weicheren Teile im Dunkeln verschlingen und lärmend zechen, bis sie der Schlaf überkommt. Am nächsten Tage suchen die Weiber die Leichname aus, deren Gefieder am wenigsten verletzt ist, und ziehen die Bälge sorgfältig ab." Das Fest dauert mehrere Tage und verschiedene Zeremonien sind damit verbunden. Jenes „große Fressen" also, jenes „Verschlingen im Dunkeln" und dazu mit Lärm, das Professor Bücher sicher als ein Zeichen rein tierischen Gebarens festnageln würde, ist in Wirklichkeit – gerade der zeremonielle Charakter bürgt uns dafür genügend – sehr wohlorganisiert. Mit der Planmäßigkeit der Jagd ist nämlich strenge Regelung der Verteilung und der Konsumtion verbunden. Das gemeinsame Essen und Trinken geht in bestimmter Reihenfolge vor sich: zuerst kommt der Häuptling, zugleich Leiter der Jagd, dann die übrigen Krieger in einer durch das Alter bestimmten Reihe, dann kommt die älteste Frau und nach ihr ihre Töchter nach dem Alter an die Reihe, endlich die Kinder in der Reihenfolge des Alters, wobei die Mädchen, namentlich wenn sie sich der Mannbarkeit nähern, durch die Nachsicht der Weiber große Vorteile genießen. „Jedes Mitglied der Familie oder der Sippe kann auf die notwendige Nahrung und Bekleidung Anspruch erheben, und es ist Sache jeder anderen Person, darauf zu achten, dass dieser Bedarf gedeckt werde. Der Grad dieser Pflicht richtet sich teils nach der Nachbarschaft, so dass dieselbe bei der nächsten Person beginnt, hauptsächlich aber sind der Rang und die Verantwortlichkeit in der Gruppe (gewöhnlich entsprechend dem Alter) maßgebend. Es ist die Pflicht der ersten Person bei einem Mahle, dafür zu sorgen, dass für die unter ihr Stehenden genügend übrigbleibe, und diese Pflicht steigt dann in der Weise abwärts, dass selbst für die Interessen der hilflosen Kinder gesorgt ist."[18]

Aus Südamerika besitzen wir das Zeugnis Professor v. d. Steinens über den wilden Stamm der Bororá in Brasilien. Auch hier herrscht vor allem die typische Arbeitsteilung: die Frauen beschaffen pflanzliche Nahrung, suchen Wurzeln mit einem spitzen Stock, klettern mit großer Gewandtheit auf die Palmen, sammeln Nüsse, schneiden in der Krone den Palmkohl, suchen Früchte u. dgl. Sie bereiten auch die pflanzliche Nahrung und verfertigen die Töpfe. Wenn sie heimkommen, geben sie den Männern Früchte usw. und erhalten, was übrigbleibt von dem Fleisch. Die Verteilung und die Konsumtion sind streng geregelt.

„Verhinderte die Etikette die Bororá keineswegs", sagt v. d. Steinen, „gemeinsam zu speisen, so hatten sie dafür andere seltsame Gebräuche, die deutlich zeigen, dass auf knappe Jagdbeute angewiesene Stämme sich auf die eine oder andere Weise nach Mitteln umschauen müssen, Zank und Streit bei der Verteilung vorzubauen. Da bestand

---

18   Somló nach Mac Gee, S. 128.

zunächst eine höchst auffällige Regel: Niemand briet das Wild, das er selbst geschossen hatte, sondern gab es einem anderen zum Braten! Gleich weise Vorsicht wird für kostbare Felle und Zähne geübt. Nach Erlegung eines Jaguars wird ein großes Fest gefeiert; das Fleisch wird gegessen. Das Fell und die Zähne erhält aber nicht der Jäger, sondern der nächste Verwandte des Indianers oder der Indianerin, die zuletzt verstorben ist. Der Jäger wird geehrt, er bekommt von jedermann Ararafedern (vornehmster Schmuck der Bororá) zum Geschenk und den mit Oassùbändern geschmückten Bogen. Die wichtigste Maßregel jedoch, die vor Unfrieden schützt, ist mit dem Amt des Medizinmannes verknüpft, oder wie die Europäer in solchen Fällen zu sagen pflegen, des Zauberers oder Priesters. Dieser muss beim Erlegen jedes Tieres zugegen sein, vor allem jedes erlegte Tier und auch die pflanzliche Kost erst durch bestimmte Zeremonien zum Verteilen freigeben. Die Jagd findet auf Ansagen und unter Leitung des Häuptlings statt. Die jungen und unverheirateten Männer wohnen gemeinsam im „Männerhause", wo sie gemeinsam arbeiten, Waffe, Werkzeug und Schmuck verfertigen, spinnen, Ringkämpfe aufführen und auch gemeinsam, in strengster Zucht und Ordnung, essen, wie wir bereits früher erwähnt haben. „Ein großer Verlust", sagt v. d. Steinen, „betrifft die Familie, aus der ein Mitglied stirbt. Denn alles, was der Tote in Gebrauch hatte, wird verbrannt, in den Fluss geworfen oder in den Knochenkorb gepackt, damit er keinesfalls veranlasst sei, zurückzukehren. Die Hütte ist dann vollständig ausgeräumt. Allein die Hinterbliebenen werden neu beschenkt, man macht Bogen und Pfeile für sie, und so will es auch die Sitte, dass, wenn ein Jaguar getötet wird, das Fell an den Bruder der zuletzt gestorbenen Frau oder an den Oheim des zuletzt gestorbenen Mannes gegeben wird." So herrscht auch bei der Produktion wie bei der Verteilung ein ganz bestimmter Plan und gesellschaftliche Organisation.

Wenn wir das amerikanische Festland bis zur tiefsten Südspitze durchwandern, so finden wir hier eines der tiefststehenden Naturvölker, die Feuerländer, jene Bewohner der an der Südspitze von Südamerika gelegenen unwirtlichen Inselgruppe, über die uns die ersten Nachrichten im 17. Jahrhundert überbracht worden sind. Im Jahre 1698 ist auf die Anregung französischer Seeräuber, die in der Südsee lange Jahre ihr Handwerk getrieben hatten, von der französischen Regierung eine Expedition nach der Südsee ausgeschickt worden. Von einem der Ingenieure, die daran teilgenommen haben, ist uns ein Tagebuch hinterlassen worden, das folgende knappe Nachrichten über die Feuerländer enthält:

Jede Familie, das heißt Vater, Mutter und Kinder, die noch nicht verheiratet sind, hat ihre Piroge (ein Kahn aus Baumrinde), worin sie alles führen, was sie benötigen. Dort, wo sie die Nacht ereilt, da legen sie sich schlafen. Gibt es keine fertige Hütte, so errichten sie eine. – In der Mitte machen sie ein kleines Feuer an, um das sie in einem Durcheinander auf Gräsern liegen. Wenn sie Hunger verspüren, braten sie sich Muscheln, die der Älteste unter ihnen in gleichen Teilen verteilt. Die Hauptbeschäftigung der Männer und ihre Pflicht besteht in der Errichtung der Hütte, der Jagd und dem Fischfang; den Weibern liegt die Sorge für die Kähne ob und die Beschaffung der Muscheln ... Sie machen Jagd auf den Walfisch in folgender Weise: sie gehen zu fünf oder sechs Kähnen zusammen in See, und wenn sie einen gefunden haben, verfolgen sie ihn, harpunieren ihn mit großen Pfeilen, deren Spitzen aus Knochen oder Stein sehr geschickt geschnitten sind ... Wenn sie ein Tier oder einen Vogel erlegt oder Fische und Muscheln, die ihre gewöhnliche Nahrung bilden, gefangen haben, verteilen sie sie unter alle Familien, indem sie dies vor uns voraus haben, dass sie fast ihre sämtlichen Lebensmittel insgemein besitzen".[19]

Von Amerika wenden wir uns nach Asien. Hier berichtet uns über die Zwergstämme der Mincopie auf der Inselgruppe der Andamanen (im Golf von Bengalen) der englische Forscher E. H. Man, der elf Jahre unter ihnen verbracht hat und zu einer genaueren Kenntnis von ihnen gelangt ist als irgendein anderer Europäer, folgendes:

Die Mincopie zerfallen in neun Stämme, jeder Stamm in eine größere Anzahl kleiner Gruppen zu 30 –50, manchmal aber auch 300 Personen. Jede solche Gruppe hat ihren Vorsteher, auch der ganze Stamm hat einen Häuptling, der über denjenigen der einzelnen Gemeinschaften steht. Doch seine Autorität ist sehr beschränkt;

---

19 Bericht von der 8. Sitzung des Internationalen Kongresses der Amerikanisten in Paris 1890, erstattet von M. G. Marcel. Paris 1892, S. 491.

sie besteht hauptsächlich in der Veranstaltung von Versammlungen sämtlicher Gemeinschaften, welche zu seinem Stamme gehören. Er ist der Anführer bei der Jagd, beim Fischfang und auf den Wanderungen, er schlichtet auch die Zwistigkeiten. Innerhalb jeder Gemeinschaft besteht gemeinsame Arbeit, und zwar mit Arbeitsteilung unter Männern und Frauen. Den Männern liegen die Jagd, der Fischfang, die Beschaffung von Honig, Herstellung der Kähne, der Bogen, Pfeile und anderer Gerätschaften ob, die Weiber schaffen Holz und Wasser herbei, sowie pflanzliche Nahrung, stellen Schmucksachen her, kochen. Es ist die Pflicht all jener Männer und Weiber, die zuhause bleiben, Kinder, Kranke und Greise zu pflegen und das Feuer in den verschiedenen Hütten zu unterhalten; jedermann, der arbeitsfähig ist, ist verpflichtet, für sich und die Gemeinschaft zu arbeiten, auch ist es üblich, dafür zu sorgen, dass ständig ein Nahrungsvorrat da ist, um etwa einkehrende Freunde damit zu bewirten. Die kleinen Kinder, die Schwachen und die Greise sind spezielle Gegenstände allgemeiner Fürsorge, und es ergeht ihnen in Bezug auf die Befriedigung ihrer täglichen Bedürfnisse noch besser als den übrigen Mitgliedern der Gesellschaft.

Über die Nahrungsausnahme bestehen bestimmte Regeln. Ein verheirateter Mann darf nur mit anderen Ehemännern oder Junggesellen zusammen essen, jedoch niemals mit anderen Frauen als mit denen seines eigenen Haushalts, es sei denn, dass er bereits vorgeschrittenen Alters ist. Die unverheirateten Leute haben ihre Mahlzeiten gesondert – Jünglinge für sich, Mädchen für sich – einzunehmen.

Die Zubereitung der Speisen ist gewöhnlich Pflicht der Weiber, die sie während der Abwesenheit der Männer zu besorgen pflegen. Sind sie jedoch durch die Herbeischaffung von Holz und Wasser außergewöhnlich in Anspruch genommen, wie an Festtagen oder nach einer besonders ausgiebigen Jagd, so besorgt das Kochen einer der Männer, der, wenn das Mahl zur Hälfte fertig ist, dasselbe unter die Anwesenden verteilt und ihnen die weitere Zubereitung, die an ihren eigenen Feuerplätzen zu geschehen hat, überlässt. Ist der Häuptling zugegen, so erhält er den ersten, und zwar den Löwenanteil, dann kommen die Männer und nachher die Weiber und die Kinder an die Reihe; was übrigbleibt, gehört dem Verteiler.

Bei der Verfertigung ihrer Waffen, Geräte und anderer Artikel legen die Mincopie gewöhnlich eine bemerkenswerte Ausdauer und einen großen Fleiß an den Tag, indem sie sich stundenlang damit beschäftigen können, ein Stück Eisen mit einem Steinhammer mühsam zu bearbeiten, um eine Speer- oder Pfeilspitze daraus zu formen, oder indem sie damit beschäftigt sind, die Form eines Bogens zu verbessern usw. Sie obliegen diesen Arbeiten selbst dann, wenn keine unmittelbare oder voraussichtliche Notwendigkeit vorhanden ist, die sie zu solcher Anstrengung antriebe. Selbstsucht kann man ihnen nicht nachsagen – heißt es von ihnen – denn sie verschenken (natürlich nur ein europäisch-missverständlicher Ausdruck für „verteilen") häufig das Beste dessen, was sie besitzen, und behalten zu ihrem eigenen Gebrauch keineswegs Gegenstände von besserer Arbeit, noch weniger machen sie bessere für sich selbst.[20]

Die Reihe der obigen Beispiele wollen wir noch mit einer Stichprobe aus dem Leben der Wilden in Afrika abschließen. Hier bieten die kleinen Buschmänner der Kalahariwüste gewöhnlich das Beispiel der größten Zurückgebliebenheit und des größten Tiefstandes der menschlichen Kultur. Über die Buschmänner berichten uns übereinstimmend deutsche, englische und französische Forscher, dass sie in Gruppen (Horden) leben, die ein gemeinsames wirtschaftliches Leben führen. In ihren kleinen Banden herrscht vollkommene Gleichheit auch in Bezug auf Lebensmittel, Waffen usw. Die Nahrungsmittel, die sie auf ihren Wanderungen finden, werden in Säcke gesammelt, die im Lager entleert werden. „Da kommt nun – erzählt der Deutsche Passarge – die Ernte des Tages zum Vorschein: Wurzeln, Knollen, Früchte, Raupen, Nashornvögel, Ochsenfrösche, Schildkröten, Heuschrecken, selbst Schlangen und Leguane". Die Beute wird dann unter alle verteilt. „Das systematische Einsammeln von Vegetabilien, wie z.B. Früchten, Wurzeln, Knollen usw., sowie von kleineren Tieren ist Sache der Frauen. Sie haben die Horde mit solchen Vorräten zu versorgen, die Kinder helfen dabei. Auch der Mann bringt wohl manches mit, was er zufällig antrifft, allein das Sammeln ist bei ihm ganz Nebensache. Die Aufgabe des Mannes ist vor allem die Jagd." Die Jagdbeute

---

20 Somló nach Man S. 96–99.

wird von der Horde gemeinsam verzehrt. Auch wandernden Buschmännern aus befreundeten Horden wird am gemeinsamen Feuer Platz und Nahrung eingeräumt. Passarge als guter Europäer mit der geistigen Brille der bürgerlichen Gesellschaft erblickt sogar in der „übertriebenen Tugend", womit die Buschmänner alles bis auf den kleinsten Rest mit anderen teilen, eine Ursache ihrer Kulturunfähigkeit![21]

So zeigt es sich, dass uns die primitivsten Völker, und zwar gerade solche, die von der Sesshaftigkeit und dem Ackerbau weit entfernt sind, die gewissermaßen an dem Anfangspunkt der Kette der wirtschaftlichen Entwicklung stehen, soweit sie uns aus unmittelbarer Beobachtung bekannt ist, ein ganz anderes Bild der Verhältnisse bieten, als es im Schema des Herrn Große der Fall ist. Nicht „Zerstreuung" und „Sonderwirtschaft", sondern streng geregelte wirtschaftliche Gemeinschaften mit typischen Zügen der kommunistischen Organisation erblicken wir allenthalben. Dies bezieht sich auf die „Niederen Jäger". Über die „Höheren Jäger" genügt das Bild der Sippenwirtschaft bei den Irokesen, wie es von Morgan eingehend geschildert worden ist. Aber auch die Viehzüchter liefern ein genügendes Material, um die kühnen Behauptungen Großes Lügen zu strafen.

Die ackerbauende Markgenossenschaft ist also nicht die einzige, sondern bloß die höchstentwickelte, nicht die erste, sondern die letzte urkommunistische Organisation, die wir in der Wirtschaftsgeschichte antreffen. Sie ist selbst nicht ein Produkt des Ackerbaues, sondern der unermesslich langen vorhergegangenen Traditionen des Kommunismus, der, im Schoße der Gentilorganisation geboren, schließlich auf den Ackerbau angewendet, in ihm gerade eine Höhe erreicht hat, die seinen eigenen Untergang gezeitigt hat. Die Tatsachen bestätigen also das Großesche Schema durchaus nicht. Fragen wir nun nach einer Erklärung für das merkwürdige Phänomen dieses Kommunismus, der mitten in der Wirtschaftsgeschichte auftaucht, um alsbald wieder unterzutauchen, so dient uns Herr Große mit einer seiner geistvollen „materialistischen" Erklärungen: „Wir haben in der Tat gesehen, dass die Sippe unter den niederen Ackerbauern vor allem deshalb so viel mehr Halt und Macht gewonnen hat, als unter den Völkern anderer

---

21   Somló S. 116.

Kulturformen, weil sie hier zunächst als eine Wohnungs-, Besitz- und Wirtschaftsgemeinschaft auftritt. Dass sie sich hier aber zu einer solchen ausgebildet hat, erklärt sich wiederum aus dem Wesen der niederen Ackerwirtschaft, welche die Menschen vereint, während die Jagd und die Viehzucht die Menschen zerstreuen." (S. 158.) Also die räumliche „Vereinigung" oder „Zerstreuung" der Menschen bei der Arbeit entscheidet darüber, ob Kommunismus oder Privateigentum vorherrschen. Schade, dass Herr Große vergessen hat, uns darüber aufzuklären, warum Wälder und Wiesen, in denen man sich am liebsten „zerstreut", gerade am längsten – stellenweise bis auf den heutigen Tag – Gemeineigentum geblieben, während die Äcker, wo man sich „vereinigt", am frühesten in Privatbesitz übergegangen sind. Und ferner, warum die Produktionsform, die am meisten in der ganzen Wirtschaftsgeschichte die Menschen „vereinigt", die moderne Großindustrie, durchaus nicht ein Gemeineigentum, sondern die krasseste Form des Privateigentums, das kapitalistische Eigentum hervorgebracht hat.

Man sieht, der Großesche „Materialismus" ist wieder einmal ein Beweis, dass es nicht genügt, von „Produktion" und ihrer Bedeutung für das gesamte Leben der Gesellschaft zu reden, um materialistisch die Geschichte aufzufassen, dass namentlich getrennt von seiner anderen Seite, von dem revolutionären Entwicklungsgedanken, der historische Materialismus zu einer rohen und plumpen hölzernen Krücke wird, statt dass er bei Marx ein genialer Flügelschlag des forschenden Geistes war.

Vor allem zeigt sich aber, dass Herr Große, der von Produktion und ihren Formen so viel redet, sich über die grundlegendsten Begriffe der Produktionsverhältnisse nicht klar ist. Wir haben schon gesehen, dass er zunächst unter Produktionsformen solche rein äußerlichen Kategorien versteht wie Jagd, Viehzucht oder Ackerbau. Um nun innerhalb jeder dieser „Produktionsformen" die Frage nach der Eigentumsnorm zu entscheiden – d.h. die Frage, ob Gemeineigentum, Familienbesitz oder Privatbesitz besteht und wem das Eigentum gehört –, unterscheidet er solche Kategorien wie: „Grundbesitz" einerseits und „fahrende Habe" andererseits. Findet er, dass sie verschiedenen Eigentümern gehören, so fragt er sich, welche „bedeutender" ist: die „fahrende Habe" oder die unbewegliche Habe, der Grundbesitz. Was nun Herrn

Große „bedeutender" scheint, das nimmt er als ausschlaggebend für die Eigentumsnorm der Gesellschaft an. So entscheidet er z.B., dass bei höheren Jägern „die bewegliche Habe bereits eine solche Bedeutung gewonnen hat", dass sie wichtiger sei als der Grundbesitz, und da die bewegliche Habe so auch die Nahrungsmittel, Privateigentum sei, so erkennt Große hier, trotz ausgesprochenem Gemeineigentum an Grund und Boden, keine kommunistische Wirtschaft an.

Nun haben solche Unterscheidungen nach rein äußerlichem Merkmal – wie bewegliche Habe und unbewegliche Habe – für die Produktion nicht den geringsten Sinn und stehen ungefähr auf derselben Höhe wie die anderen Großeschen Unterscheidungen der Familiennormen nach Männerherrschaft und Frauenherrschaft oder der Produktionsformen nach zerstreuenden und vereinigenden Wirkungen. Die „bewegliche Habe" kann z.B. bestehen aus Nahrungsmitteln – oder aus Rohstoffen, aus Schmucksachen und Kultgegenständen oder aus Werkzeugen. Sie kann für den eigenen Gebrauch der Gesellschaft oder zum Austausch verfertigt werden. Je nachdem wird sie für die Produktionsverhältnisse von sehr verschiedener Bedeutung fein. Im Allgemeinen urteilt Große über die Produktions- und Eigentumsverhältnisse der Völker – und hierin ist er ein typischer Vertreter der heutigen bürgerlichen Wissenschaft – nach den Nahrungsmitteln und sonstigen Konsumgegenständen im weitesten Sinne. Findet er, dass die Konsumgegenstände von einzelnen in Besitz genommen und verbraucht werden, so ist für ihn die Herrschaft des Individualeigentums bei dem gegebenen Volke erwiesen. Dies ist der typische Weg, aus dem heutzutage der Urkommunismus „wissenschaftlich" widerlegt wird. Nach diesem tiefsinnigen Standpunkt erscheint eine Bettlergemeinschaft, wie man sie im Orient vielfach antrifft, welche die milden Gaben zusammenwirft und gemeinsam verzehrt, oder eine Diebesbande, die solidarisch das Gestohlene genießt, als „kommunistische Wirtschaftsgenossenschaft" in Reinkultur. Hingegen kann eine Markgenossenschaft, die den Grund und Boden gemeinsam besitzt und gemeinsam bearbeitet, aber die Früchte familienweise verzehrt – jede Familie von ihrem Ackerstück –, als eine „Wirtschaftsgemeinschaft nur in sehr bedingtem Sinne" genannt werden. Kurz das Entscheidende für den Charakter der Produktion ist nach dieser Auffassung das Eigentumsrecht an den Konsummitteln und nicht an den Produktionsmitteln, d.h. die Bedingungen der Verteilung und nicht der Produktion. Hier sind wir an einen Kardinalpunkt der nationalökonomischen Auffassung gelangt, der für das Verständnis der ganzen Wirtschaftsgeschichte von grundlegender Bedeutung ist. Indem wir Herrn Große nunmehr seinen Schicksalen überlassen, wenden wir unsere Aufmerksamkeit dieser Frage im Allgemeinen zu.

IV.

Wer an das Studium der Wirtschaftsgeschichte herantritt, wer die verschiedenen Formen kennenlernen will, in denen sich die ökonomischen Verhältnisse der Gesellschaft in ihrer historischen Entwicklung dargestellt haben, muss sich vor allem darüber klar werden, welches Merkmal der ökonomischen Verhältnisse er zum Prüfstein und zum Maßstab dieser Entwicklung nehmen soll. Um sich in der Fülle der Erscheinungen auf einem bestimmten Gebiete zurechtzufinden und namentlich, um ihre historische Reihenfolge aufzufinden, muss man volle Klarheit über dasjenige Moment erlangen, das gewissermaßen die innere Achse ist, um die sich die Erscheinungen drehen. Morgan hat z.B. als Maßstab der Kulturgeschichte und Prüfstein ihrer jeweiligen Höhe ein ganz bestimmtes Moment – die Entwicklung der Produktionstechnik – genommen. Er hat damit in der Tat das gesamte Kulturdasein der Menschheit sozusagen an der Wurzel gepackt. Für unsere Zwecke, für die Wirtschaftsgeschichte, genügt der Morgansche Maßstab nicht. Die Technik der gesellschaftlichen Arbeit zeigt genau die jeweilig erreichte Stufe in der Beherrschung der äußeren Natur durch die Menschen. Jeder neue Schritt in der Vervollkommnung der Produktionstechnik ist zugleich ein Schritt in der Unterjochung der physischen Natur durch den menschlichen Geist und deshalb ein Schritt in der Entwicklung der allgemeinen menschlichen Kultur. Wollen wir jedoch speziell die Formen der Produktion in der Gesellschaft untersuchen, dann genügt uns das Verhältnis der Menschen zur Natur nicht, uns interessiert dann in erster Linie eine andere Seite der menschlichen Arbeit: die Verhältnisse, in denen die Menschen bei der

Arbeit zueinander stehen, d.h. uns interessiert nicht die Technik der Produktion, sondern ihre gesellschaftliche Organisation. Es ist für die Kulturstufe eines primitiven Volkes sehr bezeichnend, wenn wir wissen, dass dieses Volk die Töpferscheibe kennt und Töpferei betreibt. Morgan nimmt diesen bedeutenden Fortschritt in der Technik zum Markstein einer ganzen Kulturperiode, die er als den Übergang von der Wildheit zur Barbarei bezeichnet. Über die Produktionsform dieses Volkes können wir auf Grund der angeführten Tatsache noch sehr wenig urteilen. Dazu müssten wir erst eine ganze Reihe von Umständen erfahren, wie z.B. wer in der Gesellschaft die Töpferkunst betreibt, ob alle Mitglieder der Gesellschaft oder aber nur ein Teil, etwa ein Geschlecht, die Frauen, die Gemeinschaft mit Töpfen versorgt, ob die hergestellten Produkte der Töpferkunst nur für den eigenen Gebrauch der Gemeinschaft, etwa des Dorfes, verwendet werden oder aber zum Austausch mit Anderen dienen, ob die Produkte jeder Person, die die Töpferei betreibt, nur von ihr selbst benutzt werden oder aber sämtliche hergestellte Dinge insgemein allen Mitgliedern der Gemeinschaft dienen. Man sieht, es sind mannigfaltige gesellschaftliche Beziehungen, die den Charakter der Produktionsform in einer Gesellschaft bestimmen können: Arbeitsteilung, Verteilung der Produkte unter die Konsumenten, Austausch. Aber all diese Seiten des wirtschaftlichen Lebens sind selbst bestimmt durch einen ausschlaggebenden Faktor der Produktion. Dass die Verteilung der Produkte sowie der Austausch selbst nur Folgeerscheinungen sein können, erhellt auf den ersten Blick. Damit die Produkte unter die Konsumenten verteilt oder ausgetauscht werden können, müssen sie vor allem erst hergestellt werden. Die Produktion selbst also ist das erste und wichtigste Moment des wirtschaftlichen Lebens der Gesellschaft. Im Prozesse der Produktion aber ist das entscheidende: in welchem Verhältnisse stehen die Arbeitenden zu ihren Produktionsmitteln? Jede Arbeit erfordert bestimmte Rohstoffe, eine bestimmte Arbeitsstätte und dann – bestimmte Werkzeuge. Wir wissen bereits, eine wie hohe Bedeutung den Werkzeugen der Arbeit und ihrer Herstellung im Leben der menschlichen Gesellschaft zukommt. Die menschliche Arbeitskraft tritt hinzu, um mit diesen Werkzeugen und den übrigen toten Produktionsmitteln die Arbeit zu verrichten und die zum Leben der Gesellschaft nötigen Konsummittel im weitesten Sinne herzustellen. Das Verhältnis nun der arbeitenden Menschen zu ihren Produktionsmitteln ist die erste Frage der Produktion und ihr ausschlaggebender Faktor. Wir meinen hier nicht das technische Verhältnis, nicht die größere oder geringere Vollkommenheit der Produktionsmittel, mit denen die Menschen arbeiten, nicht die Art und Weise, wie sie bei ihrer Arbeit verfahren. Wir meinen das gesellschaftliche Verhältnis von menschlicher Arbeitskraft und den toten Produktionsmitteln, nämlich die Frage: wem gehören die Produktionsmittel? Im Laufe der Zeiten hat sich dieses Verhältnis vielfach geändert. Jedes Mal änderte sich aber damit auch der ganze Charakter der Produktion, die Verteilung der Produkte, die Gestaltung der Arbeitsteilung, die Richtung und der Umfang des Austausches und schließlich das ganze materielle und geistige Leben der Gesellschaft. Je nachdem: ob die Arbeitenden ihre Produktionsmittel gemeinsam besitzen, oder ob sie jeder einzelne für sich besitzt, oder ob er sie nicht besitzt, oder ob sie vielmehr zusammen mit den Produktionsmitteln selbst als Produktionsmittel Eigentum Nichtarbeitender sind oder als Unfreie an die Produktionsmittel gefesselt, oder als Freie, die keine Produktionsmittel besitzen, gezwungen sind, ihre Arbeitskraft als Produktionsmittel zu verkaufen – je nachdem haben wir eine kommunistische oder kleinbäuerliche und handwerksmäßige Produktionsform oder eine Sklavenwirtschaft oder auf Hörigkeit beruhende Fronwirtschaft oder endlich kapitalistische Wirtschaft mit Lohnsystem. Und jede dieser Wirtschaftsformen hat ihre eigentümliche Art der Arbeitsteilung, der Verteilung der Produkte, des Austausches, des sozialen, rechtlichen und geistigen Lebens. Es genügte in der Wirtschaftsgeschichte der Menschen, dass sich das Verhältnis zwischen den Arbeitenden und den Produktionsmitteln radikal veränderte, damit jedes Mal auch alle anderen Seiten des wirtschaftlichen, politischen und geistigen Lebens sich radikal veränderten, damit eine ganz neue Gesellschaft entsteht. Es besteht freilich zwischen allen diesen Seiten des ökonomischen Lebens der Gesellschaft eine fortwährende Wechselwirkung. Nicht bloß das Verhältnis der Arbeitskraft zu den Produktionsmitteln beeinflusst die Arbeitsteilung, die Verteilung der Produkte, den Austausch, sondern auch diese wirken ihrerseits auf jenes Produktionsverhältnis zurück. Aber die Art der Einwirkung ist eine verschiedene. Die auf jeder Wirtschaftsstufe vorherrschende Art der Arbeitsteilung, die Verteilung der Reichtümer, namentlich der Austausch mögen das Verhältnis zwischen der Arbeitskraft und den Produktionsmitteln, aus denen sie selbst erwachsen sind, nach und nach unterwühlen. Ihre Form wird erst dann verändert, wenn in dem veraltet gewordenen Verhältnis zwischen Arbeitskraft und Produktionsmitteln eine radikale Umwälzung, eine förmliche Revolution stattgefunden hat. So bilden die jeweiligen Umwälzungen in dem Verhältnis von Arbeitskraft und Produktionsmitteln die sichtbaren großen Meilensteine auf dem Wege der Wirtschaftsgeschichte, sie geben die natürlichen Epochen in dem ökonomischen Werdegang der menschlichen Gesellschaft ab. Wie wichtig es für das Verständnis der Wirtschaftsgeschichte ist, sich über das Wesentliche dieser Geschichte klar zu werden, es vom Unwesentlichen zu unterscheiden, zeigt eine Prüfung derjenigen Einteilung der Wirtschaftsgeschichte, die heute die gangbarste und gefeiertste in der bürgerlichen Nationalökonomie in Deutschland ist. Wir meinen die Einteilung des Professor Bücher. In seiner „Entstehung der Volkswirtschaft" setzt Professor Bücher auseinander, wie wichtig eine richtige Einteilung der Wirtschaftsgeschichte in Epochen für ihr Verständnis ist. Seiner Gepflogenheit gemäß tritt er aber nicht einfach an die Frage heran, um uns das Werk seiner rationellen Untersuchungen vorzuführen, sondern bereitet uns erst auf die richtige Würdigung seines Werkes vor, indem er sich über die Unzulänglichkeit aller seiner Vorgänger mit breiter Behaglichkeit auslässt.

„Die erste Frage", sagt er, „welche sich der Nationalökonom zu stellen hat, der die Wirtschaft eines Volkes in einer weit zurückliegenden Epoche verstehen will, wird die sein: Ist die Wirtschaft Volkswirtschaft; sind ihre Erscheinungen wesensgleich mit derjenigen unserer heutigen Verkehrswirtschaft, oder sind beide wesentlich voneinander verschieden? Diese Frage aber kann nur beantwortet werden, wenn man es nicht verschmäht, die ökonomischen Erscheinungen der Vergangenheit mit denselben Mitteln der begrifflichen Zergliederung, der psychologisch isolierenden Deduktion zu untersuchen, die sich an der Wirtschaft der Gegenwart in den Händen der Meister der alten „abstrakten" Nationalökonomie so glänzend bewährt haben.

Man wird der neueren „historischen" Schule den Vorwurf nicht ersparen können, dass sie, anstatt durch derartige Untersuchungen in das Wesen früherer Wirtschaftsepochen einzudringen, fast unbesehen die gewohnten, von den Erscheinungen der modernen Volkswirtschaft abstrahierten Kategorien auf die Vergangenheit übertragen, oder dass sie an den verkehrswirtschaftlichen Begriffen so lange herumgeknetet hat, bis sie wohl oder übel für alle Wirtschaftsepochen passend erschienen ... Nirgends ist dies deutlicher zu erkennen als an der Art, wie man die Unterschiede der gegenwärtigen Wirtschaftsweise der Kulturvölker von der Wirtschaft vergangener Epochen oder kulturarmer Völker charakterisiert Es geschieht dies durch die Aufstellung sogenannter Entwicklungsstufen, in deren Bezeichnung man schlagwortartig den ganzen Gang der wirtschaftsgeschichtlichen Entwicklung zusammenfasst ... Alle älteren derartigen Versuche leiden an dem Übelstande, dass sie nicht in das Wesen der Dinge hineinführen, sondern an der Oberfläche haften bleiben."[22]

Welche Einteilung der Wirtschaftsgeschichte schlägt nun Professor Bücher vor? Hören wir zu.

„Wollen wir diese ganze Entwicklung unter einem Gesichtspunkte begreifen, so kann das nur ein Gesichtspunkt sein, der mitten hineinführt in die wesentlichen Erscheinungen der Volkswirtschaft, der uns aber auch zugleich das organisatorische Moment der früheren Wirtschaftsperioden ausschließt. Es ist dies kein anderer als das Verhältnis, in welchem die Produktion der Güter zur Konsumtion derselben steht, oder genauer: die Länge des Weges, welchen die Güter vom Produzenten bis zum Konsumenten zurücklegen. Unter diesem Gesichtspunkte gelangen wir dazu, die gesamte wirtschaftliche Entwicklung, wenigstens für die zentral- und westeuropäischen Völker, wo sie sich mit hinreichender Genauigkeit historisch verfolgen lässt in drei Stufen zu teilen:

1. Die Stufe der geschlossenen Hauswirtschaft (reine Eigenproduktion, tauschlose Wirtschaft), auf welcher die Güter in derselben Wirtschaft verbraucht werden, in der sie entstanden sind.

2. Die Stufe der Stadtwirtschaft (Kundenproduktion oder Stufe des

---

22   Bücher, „Entstehung der Volkswirtschaft" S. 54.

direkten Austausches), auf welcher die Güter aus der produzierenden Wirtschaft unmittelbar in die konsumierende übergehen.

3. Die Stufe der Volkswirtschaft (Warenproduktion, Stufe des Güterumlaufs), auf welcher die Güter in der Regel eine Reihe von Wirtschaften passieren müssen, ehe sie zum Verbrauch gelangen.

Dieses Schema der Wirtschaftsgeschichte ist zunächst durch das interessant, was es nicht enthält. Für Professor Bücher beginnt die Wirtschaftsgeschichte mit der Markgenossenschaft der europäischen Kulturvölker, also bereits mit dem höheren Ackerbau. Die ganze Jahrtausende lange Zeitstrecke der primitiven Produktionsverhältnisse, die dem höheren Ackerbau vorausgingen, Verhältnisse, in denen sich jetzt noch zahlreiche Völkerschaften befinden, charakterisiert Bücher, wie wir wissen, als „Nichtwirtschaft", als Periode seiner famosen „individuellen Nahrungssuche" und der „Nichtarbeit". Die Wirtschaftsgeschichte beginnt Professor Bücher somit mit jener spätesten Form des Urkommunismus, in der mit der Ansässigkeit und dem höheren Ackerbau bereits die Anfänge der unvermeidlichen Zersetzung und des Übergangs zur Ungleichheit, Ausbeutung und Klassengesellschaft gegeben sind. Große bestreitet den Kommunismus in der ganzen Entwicklungsperiode vor der ackerbauenden Markgenossenschaft, Bücher streicht jene Periode überhaupt aus der Wirtschaftsgeschichte.

Die zweite Stufe der geschlossenen „Stadtwirtschaft", ist eine andere epochemachende Entdeckung, die wir dem „genialen Blick" des Leipziger Professors verdanken, wie Schurtz sagen würde. Wenn die „geschlossene Hauswirtschaft" z.B. einer Markgenossenschaft dadurch charakterisiert war, dass sie einen Kreis von Personen umschloss, die alle ihre ökonomischen Bedürfnisse innerhalb dieser Hauswirtschaft befriedigten, so ist in der mittelalterlichen Stadt Mittel- und Westeuropas – denn diese nur versteht Bücher unter seiner „Stadtwirtschaft" – gerade das Gegenteil der Fall. In der mittelalterlichen Stadt gibt es nicht irgendeine gemeinsame „Wirtschaft", sondern – um im eigenen Jargon des Professors Bücher zu reden – ebenso viel „Wirtschaften" wie Werkstätten und Haushaltungen der Zunfthandwerker, von denen jede für sich – wenn auch unter allgemeinen Zunft- und Stadtregeln – produzierte, verkaufte und konsumierte. Aber auch im Ganzen bildete die mittelalterliche Zunftstadt in Deutschland oder in Frankreich kein

„abgeschlossenes" Wirtschaftsgebiet, denn ihre Existenz war gerade auf den gegenseitigen Austausch mit dem platten Lande gestützt von dem sie Nahrungsmittel und Rohstoffe bezog und für das sie gewerbliche Produkte verfertigte. Bücher konstruiert sich um jede Stadt einen geschlossenen Umkreis des platten Landes, den er in seine „Stadtwirtschaft" einschließt, indem er bequemlichkeitshalber den Austausch zwischen Stadt und Land nur zum Austausch mit Bauern der nächsten Umgebung reduziert. Die Fronhöfe der reichen Feudalherren, die die besten Kunden des Städtischen Handels waren und die teils weit von der Stadt auf dem Lande zerstreut, teils mitten in der Stadt – namentlich in den kaiserlichen und bischöflichen Städten – ihren Hauptsitz hatten, hier aber ein eigenes Wirtschaftsgebiet bildeten, lässt er ganz außer Betracht, ebenso wie er vom auswärtigen Handel, der für die mittelalterlichen Wirtschaftsverhältnisse und namentlich für die Schicksale der Städte die größte Bedeutung hatte, ganz absieht. Das wirklich Charakteristische aber für die mittelalterlichen Städte: dass sie Mittelpunkte der Warenproduktion waren, die hier zum ersten Mal zur herrschenden Produktionsform – wenn auch auf beschränktem Territorium – geworden war, beachtet Professor Bücher nicht. Umgekehrt beginnt bei ihm die Warenproduktion erst in der „Volkswirtschaft" – bekanntlich pflegt die bürgerliche Nationalökonomie mit dieser Fiktion das gegenwärtige kapitalistische Wirtschaftssystem zu bezeichnen, also eine „Stufe" des Wirtschaftslebens, für die es gerade charakteristisch ist, dass sie eben nicht Warenproduktion, sondern kapitalistische Produktion ist. Große nennt die Warenproduktion schlechthin „Industrie", dafür verwandelt Professor Bücher Industrie schlechthin in „Warenproduktion", um die Überlegenheit eines Ökonomieprofessors über einen simplen Soziologen zu beweisen.

Doch wenden wir uns von diesen Nebensächlichkeiten zur Hauptfrage. Professor Bücher stellt als erste „Stufe" seiner Wirtschaftsgeschichte die „geschlossene Hauswirtschaft" auf. Was versteht er darunter? Wir haben bereits erwähnt dass diese Stufe mit der ackerbauenden Dorfgenossenschaft beginnt. Aber außer der primitiven Markgenossenschaft zählt Professor Bücher zur Stufe der „geschlossenen Hauswirtschaft" noch andere historische Formen, nämlich die antike Sklavenwirtschaft der Griechen und Römer und den mittelalterlichen feudalen Fronhof. Die gesamte Wirtschaftsgeschichte der Kulturmenschheit von der grauen Vorzeit einschließlich des klassischen Altertums und des ganzen Mittelalters bis an die Schwelle der Neuzeit findet sich umfasst als eine „Stufe" der Produktion, der als zweite Stufe die mittelalterliche europäische Zunftstadt und als dritte die heutige kapitalistische Wirtschaft entgegengestellt wird. In der Wirtschaftsgeschichte Professor Büchers rangieren also die kommunistische Dorfgemeinde, die irgendwo im Gebirgstal des Fünftromlandes in Indien ihr stilles Dasein fristet, das Hauswesen des Perikles in der Glanzzeit der athenischen Kulturblüte und der feudale Hof des Bischofs von Bamberg im Mittelalter als eine und dieselbe „Wirtschaftsstufe". Aber jedes Kind, das einige oberflächliche Kenntnisse aus den Schulbüchern der Geschichte sein eigen nennt, muss begreifen, dass hier Verhältnisse unter einen Hut gebracht worden sind, die grundverschieden waren. Dort, in den kommunistischen Agrargemeinden allgemeine Gleichheit der Bauernmasse im Besitz und Recht keine Standesunterschiede oder höchstens in keimartigem Zustand – hier im antiken Griechenland und Rom, ebenso wie im feudalen mittelalterlichen Europa, schroffste Ausbildung von Ständen in der Gesellschaft Freie und Sklaven, Bevorrechtete und Rechtlose, Herren und Leibeigene, Reichtum und Armut oder Elend. Dort allgemeine Arbeitspflicht hier gerade ein Gegensatz zwischen geknechteter Masse der Arbeitenden und der herrschenden Minderheit von Nichtarbeitenden. Und wiederum zwischen der antiken Sklavenwirtschaft der Griechen oder Römer und der mittelalterlichen Feudalwirtschaft bestand ein so gewaltiger Unterschied, dass die antike Sklaverei letzten Endes den Untergang der griechisch-römischen Kultur hervorgebracht hat, während der mittelalterliche Feudalismus das städtische Zunfthandwerk mit dem städtischen Handel und auf diesem Wege in letzter Linie den heutigen Kapitalismus aus seinem Schoße erzeugt hat. Wer also alle diese so himmelweiten ökonomischen und sozialen Formen und historischen Epochen unter einen Begriff, unter ein Schema bringt, muss einen gar originellen Maßstab an die Wirtschaftsepochen anlegen. Welchen Maßstab Professor Bücher anwendet, um die Macht seiner „geschlossenen Hauswirtschaft" zu schaffen, in der alle Katzen grau sind, setzt er uns selbst auseinander, indem er in liebenswürdigster Weise in Klammern unserer Begriffsstutzigkeit zu Hilfe kommt. „Tauschlose Wirtschaft" heißt jene von dem Beginn der geschriebenen Geschichte bis zur Neuzeit sich erstreckende erste „Stufe", der die mittelalterliche Stadt als „Stufe des direkten Austausches" und das heutige Wirtschaftssystem als „Stufe des Güterumlaufs" angereiht werden. Also Nichtaustausch, einfacher Austausch oder komplizierter Austausch – mit etwas gewöhnlicheren Worten: Fehlen des Handels, einfacher Handel, entwickelter Welthandel –, das ist der Maßstab, den Professor Bücher an die Wirtschaftsepochen anlegt. Ob der Kaufmann schon auf der Welt ist oder nicht, ob er mit dem Produzenten eine und dieselbe Person oder eine besondere Person darstellt – das ist das Haupt- und Grundproblem der Wirtschaftsgeschichte. Schenken wir dem Professor in diesem Augenblick seine „tauschlose Wirtschaft", die nichts anderes ist als ein professorales Hirngespinst, das nirgends auf der platten Erde noch entdeckt worden ist und in Anwendung auf das antike Griechenland und Rom wie auf das feudale Mittelalter seit dem 10. Jahrhundert eine historische Phantasie von verblüffender Kühnheit darstellt. Aber als Maßstab der Produktionsentwicklung überhaupt nicht Produktionsverhältnisse, sondern Austauschverhältnisse anzunehmen und den Kaufmann als Mittelpunkt des Wirtschaftssystems und Maß aller Dinge zu sehen, auch da, wo er noch gar nicht existiert – welche glänzenden Resultate der „begrifflichen Zergliederung, der psychologisch isolierenden Deduktion" und vor allem welches „Eindringen in das Wesen der Dinge", das jedes „An-der-Oberfläche-Haften" verschmäht! Ist da nicht das alte anspruchslose Schema der „historischen Schule": die Einteilung der Wirtschaftsgeschichte in drei Epochen der „Naturalwirtschaft, Geldwirtschaft und Kreditwirtschaft" viel besser und näher der Wahrheit als das prätentiöse Eigenfabrikat Professor Büchers, der erst über alle „älteren derartigen Versuche" die Nase rümpft um hinterdrein genau dasselbe abgekanzelte „Haften an der Oberfläche" des Austausches zum Grundgedanken zu nehmen und ihn nur durch ein pedantisches Ausspinnen in ein völlig schiefes Schema zu verzerren.

Das „Haften an der Oberfläche" der Wirtschaftsgeschichte ist eben kein Zufall bei der bürgerlichen Wissenschaft. Die einen der bürgerlichen Gelehrten, wie Friedrich List, machen Einteilungen nach der äußeren Natur der wichtigsten Nahrungsquelle und stellen Epochen der Jägerei, der Viehzucht, des Ackerbaues und des Gewerbes auf – Einteilungen, die nicht einmal für eine äußere Kulturgeschichte ausreichen. Andere, wie Professor Hildebrand, teilen nach der äußeren Form des Austausches die Wirtschaftsgeschichte in Natural-, Geld- und Kreditwirtschaft ein oder, wie Bücher, in tauschlose Wirtschaft in eine solche mit direktem Austausch und eine dritte mit Warenumlauf. Noch andere, wie Große, nehmen zum Ausgangspunkt bei der Beurteilung der Wirtschaftsform die Verteilung der Güter. Mit einem Wort, die Gelehrten der Bourgeoisie schieben in den Vordergrund der geschichtlichen Betrachtung Austausch, Verteilung, Konsumtion – alles, nur nicht die gesellschaftliche Form der Produktion, d.h. dasjenige, was gerade in jeder historischen Epoche ausschlaggebend ist und woraus sich Austausch und seine Formen, Verteilung und Konsumtion in ihrer besonderen Gestalt, jedes Mal als logische Folgen ergeben. Warum dies? Aus demselben Grunde, der sie bewegt, die „Volkswirtschaft" d.h. die kapitalistische Produktionsweise als die höchste und letzte Stufe der Geschichte der Menschheit hinzustellen und ihre weitere weltwirtschaftliche Entwicklung mit ihren revolutionären Tendenzen in Abrede zu stellen. Die gesellschaftliche Gestaltung der Produktion, d.h. die Frage nach dem Verhältnis der Arbeitenden zu den Produktionsmitteln ist der Kernpunkt jeder wirtschaftlichen Epoche, sie ist aber auch der wunde Punkt jeder Klassengesellschaft. Die Entfremdung der Produktionsmittel aus den Händen der Arbeitenden in dieser oder jener Form ist die gemeinsame Grundlage aller Klassengesellschaft, weil sie die Grundbedingung jeder Ausbeutung und Klassenherrschaft ist. Von dieser wunden Stelle die Aufmerksamkeit abzulenken, sie auf alle Äußerlichkeiten und Nebensächlichkeiten zu konzentrieren, ist nicht sowohl bewusstes Streben des bürgerlichen Gelehrten, als vielmehr die instinktive Abneigung der Klasse, die er geistig repräsentiert dagegen, vom Baume der Erkenntnis die gefährliche Frucht zu kosten. Und ein ganz moderner gefeierter Professor, wie Bücher, beweist diesen Klasseninstinkt mit „genialem Blick", wenn er ganze gewaltige Epochen, wie Urkommunismus, Sklaverei, Fronwirtschaft mit ihren grundsätzlich verschiedenen Typen der Stellung der Arbeitskraft zu den Produktionsmitteln mit leichter Hand in ein kleines Schubfach seines Schemas streicht, während er sich dafür in eine umfangreiche Haarspalterei in Bezug auf die Geschichte des Gewerbes einlässt, in der er das „Hauswerk (in Klammern: Hausfleiß)", „Handwerk", „Störarbeit", und wie der abgeschmackte Kram sonst lautet, mit pedantischer Wichtigtuerei auseinanderlegt und ans Licht hält und wendet. Auch die Ideologen der ausgebeuteten Volksmassen, die ersten Kommunisten, die älteren Vertreter des Sozialismus, irrten mit ihrer Predigt der Gleichheit unter den Menschen im Dunkeln, hingen in der Lust, solange sie ihre Anklagen und ihren Kampf hauptsächlich gegen die ungerechte Verteilung oder – wie im 19. Jahrhundert einige Sozialisten – gegen die modernen Formen des Austausches richteten. Erst nachdem sich die besten Führer der Arbeiterklasse darüber klar wurden, dass die Verteilung und der Austausch selbst in ihrer Form von der Organisation der Produktion abhängen, in dieser aber das Verhältnis der Arbeitenden zu den Produktionsmitteln entscheidend ist, erst dann wurden die sozialistischen Bestrebungen auf festen wissenschaftlichen Boden gestellt und aus dieser einheitlichen Auffassung heraus trennt sich die wissenschaftliche Stellung des Proletariats von der der Bourgeoisie am Eingang in die Wirtschaftsgeschichte, wie sie sich an der Schwelle der Nationalökonomie von ihr trennte. Liegt es im Klasseninteresse der Bourgeoisie, den Kernpunkt der Wirtschaftsgeschichte – die Gestaltung des Verhältnisses der Arbeitskraft zu den Produktionsmitteln – in ihrem historischen Wandel zu vertuschen, so gebietet das Interesse des Proletariats umgekehrt dieses Verhältnis in den Vordergrund zu rücken, zum Maßstab der ökonomischen Struktur der Gesellschaft zu machen. Und zwar ist es für Arbeiter nicht bloß erforderlich, die großen Meilensteine der Geschichte zu beachten, die die uralte kommunistische Gesellschaft von der späteren Klassengesellschaft abgrenzen, sondern ebenso sehr auch die Unterscheidungen zwischen den verschiedenen historischen Formen der Klassengesellschaft selbst. Nur wer sich über die spezifischen ökonomischen Eigentümlichkeiten der urkommunistischen Gesellschaft, aber nicht minder über die Besonderheiten der antiken Sklavenwirtschaft und der mittelalterlichen Fronwirtschaft klare Rechenschaft ablegt, kann mit voller Gründlichkeit erfassen, warum die heutige kapitalistische Klassengesellschaft zum ersten Mal geschichtliche Handhaben zur

Verwirklichung des Sozialismus bietet und worin der fundamentale Unterschied der sozialistischen Weltwirtschaft der Zukunft von den primitiven kommunistischen Gruppen der Urzeit besteht.

3. Wirtschaftsgeschichtliches (II)

I.

Sehen wir uns die am besten untersuchte, die germanische Markgenossenschaft in ihren inneren Einrichtungen an.

Die Germanen siedelten sich, wie wir wissen, in Stämmen und Geschlechtern an. In jedem Geschlecht erhielt jeder Familienvater eine Baustelle nebst Hofraum zugewiesen, um darauf Haus und Hof einzurichten. Dann wurde ein Teil des Gebietes zum Ackerbau verwendet und zwar kriegte jede Familie ein Los darauf. Zwar bebaute noch – nach Cäsars Zeugnis – um den Beginn der christlichen Ära ein Stamm der Deutschen (die Sueven oder Schwaben) den Acker gemeinsam, ohne ihn unter die Familien erst zu verteilen, doch war jährliche Umteilung der Lose bereits allgemein üblich, namentlich zu des römischen Historikers Tacitus Zeiten, also im 2. Jahrhundert. In vereinzelten Gegenden, so in der Gemeinde Frickhofen im Nassauischen, waren jährliche Umteilungen noch im 17. und 18. Jahrhundert üblich. Noch im 19. Jahrhundert waren in einigen Gegenden der Bayrischen Pfalz und am Rhein Verlosungen der Äcker üblich, wenn auch in größeren Zeitabständen: alle 3, 4, 9, 12, 14, 18 Jahre. Diese Äcker sind also erst um die Mitte des vorigen Jahrhunderts definitiv zum Privateigentum geworden. Auch in einigen Gegenden Schottlands haben Ackerumteilungen bis auf die jüngste Zeit bestanden. Alle Lose waren ursprünglich ganz gleich und in ihrer Größe den durchschnittlichen Bedürfnissen einer Familie sowie der Ertragsfähigkeit des Bodens und der damaligen Arbeit angepasst. Sie betrugen je nach Bodengüte in verschiedenen Gegenden 15, 30, 40 oder mehr Morgen Landes.

Im größten Teil Europas gingen die Losgüter durch immer seltener werdende und schließlich in Wegfall gekommene Umteilungen bereits im 5. und 6. Jahrhundert in Erbgüter der Einzelfamilien über. Doch das bezog sich nur auf die Äcker. Das ganze übrige Gebiet: Wälder, Wiesen, Gewässer sowie unbenutzte Strecken blieben ungeteilt im Gemeineigentum der Mark. Aus dem Ertrage der Waldungen z.B. wurden Gemeinbedürfnisse und öffentliche Abgaben bestritten, was übrigblieb, wurde verteilt.

Die Weiden wurden gemeinsam benutzt. Diese ungeteilte Mark oder Allmende hat sich sehr lange erhalten, sie existiert heute noch in den Bayrischen, Tiroler und Schweizer Alpen, in Frankreich (in der Bendee), in Norwegen und Schweden.

Um bei der Verteilung der Äcker völlige Gleichheit zu wahren, wurde die Feldmark zunächst nach Güte und Lage in einige Fluren (auch Oesche oder Gewanne genannt) geteilt und jede Flur wurde alsdann in so viel schmale Streifen geschnitten, als berechtigte Markgenossen vorhanden waren. Hatte ein Markgenosse Zweifel, ob er ein gleiches Los mit anderen erhalten habe, so durfte er jederzeit eine neue Vermessung der ganzen Feldmark verlangen, und der es ihm wehrte, wurde bestraft.

Aber auch dann, als die periodischen Umteilungen und Verlosungen ganz in Wegfall kamen, blieb die Arbeit aller Markgenossen, auch auf den Äckern, durchaus gemeinschaftlich und strengen Regeln der Gesamtheit unterstellt. Zunächst ergab sich daraus für jeden Inhaber eines Markanteils die Pflicht zur Arbeit überhaupt. Denn es reichte die Ansässigkeit in der Mark allein noch nicht hin, um darin wirklicher Markgenosse zu sein. Zu diesem Zwecke musste vielmehr jedermann auch noch in der Mark selbst wohnen und sein Gut selbst bebauen. Wer seinen Anteil eine Reihe von Jahren hindurch nicht bebaute, verlor ihn ohne weiteres, und die Mark konnte ihn einem anderen zur Bearbeitung geben. Dann stand aber auch die Arbeit selbst unter der Leitung der Mark. Im Mittelpunkt des wirtschaftlichen Lebens stand in der ersten Zeit nach der Ansiedelung der Deutschen die Viehzucht, die auf gemeinsamen Wiesen und Weiden unter gemeinsamen Dorfhirten betrieben wurde. Als Viehweide wurden auch Brachland sowie die Acker nach der Ernte gebraucht. Daraus schon ergab sich, dass die Zeiten für Aussaat und Ernte, der Wechsel der Acker- und Brachjahre für jede Flur, die Reihenfolge der Saaten gemeinsam geregelt wurde, und jedermann musste sich den allgemeinen Anordnungen fügen. Jede Flur war durch einen Zaun mit Falltoren umgeben und von der Saat bis zur Ernte geschlossen, die Zeit der Schließung und der Öffnung der Fluren wurde für das ganze Dorf bestimmt. Jede Feldflur stand unter einem Aufseher, Flurschützen, der von der Mark als öffentlicher Beamter die vorgeschriebene Ordnung zu handhaben hatte; die sogenannten Flurumgänge der ganzen Dörfer gestalteten sich zu Feierlichkeiten, bei denen man auch Kinder mitnahm und ihnen Ohrfeigen gab, damit sie sich die Grenzen für spätere Zeugnisabgabe merken.

Die Viehzucht wurde gemeinsam betrieben, das Einzelhüten von Herden war den Markgenossen verboten. Alle Tiere des Dorfes wurden in Gemeindeherden nach Tierarten geteilt, jede mit eigenen Dorfhirten und einem Leittier; auch war bestimmt, dass die Herden Schellen haben. Ebenso gemeinsam war allen Märkern das Jagd und Fischereirecht auf dem ganzen Markgebiete. Auf seinem eigenen Losgut durfte keiner Schlingen und Gruben legen, ohne die Genossen davon in Kenntnis zu setzen. Auch gehörten Erze und dergleichen, die sich, tiefer als die Pflugschar reichte, auf dem ganzen Gebiete der Mark der Gemeinschaft etwa in der Erde befanden, und nicht dem einzelnen Finder. In jeder Mark mussten die notwendigen Handwerker ansässig sein, Zwar verfertigte jede Bauernfamilie das meiste an Gebrauchsgegenständen des täglichen Lebens selbst. Zu Hause wurde gebacken und gebraut, gesponnen und gewoben. Doch waren schon früh einige Handwerke spezialisiert, namentlich solche, die Ackergerätschaften verfertigten. So sollten in der Holzmark zu Wölpe in Niedersachsen die Märker „einen Mann von jedem Handwerk auf dem Walde haben, so von Holz was Nutzhaftig machen kann". Es war überall den Handwerkern bestimmt, welche Art und wieviel sie benutzen dürfen, um den Wald zu schonen und nur für die Märker das Nötige zu bereiten. Die Handwerker erhielten von der Mark das Nötige zum Leben und standen sich im Allgemeinen genauso wie die Masse der übrigen Bauern, doch waren sie in der Mark nicht vollberechtigt – teils, weil sie wanderndes Volk waren, nicht bodenständiges Element, teils, was auf dasselbe hinauskommt, weil sie in der Hauptsache nicht der Landwirtschaft oblagen, diese aber stand damals im Mittelpunkt des wirtschaftlichen Lebens, um sie drehte sich das öffentliche Leben,

Rechte und Pflichten der Markgenossen.[23] In die Markgenossenschaft konnte deshalb nicht jeder hineindringen. Zur Niederlassung für Fremde musste die Erlaubnis von allen Markgenossen einstimmig erteilt werden. Und veräußern durfte jeder sein Losgut nur an einen Markgenossen, nicht an Fremde, und nur vor dem Gerichte der Mark.

An der Spitze der Markgenossenschaft stand der Dorfgraf oder Schultheiß, anderswo Markmeister oder Centener genannt. Zu seinem Oberamt wurde er von den Mitmärkern gewählt. Diese Wahl war nicht bloß Ehre, sondern auch Pflicht für den Gewählten, bei Strafe durfte man die Wahl nicht ablehnen. Mit der Zeit sollte das Amt des Markvorstehers freilich in bestimmten Familien erblich werden, und dann war nur ein Schritt dazu, dass dieses Amt auch – wegen seiner Macht und Einkünfte – käuflich wurde, zu Lehen vergeben werden konnte, sich überhaupt aus einem rein demokratischen Amt der Gemeindewahl in ein Werkzeug der Herrschaft über der Gemeinde wandelte. In der Blütezeit der Markgenossenschaft jedoch war der Markvorsteher nichts anderes als Willensvollstrecker der Gesamtheit. Alle gemeinsamen Angelegenheiten wurden von der Versammlung aller Markgenossen geregelt, auch Streitigkeiten geschlichtet und Strafen verhängt. Die gesamte Ordnung der landwirtschaftlichen Arbeiten, Wege und Bauten, Feld- und Dorfpolizei wurde durch die Mehrheit der Versammlung beschlossen, ihr wurden auch Rechnungen aus den „Märkerbüchern", die über die Markwirtschaft geführt werden mussten, abgelegt. Markfriede und Markgerichtsbarkeit wurde unter dem Vorsitz des Markvorstehers von den umstehenden Genossen (dem „Gerichtsumstand") als Urteilsfindern mündlich und öffentlich ausgeübt; nur Märker durften bei dem Gericht zugegen sein, Fremden war der Zutritt verwehrt. Die Märker waren verpflichtet, füreinander

---

23 Genau dieselbe Stellung nahm der Handwerker in der griechischen Gemeinde der homerischen Zeit ein: „Alle diese Leute (Metallarbeiter, Zimmermann, Spielmann, Arzt) sind Demiurgoi (von Demos - Volk), d.h. sie arbeiten für die Angehörigen der Gemeinde, nicht für sich selbst, sie sind persönlich frei, aber sie gelten nicht für voll, sie stehen unter den eigentlichen Gemeindeangehörigen, den kleinen Bauern. Vielfach sind sie nicht seßhaft, sie ziehen von Ort zu Ort und werden auch, wenn sie einen Namen haben, von weit her gerufen." (Ed. Meyer, Die wirtschaftliche Entwicklung des Altertums, S. 17.)

Zeuge und Eidhelfer zu sein, wie sie überhaupt die Pflicht hatten, einander in jeder Not, bei Feuersbrunst, bei feindlichem Überfall treu und brüderlich beizustehen. Im Heere bildeten die Märker eigene Abteilungen und fochten nebeneinander. Keiner durfte seinen Genossen dem feindlichen Speer überlassen. Bei Verbrechen und Schäden, die in der Mark geschahen oder von einem Märker auswärts verübt wurden, haftete die ganze Mark solidarisch. Die Märker waren verpflichtet, Reisende zu beherbergen und Notdürftige zu unterstützen. Jede Mark bildete ursprünglich eine religiöse Gemeinschaft, seit der Einführung des Christentums – was bei den Germanen zum Teil, wie bei den Sachsen, sehr spät, erst im 9. Jahrhundert, geschah – eine Kirchgemeinde. Endlich unterhielt die Mark in der Regel einen Schullehrer für die gesamte Jugend des Dorfes.

Man kann sich nichts Einfacheres und Harmonischeres zugleich vorstellen, als dieses Wirtschaftssystem der alten germanischen Mark. Wie auf flacher Hand liegt hier der ganze Mechanismus des gesellschaftlichen Lebens. Ein strenger Plan, eine stramme Organisation umfassen hier das Tun und Lassen jedes Einzelnen und fügen ihn dem Ganzen als ein Teilchen ein. Die unmittelbaren Bedürfnisse des täglichen Lebens und ihre gleichmäßige Befriedigung für alle, das ist der Ausgangspunkt und der Endpunkt der ganzen Organisation. Alle arbeiten gemeinsam für alle und bestimmen gemeinsam über alles. Woraus fließt aber und worauf gründet sich diese Organisation und die Macht der Gesamtheit über den Einzelnen? Es ist nichts anderes, als der Kommunismus an Grund und Boden, d.h. gemeinsamer Besitz des wichtigsten Produktionsmittels durch die Arbeitenden. Die typischen Züge der agrarkommunistischen Wirtschaftsorganisation kommen jedoch am besten zum Vorschein, wenn man sie vergleichend auf internationaler Basis studiert, um sie somit als Weltform der Produktion in ihrer historischen Mannigfaltigkeit und Biegsamkeit zu erfassen.

Wenden wir uns nach dem alten Inkareich in Südamerika. Das Gebiet dieses Reiches, das die heutigen Republiken Peru, Bolivia und Chile, also ein Gebiet von 3364600 qkm mit einer heutigen Bevölkerung von 12 Millionen Einwohnern, umfasst, war zur Zeit der spanischen Eroberung durch Pizarro noch in derselben Weise bewirtschaftet wie lange Jahrhunderte ehedem. Zunächst finden wir hier genau dieselben Einrichtungen wie bei den alten Germanen. Jede Geschlechtsgenossenschaft, zugleich eine Hundertschaft wehrfähiger Männer, nimmt ein bestimmtes Gebiet ein, das ihr als Mark gehört und merkwürdigerweise bis auf den Namen Marca der germanischen gleicht. Vom Markgebiet war das Ackerland abgeschieden, in Lose geteilt und jährlich vor der Aussaat unter die Familien verlost. Die Größe der Lose richtete sich nach der Größe der Familien, also nach ihren Bedürfnissen. Die Dorfvorsteher, deren Amt zur Zeit der Ausbildung des Inkareiches, also um das 10. und 11. Jahrhundert, bereits von der Wählbarkeit zur Erblichkeit übergegangen war, erhielten den größten Losanteil.

In Nordperu bebaute nicht jeder Familienvater seinen Ackeranteil einzeln, sondern sie arbeiteten in Zehnerschaften unter Leitung eines Führers – eine Einrichtung, auf die bestimmte Tatsachen auch bei den alten Germanen hinweisen. Die Zehnschaft bestellte nach der Reihe die Anteile aller Mitglieder, auch der abwesenden, die den Kriegsdienst oder den Frondienst für die Inkas leisteten. Jede Familie bekam die Früchte, die auf ihrem Anteil gewachsen waren.

Auf ein Ackerlos hatte nur Anspruch, wer in der Mark wohnte und dem Geschlecht zugehörte. Jedermann war jedoch verpflichtet, seinen Anteil auch selbst zu bebauen. Wer ihn eine Reihe von Jahren (in Mexiko drei Jahre) unbebaut ließ, verlor sein Anrecht auf den Anteil. Die Anteile durften nicht verkauft oder verschenkt werden. Streng verboten war es, die eigene Mark zu verlassen und sich in einer fremden anzusiedeln, was wohl mit den starken Blutsbanden der Dorfsippen zusammenhing. Der Ackerbau in den Küstengegenden, wo nur periodisch Regen ausfällt, erforderte seit jeher künstliche Bewässerung durch Kanäle, die durch gemeinschaftliche Arbeit der ganzen Mark erbaut wurden. Über den Gebrauch des Wassers und seine Verteilung unter einzelne Dörfer und innerhalb derselben bestanden strenge Regeln. Jedes Dorf hatte auch „Armenfelder", die von sämtlichen Markgenossen bebaut wurden und deren Ernte die Dorfvorsteher unter die Altersschwachen, Witwen und sonstige Bedürftige verteilten. Alles übrige Gebiet außer Ackerfeldern war Marcapacha – Allmende. Im gebirgigen Teil des Landes, wo der Feldbau nicht gedieh, war bescheidene Viehzucht, deren fast einzigen Gegenstand die Lamas bildeten, die Grundlage der Existenz der Bewohner, die von Zeit zu Zeit ihr Hauptprodukt – Wolle – ins Tal trugen, um dafür von den Ackerbauern Mais, Pfeffer und Bohnen einzutauschen. Hier im Gebirge gab es schon zur Zeit der Eroberung Privatherden und bedeutende Vermögensunterschiede. Ein gemeiner Markgenosse besaß wohl 3 –10 Lamas, ein Oberhäuptling mochte deren 50 –100 haben. Allein der Boden, Wald und Weide war auch hier Gemeineigentum, und außer privaten Herden gab es Dorfherden, die nicht verteilt werden durften. Zu bestimmten Zeiten wurde ein Teil der Gemeindeherden geschlachtet und Fleisch und Wolle unter die Familien verteilt. Besondere Handwerker gab es nicht, jede Familie verfertigte alles Nötige im Haushalte, doch gab es Dörfer, die sich besonders in irgendeinem Handwerk, als Weber, Töpfer oder Metallarbeiter, geschickt erwiesen. An der Spitze jedes Dorfes standen ursprünglich gewählte, dann erbliche Dorfvorsteher, die die Aussicht über den Feldbau führten, in jeder wichtigeren Angelegenheit aber mit der Versammlung der Volljährigen Rat pflog, die er durch Muscheltrompete zusammenberief.

Soweit bietet die alte peruanische Markgenossenschaft ein getreues Abbild der germanischen in allen wesentlichen Zügen. Doch ist sie geeignet, unser Eindringen in das Wesen dieses sozialen Systems durch das fast noch mehr zu fördern, in was sie von dem uns bekannten typischen Bilde abweicht, als durch das, worin sie ihm entspricht. Das eigentümliche an dem alten Inkareich ist, dass es ein erobertes Land war, in dem sich Fremdherrschaft festgesetzt hatte. Die eingewanderten Eroberer, die Inkas, gehörten zwar auch zu den Indianerstämmen, sie unterwarfen sich aber die friedlichen sesshaften Vechuastämme, gerade dank der Weltabgeschiedenheit in der diese in ihren Dörfern lebten, jede Mark nur für sich sorgend in ihren vier Pfählen, ohne Zusammenhang auf größeren Gebieten, ohne Interessen für alles, was außerhalb der Markgrenzen lag und vorgehen mochte. Diese im höchsten Grade partikularistische soziale Organisation, die den Inkas ihren Eroberungsfeldzug so sehr erleichtert hatte, wurde von ihnen im Allgemeinen unangetastet gelassen. Sie pfropften aber auf dieselbe ein raffiniertes System der wirtschaftlichen Ausbeutung und der politischen Herrschaft auf. Jede eroberte Mark musste einige Ländereien als „Inkafelder" und „Sonnenfelder" ausscheiden, die zwar ihr Eigentum blieben, deren Ertrag aber in Naturalien an den Herrscherstamm der Inkas wie an deren Priesterkaste abgeführt wurde. Ebenso mussten die viehzüchtenden Gebirgsmarken einen Teil der Herden als „Herrenherden" abstempeln und für die Herrscher reservieren. Das Hüten dieser Herden sowie die Bearbeitung der Inka- und der Priesterfelder lag als Frondienst der Gesamtheit der Markgenossen ob. Dazu kamen noch Fronen an Minenarbeiten und öffentlichen Arbeiten, wie Wege- und Brückenbauten, deren Leitung die Herrscher in die Hand nahmen, ein streng disziplinierter Heeresdienst endlich ein Tribut an jungen Mädchen, die teils als Opfer für Kultzwecke, teils als Kebsweiber von den Inkas benutzt wurden. Dieses straffe System der Ausbeutung beließ jedoch das Markleben im Innern, sowie seine kommunistisch-demokratischen Einrichtungen beim alten; die Fronden und Abgaben selbst wurden als gemeinsame Lasten der Marien kommunistisch getragen. Was das merkwürdige jedoch ist: die kommunistische Dorforganisation erwies sich nicht bloß wie, schon so viel Mal in der Geschichte, als solide und geduldige Basis für ein jahrhundertelanges System der Ausbeutung und der Knechtschaft, sondern dieses System seinerseits war auch kommunistisch organisiert. Die Inkas nämlich, die sich auf dem Rücken der unterworfenen peruanischen Stämme wohnlich einrichteten, lebten selbst in Geschlechtsverbänden und markgenossenschaftlichen Verhältnissen. Ihr Hauptsitz, die Stadt Cuzco, war nichts anderes als die Zusammenfassung von anderthalb Dutzend Massenquartieren, jedes der Sitz eines kommunistischen Haushalts des ganzen Geschlechts mit einem gemeinsamen Begräbnisplatz im Innern, also auch einem gemeinsamen Kultus. Um diese großen Sippenhäuser herum lagen die Markgebiete der Inkageschlechter mit ungeteilten Wäldern und Weiden und geteiltem Ackerland, das gleichfalls gemeinschaftlich bearbeitet wurde. Als primitives Volk hatten diese Ausbeuter und Herrscher nämlich der Arbeit noch nicht entsagt, sie gebrauchten ihre Herrscherstellung nur dazu, besser zu leben als die Beherrschten und ihrem Kultus reichlichere Opfer darzubringen. Die moderne Kunst, sich ausschließlich von fremder Arbeit ernähren zu lassen und die eigene Nichtarbeit zum Attribut der Herrschaft zu machen, war dem Wesen dieser Gesellschaftsorganisation, in der Gemeineigentum und allgemeine Arbeitspflicht tiefgewurzelte Volkssitte waren, noch fremd. Auch die Ausübung der politischen Herrschaft wurde als gemeinsame Funktion der Inkageschlechter organisiert. Die in die Provinzen Perus gesetzten Inkaverwalter, in ihrem Amte dem holländischen Residenten auf dem Malaiischen Archipel analog, waren als Delegierte ihrer Geschlechter in Cuzco betrachtet, wo sie im Massenquartier den Wohnsitz beibehielten und an der eigenen Mark partizipierten. Alljährlich kehrten diese Delegierten zum Sommerfest nach Cuzco heim, um Rechenschaft von ihrer Amtsleitung abzulegen und mit ihren Stammesgenossen das große religiöse Fest zu feiern.

Hier haben wir also vor uns gewissermaßen zwei übereinander gelagerte soziale Schichten, die, beide kommunistisch im Innern organisiert zueinander in einem Verhältnis der Ausbeutung und Knechtung standen. Dieses Phänomen mag auf den ersten Blick unbegreiflich, weil mit den Prinzipien der Gleichheit Brüderlichkeit und Demokratie, die der Organisation der Markgenossenschaft zur Basis dienten, im schroffsten Widerspruch erscheinen. Aber hier gerade haben wir einen lebendigen Beweis dafür, wie wenig die urkommunistischen Einrichtungen in Wirklichkeit mit irgendwelchen Prinzipien von allgemeiner Gleichheit und Freiheit der Menschen zu tun hatten. Diese – wenigstens in ihrer auf die „zivilisierten" Länder, d.h. auf Länder der kapitalistischen Kultur, erstreckten Allgemeingültigkeit sich auf den abstrakten „Menschen" also auf alle Menschen beziehenden – „Prinzipien" sind erst spätere Produkte der neuzeitlichen bürgerlichen Gesellschaft deren Revolutionen –in Amerika wie in Frankreich – sie auch zum ersten Mal proklamiert haben. Die urkommunistische Gesellschaft kannte keine allgemeinen Prinzipien für alle Menschen; ihre Gleichheit und Solidarität erwuchs aus den Traditionen der gemeinsamen Blutbande und aus dem gemeinsamen Besitz der Produktionsmittel. Soweit diese Blutbande und dieser Besitz reichten, soweit reichten auch Gleichheit der Rechte und Solidarität der Interessen. Was außerhalb dieser Interessen lag – und sie waren so eng wie die vier Pfähle eines Dorfes, im weitesten Sinne wie die Gebietsgrenzen eines Stammes –, war fremd, konnte also auch feindlich sein. Ja, die im Innern auf wirtschaftlicher Solidarität beruhenden Gemeinwesen konnten und mussten durch die tiefe Stufe der Produktionsentwicklung, durch Unergiebigkeit oder Erschöpfung der Nahrungsquelle bei zunehmender Bevölkerung, periodisch dazu getrieben werden, mit andern gleichgearteten Gemeinwesen in tödlichen Interessenkonflikt zu geraten, in dem der tierische Kampf, der Krieg, entscheiden musste und dessen Ausgang die Ausrottung einer der streitenden Seiten oder – viel häufiger – die Etablierung eines Ausbeutungsverhältnisses war. Es war nicht die Hingebung an abstrakte Grundsätze der Gleichheit und Freiheit, was dem Urkommunismus zugrunde lag, sondern die eherne Notwendigkeit der niedrigen Entwicklung der menschlichen Kultur, der Hilflosigkeit der Menschen der äußeren Natur gegenüber, die ihnen das feste Zusammenhalten in größeren Verbänden und das planmäßige vereinigte Vorgehen bei der Arbeit, bei dem Kampfe um die Existenz, als absolute Existenzbedingung aufzwangen. Dieselbe geringe Beherrschung der Natur aber war es andererseits, die zugleich den gemeinsamen Plan und das gemeinsame Vorgehen bei der Arbeit nur auf ein verhältnismäßig ganz geringes Gebiet natürlicher Wiesen oder urbar gemachter Dorfansiedlungen beschränkte und sie für ein gemeinsames Vorgehen auf größerem Maßstab ganz ungeeignet machte. Der primitive Stand der Landwirtschaft gestattete damals keine größere Kultur als die einer Dorfmark, und damit steckte sie dem Spielraum der Interessensolidarität ganz enge Schranken. Und dieselbe mangelhafte Entwicklung der Produktivität der Arbeit war es endlich, die zugleich auch den periodischen Interessengegensatz zwischen den einzelnen sozialen Verbänden hervorbrachte und damit die rohe Gewalt als das einzige Mittel, diesen Gegensatz zu lösen. Der Krieg war damit als ständige Methode der Lösung von Interessenkonflikten zwischen sozialen Gemeinwesen geschaffen, eine Methode, die so lange vorherrschen sollte, bis die höchste Entwicklung der Produktivität der Arbeit, d.h. die völlige Beherrschung der Natur durch die Menschen, ihren materiellen Interessengegensätzen ein Ziel setzen wird. War aber der Zusammenstoß verschiedener urkommunistischer Gemeinwesen als ständige Erscheinung gegeben, dann entschied über den Ausgang wieder die jeweilige Entwicklung der Produktivität der Arbeit. Wo es sich um den Konflikt zweier viehzüchtender Nomadenvölker handeln mochte, die um Viehweiden in den Kampf

geraten waren, da konnte die rohe Gewalt nur bestimmen, wer als
Herr auf dem Platze bleiben, und wer in unwirtliche dürre Gegenden
verdrängt oder aber ausgerottet werden sollte. Wo aber der Ackerbau bereits so weit gediehen war, dass er seine Leute gut und sicher
ernähren konnte, ohne die gesamten Arbeitskräfte und die gesamte
Lebenszeit der Betreffenden in Anspruch zu nehmen, da war auch
die Grundlage für eine systematische Ausbeutung dieser Ackerbauer
durch fremde Eroberer gegeben. Und so sehen wir denn auch solche
Verhältnisse entstehen, wie in Peru, wo sich ein kommunistisches
Gemeinwesen als Ausbeuter eines anderen festsetzt. Diese eigentümliche Struktur des Inkareiches ist deshalb wichtig, weil sie uns den
Schlüssel zum Verständnis einer ganzen Reihe ähnlicher Gebilde im
klassischen Altertum, namentlich an der Schwelle der griechischen
Geschichte bietet. Wenn uns z.B. durch die geschriebene Geschichte
die kurze Nachricht überliefert wird, dass auf der Insel Kreta, die von
den Dorern beherrscht war, die Unterjochten den ganzen Ertrag ihrer
Acker abzüglich des für sie und ihre Familie erforderlichen Unterhalts
an die Gesamtgemeinde abliefern mussten, woraus die Kosten der
gemeinsamen Mahlzeiten der Freien (d.h. der herrschenden Dorer)
bestritten wurden, oder dass es in Sparta, gleichfalls einer dorischen
Gemeinde, „Staatssklaven", die Heloten, gab, die „vom Staate" Einzelnen überlassen wurden, um ihre Ackerlose zu bebauen, so sind diese
Verhältnisse zunächst ein Rätsel. Und ein bürgerlicher Gelehrter, wie
z.B. der Heidelberger Professor Max Weber, stellt vom Standpunkte
der heutigen Verhältnisse und Begriffe die kuriosesten Hypothesen auf, um jene merkwürdigen Überlieferungen der Geschichte zu
erklären. „Die beherrschte Bevölkerung wird hier (in Sparta) als in
Staatssklaverei bzw. -hörigkeit befindlich behandelt, aus ihren Natu-
ralbeiträgen wird der Unterhalt der Krieger bestritten, teils in gleich
zu erwähnender Art gemeinschaftlich, teils so, dass der einzelne auf
den Ertrag bestimmter, von Sklaven bewirtschafteter Landflächen
angewiesen ist, die ihm in verschiedenem Maße, später zunehmend
erblich, appropriiert sind, Neuzuweisungen von Losen und anderweite
Verteilung derselben galten auch in historischer Zeit als praktikabel
und scheinen vorzukommen. Sie sind natürlich keine Ackerumteilungen („natürlich" darf ein bürgerlicher Professor solche, wo es irgend

geht nicht zugeben), sondern gewissermaßen Rentenfondsumteilungen. Militärische Gesichtspunkte, besonders eine militärische Bevölkerungspolitik entscheiden über alle Einzelheiten ... Der stadtfeudalistische Charakter dieser Politik äußert sich in charakteristischer Form darin, dass jenem militaristischen Sonderrecht Gortys die mit Hörigen besetzten Grundstücke eines Freien unterliegen: sie bilden den Kläros, der im Interesse der Sustentation der Wehrfamilie gebunden ist. (Aus dem professoralen in gewöhnliches Deutsch übersetzt: Die Ackerlose sind Eigentum der gesamten Gemeinde, dürfen deshalb nicht veräußert und nach dem Tode des Loseigners nicht verteilt werden, was Professor Weber an einer anderen Stelle als eine weise Maßregel „zur Verhinderung der Vermögenszersplitterung" und „im Interesse standesgemäßer Kriegerlose" erklärt.) Die Organisation gipfelt bei voller Durchführung in dem kasinoartigen gemeinsamen Mittagstisch der Krieger, den, Syssitien, und der kadettenartigen gemeinsamen Erziehung der Kinder von Staatswegen zu Kriegern.[24] Womit die Griechen der Heroenzeit der Hektor und Achill, glücklich in die Begriffe der preußischen Fideikommisse und Rentenanstalten, der Offizierskasinos mit ihren „standesgemäßen" Sektgelagen, und die blühenden nackten Jünglinge und Mädchen, die gemeinsame Volkserziehung genossen, in eine zuchthausartige Kadettenanstalt Groß-Lichterfelde bei Berlin verwandelt sind.

Wer die innere Struktur des Inkareiches kennt, dem bieten die oben geschilderten Verhältnisse gar keine Schwierigkeiten. Sie sind zweifellos das Produkt lauter solcher parasitärer Doppelgebilde, die aus der Unterjochung einer ackerbauenden Markgenossenschaft durch ein anderes kommunistisches Gemeinwesen entstanden sind. Wieweit sich in den Sitten der Herrschenden, wie in der Lage der Unterjochten dabei die kommunistische Grundlage erhalten hat, hängt von der Entwicklungsstufe, der Dauer, der Umgebung dieser Gebilde ab, die eine ganze Skala von Abstufungen darbieten können. Das Inkareich, in dem die Herrschenden noch selbst arbeiten, das Grundeigentum des Unterworfenen im Ganzen noch nicht angehaftet ist und

---

24 Handwörterbücher der Staatswissenschaften Bd. 1, Agrarverhältnisse im Altertum, 2. Auflage S. 69.

jede Gesellschaftsschicht für sich geschlossen organisiert ist, kann wohl als die ursprünglichste Form solcher Ausbeutungsverhältnisse betrachtet werden, die sich nur dank der verhältnismäßig primitiven Kulturstufe und der Weltabgeschiedenheit des Landes jahrhundertelang konservieren konnte. Auf ein vorgerückteres Stadium weisen die Überlieferungen Kretas hin, wo die unterworfene Bauerngemeinde den ganzen Ertrag ihrer Arbeit abzüglich ihres Unterhalts abliefern musste, wo sich also die herrschende Gemeinde nicht aus eigener Feldarbeit sondern aus den Abgaben der ausgebeuteten Markgenossenschaft erhielt, diese aber noch unter sich kommunistisch verzehrte. In Sparta finden wir – einen Schritt weiter in der Entwicklung –, dass der Grund und Boden nicht mehr als Eigentum der unterworfenen Gemeinde, sondern als Eigentum der Herrschenden gilt und unter ihnen in markgenossenschaftlicher Weise umgeteilt und verlost wird. Die gesellschaftliche Organisation der Unterworfenen ist durch den Verlust ihrer Basis, des Eigentumsrechtes am Grund und Boden, gesprengt sie sind selbst Eigentum der herrschenden Gemeinde, die sie kommunistisch, „von Staats wegen", gleich den Ackerlosen, an die einzelnen Markgenossen als Arbeitskraft überlässt. Die herrschenden Spartaner leben selbst noch in streng markgenossenschaftlichen Verhältnissen und ähnliche Verhältnisse dürften in dieser oder jener Abstufung in Thessalien geherrscht haben, wo die früheren Bewohner, die Penesten oder „arme Leute" von Äoliern unterworfen wurden, in Bithynien, wo die Mariandyner von thrazischen Stämmen in eine ähnliche Lage gebracht wurden. Doch führt das parasitäre Dasein unaufhaltsam dazu, auch in die herrschende Gemeinde den Keim der Zersetzung zu tragen. Schon die Eroberung und die Notwendigkeit die Ausbeutung als ständige Einrichtung zu festigen, führt zur starken Ausbildung des Kriegswesens, was wir sowohl im Inkastaat wie in den spartanischen Staaten sehen. Damit ist die erste Grundlage zur Ungleichheit zur Ausbildung bevorrechteter Stände im Schoße der ursprünglich gleichen und freien Bauernmasse gelegt. Es bedarf dann nur günstiger geographisch-kulturhistorischer Umstände, die durch den Zusammenstoß mit höher gebildeten Völkern verfeinerte Lebensbedürfnisse und lebhaften Austausch wecken, damit die Ungleichheit auch innerhalb der Herrschenden rasche Fortschritte macht, den kommunistischen Zusammenhalt schwächt, dem Privateigentum mit seiner Spaltung in Reiche und Arme Platz macht. Ein klassisches Beispiel dieser Vorgänge bleibt die früheste Geschichte der griechischen Welt nach ihrem Zusammenstoß mit den alten Kulturvölkern des Orients. So ist das Ergebnis der Unterwerfung einer urkommunistischen Gesellschaft durch eine andere, ob früher oder später, stets dasselbe: die Sprengung der kommunistischen traditionellen Gesellschaftsbande bei den Herrschern wie bei den Beherrschten und die Geburt einer ganzen neuen Gesellschaftsformation, in der das Privateigentum mit der Ungleichheit und Ausbeutung einander gegenseitig erzeugend zugleich auf die Welt kommt und so mündet die Geschichte der alten Markgenossenschaft im klassischen Altertum einerseits in den Gegensatz einer verschuldeten Masse von Kleinbauern zu dem Adel, der sich den Militärdienst die öffentlichen Ämter, den Handel und die ungeteilten Gemeindeländereien als Großgrundbesitz angeeignet hat, andererseits in den Gegensatz zwischen dieser Gesellschaft der Freien im Ganzen einerseits und den ausgebeuteten Sklaven andererseits. Von jener mannigfaltig abgestuften Form der naturwirtschaftlichen Ausbeutung kriegerisch Unterworfener durch eine Gemeinde war nur ein Schritt zur Einführung gekaufter Sklaven durch Einzelne. Und diesen Schritt hat in Griechenland der Seeverkehr und der internationale Handel mit seinen Folgen in den Küsten- und Inselstaaten rasch vollzogen. Auch Ciccotti unterscheidet zwei Typen der Sklaverei: „die älteste, bedeutendste und ausgebreitetste Form wirtschaftlicher Dienstbarkeit, die wir auf der Schwelle der griechischen Geschichte finden, ist nicht die Sklaverei; sondern eine Form von Hörigkeit die ich fast Vasalentum nennen möchte". So bemerkte Theopompus: „Als erste unter allen Hellenen nach den Thessaliern und den Lacedämoniern benützten die Chioten (Einwohner der kleinasiatischen Insel Chios) Sklaven, aber sie erwarben sie nicht in derselben Weise wie jene … Man kann sehen, dass die Lazedämonier und die Thessalier ihre Sklavenklasse aus Hellenen gebildet haben, die vor ihnen den Boden bewohnten, den sie jetzt besitzen, so dass sie die Achäer, die Thessalier, die Perreben und die Magneten in ihren Dienst zwangen und die Unterworfenen Heloten und Penesten nannten. Die Chioten dagegen erwarben Barbaren (Nichtgriechen) als Sklaven und bezahlten für sie einen Preis." „Und der Grund des Unterschieds", fügt Ciccotti mit Recht hinzu, „lag in dem verschiedenen Entwicklungsgrade der Binnenvölker auf der einen und der Inselvölker auf der anderen Seite. Das absolute Fehlen oder die Unbedeutenheit des angehäuften Reichtums sowie die mangelhafte Entwicklung des Handelsverkehrs schlossen in dem einen Lande eine direkte und wachsende Produktion der Besitzer wie die direkte Verwendung von Sklaven aus und führten stattdessen zu der mehr rudimentären Form des Tributs und zu einer Arbeitsteilung und Klassenbildung, die aus der herrschenden Klasse ein Heer in Waffen und aus der unterworfenen einen Ackerbauernstand machte.[25]

Die innere Organisation des peruanischen Inkastaates hat uns eine wichtige Seite im Wesen der primitiven Gesellschaftsform enthüllt und zugleich eine bestimmte historische Methode ihres Untergangs aufgezeigt. Eine andere Wendung in den Schicksalen dieser Gesellschaftsform wird sich vor uns zeigen, wenn wir das weitere Kapitel in der Geschichte der Peru-Indianer wie der sonstigen spanischen Kolonien in Amerika verfolgen. Hier tritt uns vor allem eine ganz neue Methode der Eroberung entgegen, von der z.B. die Inkaherrschaft nichts Ähnliches kennt. Die Herrschaft der Spanier als der ersten Europäer in der Neuen Welt begann sogleich mit einer unbarmherzigen Ausrottung der unterworfenen Bevölkerung. Nach eigenen Zeugnissen der Spanier selbst erreicht die Zahl der Indianer, die von ihnen binnen weniger Jahre nach der Entdeckung Amerikas ausgerottet worden sind, 12 – –15 Millionen. „Wir sehen uns berechtigt zu behaupten", sagt Las Casas, „dass die Spanier durch ihre ungeheuerliche und unmenschliche Behandlung 12 Millionen Menschen ausgerottet haben, darunter Frauen und Kinder; nach meiner persönlichen Meinung", sagt er weiter, „übertrifft die Zahl der in dieser Zeit dahingerafften Eingeborenen selbst 15 Millionen".[26] „Auf der Insel Hayti", sagt Handelmann, „belief sich die Zahl der von den Spaniern vorgefundenen Eingeborenen im Jahr 1472 auf eine Million, im Jahr 1508 sind von dieser millionenköpfigen Bevölkerung nur 60 000 übriggeblieben und neun Jahre

---

25 Vgl. Ciccotti: Untergang der Sklaverei im Altertum, S. 37.
26 Brevissima Relación de la destinación de las Indias. Sevilla 1552, zitiert bei Kovalevsky.

später nur noch 14 000, so dass die Spanier, um die nötige Zahl von Arbeitshänden zu haben, zur Einfuhr von Indianern aus benachbarten Inseln greifen mussten. Im Jahre 1508 allein wurden auf die Insel Hayti transportiert und in Sklaven verwandelt 4 0000 Eingeborene von den Bahama-Inseln."[27] Die Spanier machten regelrechte Jagd auf die Rothäute, die uns von einem Augenzeugen und Teilnehmer, dem Italiener Girolamo Benzoni, beschrieben worden ist. „Teils vor Nahrungsmangel, teils vor Kummer infolge der Trennung von ihren Vätern, Müttern und Kindern", sagt Benzoni nach einer solchen Jagd auf der Insel Kumagna, in der 4 000 Indianer gefangengenommen wurden, „war der größte Teil der versklavten Eingeborenen auf dem Wege zum Hafen Kumani gestorben. Jedes Mal, wo diese oder jene von den Sklaven vor Müdigkeit nicht imstande waren, ebenso schnell zu marschieren, wie ihre Kameraden, durchbohrten sie die Spanier, vor Angst dass sie zurückbleiben und einen Rückenangriff ausführen möchten, mit ihren Dolchen von hinten und ermordeten sie unmenschlich. – Es war ein herzzerreißender Anblick, diese unglücklichen Wesen zu sehen, ganz nackt ermüdet, verwundet und so durch den Hunger erschöpft, dass sie kaum auf den Füßen stehen konnten. Eiserne Ketten fesselten ihren Hals, Hände und Füße. Es gab nicht eine Jungfrau unter ihnen, die nicht vergewaltigt wäre durch diese Räuber (Spanier), die sich in diesem Fall einer so ekelerregenden Ausschweifung hingaben, dass viele von ihnen für immer ganz von Syphilis zerfressen blieben … Alle in Sklaverei getanen Eingeborenen werden mit glühenden Eisen gezeichnet. Darauf lassen die Kapitäne einen Teil für sich zurück, die übrigen verteilen sie unter die Soldaten. Diese verspielen sie entweder aneinander oder verkaufen sie an die spanischen Kolonisten. Kaufleute, die diese Ware gegen Wein, Mehl, Zucker und andere tägliche Bedürfnisse eingetauscht haben, transportieren die Sklaven in jene Teile der spanischen Kolonien, wo die größte Nachfrage nach ihnen besteht. Während des Transports geht ein Teil dieser Unglücklichen zugrunde infolge des Mangels an Wasser und der schlechten Luft in den Kajüten, was daher kommt, weil die Kaufleute alle Sklaven in dem untersten Schiffsraume zusammenpferchen, ohne ihnen genügend

---

27   Heinrich Handelmann, Geschichte der Insel Hayti, Kiel 1856, S. 6.

Platz zum Sitzen noch Luft zum Atmen zu lassen."[28] Um sich jedoch selbst der Mühe der Jagd auf die Rothäute und der Kosten ihrer käuflichen Erwerbung zu entheben, führten die Spanier in ihren westindischen Besitzungen und auf dem amerikanischen Festlande das System der sogenannten Repartimientos, d.h. der Aufteilung des Landes. Das ganze eroberte Gebiet wurde von den Gouverneuren in Gehege eingeteilt, deren Dorfvorsteher „Kaziken" einfach verpflichtet waren, die von ihnen geforderte Anzahl der Eingeborenen als Sklaven selbst an die Spanier zu liefern. Jeder spanische Kolonist erhielt periodisch vom Gouverneur eine beliebige Zahl von Sklaven geliefert, unter der Bedingung, „für ihre Bekehrung zum Christentum Sorge zu tragen".[29] Die Misshandlung der Sklaven durch die Kolonisten überstieg alle Begriffe. Selbstmord wurde zur Erlösung für die Indianer. „Alle von den Spaniern gefangen genommenen Eingeborenen", sagt ein Zeitgenosse, „werden von ihnen zu ermüdenden und anstrengenden Arbeiten in den Bergwerken gezwungen, fern von der Heimat und Familie und unter Drohung ständiger körperlicher Züchtigungen. Kein Wunder, dass ganze Tausende von Sklaven, die keine andere Möglichkeit sehen, ihrem grauenhaften Schicksal zu entrinnen, nicht bloß ihr eigenes Leben gewaltsam beenden, sei es durch Erhängen, Ersäufen oder sonst wie, sondern vorher auch ihre Frauen und Kinder töten, um so auf einmal ihrer gemeinsamen unglücklichen und ausweglosen Lage ein Ende zu machen. Andererseits nehmen die Frauen zur Abtreibung ihrer Kinder im Mutterleibe Zuflucht oder vermeiden den Verkehr mit Männern, da sie keine Sklaven gebären wollen.[30]

Endlich gelang es den Kolonisten durch die Vermittlung des kaiserlichen Beichtvaters, des frommen Paters Garzia de Loyosa, von dem Habsburger Karl V. ein Dekret zu erwirken, das die Indianer summarisch zu erblichen Sklaven der spanischen Kolonisten erklärte. Benzoni meint zwar, das Dekret habe sich nur auf die karaibischen Men-

---

28   Storia del Mundo Nuovo di Girolamo Benzoni. Venezia 1565, zitiert bei Kovalevsky, S. 50.

29   Charleoix, Histoire de l'Isle Espagnole ou de St. Dominique. Paris 1730 I 228, zitiert bei Kovalevsky, S. 50.

30   Acosta, Historia natural y moral de las Indias, zitiert bei Kovalevsky, S. 52.

schenfresser bezogen, es war aber ausgelegt und angewendet auf alle Indianer überhaupt. Um ihre Gräuel zu rechtfertigen, verbreiteten nämlich die spanischen Kolonisten planmäßig die größten Schauermären über die Menschenfresserei und die sonstigen Laster der Indianer, so dass z.B. ein zeitgenössischer französischer Historiker Marly de Chatel in seiner „Allgemeinen Geschichte Westindiens" (Paris 1569) von ihnen schreiben konnte: „Der Gott hat sie mit Sklaverei bestraft für ihre Bosheit und ihre Laster, denn selbst Cham hat sich nicht in diesem Maße gegen seinen Vater Noah versündigt wie die Indianer gegen den Herrgott" und doch schrieb ungefähr um dieselbe Zeit ein Spanier, Acosta, in seiner „Hietoria natural y moral de las Indias" (Barcelona 1591) über dieselben Indianer, sie seien ein „gutmütiges Volk, das stets bereit sei, den Europäern eine Gefälligkeit zu erweisen, ein Volk, das in seinem Benehmen eine so rührende Harmlosigkeit und Aufrichtigkeit zeige, dass Leute, die nicht ganz von allen Eigenschaften der menschlichen Natur entblößt seien, sie unmöglich anders als mit Zärtlichkeit und Liebe behandeln könnten".

Freilich gab es auch Versuche, den Gräueln entgegenzuwirken. Im Jahre 1531 erließ Papst Paul III. eine Bulle, in der er die Indianer als zur Menschengattung gehörig und deshalb von der Sklaverei frei erklärte. Auch der spanische kaiserliche Rat für Westindien erklärte sich später gegen die Sklaverei, wobei die wiederholten Dekrete mehr die Fruchtlosigkeit als die Aufrichtigkeit dieser Bestrebungen bezeugen.

Was die Indianer von der Sklaverei befreite, war nicht die fromme Aktion der katholischen Geistlichkeit noch die Proteste der spanischen Könige, sondern die einfache Tatsache, dass die Indianer ihrer physischen und geistigen Konstitution nach zur schweren Sklavenarbeit absolut nicht taugten. Gegen diese nackte Unmöglichkeit halfen auf die Dauer die größten Grausamkeiten der Spanier nicht; die Rothäute fielen in der Sklaverei wie die Fliegen, entflohen oder entleibten sich, kurz – das Geschäft wurde höchst unrentabel. Und erst als der warme und unermüdliche Verteidiger der Indianer, Bischof Las Casas, die Idee erfand, anstatt der untauglichen Indianer die robusteren Neger aus Afrika als Sklaven zu importieren, wurden die unnützen Experimente mit den Indianern zunächst eingestellt. Diese praktische Erfindung hat rascher und durchgreifender gewirkt als alle Pamphlete

Las Casas' über die Grausamkeiten der Spanier. Die Indianer wurden nach einigen Jahrzehnten von der Sklaverei befreit und die Sklaverei der Neger hub an, die von nun vier Jahrhunderte dauern sollte. Zu Ende des 18. Jahrhunderts führte ein biederer Deutscher, der „brave alte Nettelbeck" aus Kolberg, als Schiffskapitän auf seinem Schiffe von Guinea nach Guayana in Südamerika, wo andere „brave Ostpreußen" Plantagen ausbeuteten, Hunderte von Negersklaven, die er nebst anderen Waren in Afrika eingehandelt hatte, und die er genauso im unteren Schiffsraum eingepfercht hielt wie die spanischen Kapitäne des 16. Jahrhunderts. Der Fortschritt des humanen Aufklärungszeitalters zeigte sich darin, dass Nettelbeck seine Sklaven, zur Verhütung der Schwermut und des Aussterbens unter ihnen, jeden Abend auf dem Schiffsdeck unter Musik und Peitschenknall tanzen ließ, worauf die rohen spanischen Sklavenhändler noch nicht verfallen waren. Und Ende des 19. Jahrhunderts, 1871, schrieb der edle David Livingstone, der 30 Jahre in Afrika verbracht hatte, um die Nilquellen aufzufinden, in seinem berühmten Briefe an den Amerikaner Gordon Bennett: „Sollten meine Enthüllungen über die Verhältnisse in Udjidji dem entsetzlichen Sklavenhandel in Ostafrika ein Ende machen, so würde ich diese Errungenschaft höher erachten als die Entdeckungen aller Nilquellen miteinander. Bei Ihnen Zuhause ist die Sklaverei überall abgeschafft, reichen Sie uns Ihre mächtige hilfreiche Hand, auch das noch zu erreichen. Dieses schöne Land ist wie mit Meltau oder mit dem Fluche des Höchsten belastet..."

Übrigens war das Los der Indianer in den spanischen Kolonien durch diesen Umschwung noch durchaus nicht gebessert. Es war nur ein anderes Kolonisationssystem an Stelle des früheren getreten. Statt der früheren Repartimientos, die auf direkte Sklaverei der Bevölkerung eingerichtet waren, führte man die sogenannte „Encomiendas" ein. Formell wurde dabei den Einwohnern persönliche Freiheit und volles Eigentum am Grund und Boden zuerkannt. Nur wurden die Gebiete unter die administrative Leitung der spanischen Kolonisten, vor allem der Nachkommen der ersten Konquistadores, der Eroberer, gestellt, die als Encoruenderos über die für unmündig erklärten Indianer Vormundschaft führen und namentlich auch das Christentum unter ihnen verbreiten sollten. Zur Deckung der Kosten des Kirchenbaues für die Eingeborenen sowie auch zur Entschädigung für die eigene Mühewaltung bei dem Amt der Vormundschaft erhielten die Encomenderos gesetzlich das Recht, „mäßige Geld- und Naturalabgaben" von der Bevölkerung zu fordern. Diese Bestimmungen genügten, um die Encomiendas bald für die Indianer zur Hölle zu machen. Grund und Boden wurde ihnen freilich belassen, und zwar als ungeteiltes Eigentum der Stämme. Allein darunter verstanden oder wollten verstehen die Spanier nur das Ackerland, das unter dem Pfluge war. Die ungeteilte Mark sowie unbenutzte Ländereien, ja häufig selbst die unter Brache gelassenen Fluren wurden als „wüstes Land" von den Spaniern an sich gerissen. Und das mit solcher Gründlichkeit und Schamlosigkeit, dass Zurita darüber schreibt: „Es gibt nicht eine Bodenparzelle, nicht eine Farm, die nicht als Eigentum der Europäer erklärt worden wäre ungeachtet der Beeinträchtigung der Interessen und der Eigentumsrechte der Eingeborenen, die auf diese Weise gezwungen werden, die von ihnen seit uralten Zeiten bewohnten Gebiete zu verlassen. Nicht selten nimmt man ihnen selbst bebaute Ländereien unter dem Vorwande, sie hätten sie nur zu dem Behufe besät, um die Aneignung durch die Europäer zu verhindern. Dank diesem System haben die Spanier in einigen Provinzen ihren Besitz so ausgedehnt, dass den Eingeborenen gar kein Land mehr zum Bebauen übrigbleibt.[31] Zugleich wurden die „mäßigen Abgaben" von den spanischen Encomenderos so schamlos gesteigert, dass die Indianer unter ihrer Last erdrückt wurden. „Das ganze Hab und Gut des Indianers", sagt derselbe Zurita, „reicht nicht aus, um die auf ihn gelegten Steuern zu entrichten. Man begegnet vielen Leuten unter den Rothäuten, deren Vermögen nicht mal einen Peso ausmacht, und die von täglicher Lohnarbeit leben; auf diese Weise bleiben den Unglücklichen nicht einmal genügend Mittel, um die Familie zu erhalten". Dies ist der Grund, weshalb so oft junge Leute den unehelichen Verkehr dem ehelichen vorziehen, besonders wenn ihre Eltern nicht einmal über vier oder fünf Real verfügen. Die Indianer können sich nur schwer den Luxus einer Bekleidung gestatten; viele, die keine Mittel haben, um sich ein Kleid zu kaufen, sind nicht in der Lage, den Gottesdienst

---

31 Zurita, S. 57–59 (Kovalevsky, 62).

zu besuchen. Kein Wunder, dass die Mehrzahl von ihnen in Verzweiflung gerät, da sie keine Mittel finden, ihren Familien die nötige Nahrung zu verschaffen ... Während meiner jüngsten Reisen erfuhr ich, dass viele Indianer sich vor Verzweiflung erhängt haben, nachdem sie ihren Frauen und Kindern erklärt hatten, sie täten dies angesichts der Unmöglichkeit, die von ihnen geforderten Steuern zu entrichten."[32]

Endlich kam, zur Ergänzung des Landdiebstahls und des Steuerdruckes, die Zwangsarbeit. Anfangs des 17. Jahrhunderts kehren die Spanier offen zu dem im 16. Jahrhundert formell ausgegebenen System zurück. Zwar ist die Sklaverei für die Indianer abgeschafft, aber an ihre Stelle tritt ein eigentümliches System der Zwangslohnarbeit, das sich im Wesen fast durch nichts von jener unterscheidet. Schon um die Mitte des 16. Jahrhunderts schildert uns Zurita folgendermaßen die Lage der indianischen Lohnarbeiter bei den Spaniern: „Die Indianer kriegen in dieser ganzen Zeit keine anderen Nahrungsmittel als Maisbrote ... Der Encomendor lässt sie vom Morgen bis in die Nacht hinein arbeiten, wobei er sie im Morgen- und Abendfrost, unter Sturm und Gewitter nackt lässt, ohne ihnen eine andere Nahrung zu geben, als halbverfaulte Brote ... Die Indianer verbringen die Nacht unter freiem Himmel. Da der Lohn erst am Ende der Periode der Zwangsarbeit ausgezahlt wird, so haben die Indianer keine Mittel, um sich die nötige warme Kleidung zu kaufen. Kein Wunder, dass unter solchen Umständen bei den Encomenderos die Arbeit für sie äußerst ermüdend ist und als eine der Ursachen ihres raschen Aussterbens erkannt werden kann".[33] Dieses System der Zwangslohnarbeit wurde nun anfangs des 17. Jahrhunderts von der spanischen Krone offiziell und allgemein gesetzlich eingeführt. Als Grund gibt das Gesetz an, dass die Indianer freiwillig nicht arbeiten wollen, dass ohne sie aber die Bergwerke selbst bei der vorhandenen Zahl der Neger nur äußerst schwer betrieben werden könnten. Die indianischen Dörfer werden nun verpflichtet, die erforderliche Zahl der Arbeiter zu stellen (in Peru den siebenten Teil, in Neuspanien vier Prozent der Bevölkerung), die den Encomenderos auf Gnade und Ungnade ausgeliefert werden. Die

---

32 Zurita, S. 329 (Kovalevsky, 63).
33 Zurita, V, S. 329 (Kovalesky, 63).

tödlichen Folgen dieses Systems werden alsbald sichtbar. In einer anonymen Denkschrift an Philipp IV., die den Titel trägt: „Bericht über den gefährlichen Zustand des Königreichs Chile in weltlicher und geistlicher Hinsicht", heißt es: „Die bekannte Ursache der raschen Abnahme der Zahl der Eingeborenen ist das System der Zwangsarbeit in den Bergwerken und auf den Feldern der Encomenderos. Obwohl die Spanier über eine enorme Zahl Neger verfügen, obwohl sie die Indianer mit Steuern belegt haben, die unvergleichlich höher sind, als jene ihren Häuptlingen vor der Eroberung gezahlt hatten, halten sie es nichtsdestoweniger nicht für möglich, das System der Zwangsarbeiten aufzugeben."[34] Die Zwangsarbeiten hatten im Übrigen zur Folge, dass die Indianer vielfach nicht in der Lage waren, ihre Felder zu bebauen, was den Spaniern wiederum einen Vorwand bot, sie als „Ödland" an sich zu raffen. Der Ruin der indianischen Landwirtschaft bot naturgemäß einen gedeihlichen Boden für den Wucher. „Unter ihren einheimischen Herrschern", sagt Zurita, „kannten die Indianer keine Wucherer." Die Spanier ließen sie diese Blüte der Geldwirtschaft und des Steuerdrucks gründlich kennenlernen. Durch Schulden zerfressen, gingen massenhaft Ländereien der Indianer, die nicht einfach von den Spaniern geraubt worden waren, in die Hände, spanischer Kapitalisten über, wobei noch die Einschätzung des Grundwertes dieser Güter ein besonderes Kapitel der europäischen Niedertracht für sich bildet. So schlossen sich Diebstahl an Grund und Boden, Steuern, Zwangsarbeit und Wucher zu einem eisernen Ring, in dem die Existenz der indianischen Markgenossenschaft zusammenbrach. Die traditionelle öffentliche Ordnung, die hergebrachten sozialen Bande der Indianer wurden schon durch den Zusammenbruch ihrer wirtschaftlichen Unterlage – der markgenossenschaftlichen Landwirtschaft – aufgelöst. Ihrerseits wurde diese planmäßig von den Spaniern ruiniert durch die Zerrüttung aller traditionellen Autoritäten. Die Dorfvorsteher und die Stammeshäuptlinge bedurften ja der Bestätigung der Encomenderos, was diese dazu gebrauchten, diese Ämter nur mit ihren Kreaturen, den verkommensten Subjekten der indianischen Gesellschaft, zu besetzen. Ein beliebtes Mittel der Spanier war auch das systematische

---

34   Zitiert bei Kovalesky, S. 66.

Aufwiegeln der Indianer gegen ihre Häuptlinge. Unter dem Vorwand der christlichen Absicht, die Eingeborenen vor der Ausbeutung durch ihre Häuptlinge zu schützen, erklärten sie jene frei von der Zahlung der von alters her gebrachten Abgaben an diese Häuptlinge. „Die Spanier", sagt Zurita, „behaupten, gestützt darauf, was gegenwärtig in Spanien vorgeht, dass die Häuptlinge ihre Stämme ausplündern, aber sie tragen selbst die Verantwortung für diese Erpressungen, denn sie selbst und niemand anderes haben die früheren Häuptlinge ihrer Stellung und ihrer Einkünfte beraubt, und sie durch neue aus der Zahl der Kreaturen ersetzt."[35] Desgleichen suchten sie Meutereien anzuzetteln, wenn die Dorfvorsteher oder Stammeshäuptlinge gegen rechtswidrige Landesveräußerungen einzelner Markmitglieder an die Spanier protestierten. Chronische Revolten und eine unendliche Kette von Prozessen um unberechtigte Landverkäufe unter den Eingeborenen selbst waren das Ergebnis. Zu Ruin, Hunger und Sklaverei trat noch Anarchie hinzu, um die Hölle im Dasein der Indianer vollkommen zu machen. Das nackte Fazit dieser spanisch-christlichen Vormundschaft ließ sich in zwei Worte schließen: Übergang des Grund und Bodens in die Hände der Spanier und Aussterben der Indianer. „In allen spanischen Gebieten in Indien", sagt Zurita, „verschwinden die eingeborenen Stämme entweder ganz, oder sie werden wenig zahlreich, obwohl einige Personen sich entschließen, das Gegenteil zu behaupten. Die Eingeborenen verlassen ihre Wohnungen und Ländereien, die für sie den Wert verloren haben angesichts der maßlosen Natural- und Geldabgaben; sie ziehen in andere Länder aus, beständig aus einer Gegend in die andere streifend, oder verstecken sich in den Wäldern unter der Gefahr, früher oder später Opfer wilder Tiere zu werden. Viele beschließen ihr Leben durch Selbstmord, wie ich selbst mehrmals Gelegenheit hatte, mich zu überzeugen durch persönliche Beobachtung und durch Umfrage bei den örtlichen Bewohnern."[36] Und ein halbes Jahrhundert später berichtet ein anderer hoher Beamter der spanischen Regierung in Peru, Juan Orer de Cervantes: „Die eingeborene Bevölkerung in den spanischen Kolonien wird immer dünner

---

35 Zurita, S. 87 (zitiert bei Kovalesky 69).
36 Zurita, S. 341.

und dünner, sie verlässt ihre bisherigen Wohnstätten, lässt den Boden unbebaut, so dass die Spanier nur mit Mühe die notwendige Zahl der Ackerbauer und Hirten finden können. Die sogenannten Mitayos, ein Stamm, ohne den die Bearbeitung der Gold- und Silberbergwerke unmöglich ist, verlassen entweder ganz die von Spaniern bewohnten Städte oder, wenn sie drin bleiben, sterben sie mit erstaunlicher Schnelligkeit aus."[37]

Man muss in der Tat die phantastische Zähigkeit des Indianervolkes und der markgenossenschaftlichen Einrichtungen bewundern, dass sich von beiden trotz dieser Wirtschaft noch bis ins 19. Jahrhundert hinein Reste erhalten haben.

Von anderer Seite zeigen uns die Schicksale der alten Markgenossenschaft die große englische Kolonie Indien. Hier, wie in keinem anderen Winkel der Welt, kann man eine ganze Musterkarte verschiedenster Formen des Grundbesitzes studieren, die wie der Herschellsche Sternhimmel zugleich eine auf eine Fläche projizierte Geschichte von Jahrtausenden darstellt. Dorfgemeinde neben Geschlechtsgemeinde, periodische Umteilungen gleicher Bodenanteile neben der Lebenslänglichkeit ungleicher Anteile, gemeinschaftliche Bodenbearbeitung neben privatem Einzelbetrieb, Gleichberechtigung aller Dorfbewohner an Gemeindeländereien neben Privilegien gewisser Gruppen, endlich neben allen diesen Formen des Gemeinbesitzes reines Privateigentum an Grund und Boden, und dieses in Form bäuerlicher Zwergparzellen, kurzfristiger Pachten und enormer Latifundien – dies alles konnte man in Indien noch vor wenigen Jahrzehnten in Lebensgröße studieren. Dass die Markgenossenschaft in Indien eine uralte Einrichtung ist, bezeugen die indischen Rechtsquellen, so das älteste kodifizierte Gewohnheitsrecht Manu aus dem 9. Jahrhundert v. Chr., das zahlreiche Bestimmungen über Grenzstreitigkeiten zwischen den Marken, über ungeteilte Mark, über Neuansiedlungen von Tochterdörfern auf ungeteilten Ländereien alter Marken enthält. Das Rechtsbuch kennt nur Eigentum, das auf eigener Arbeit beruht; es erwähnt

---

37 Memorial que presenta a su Magestad el licenciado Juan Orter de Cervantes, Abogado y Procurador general del Reyno del Peru y encomenderos, sobre pedir remedio del danno y diminución des los nidios. Anno MDCXIX (1619). Zitiert bei Kovalesky, S. 61.

noch das Handwerk als Nebenbeschäftigung der Landwirtschaft; es sucht der ökonomischen Macht der Brahminen, d.h. der Priester, einen Riegel vorzuschieben, indem es nur erlaubt, ihnen bewegliche Habe zu schenken. Die späteren einheimischen Fürsten, die Radschas, figurieren hier noch als die gewählten Stammesoberhäupter. Auch die beiden späteren Rechtsbücher aus dem 5. Jahrhundert Jadschnawalkja und Narada erkennen den Geschlechtsverband als die soziale Organisation an, und die öffentliche Gewalt sowie die Gerichtsbarkeit ruht hier in den Händen der Versammlung der Markgenossen. Diese haften solidarisch für Vergehen und Verbrechen der einzelnen. An der Spitze des Dorfes steht der gewählte Markvorsteher. Beide Rechtsbücher raten, die besten, die friedliebendsten und gerechtesten Mitglieder zu diesem Amt zu wählen und ihnen unbedingten Gehorsam zu leisten. Das Buch Narada unterscheidet schon zweierlei Markgenossenschaften: „Verwandte", d.h. Geschlechtsgenossenschaften und „Mitbewohner", d.h. Nachbargemeinden als Ortsverbände Nichtblutsverwandter. Beide Rechtsbücher kennen aber gleichfalls das Eigentum nur auf Grundlage der eigenen Arbeit: ein verlassener Boden gehört dem, der ihn zum Anbau nimmt, ein unrechtmäßiger Besitz wird selbst nach drei Generationen nicht anerkannt, wenn nicht eigene Bearbeitung damit verbunden war. Bis dahin sehen wir also das indische Volk noch in denselben primitiven Gesellschaftsbanden und Wirtschaftsverhältnissen, in denen es jahrtausendelang in dem Gebiete des Indus und nachher in der heroischen Zeit der Eroberung des Gangesgebietes lebte, aus der die großen Volksepen Ramayana und Mahabharata geboren wurden. Erst die Kommentare zu den alten Rechtsbüchern, die stets das charakteristische Symptom tiefer sozialer Veränderungen und des Bestrebens sind, alte Rechtsanschauungen neuen Interessen gemäß zu beugen und zu deuten, sind ein deutlicher Beweis, dass bis zum 14. Jahrhundert – der Wirkungsepoche der Kommentatoren – die indische Gesellschaft tiefgehende Verschiebungen in ihrer sozialen Struktur durchgemacht hat. Inzwischen ist nämlich eine einflussreiche Priesterkaste entstanden, die sich materiell und rechtlich über der Masse der Bauern erhebt. Die Kommentatoren suchen die deutliche Sprache der alten Rechtsbücher – genau wie ihre christlichen Kollegen im feudalen Westen – dahin „auszulegen", um den priesterlichen Grundbesitz zu rechtfertigen, Schenkungen von Land an die Brahminen zu ermuntern und dadurch die Aufteilung der Markländereien und die Ausbildung eines geistlichen Großgrundbesitzes auf Kosten der Bauernmasse zu fördern. Der Vorgang war typisch für die Schicksale aller orientalischen Gesellschaften.

Die Lebensfrage jedes etwas vorgeschritteneren Ackerbaus in den meisten Gegenden des Orients ist die künstliche Bewässerung. Wir sehen auch sowohl in Indien wie in Ägypten schon früh als solide Grundlage der Landwirtschaft großartige Berieselungswerke, Kanäle, Brunnen oder planmäßige Vorkehrungen zur Anpassung der Landwirtschaft an periodische Überschwemmungen. Alle diese groß angelegten Unternehmungen überstiegen von vornherein die Kräfte, aber auch die Initiative und den Wirtschaftsplan der einzelnen Markgenossenschaften. Zu ihrer Leitung und Durchführung gehörte eine Autorität, die über den einzelnen Dorfmarken stand und deren Arbeitskräfte in einer höheren Einheit zusammenfassen konnte; es gehörte dazu auch eine höhere Beherrschung der Naturgesetze, als sie dem Beobachtungs- und Erfahrungsfeld der Masse der in ihren Dorfpfählen eingeschlossenen Ackerbauern zugänglich war. Aus diesen Bedürfnissen ergab sich die wichtige Funktion der Priester im Orient, die durch Naturbeobachtung, die mit jeder Naturreligion verknüpft ist, wie durch die, auf einer gewissen Stufe der Entwicklung eintretende, Befreiung von der unmittelbaren Teilnahme an der landwirtschaftlichen Arbeit, am besten befähigt waren, die großen öffentlichen Unternehmungen der Berieselung zu leiten. Aus dieser rein wirtschaftlichen Funktion erwuchs aber naturgemäß mit der Zeit auch eine besondere soziale Macht der Priester; die aus der Arbeitsteilung sich ergebende Spezialisierung eines Gesellschaftsteiles verwandelte sich in eine erbliche abgeschlossene Kaste mit Vorrechten und Ausbeutungsinteressen gegenüber der Masse des Bauerntums, Wie rasch, wie weit dieser Prozess bei diesem oder jenem Volke gedieh, ob er in keimartigen Formen blieb, wie bei den peruanischen Indianern, oder zur förmlichen Staatsherrschaft des Priestertums, zur Theokratie, sich entwickelte, wie in Ägypten oder bei den alten Hebräern, hing jedes Mal von den besonderen geographischen und historischen Umständen, namentlich von der Frage ab, ob häufige kriegerische Zusammenstöße mit den umwohnenden Völkern nicht außer der Priesterkaste auch eine mächtige Kriegerkaste aufkommen ließen, die sich als Militäradel konkurrierend neben oder über der Priesterkaste erhob. In jedem Fall war es wieder die spezifische partikularistische Beschränktheit der alten kommunistischen Mark, deren Organisation für größere Aufgaben weder wirtschaftlicher noch politischer Natur geeignet war und sich deshalb die Herrschaft außerhalb ihrer und über ihr stehender Mächte gefallen lassen musste, die jene Funktionen übernahmen. In diesen Funktionen lag so sicher der Schlüssel zur politischen Herrschaft und wirtschaftlichen Ausbeutung der großen Bauernmasse, dass sämtliche barbarischen Eroberer des Orients – ob es Mongolen, Perser oder Araber waren – jedes Mal neben der Militärgewalt im eroberten Lande auch die Leitung und Durchführung jener großen öffentlichen Unternehmungen in ihre Hände nahmen, die die Lebensbedingung der Landwirtschaft darstellen. Genauso wie die Inkas in Peru die Oberaufsicht über die künstlichen Bewässerungsunternehmungen sowie den Wege- und Brückenbau als ihr Vorrecht, aber auch ihre Pflicht betrachteten, so ließen sich in Indien die verschiedenen im Laufe der Jahrhunderte einander ablösenden asiatischen Despotendynastien dieselbe Mühe angelegen sein. Und trotz Kastenbildung, trotz despotischer Fremdherrschaft, die sich über dem Lande lagerte, trotz politischer Umwälzungen fristete in den Niederlassungen der indischen Gesellschaft das stille Dorf sein bescheidenes Dasein. Und im Innern jedes Dorfes herrschten die uralten traditionellen Satzungen der Markenverfassung, die unter der Decke der stürmischen politischen Geschichte ihre eigene stille und unmerkliche innere Geschichte durchmachten, alte Formen abstreiften, neue annahmen, Blüte, Verfall, Auflösung und Umbildung zeitigten. Kein Chronist hat diese Vorgänge aufgezeichnet, und während die Weltgeschichte den kühnen Zug Alexanders von Mazedonien nach den Quellen des Indus beschreibt und von dem Waffenlärm des blutigen Timurlenk und seiner Mongolen erfüllt ist, schweigt sie gänzlich über die innere wirtschaftliche Geschichte des indischen Volkes. Nur aus Überbleibseln aller alten Schichtungen dieser Geschichte können wir ein mutmaßliches Entwicklungsschema der indischen Gemeinde rekonstruieren, und es ist das Verdienst Kovalevskys, diese wichtige wissenschaftliche

Aufgabe gelöst zu haben. Nach Kovalevsky lassen sich die verschiedenen noch um die Mitte des 19. Jahrhunderts in Indien beobachteten Typen der ländlichen Gemeinde in die folgende historische Reihenfolge ordnen.

1. Als älteste Form ist die reine Geschlechtsgemeinde aufzufassen, die die Gesamtheit der Blutsverwandten eines Geschlechts (einer Sippe) umfasst, den Grund und Boden gemeinsam besitzt und ihn auch gemeinsam bearbeitet. Auch die Feldmark ist hier demnach ungeteilte Mark und der Verteilung unterliegen bloß die geernteten und in gemeinsamen Dorfspeichern aufbewahrten Früchte. Dieser primitivste Typus der Dorfgemeinde hat sich nur in wenigen Gegenden Nordindiens erhalten, ihre Einwohnerschaft jedoch war meistens nur noch auf einige Zweige („putti") der alten Gens beschränkt. Kovalevsky sieht darin, nach Analogie mit der bosnischen und herzegowinischen „Zadruga", das Produkt der Auflösung der ursprünglichen Blutsverwandtschaft, die sich mit der Zeit infolge des Bevölkerungszuwachses in einige Großfamilien spaltet, die auch mit ihren Ländereien ausscheiden. Noch um die Mitte des vorigen Jahrhunderts gab es ansehnliche Dorfgemeinden dieses Typus, von denen einige z.B. über 150, andere aber auch 400 Mitglieder umfassten. Vorwiegend jedoch war der Typus kleiner Dorfgemeinden, die nur in außerordentlichen Fällen, z.B. bei Veräußerungen des Grundbesitzes, zu größeren Verwandtschaften im Bereiche der alten Gens zusammentraten. Im gewöhnlichen Leben führten sie das abgeschiedene, streng geregelte Dasein, das Marx nach englischen Quellen in seinem „Kapital" in knappen Zügen schildert:

„Jene uraltertümlichen, kleinen indischen Gemeinwesen z.B., die zum Teil noch fortexistieren, beruhen auf gemeinschaftlichem Besitz des Grund und Bodens, auf unmittelbarer Verbindung von Agrikultur und Handwerk und auf einer festen Teilung der Arbeit, die bei Anlage neuer Gemeinwesen als gegebener Plan und Grundriss dient. Sie bilden sich selbst genügende Produktionsganze, deren Produktionsgebiet von 100 bis auf einige 1 000 Acres[38] wechselt. Die Hauptmasse der Produkte wird für den unmittelbaren Selbstbedarf der Gemeinde

---

38   1 Acre = 40,5 Ar.

produziert, nicht als Ware, und die Produktion selbst ist daher unabhängig von der durch Warenaustausch vermittelten Teilung der Arbeit im Großen und Ganzen der indischen Gesellschaft. Nur der Überschuss der Produkte verwandelt sich in Ware, zum Teil selbst wieder erst in der Hand des Staates, dem ein bestimmtes Quantum seit undenklichen Zeiten als Naturalrente zufließt. Verschiedene Teile Indiens besitzen verschiedene Formen des Gemeinwesens. In der einfachsten Form bebaut die Gemeinde das Land gemeinschaftlich und verteilt seine Produkte unter ihre Glieder, während jede Familie Spinnen, Weben usw. als häusliches Nebengewerbe treibt. Neben dieser gleichartig beschäftigten Masse finden wir den „Haupteinwohner", Richter, Polizist und Steuereinnehmer in einer Person, den Buchhalter, der die Rechnung über den Ackerbau führt und alles darauf Bezügliche katastriert und registriert; einen dritten Beamten, der Verbrecher verfolgt und fremde Reisende beschützt und von einem Dorf zum anderen geleitet; den Grenzmann, der die Grenze der Gemeinde gegen die Nachbargemeinden bewacht; den Wasseraufseher, der das Wasser aus den gemeinschaftlichen Wasserbehältern zu Ackerbauzwecken verteilt; den Brahminen, der die Funktionen des religiösen Kultus verrichtet; den Schulmeister, der die Gemeindekinder im Sand schreiben und lesen lehrt; den Kalenderbrahminen, der als Astrologe die Zeiten für Saat, Ernte und die guten und bösen Stunden für alle besonderen Ackerbauarbeiten angibt; einen Schmied und einen Zimmermann, welche alle Ackerbauwerkzeuge verfertigen und ausbessern; den Töpfer, der alle Gefäße für das Dorf macht; den Barbier, den Wäscher für die Reinigung der Kleider, den Silberschmied, hier und da den Poeten, der in einigen Gemeinden den Silberschmied, in anderen den Schulmeister ersetzt. Dies Dutzend Personen wird auf Kosten der ganzen Gemeinde erhalten. Wächst die Bevölkerung, so wird eine neue Gemeinde nach dem Muster der alten auf unbebautem Boden angesiedelt. Das Gesetz, das die Teilung der Gemeindearbeit regelt, wirkt hier mit der unverbrüchlichen Autorität eines Naturgesetzes. – Der einfache produktive Organismus dieser selbstgenügenden Gemeinwesen, die sich beständig in derselben Form reproduzieren und, wenn zufällig zerstört, an demselben Ort, mit demselben Namen wieder aufbauen, liefert den Schlüssel zum Geheimnis der

Unverständlichkeit asiatischer Gesellschaften, so auffallend kontrastiert durch die beständige Auflösung und Neubildung asiatischer Staaten und rastlosen Dynastenwechsel. Die Struktur der ökonomischen Grundelemente der Gesellschaft bleibt von den Stürmen der politischen Wolkenregion unberührt."[39]

2. Zur Zeit der englischen Eroberung war die ursprüngliche Geschlechtsgemeinde mit ungeteiltem Boden meist schon aufgelöst. Aus ihrer Auflösung war aber eine neue Form entstanden: eine Verwandtschaftsgemeinde mit verteiltem Ackerland, doch nicht mit gleichen, sondern mit ungleichen Familienanteilen, deren Größe genau von dem Grad der Verwandtschaft mit dem Urahnen abhing. Diese Form war sehr verbreitet im nordwestlichen Indien sowie im Fünftromland. Die Anteile sind hier weder lebenslänglich noch erblich, sie bleiben im Besitz der Familien so lange, bis der Zuwachs der Bevölkerung oder die Notwendigkeit, zeitweilig abwesend gewesene Verwandte zum Anteil an der Feldmark zuzulassen, eine Neuumteilung erforderlich machen. Häufig jedoch werden neue Ansprüche nicht durch allgemeine Umteilung, sondern durch Zuweisung neuer Parzellen auf unbebautem Markland befriedigt. Auf diese Weise werden die Familienanteile oft – wenn nicht rechtlich, so doch faktisch – lebenslänglich und sogar erblich. Neben dieser so ungleich verteilten Feldmark bleiben aber Wälder, Sümpfe, Wiesen, unbebaute Ländereien Gemeinbesitz aller Familien, die sie auch gemeinsam benutzen. Diese merkwürdige, auf Ungleichheit basierte kommunistische Organisation gerät jedoch mit der Zeit in Widerspruch mit neuen Interessen. Mit jeder späteren Generation wird die Feststellung des Verwandtschaftsgrades jedes einzelnen immer schwieriger, die Tradition der Blutbande verblasst und die Ungleichheit der Familienanteile wird immer mehr von den Benachteiligten als Ungerechtigkeit empfunden. Andererseits tritt in vielen Gegenden unvermeidlich eine Vermischung der Bevölkerung durch Abwanderung eines Teils der Verwandten, durch Kriege und Ausrottung eines anderen Teiles der angesessenen Bevölkerung, durch Ansiedlung und Ausnahme neuer Ankömmlinge ein. So wird trotz aller scheinbaren Unbeweglichkeit und Unveränder-

---

39 Marx, Das Kapital I S. 322 (IV. Aufl.).

lichkeit der Verhältnisse die Bevölkerung der Gemeinden gewiss nach Bodengüte in Fluren („wund") eingeteilt, und jede Familie kriegt einzelne Streifen sowohl in den besseren bewässerten Fluren (die „sholgura", von „shola" = Reis reißen) wie in den schlechteren („aulmee"). Umlosungen waren zunächst, wenigstens vor der englischen Eroberung, nicht periodisch, sondern sie fanden jedes Mal statt, wenn der natürliche Zuwachs der Bevölkerung eine tatsächliche Ungleichheit in der wirtschaftlichen Lage der Familien hervorgerufen hat. Namentlich dauerte dies in länderreichen Gemeinden, die einen Vorrat an brauchbaren Fluren hatten. In kleineren Gemeinden wurde die Umteilung alle 10, 8, 5 Jahre, oft jedes Jahr vorgenommen. Letzteres fand besonders dort statt, wo Mangel an guten Fluren ihre gleichmäßige Verteilung an alle Markgenossen jedes Jahr unmöglich machte, wo also nur durch die abwechselnde Benutzung verschiedener Fluren die ausgleichende Gerechtigkeit betätigt werden kann. So endet die indische Geschlechtsgemeinde in ihrer Zersetzung mit der Form, die geschichtlich als die ursprüngliche germanische Markgenossenschaft festgestellt ist.

Wir haben in Britisch-Indien und in Amerika zwei klassische Beispiele des Verzweiflungskampfes und des tragischen Endes der alten kommunistischen Wirtschaftsorganisation in ihrem Zusammenstoß mit dem europäischen Kapitalismus kennengelernt Das Bild der wechselvollen Schicksale der Markgenossenschaft wäre nicht vollständig, wenn wir zum Schluss nicht das merkwürdige Beispiel eines Landes berücksichtigen würden, wo scheinbar die Geschichte einen ganz anderen Lauf genommen hat, wo nämlich der Staat nicht gewaltsam das bäuerliche Gemeineigentum zu zerstören, sondern gerade umgekehrt es mit allen Mitteln zu retten und zu konservieren suchte. Dies Land ist das zarische Russland.

Wir haben uns hier nicht mit dem großen theoretischen Streit zu befassen, der jahrzehntelang um den Ursprung der russischen bäuerlichen Feldgemeinschaft geführt wurde. Es war nur natürlich und stimmt ganz mit der allgemeinen, dem Urkommunismus feindlichen Gesinnung der heutigen bürgerlichen Wissenschaft überein, dass die „Entdeckung" des russischen Professors Tschitscherin aus dem Jahr 1858, wonach die Feldgemeinschaft in Russland gar nicht ein ursprüngliches historisches Produkt, sondern ein künstliches Produkt der fiskalischen Politik des Zarismus gewesen sein soll, bei den deutschen Gelehrten willige Aufnahme und Zustimmung fand.[40] Tschitscherin, der wieder einmal den Beweis liefert, dass die liberalen Gelehrten als Historiker meist viel untauglicher sind als ihre reaktionären Kollegen, nimmt noch für die Russen die seit Maurer für Westeuropa definitiv aufgegebene Theorie der Einzelsiedelungen an, aus denen erst im 16. und 17. Jahrhundert die Gemeinden entstanden sein sollen. Dabei leitet Tschitscherin die gemeinsame Feldwirtschaft und den Flurzwang aus der Gemengelage der Feldstreifen, den gemeinsamen Bodenbesitz aus Grenzstreitigkeiten, die öffentliche Gewalt der Markgenossenschaft aus der fiskalischen Solidarhaft für die im 16. Jahrhundert eingeführte Kopfsteuer ab, stellt also so ziemlich alle historischen Zusammenhänge, Ursache und Wirkung höchst liberal auf den Kopf.

Wie man aber auch über die Altertümlichkeit und den Ursprung der bäuerlichen Feldgemeinschaft in Russland denken mag, jedenfalls überdauerte sie die ganze lange Geschichte der Leibeigenschaft und auch ihre Abstreifung bis in die letzten Zeiten hinein. Uns interessieren hier nur ihre Schicksale im 19. Jahrhundert.

Als Zar Alexander II. seine sogenannte „Bauernbefreiung" durchführte, wurde den Bauern – ganz nach preußischem Muster – ihr eigenes Land von den Herren verkauft, wobei diese für die schlechtesten Teile der angeblichen Herrengüter vom Fiskus in Wertpapieren reichlich abgefunden und auf das den Bauern „verliehene" Land eine Schuld gelegt wurde, die mit jährlichen Ablösungsraten von 6% binnen 49 Jahren an den Fiskus zu tilgen war. Dieses Land wurde aber nicht wie in Preußen einzelnen Bauernfamilien in Privateigentum, sondern ganzen Gemeinden als unveräußerliches und unverpfändbares Gemeineigentum zugewiesen. Für die Ablösungsschuld wie für sämtliche Steuern und Abgaben hafteten die Gemeinden solidarisch und waren in der Veranlagung unter ihre einzelnen Mitglieder frei. In dieser Weise wurde das ganze gewaltige Gebiet des großrussischen

---

40 Die neue Auflage des Handwörterbuchs. Plechanow und die Russische Sozialdemokratie. Hingegen Engels in „Internationales" aus dem Volksstaat. Eduard Meyer.

Bauernlandes eingerichtet. Zu Beginn der 90er Jahre war die Einteilung des gesamten Bodenbesitzes im europäischen Russland (ohne Polen, Finnland und das Donsche Kosakengebiet) die folgende: die Staatsdomänen, die meist aus enormen Waldgebieten des Nordens und aus Ödland bestehen, umfassten 150 Millionen Dessjatinen[41] kaiserliche Apanagen 7 Millionen, im Besitz der Kirche und der Städte befanden sich nicht weniger als 9 Millionen, im Privatbesitz 93 Millionen, wovon nur 5% den Bauern, der Rest dem Adel gehörte; 131 Millionen Dessjatinen aber waren bäuerlicher Gemeinbesitz. Noch im Jahre 1900 befanden sich in Russland 122 Millionen Hektar im Gemeinbesitz der Bauern und nur 22 Millionen im bäuerlichen Privatbesitz.

Sieht man sich die Wirtschaft des russischen Bauerntums auf diesem enormen Gebiete an, wie sie bis in die letzte Zeit, zum Teil heute noch, geführt wird, so erkennt man mit Leichtigkeit die typischen Einrichtungen der Markgenossenschaft wieder, wie sie in Deutschland so gut wie in Afrika, am Ganges so gut wie in Peru zu allen Zeiten üblich waren. Es gab geteilte Feldmark, während Wald, Wiese, Wasser ungeteilte Allmende bildeten. Bei der allgemeinen Vorherrschaft der primitiven Dreifelderwirtschaft wurde Sommer- wie Winterfeld nach Bodengüte in Fluren („Karten",) geteilt, jede Flur in einzelne Streifen. Die Sommerfluren pflegte man im April, die Winterfluren im Juni zu verteilen. Bei der peinlichen Beobachtung der gleichmäßigen Verteilung des Bodens wurde die Gemengelage so stark entwickelt, dass z.B. im Moskauer Gouvernement im Durchschnitt aus das Sommer- und das Winterfeld je 11 Fluren entfielen, so dass jeder Bauer mindestens 22 zerstreute Parzellen zu bebauen hatte. Die Gemeinde sonderte gewöhnlich Grundstücke aus, die für Notfälle zu Gemeindezwecken bebaut wurden, oder legte Vorratsmagazine zum gleichen Zwecke an, in die einzelne Mitglieder Korn zu liefern hatten. Für den technischen Fortschritt der Wirtschaft war in der Weise gesorgt, dass jede Bauernfamilie ihren Anteil 10 Jahre lang behalten durfte, unter der Bedingung, dass sie ihn düngte, oder aber es wurden in jeder Flur von vornherein Parzellen abgeteilt, die gedüngt wurden und nur alle

---

41 1 Desjatine = 1,09 Hektar.

10 Jahre zur Umteilung gelangten. Derselben Regel unterlagen meist Flachsfelder, Obst und Gemüsegärten.

Die Verteilung der Gemeindeherden auf verschiedene Wiesen und Weiden, die Aufdingung der Hirten, Einzäunung der Weiden, Flurschutz sowie Bestimmung des Feldsystems, des Zeitpunkts für einzelne Feldarbeiten, des Termins und der Art der Umteilungen – das alles war Sache der Gemeinde, d.h. der Dorfversammlung. Was die Häufigkeit der Umteilungen betrifft, so herrschte große Mannigfaltigkeit. In einem einzigen Gouvernement, Saratow z.B., unternahmen im Jahre 1877 von 278 untersuchten Dorfgemeinden nahezu die Hälfte die Umlosung jährlich, die übrigen aber alle 2, 3, 5, 6, 8 und 11 Jahre, während 38 Gemeinden, die allgemein das Düngen praktizierten, die Umteilungen ganz aufgegeben hatten.[42]

Das merkwürdigste an der russischen Markgenossenschaft ist die Art der Bodenverteilung. Hier herrschte nicht das Prinzip gleicher Lose wie bei den alten Deutschen oder der Größe der Familienbedürfnisse wie bei den Peruanern, sondern einzig allein das Prinzip der Steuerkraft. Das fiskalische Steuerinteresse beherrschte seit der „Bauernbefreiung" das gesamte Leben der Dorfgemeinde, um die Steuern drehten sich alle Einrichtungen im Dorfe. Für die zarische Regierung existierten zwar als Grundlage der Besteuerung nur die sogenannten „Revisionsseelen", d.h. alle männlichen Einwohner der Gemeinde ohne Altersunterschied, wie sie seit der ersten Bauernzählung unter Peter dem Großen etwa alle 20 Jahre durch die berühmten „Revisionen" festgestellt wurden, die der Schrecken des russischen Volkes waren, und vor denen ganze Dörfer auseinanderliefen.[43]

---

42 Trirogow S. 49.

43 Die erste „Revision", die durch einen Ukas Peters 1719 durchgeführt wurde, war organisiert wie eine Art Strafexpedition im feindlichen Lande. Das Militär war beauftragt, säumige Gouverneure in Eisen zu legen, in ihren eigenen Kanzleien in Hast zu setzen und so lange dort zu halten, „bis sie sich besserten". Die Popen, denen die Ausführung der Bauernlisten ausgetragen war und die dabei die Unterschlagung von „Seelen" durchgehen ließen, sollten ihres Amtes enthoben und „nach schonungsloser Züchtigung auf den Körper der Zuchthausstrafe unterworfen werden, sei auch einer im hohen Alter". Leute, die der Verheimlichung von „Seelen" verdächtig waren, wurden der Folter unterworfen. Die

Die Regierung besteuerte die Dörfer nach der Zahl der revidierten „Seelen". Die Gemeinde aber veranlagte die auf sie entfallende Pauschalsumme der Steuern auf die Bauernhöfe nach Arbeitskräften, und nach der so berechneten Steuerleistungsfähigkeit wurde der Bodenanteil jedes Hofes bemessen. Der Bodenanteil erschien somit in Russland seit 1861 von vornherein nicht als Grundlage der Ernährung der Bauern, sondern als Grundlage der Steuerleistung, er war nicht eine Wohltat, auf die der einzelne Bauernhof Anspruch hatte, sondern er war Pflicht, die jedem Mitglied von der Gemeinde als Staatsdienst aufgedrungen wurde. Nichts Originelleres deshalb als eine russische Dorfversammlung, bei der die Bodeneinteilung stattfand. Allenthalben konnte man Proteste gegen zu große zugewiesene Anteile hören, arme Familien ohne richtige Arbeitskräfte, mit vorwiegend weiblichen oder minderjährigen Mitgliedern wurden wegen „Kraftlosigkeit" im Gnadenwege mit dem Anteil überhaupt verschont, reichen Bauern wurden aber von der Masse der ärmeren die größten Anteile aufgezwungen. Die Steuerlast, die so im Mittelpunkt des russischen Dorflebens steht, ist auch eine enorme. Zu den Ablösungssummen kamen zunächst noch die Kopfsteuer, Gemeindesteuer, Kirchensteuer, Salzsteuer usw. In den achtziger Jahren wurde die Kopfsteuer und die Salzsteuer abgeschafft, trotzdem blieb die Steuerlast so enorm, dass sie alle wirtschaftlichen Mittel des Bauerntums verschlang. Nach einer Statistik aus den neunziger Jahren schlugen 70% der Bauernschaft aus ihrem Bodenanteile weniger als das Existenzminimum heraus, 20% waren imstande, sich selbst zu ernähren, nicht aber Vieh zu halten, und nur zirka 9% konnten einen Überschuss über den eigenen Bedarf zum Verkauf bringen. Eine ständige Erscheinung des russischen Dorfes wurden deshalb gleich nach der „Bauernbefreiung" die Steuerrückstände. Schon in den siebziger Jahren erwies sich bei einem durchschnittlichen jährlichen Eingang von 50 Millionen Rubel Kopfsteuer ein jährlicher Rückstand von 11 Millionen. Nach der Aufhebung der Kopfsteuer wuchs das Elend des russischen Dorfes dank der gleichzeitig seit den achtziger Jahren immer höher geschraubten indirekten Besteuerung

---

späteren „Revisionen" wurden noch lange ebenso blutig, wenn auch mit abnehmender Strenge durchgeführt.

immer mehr. Im Jahre 1904 betrugen die Steuerrückstände 127 Millionen Rubel, die bei der völligen Unmöglichkeit der Eintreibung und angesichts der revolutionären Gärung fast ganz erlassen wurden. Die Steuern verschlangen bald nicht bloß den ganzen Erwerb der Bauernwirtschaft, sondern zwangen die Bauern, Nebenverdienst zu suchen. Einerseits waren es ländliche Saisonarbeiten, die zur Erntezeit, auch heute noch, ganze Völkerwanderungen im inneren Russland hervorrufen, wobei die kräftigsten männlichen Dorfeinwohner auf die großen herrschaftlichen Güter gehen, um sich hier zum Tagelohn zu verdingen, während sie ihre eigenen Parzellen auf schwächere Kräfte alter, weiblicher und halbwüchsiger Arbeiter zurücklassen. Andererseits winkte die Stadt, die Fabrikindustrie. So bildete sich namentlich im zentralen Industrierayon jene Schicht der zeitweisen Arbeiter, die nur zum Winter in die Städte, meist in die Textilfabriken, zogen, um im Frühling mit dem Verdienst in ihr Dorf zu Feldarbeiten zurückzukehren. Endlich kam in vielen Gegenden noch industrielle Hausarbeit oder landwirtschaftlicher zufälliger Nebenbetrieb, wie Fuhrgeschäft oder Holzhacken, hinzu. Und bei alledem konnte die größte Masse der Bauern kaum das nackte Leben fristen. Nicht nur alle Früchte des Ackerbaus, sondern auch sämtlicher industrieller Nebenerwerb wurden von den Steuern verschlungen. Die Markgenossenschaft, die für die Steuern solidarisch haftete, war mit strengen Machtmitteln gegenüber ihren Mitgliedern vom Staate ausgerüstet. Sie konnte Steuerrückständler nach auswärts zu Lohnarbeiten vermieten und das von ihnen verdiente Geld mit Beschlag belegen, sie verlieh oder verweigerte ihren Mitgliedern den Pass, ohne den sich der Bauer aus seinem Dorfe nicht entfernen konnte. Sie hatte endlich das gesetzliche Recht, ihre Mitglieder als hartnäckige Steuerrückständler körperlich zu züchtigen. Und nun bot das russische Dorf periodisch auf der ganzen gewaltigen Strecke des inneren Russlands ein ganz eigentümliches Bild. Bei Ankunft von Steuerexekutoren im Dorf begann eine Prozedur, für die das zarische Russland den technischen Namen „Herausprügeln der Rückstände" erfunden hat. Die Dorfversammlung erschien vollzählig, die „Rückständler" mussten die Hosen ausziehen, sich auf die Bank legen, worauf sie von ihren eigenen Markgenossen einer nach dem anderen mit Rutenhieben blutig gepeitscht wurden. Stöhnen und lautes Weinen der Geprügelten – meist bärtiger Familienväter, oft weißhaariger Greise – begleitete die hohe Obrigkeit, die nach getaner Arbeit auf Troikas mit Schellengeläute in ein anderes Dorf jagte, um dort Gleiches zu vollbringen. Nicht selten retteten sich die Bauern vor der öffentlichen Exekution durch Selbstmord. Eine andere originelle Blüte dieser Verhältnisse war der „Steuerbettel", bei dem verarmte alte Bauern mit dem Bettelstab auf die Wanderschaft zogen, um die fälligen Steuern zusammenzuscharren und ins Dorf zurückzubringen. Die so in eine Steuerdruckmaschine verwandelte Markverfassung bewachte der Staat mit Strenge und Ausdauer. Das Gesetz vom Jahre 1881 bestimmt z.B., dass das Bauernland durch ganze Gemeinden nur veräußert werden dürfe, wenn zwei Drittel der Bauern den Beschluss fassen, wobei die Zustimmung des Ministers des Innern, der Finanzen und der Domänen erforderlich war. Einzelne Bauern durften auch ihre erworbenen Erbgüter nur an Mitglieder ihrer Markgenossenschaft veräußern. Hypothekenaufnahme auf das Bauernland war verboten. Unter Alexander III wurde die Dorfgemeinde jeder Autonomie beraubt und unter die Fuchtel der „Landhauptleute" – eine den preußischen Landräten ähnliche Institution – gestellt. Beschlüsse der Gemeindeversammlung bedurften der Zustimmung dieser Beamten, Landumteilungen wurden unter ihrer Aufsicht vollzogen, ebenso Steuerveranlagung und Eintreibung der Steuern. Das Gesetz vom Jahre 1903 macht dem Drang der Zeit eine teilweise Konzession, indem es Umteilungen nur alle 12 Jahre für zulässig erklärt. Zugleich aber wird die Ausscheidung aus der Markgenossenschaft an die Einwilligung der Gemeinde und an die Bedingung geknüpft, dass der Betreffende, die auf ihn entfallende Ablösungsschuld im vollen Betrage tilgt.

Trotz all dieser künstlichen Gesetzesklammern, in die die Dorfgemeinde gepresst war, trotz der Vormundschaft dreier Ministerien und eines Schwarms von Tschinowniks, ließ sich die Auflösung nicht mehr aufhalten. Die erdrückende Steuerlast, der Verfall der bäuerlichen Wirtschaft infolge des landwirtschaftlichen und industriellen Nebenerwerbs, Mangel an Boden, namentlich an Weide und Wald, die schon bei der Ablösung meist von dem Adel an sich gerafft wurden, aber auch an brauchbarem Ackerland bei zunehmender Bevölkerung, das alles erzeugte zweierlei entscheidende Erscheinungen im Leben der Dorfgemeinde: Flucht in die Stadt und Auskommen des Wuchers im Innern des Dorfes. In dem Maße wie der Landanteil mitsamt dem industriellen oder anderweitigen Nebenerwerb immer mehr doch nur dazu diente, Steuern abzutragen, ohne sie je wirklich abtragen und ohne das notdürftigste Leben fristen zu können, wurde die Zugehörigkeit zur Markgenossenschaft zu einer eisernen Fessel, zur Hungerkette am Halse der Bauern. Und dieser Kette zu entrinnen, wurde das natürliche Ziel der Sehnsucht für ganze Massen der ärmeren Gemeindemitglieder. Hunderte Flüchtiger wurden als passlose Vagabunden von der Polizei in ihre Gemeinde zurückgeliefert und hier von den Markgenossen exemplarisch auf der Bank mit Ruten gezüchtigt. Aber die Rute und der Passzwang erwiesen sich als ohnmächtig gegen die Massenflucht der Bauern, die bei Nacht und Nebel aus der Hölle ihres „Dorfkommunismus" in die Stadt flohen, um hier in dem Meer des Industrieproletariats definitiv unterzutauchen. Andere, denen die Familienbande oder sonstige Umstände die Flucht nicht ratsam machten, suchten auf legalem Wege den Austritt aus der Feldgemeinschaft zu bewerkstelligen. Dazu war aber die Tilgung der Ablösungsschuld erforderlich, und hier half – der Wucherer aus. Sowohl die Steuerlast selbst wie der durch die Steuerentrichtung erzwungene Verkauf des Korns zu schlechtesten Bedingungen lieferten den russischen Bauer sehr früh dem Wucherer aus. Jeder Notstand, jede Missernte machten wieder die Zuflucht zum Wucherer unabweislich. Und schließlich die Befreiung selbst aus dem Joch der Gemeinde war für die meisten nicht anders erreichbar, als indem sie sich ins Joch des Wucherers begaben, dem sie sich auf unabsehbare Zeit dienst- und tributpflichtig machten. Während so die armen Bauern dem Markverband zu entrinnen suchten, um das Elend loszuwerden, kehrten ihm die reicheren Bauern vielfach den Rücken und traten aus, um der lästigen Solidarhaft für die Steuern der Ärmeren zu entgehen. Aber auch, wo formelle Ausscheidungen reicher Bauern unterblieben, bildeten diese zum größten Teil zugleich Wucherer des Dorfes – in der Markversammlung gegenüber der armen Masse die herrschende Macht, die durch die verschuldete und abhängige Mehrheit sich genehme Beschlüsse durchzudrücken wusste. So bildete sich im Schoße der formell auf Gleichheit und Gemeineigentum beruhenden Dorfgemeinde eine deutliche Klassenscheidung in eine kleine, aber einflussreiche Dorfbourgeoisie und eine Masse abhängiger und tatsächlich proletarisierter Bauern. Der innere Verfall der von der Steuerlast erdrückten, vom Wucherer zerfressenen, innerlich gespaltenen Dorfgemeinde machte sich endlich nach außen Luft. Hungersnot und Bauernrevolten wurden in den achtziger Jahren in Russland zur periodischen Erscheinung, die die inneren Gouvernements mit derselben Unerbittlichkeit heimsuchte, mit der auch der Steuerexekutor und das Militär zur „Beruhigung" des Dorfes ihr auf der Spur folgten. Die russischen Fluren wurden auf weiten Gebieten zum Theater grauenhaften Aussterbens vor Hunger und blutiger Tumulte. Der russische Muschik machte das Los des indischen Bauern durch und Orissa hieß hier: Saratow, Samara und so weiter die Wolga herunter.[44] Als endlich in den Jahren 1904 und 1905 die Revolution des städtischen Proletariats in Russland ausbrach, fielen die bis dahin chaotischen Bauerntumulte zum ersten Mal mit ihrem ganzen Schwergewicht als politischer Faktor in die Waagschale der Revolution und die Agrarfrage wurde zu ihrem Zentralpunkt. Jetzt, als die Bauern wie eine unwiderstehliche Sturmflut über die adligen Güter sich ergossen und die „adligen Nester" in Flammen ausgehen ließen mit dem Schrei nach Land, als die Arbeiterpartei die Not der Bauernschaft in der revolutionären Forderung formulierte, den Staatsbesitz und den Großgrundbesitz unentgeltlich zu expropriieren und den Bauern zu überweisen, wich der Zarismus endlich von seiner jahrhundertelang mit eiserner Ausdauer durchgeführten Agrarpolitik zurück. Die Markgenossenschaft war nicht mehr vor dem Untergang zu retten; sie musste aufgegeben werden. Schon im Jahre 1902 wurde an die Wurzeln selbst der Dorfgemeinde in ihrer spezifisch russischen Gestalt die Axt gelegt: die Solidarhaft für Steuern wurde aufgehoben. Freilich war diese Maßnahme durch die Finanzwirtschaft des Zarismus selbst tatkräftig vorbereitet. Der Fiskus konnte auf die Solidarhaft bei direkten Steuern leicht verzichten, nachdem die indirekten eine solche Höhe erreicht hatten, dass z.B. im Budget des Jahres 1906 bei einer ordentlichen Gesamteinnahme von 2030 Millionen Rubel nur 148 Millionen aus direkten

---

44 Parvus und Lehmann.

und 1100 Millionen aus indirekten Steuern eingingen, darunter 558 Millionen allein aus dem Branntweinmonopol, das von dem „liberalen" Minister Witte zur Bekämpfung der Trunksucht eingeführt war. Für die pünktliche Entrichtung dieser Steuer leisteten das Elend, die Hoffnungslosigkeit und die Unwissenheit der Bauernmasse die zuverlässigste Solidarhaft. Im Jahre 1905 und 1906 wurde der verbliebene Rest der Ablösungsschuld auf die Hälfte herabgesetzt, 1907 gänzlich gestrichen. Und nun stellte sich die 1907 durchgeführte „Agrarreform" die Schaffung des kleinbäuerlichen Privateigentums offen zum Ziel. Als Mittel hierzu soll die Parzellierung der Domänen, Apanagen und zum Teil des Großgrundbesitzes dienen. So hat die proletarische Revolution des 20. Jahrhunderts selbst in ihrer ersten unvollendeten Phase bereits den letzten Rest der Leibeigenschaft und der vom Zarismus künstlich konservierten Markgenossenschaft zugleich liquidiert.

II.

Mit der russischen Dorfgemeinde ist der wechselvolle Lauf der Schicksale des primitiven Agrarkommunismus erschöpft, der Kreis geschlossen. Beginnend als ein naturwüchsiges Produkt der gesellschaftlichen Entwicklung, als die beste Garantie des wirtschaftlichen Fortschritts, des materiellen und geistigen Gedeihens der Gesellschaft, endet die Markgenossenschaft hier als ein missbrauchtes Werkzeug der politischen und wirtschaftlichen Rückständigkeit. Der russische Bauer, der von seinen eigenen Markgenossen im Dienste des zarischen Absolutismus mit Ruten gezüchtigt wird, das ist die grausamste historische Kritik auf die engen Schranken des Urkommunismus und der sinnfälligste Ausdruck der Tatsache, dass auch diese Gesellschaftsform der dialektischen Regel unterliegt: Vernunft wird Unsinn, Wohltat Plage.

Zwei Tatsachen springen vor allem in die Augen, wenn man die Schicksale der Markgenossenschaft in verschiedenen Ländern und Weltteilen aufmerksam betrachtet. Weit entfernt, eine starre unwandelbare Schablone zu sein, weist diese höchste und letzte Form des urkommunistischen Wirtschaftssystems vor allem eine unendliche Mannigfaltigkeit, Biegsamkeit und Anpassungsfähigkeit aus, erscheint je nach dem historischen Milieu in verschiedensten Formen. Sie macht dabei in jedem Milieu und unter allen Verhältnissen einen stillen Umwandlungsprozess durch, der infolge seiner Langsamkeit nach außen zunächst kaum in die Erscheinung treten mag, im Innern der Gesellschaft jedoch stets neue Formen an Stelle veralteter setzt und so, unter jedem politischen Überbau einheimischer oder fremder Staatseinrichtungen, im wirtschaftlichen und sozialen Leben unaufhörlich Entstehen und Vergehen, Entwicklung oder Verfall erlebt.

Zugleich zeigt diese Gesellschaftsform dank ihrer Elastizität und Anpassungsfähigkeit eine außerordentliche Zähigkeit und Dauerhaftigkeit. Sie trotzt allen Stürmen der politischen Geschichte, oder vielmehr, sie verträgt sie alle passiv, lässt sie alle über sich dahinfegen und erträgt geduldig jahrhundertelang den Druck jeder Eroberung, – Fremdherrschaft, Despotie und Ausbeutung. Nur eine Berührung verträgt und überlebt sie nicht: es ist die Berührung mit der europäischen Zivilisation, d.h. mit dem Kapitalismus. Der Zusammenstoß mit diesem ist für die alte Gesellschaft überall ohne Ausnahme tödlich, und er vollbringt, was Jahrtausende und die wildesten orientalischen Eroberer nicht vermocht hatten: die ganze gesellschaftliche Struktur in ihrem Innern aufzulösen, alle traditionellen Bande zu zerreißen und die Gesellschaft in kürzester Zeit in einen formlosen Schutthaufen zu verwandeln.

Aber der Todeshauch des europäischen Kapitalismus ist bloß der letzte, nicht der einzige Faktor, der den Untergang der primitiven Gesellschaft früher oder später unabwendbar macht. Die Keime dazu liegen im Innern dieser Gesellschaft selbst. Fassen wir die verschiedenen Methoden ihres Untergangs zusammen, wie wir sie an verschiedenen Beispielen kennengelernt haben, so ergibt sich eine gewisse geschichtliche Reihenfolge. Der kommunistische Besitz der Produktionsmittel gewährte als Grundlage einer streng organisierten Wirtschaftsweise für lange Epochen den produktivsten Arbeitsprozess der Gesellschaft und die beste materielle Sicherung ihres Fortbestandes und ihrer Entwicklung. Aber gerade der durch sie gesicherte, wenn auch langsame Fortschritt der Produktivität der Arbeit musste mit der kommunistischen Organisation mit der Zeit in einen gewissen Konflikt geraten. Nachdem im Schoße dieser Organisation der entscheidende Fortschritt zum höheren Ackerbau – zum Gebrauch der Pflugschar – vollzogen war und die Markgenossenschaft auf dieser Grundlage ihre festen Formen erhalten hatte, musste nach einer gewissen Zeit der weitere Schritt in der Entwicklung der Produktionstechnik die intensivere Bodenbebauung erforderlich machen, die ihrerseits auf dem damaligen Stadium der landwirtschaftlichen Technik nur durch intensiveren Kleinbetrieb, durch festere, eingehendere Verbindung der persönlichen Arbeitskraft mit dem Boden erreicht werden konnte. Die längere Benutzung ein und derselben Parzelle durch die einzelne Bauernfamilie wurde zur Vorbedingung ihrer sorgfältigeren Behandlung. Namentlich das Düngen des Bodens ist übereinstimmend in Deutschland wie in Russland zur Ursache seltenerer Bodenumteilungen geworden. Im Allgemeinen lässt sich übereinstimmend allenthalben im Leben der Markgenossenschaft der Zug zu immer größeren Zeitabständen zwischen den Bodenumlosungen feststellen, was überall den Übergang vom Losgut zum Erbgut früher oder später zur Folge hat. Wie die Verschiebung von Gemeineigentum zum Privateigentum mit der Intensifizierung der Arbeit Schritt hält, kann man an der Tatsache verfolgen, dass Wald- und Weidewirtschaft überall am längsten die Allmende tragen, während der intensiver betriebene Ackerbau zuerst den Weg zur geteilten Mark und dann zum Erbgut bahnt. Mit der Fixierung des Privateigentums an den Ackerparzellen ist zwar die gemeinsame Wirtschaftsorganisation noch gar nicht beseitigt, diese wird noch lange durch die Gemengelage der Felder aufrechterhalten und durch die Wald- und Weidegemeinschaft erzwungen. Auch die wirtschaftliche und soziale Gleichheit ist damit im Schoße der alten Gesellschaft noch nicht beseitigt. Es bildet sich zunächst nur eine in ihren Lebensbedingungen gleichmäßige Masse von Kleinbauern, die im Allgemeinen jahrhundertelang nach alten Traditionen arbeiten und leben kann. Doch sind schon durch die Erblichkeit der Güter und die damit verbundenen Erbteilungen oder Majorate, dann aber namentlich durch die Käuflichkeit und überhaupt Veräußerlichkeit der Bauerngüter der künftigen Ungleichheit die Tore geöffnet.

Allein die Unterwühlung der traditionellen Gesellschaftsorganisation durch den bezeichneten Prozess schreitet äußerst langsam vor. Es sind andere historische Faktoren am Werke, die viel rascher und gründlicher diese Arbeit besorgen, und das sind die umfassenderen öffentlichen Aufgaben, denen die Markgenossenschaft in ihren engen Schranken von Natur nicht gewachsen ist. Wir haben bereits gesehen, welche entscheidende Bedeutung für den Ackerbau im Orient die künstliche Berieselung hat. Diese hohe Intensivierung der Arbeit und mächtige Erhöhung ihrer Produktivität führten zu ganz anders weittragenden Resultaten als z.B. der Übergang zum Düngen im Westen. Die Durchführung der künstlichen Bewässerung ist von vornherein auf eine Massenarbeit im großen Maßstab, auf Großbetrieb berechnet. Als solche gerade findet sie im Schoße der markgenossenschaftlichen Organisation keine entsprechenden Organe und muss sich spezielle Organe schaffen, die über der Markgenossenschaft stehen. Wir wissen, dass die Leitung der öffentlichen Wasserwerke die tiefste Wurzel der Priesterherrschaft und jeder orientalischen Oberherrschaft war. Aber auch im Westen und überall gibt es verschiedene öffentliche Geschäfte, die, so einfach sie im Vergleich zur heutigen Staatsorganisation sind, doch in jeder primitiven Gesellschaft erledigt werden müssen, mit der Entwicklung und dem Fortschritt dieser Gesellschaft wachsen und deshalb mit der Zeit spezieller Organe bedürfen. Überall – in Deutschland wie in Peru, in Indien wie in Algerien – konnten wir als den Zug der Entwicklung feststellen, dass die öffentlichen Ämter in der primitiven Gesellschaft die Tendenz haben, von der Wählbarkeit zur Erblichkeit überzugehen.

Zunächst ist auch dieser Umschwung, der langsam und unfühlbar vor sich geht, noch kein Bruch mit den Grundlagen der kommunistischen Gesellschaft. Vielmehr ergibt sich die Erblichkeit der öffentlichen Ämter, auf natürlichem Wege aus dem Umstand, dass auch hier, wie im Ganzen Wesen der primitiven Gesellschaften, die Tradition und die persönlich gesammelte Erfahrung am besten die gedeihliche Erledigung des Amtes sichern. Allein mit der Zeit muss die Erblichkeit der Ämter in gewissen Familien unvermeidlich zur Ausbildung einer kleinen einheimischen Aristokratie führen, die aus Dienern des Gemeinwesens zu dessen Herrschern wird. Namentlich dienten die ungeteilten Markländereien, der ager publicus der Römer, an denen naturgemäß die öffentliche Gewalt unmittelbar haftet, zur wirtschaftlichen Grundlage der Standeserhöhung dieses Adels.

Der Diebstahl des ungeteilten oder unbenutzten Marklandes ist die regelmäßige Methode aller einheimischen und fremden Herrscher, die sich über die Masse des Bauernvolkes emporschwingen und sie politisch unterjochen. Handelt es sich um ein von den großen Kulturstraßen abgeschlossenes Volk, so mag der primitive Adel in seiner ganzen Lebensweise wenig von der Masse sich unterscheiden, am Produktionsprozesse noch unmittelbar teilnehmen und eine gewisse demokratische Einfachheit der Sitten die Unterschiede des Vermögens vertuschen. So ist die jakutische Geschlechtsaristokratie nur um viele Viehstücke begüterter und in öffentlichen Geschäften einflussreicher als die Masse. Kommt aber ein Kontakt mit höher zivilisierten Völkern und reger Austausch hinzu, dann fügen sich bald verfeinerte Lebensbedürfnisse und Entwöhnung von der Arbeit zu sonstigen Vorrechten des Adels, und eine wirkliche Ständedifferenzierung vollzieht sich in der Gesellschaft. Das typischste Bild ist das Griechenland der nachhomerischen Zeit.

So führt die Arbeitsteilung im Schoße der primitiven Gesellschaft früher oder später unvermeidlich zur Sprengung der politischen und ökonomischen Gleichheit von innen heraus. Ein Geschäft öffentlichen Charakters spielt aber eine ganz hervorragende Rolle in diesem Prozess und vollzieht das Werk viel energischer als die öffentlichen Ämter friedlichen Charakters: es ist dies die Kriegführung. Zuerst Sache der Masse der Gesellschaft selbst, wird sie namentlich infolge Fortschritte der Produktion mit der Zeit zur" Spezialität gewisser Kreise der primitiven Gesellschaft. Je entwickelter, regelmäßiger und planmäßiger der Arbeitsprozess der Gesellschaft, umso weniger verträgt er die Unregelmäßigkeit und die Zeit- und Kraftvergeudung des Kriegslebens. Sind bei der Jagd und der nomadenhaften Viehzucht die Kriegszüge von Zeit zu Zeit direktes Ergebnis des Wirtschaftssystems, so ist der Ackerbau mit großer Friedlichkeit und Passivität der Masse der Gesellschaft verbunden, erfordert aber gerade deshalb häufig einen besonderen Stand von Kriegern zur Verteidigung. So oder anders spielt das Kriegsleben – selbst nur ein Ausdruck der engen Schranken der Produktivität der Arbeit – bei allen primitiven Völkern eine große Rolle und führt überall mit der Zeit zu einer neuen Art der Arbeitsteilung. Die Ausscheidung eines Kriegsadels oder einer Kriegshäuptlingsschaft ist überall der stärkste Stoß, den die soziale Gleichheit der primitiven Gesellschaft auszuhalten hat. So kommt es, dass wir überall, wo wir noch historisch überlieferte oder gegenwärtig existierende primitive Gesellschaften kennenlernen, fast nirgends mehr jene Verhältnisse der Freien und Gleichen vorfinden, wie sie uns Morgan in einem glücklichen Beispiele bei den Irokesen schildern konnte. Im Gegenteil, überall Ungleichheit und Ausbeutung, das sind die Merkmale aller primitiven Gesellschaften, wie sie uns als Produkt einer langen Zersetzungsgeschichte entgegentreten, ob es sich um die herrschenden Kasten des Orients handelt oder um die Geschlechtsaristokratie der Jakuten, um die „Großen Clanmänner" der schottischen Kelten oder um den Kriegsadel der Griechen, Römer und der Germanen der Völkerwanderung oder endlich um die kleinen Despoten der afrikanischen Negerreiche. Betrachten wir z.B. das berühmte Reich des Muata Kasembe in Zentralsüdafrika im Osten des Lundareiches, in das die Portugiesen zu Beginn des 19. Jahrhunderts gedrungen waren, so sehen wir hier, im Herzen Afrikas, selbst in einem von Europäern kaum betretenen Gebiet, unter primitiven Negern Gesellschaftsverhältnisse, in denen von Gleichheit und Freiheit der Mitglieder nicht viel mehr zu finden ist. So schildert uns z.B. die Zustände die Expedition des Majors Monteiro und des Hauptmanns Gamitto, die im Jahr 1831 vom Sambesi aus ins Land zu Handels- und Forschungszwecken unternommen wurde. Zunächst kam die Expedition ins Land der Marawi, die einen primitiven Hackbau trieben, in kegelförmigen Palisadenhäuschen wohnten und nur ein Tuch um die Lenden trugen. Zur Zeit, als Monteiro und Gamitto das Marawiland durchreisten, stand dasselbe unter einem despotischen Häuptling, welcher den Titel Nede führte. Alle Streitigkeiten wurden von ihm in seiner Hauptstadt Muzienda entschieden und gegen diese Entschließung durfte kein Widerspruch erhoben werden. Der Form nach versammelt er einen Rat von Alten, welche aber stets seiner Ansicht sein müssen. Das Land zerfällt in Provinzen, welche von Mambos regiert werden und diese wieder in Distrikte, an deren Spitze Funos stehen. Alle diese Würden sind erblich. – Am 8. August erreichte man die Residenz des Mukanda, des mächtigsten Häuptlings der Tschewa. Dieser, dem ein Geschenk aus verschiedenen baumwollenen Waren, rotem Tuch, verschiedenen Perlen, Salz und Kauris gesandt worden war, kam am folgenden Tage auf einem Schwarzen reitend, ins Lager. Mukanda war ein Mann von 60 bis 70 Jahren, von angenehmem, majestätischem Äußeren. Seine einzige Bekleidung bestand in einem schmutzigen Lappen, den er um die Hüften geschlungen hatte. Er blieb ungefähr zwei Stunden und erbat sich beim Abschied in einer freundlichen, unwiderstehlichen Weise von jedem ein Geschenk. – Die Beerdigung der Häuptlinge ist bei den Tschewa von äußerst barbarischen Zeremonien begleitet. Alle Weiber des Dahingeschiedenen werden mit der Leiche in dieselbe Hütte eingeschlossen, bis dass alles zur Beerdigung bereit ist. Dann bewegt sich der Leichenzug nach der Gruft hin, und dort angelangt, steigen das Lieblingsweib des Verstorbenen und sieben andere in diese hinab und setzen sich dort mit ausgestreckten Beinen nieder. Man bedeckt diese lebendige Grundlage mit Tüchern, legt darauf die Leiche und stürzt dann noch sechs andere Weiber, denen zuvor der Hals gebrochen worden, in die Gruft. Nun wird das Grab geschlossen und die schaudererregende Zeremonie findet ihren Schluss in der Pfählung zweier Jünglinge, deren einer mit einer Trommel am Kopfende, der andere mit Bogen und Pfeil am Fußende des Grabes aufgestellt wird. Major Monteiro war während seines Aufenthaltes im Tschewalande Augenzeuge einer solchen Beerdigung. – Von hier ging es bergauf in die Mitte des Reiches. Die Portugiesen kamen in eine hochgelegene, öde, von Lebensmitteln fast völlig entblößte Gegend; allerwärts zeigten sich Spuren der Verwüstung durch frühere Kriegszüge, und Hungersnot bedrängte die Expedition in gefahrdrohendstem Maße. Man schickte Boten mit einigen Geschenken zu dem nächsten Mambo, um Führer zu erhalten, allein die Abgesandten kehrten mit der niederschlagenden Nachricht zurück, dass sie den Mambo nebst seiner Familie dem Hungertode nahe ganz allein in der Dorfschaft angetroffen hätten. – Noch ehe man an das Herz des Reiches herankam, erhielt man Proben der barbarischen Justiz, welche dort an der Tagesordnung war; nicht selten begegnete man jungen Leuten, welchen Ohren, Hände, Nase und sonstige Gliedmaßen als Strafe für irgendein geringfügiges Vergehen abgeschnitten worden waren. – Am 19. November erfolgte endlich der Einzug in die Hauptstadt, wobei der Esel, welchen Hauptmann Gamitto ritt, nicht geringes Aufsehen verursachte. Bald gelangte man in eine etwa drei Viertelstunden lange Straße, die zu beiden Seiten durch 2 –3 Meter hohe Zäune begrenzt wird, welche aus durchflochtenen Stangen bestehen und so regelmäßig ausgeführt sind, dass sie wie Wände aussehen. Zu beiden Seiten sieht man in gewissen Abständen kleine offene Türen in diesen Strohwänden. Am Ende der Straße befindet sich eine kleine viereckige Baracke, welche nur nach Westen offen ist, und in deren Mitte auf einem hölzernen Sockel eine roh aus Holz geschnittene menschliche Figur von 70 cm Höhe steht. Vor der offenen Seite lag ein Haufen von mehr als 300 Totenschädeln. Hier wird die Straße zu einem großen viereckigen Platz, an dessen Ende ein großer Wald liegt, der von dem Platze nur durch einen Zaun abgetrennt ist. An der Außenseite desselben, zu beiden Seiten der Pforte und an jenen befestigt, sieht man 30 in eine Linie geordnete Totenköpfe als Zierat. – Es folgte nun der Empfang beim Muata, der mit allem barbarischen Gepränge und von seiner gesamten, aus 5 000 bis 6 000 Mann bestehenden Kriegsmacht umgeben, sich den Portugiesen zeigte. Er saß auf einem mit grünem Tuche bedeckten Stuhl, der auf einem Haufen von Leoparden- und Löwenfellen stand. Seine Kopfbedeckung bestand aus einer scharlachroten kegelförmigen Mütze, die aus ½ m langen Federn zusammengesetzt war. Um seine Stirn schlang sich ein Diadem aus glänzenden Steinen; Hals und Schultern deckte eine Art Kragen, der aus Schnecken, viereckigen Spiegelstücken und falschen Edelsteinen bestand. Um jeden Arm war eine breite Binde aus blauem Tuch gewunden, das mit Pelz garniert war; den Vorderarm zierten außerdem Schnüre von blauen Steinen. Den Unterleib deckte ein gelbes, rot und blau gesäumtes Tuch; welches mit einem Gürtel zusammengehalten wurde. Die Beine waren ähnlich wie die Arme mit blauen Steinen geschmückt. Stolz saß, von sieben bunten Schirmen gegen die Sonne geschützt, der Monarch da; als Zepter schwenkte er einen Gnuschwanz, und zwölf mit Besen versehene Neger waren beschäftigt, jedes Stäubchen, jede Unreinlichkeit aus seiner heiligen Nähe vom Boden zu entfernen. Um den Herrscher entfaltete sich ein sehr komplizierter Hofstaat. Zunächst hüteten seinen Thron zwei Reihen 40 cm hoher Figuren, welche den Oberteil eines mit Tierhörnern geschmückten Negers vorstellten, und zwischen diesen Figuren saßen zwei Neger, welche auf Kohlenbecken aromatische Blätter verbrannten. Den Ehrenplatz nahmen die beiden Hauptweiber ein, deren erstes ähnlich wie der Muata gekleidet war. Im Hintergrunde war der 400 Frauen zählende Harem aufmarschiert; doch waren diese Damen, den Leibschurz abgerechnet, gänzlich nackt. Außerdem standen noch 200 schwarze Damen jedes Befehls gewärtig da. Innerhalb des von den Weibern gebildeten Vierecks saßen die höchsten Würdenträger des Reiches, die Kilolo, auf Löwen- und Leopardenfellen, jeder mit einem Sonnenschirme und ähnlich wie der Muata gekleidet; verschiedene Musikkorps, die auf eigentümlich gestalteten Instrumenten einen betäubenden Lärm verursachten, und einige Hofnarren, die, mit Fellen und Tierhörnern bekleidet, umherrannten, vollendeten die Umgebung des Cazembe, der, solchergestalt würdig vorbereitet, den Anmarsch der Portugiesen erwartete. Der Muata ist der absolute Herrscher über dieses Volk, dessen Titel einfach „Herr" bedeutet. Unter ihm stehen zunächst die Kilolo oder der Adel, der wiederum in zwei Klassen zerfällt. Zu den vornehmsten Adligen gehören der Kronprinz, die nächsten Verwandten des Muata und der Höchstkommandierende der Kriegsmacht. Aber selbst über Leben und Eigentum dieser Adeligen verfügt der Muata in unumschränkter Weise. Ist dieser Tyrann übler Laune, so lässt er dem, der etwa einen Befehl nicht recht verstanden hat und nochmals fragt, sogleich die Ohren abschneiden, um ihn besser hören zu lehren. Jeder Diebstahl an seinem Eigentum wird mit Amputation der Ohren und Hände bestraft; wer mit irgendeinem seiner Weiber zusammenkommt oder mit ihr spricht, wird getötet oder an allen Gliedern verstümmelt. Der Herrscher steht bei dem abergläubischen Volke in solchem Ansehen, dass es glaubt, niemand könne ihn berühren, ohne durch seine Zaubermittel zu sterben. Da jedoch eine solche Berührung nicht immer zu vermeiden ist, so hat es ein Mittel gegen diesen Tod erfunden. Der, welcher den Herrn berührt hat, kniet vor ihm nieder, worauf dieser seine Handfläche in mysteriöser Weise an diejenige des Knienden legt und ihn solchergestalt vom Todeszauber erlöst."[45] Das ist ein Bild einer Gesellschaft, die

---

45 Stanleys und Camerons Reisen durch Afrika. Leipzig, Verlag von Otto Spamer, 1879, S. 68.

von den ursprünglichen Grundlagen jedes primitiven Gemeinwesens, von der Gleichheit und Demokratie sehr weit abgekommen ist. Dabei ist gar nicht ausgemacht, dass unter dieser Form des politischen Despotismus nicht markgenossenschaftliche Verhältnisse, Gemeinbesitz an Grund und Boden, gemeinsam organisierte Arbeit fortbestand. Die Portugiesen, die sich den äußeren Plunder der Trachten und Audienzen aufs genaueste merkten, hatten, wie alle Europäer, für ökonomische Verhältnisse, namentlich für solche, die dem europäischen Privateigentum zuwiderliefen, keinen Blick, kein Interesse und keinen Maßstab. Auf jeden Fall aber unterscheidet sich die soziale Ungleichheit und die Despotie der primitiven Gesellschaften wesentlich von derjenigen, die in den zivilisierten Gesellschaften herrscht und von ihnen erst in die primitiven verpflanzt wird. Die Rangerhöhung des primitiven Adels, die despotische Gewalt des primitiven Häuptlings sind ebenso naturwüchsige Produkte der Gesellschaft wie alle ihre sonstigen Lebensbedingungen. Sie sind nur ein anderer Ausdruck für die Hilflosigkeit der Gesellschaft der umgebenden Natur und den eigenen sozialen Verhältnissen gegenüber, jene Hilflosigkeit, die gleichermaßen in den Zauberpraktiken des Kults wie in den periodisch eintretenden Hungersnöten zum Vorschein kommt, wobei die despotischen Häuptlinge mitsamt der Masse ihrer Untertanen halb oder ganz verhungern. Diese Adels- und Häuptlingsherrschaft befindet sich deshalb in völliger Harmonie mit den sonstigen materiellen und geistigen Lebensformen der Gesellschaft, was ja in der bezeichnenden Tatsache sichtbar wird, dass die politische Gewalt der primitiven Herrscher stets mit der primitiven Naturreligion, mit dem Kult der Verstorbenen aufs engste verflochten ist und von ihnen getragen wird. Von diesem Standpunkt ist der Muata Kazembe der Lunda-Neger, dem vierzehn Weiber ins Grab mitgegeben werden, und der über Tod und Leben der Untertanen nach seiner unberechenbaren Laune verfügt, weil er im eigenen Glauben und in der felsenfesten Überzeugung seines Volkes ein mächtiger Zauberer ist, oder auch jener despotische „Fürst Kazongo" am Lomamifluss, der 40 Jahre später dem Engländer Cameron in einem Frauenrock, mit Affenfellen betresst und einem schmutzigen Taschentuch um den Kopf, mit seinen zwei nackten Töchtern mit großer Würde inmitten seiner Granden und seines Volkes einen hüpfenden Tanz zur Begrüßung vorführte – an sich eine viel weniger absurde und wahnwitzige Erscheinung als die „Herrschaft von ‚Gottes Gnaden'" eines Menschen, dem der ärgste Feind nicht nachsagen kann, dass er ein Zauberer ist, über 67 Millionen Köpfe eines Volkes, das einen Kant, Helmholtz und Goethe hervorgebracht.

Die primitive kommunistische Gesellschaft führt durch ihre eigene innere Entwicklung zur Ausbildung der Ungleichheit und der Despotie. Sie geht aber daran noch nicht zugrunde; sie kann vielmehr Jahrtausende unter diesen urwüchsigen Verhältnissen fortexistieren. Regelmäßig werden aber solche Gesellschaften früher oder später zur Beute einer fremden Eroberung und unterliegen dann einer mehr oder weniger weittragenden sozialen Umbildung. Namentlich ist hier die muselmännische Fremdherrschaft von geschichtlicher Wichtigkeit, weil sie auf weiten Strecken in Asien und Afrika der europäischen vorangegangen war. Überall, wo die mohammedanischen Nomadenvölker – ob Mongolen oder Araber – ihre Fremdherrschaft in einem eroberten Lande einrichteten und befestigten, da kam es zu einem sozialen Prozess, den Henry Maine und Maxim Kovalevsky als die Feudalisierung des Landes bezeichnen. Ohne sich den Grund und Boden selbst zum Eigentum zu machen, richteten die Eroberer ihr Augenmerk auf zweierlei Ziel: Entrichtung von Abgaben und militärische Befestigung der Herrschaft im Lande. Beiden Zwecken diente eine bestimmte administrativ-militärische Organisation, nach der das Land in mehrere Statthaltereien eingeteilt und muselmännischen Beamten in eine Art Leben gegeben wurde, die Steuereinnehmer und Militärverwalter zugleich waren. Auch wurden große Portionen der unbebauten Markländereien zur Gründung von Militärkolonien verwendet. Diese Einrichtungen, zusammen mit der Verbreitung des Islams, vollzogen Gewiss einen tiefgehenden Umschwung in den allgemeinen Existenzbedingungen der primitiven Gesellschaften. Allein ihre wirtschaftlichen Bedingungen wurden dadurch wenig geändert. Die Grundlagen und die Organisation der Produktion blieben dieselben und dauerten – trotz Ausbeutung und militärischem Druck – lange Jahrhunderte unverändert fort. Freilich war die muselmännische Herrschaft nicht überall so rücksichtsvoll gegenüber den Lebensbedingungen der Eingeborenen. Die Araber an der Ostküste

Afrikas trieben z.B. vom Sansibarer Sultanat aus jahrhundertelang einen ausgedehnten Sklavenhandel mit Negern, der zu regelrechten Sklavenjagden im Innern Afrikas, zur Entvölkerung und Zerstörung ganzer Negerdörfer und zur Steigerung der oespotischen Gewalt der Eingeborenenhäuptlinge führte, die im Verlauf ihrer eigenen Untertanen oder unterworfenen Nachbarstämme an die Araber ein verlockendes Geschäft fanden. Doch war auch dieser für die Schicksale der afrikanischen Gesellschaft so tief greifende Umschwung der Verhältnisse erst als weitere Folge der europäischen Einflüsse vollzogen: der Sklavenhandel mit Negern kam erst nach den Entdeckungen und Eroberungen der Europäer im 16. Jahrhundert, zur Bedienung der durch Europäer ausgebeuteten Plantagen und Bergwerke in Amerika und Asien, in Blüte.

In jeder Hinsicht verhängnisvoll wird also für die primitiven Gesellschaftsverhältnisse erst das Eindringen der europäischen Zivilisation. Die europäischen Eroberer sind die ersten, die nicht auf Unterwerfung und wirtschaftliche Ausbeutung der Eingeborenen allein ausgehen, sondern die Produktionsmittel selbst, den Grund und Boden aus ihren Händen reißen. Dadurch aber entzieht der europäische Kapitalismus der primitiven Gesellschaftsordnung ihre Basis. Es entsteht das, was schlimmer als alle Unterdrückung und Ausbeutung ist, völlige Anarchie und die spezifisch europäische Erscheinung: die Unsicherheit der sozialen Existenz. Die unterworfene Bevölkerung, die von ihren Produktionsmitteln getrennt wird, wird vom europäischen Kapitalismus nur noch als Arbeitskraft betrachtet und, wenn sie als solche für die Kapitalzwecke taugt, in Sklaverei getan, wenn nicht ausgerottet. Wir haben diese Methode in den spanischen, englischen, französischen Kolonien gesehen, vor dem Vormarsch des Kapitalismus kapituliert die primitive Gesellschaftsordnung, die alle früheren Geschichtsphasen überdauert hat. Ihre letzten Reste werden vom Erdboden vertilgt und ihre Elemente – Arbeitskräfte und Produktionsmittel – vom Kapitalismus aufgesogen. So fiel die urkommunistische Gesellschaft überall – in letzter Linie, weil sie vom ökonomischen Fortschritt überholt war – um neuen Entwicklungsperspektiven Platz zu machen. Diese Entwicklung und dieser Fortschritt sollten auf lange Zeit durch die niederträchtigen Methoden einer Klassengesellschaft vertreten werden, bis auch diese überholt und vom weiteren Fortschritt auf die Seite geschoben wird. Die Gewalt ist auch hier bloß Dienerin der ökonomischen Entwicklung.

4. Die Warenproduktion

Die Aufgabe, die wir uns gestellt haben, ist die, zu beweisen: eine Gesellschaft kann nicht existieren ohne gemeinschaftliche Arbeit, d.h. ohne Arbeit mit Plan und Organisation. Wir haben auch zu allen Zeiten die verschiedensten Formen solcher Gemeinschaftsarbeit gefunden. In der heutigen Gesellschaft finden wir gar keine: weder Herrschaft noch Gesetz, noch Demokratie, keine Spur von Plan und Organisation – Anarchie. Wie ist die kapitalistische Gesellschaft möglich?

I.

Um dem Bau des kapitalistischen Babelturms auf die Spur zu kommen, stellen wir uns erst für einen Augenblick wieder eine Gesellschaft mit planmäßiger Organisation der Arbeit vor. Es sei dies eine Gesellschaft mit hochentwickelter Arbeitsteilung, wo nicht nur die Landwirtschaft und das Gewerbe getrennt, sondern auch innerhalb beider jeder besondere Zweig zur Spezialität besonderer Gruppen von Arbeitenden geworden ist. In der Gesellschaft gibt es also Landwirte und Förster, Fischer und Gärtner, Schuster und Schneider, Schlosser und Schmiede, Spinner und Weber usw. usw. Die Gesellschaft im Ganzen ist also mit jeder Art Arbeit und jeder Art Produkt versehen. Diese Produkte kommen in größerer oder geringerer Menge allen Mitgliedern der Gesellschaft zugute, denn die Arbeit ist eine gemeinschaftliche, sie ist von vornherein planmäßig geteilt und organisiert durch irgendeine Autorität – sei dies das despotische Gesetz der Regierung oder sei dies die Leibeigenschaft oder irgendeine andere Form der Organisation. Zur Vereinfachung stellen wir uns indes vor, dies sei eine kommunistische Gemeinde mit Gemeineigentum, wie wir sie bereits an dem indischen Beispiel kennengelernt haben. Wir setzen nur für einen Augenblick voraus, dass die Arbeitsteilung innerhalb dieser Gemeinde viel weiter gediehen ist, als dies geschichtlich der Wahrheit entspricht, und nehmen an, dass ein Teil der Gemeindemitglieder sich ausschließlich der Landwirtschaft widmet, während jede andere Art Arbeit von speziellen Handwerkern verfertigt wird. Die Wirtschaft dieser Gemeinde ist uns ganz klar: es sind die Gemeindemitglieder selbst, die alle den Grund und Boden und sämtliche Produktionsmittel gemeinsam besitzen, ihr gemeinsamer Wille bestimmt auch, was, wann und wieviel von jedem Produkt hergestellt werden soll. Die fertige Produktenmasse wird aber, da sie gleichfalls allen zusammen gehört, unter alle nach Maßgabe der Bedürfnisse verteilt. Nun aber stellen wir uns vor, dass in dieser so beschaffenen kommunistischen Gemeinde eines schönen Morgens das Gemeineigentum aufgehört hat zu existieren und damit auch die gemeinsame Arbeit und der gemeinsame Wille, der die Produktion regelte. Die einmal erreichte hochentwickelte Arbeitsteilung ist selbstverständlich geblieben. Der Schuster sitzt an seinem Leisten, der Bäcker hat nichts und versteht nichts als seinen Backofen, der Schmied hat nur die Schmiede und weiß nur den Hammer zu schwingen usw. usw. Aber die Kette, die früher alle diese Spezialarbeiten zu einer gemeinschaftlichen Arbeit, zur gesellschaftlichen Wirtschaft verband, ist gesprungen. Nun ist jeder auf sich gestellt: der Landwirt, der Schuster, der Bäcker, der Schlosser, der Weber usw. Jeder ist ein völlig freier, unabhängiger Mensch. Die Gemeinde hat ihm nichts mehr zu sagen, niemand kann ihm befehlen, für die Gesamtheit zu arbeiten, niemand kümmert sich aber auch um seine Bedürfnisse. Die Gemeinde, die ein Ganzes war, ist in einzelne Atome, in einzelne Partikelchen, zerfallen, wie ein in tausend Splitter zertrümmerter Spiegel. Jeder Mensch schwebt nun gewissermaßen wie ein losgelöstes Stäubchen in der Luft und mag sehen, wie er auskommt. Was wird nun die Gemeinde, in der eine solche Katastrophe über Nacht vorgegangen ist, was werden die sich selbst überlassenen Menschen am andern Morgen anfangen? Sicher ist zunächst das eine; sie werden am anderen Morgen vor allem – arbeiten, genau wie sie es früher getan. Denn solange ohne Arbeit die menschlichen Bedürfnisse nicht befriedigt werden können, muss jede menschliche Gesellschaft arbeiten.

Welche Umwälzungen und Veränderungen in der Gesellschaft auch vorgehen, die Arbeit kann nicht einen Augenblick ruhen. Die ehemaligen Mitglieder des kommunistischen Gemeinwesens würden also, auch nachdem ihre Bande untereinander abgebrochen und sie ganz sich selbst überlassen bleiben, vor allem jeder weiterarbeiten und zwar, da wir annehmen, dass jede Arbeit bereits spezialisiert ist, würde jeder nur diejenige Arbeit weiterbetreiben können, die sein Fach geworden ist und deren Produktionsmittel er hat: der Schuster würde Stiefel machen, der Bäcker, der Schmied, der Weber Gewebe anfertigen, der Landmann Korn bauen usw. Nun entsteht aber sofort die Schwierigkeit: jeder von diesen Produzenten verfertigt zwar äußerst wichtige und durchaus notwendige Gegenstände des Gebrauchs, jeder von den Spezialisten, der Schuster, der Bäcker, der Schmied, der Weber waren noch gestern alle gleich hochgeschätzte nützliche Mitglieder der Gemeinschaft, ohne die sie nicht auskommen konnte. Jeder hatte seinen wichtigen Platz im Ganzen. Nun existiert aber das Ganze nicht mehr, jeder existiert vielmehr nur für sich. Aber keiner kann für sich allein von den Produkten seiner Arbeit allein leben. Der Schuster kann nicht seine Stiefel verzehren, der Bäcker kann nicht mit Brot alle seine Bedürfnisse befriedigen, der Landmann könnte mit reichstem Kornspeicher vor Hunger und Kälte umkommen, wenn er nichts als Korn hätte. Jeder hat mannigfaltige Bedürfnisse und kann selbst nur ein einzelnes befriedigen. Fast Jeder braucht deshalb ein gewisses Maß von den Produkten aller anderen. Sie sind alle aufeinander angewiesen. Wie aber dies bewerkstelligen, da wir wissen, dass zwischen den einzelnen Produzenten keinerlei Beziehungen und Bande mehr existieren. Der Schuster braucht dringend Brot vom Bäcker, er hat aber keine Mittel, sich dieses Brot zu verschaffen, er kann den Bäcker nicht zwingen, ihm Brot zu liefern, da sie beide gleiche freie und unabhängige Menschen sind. Wenn er die Frucht der Arbeit des Bäckers sich zugutekommen lassen will, so kann dies offenbar nur auf Gegenseitigkeit beruhen, d.h. wenn er dem Bäcker seinerseits ein diesem nützliches Produkt liefert. Aber der Bäcker braucht ebenfalls Produkte des Schuhmachers und befindet sich genau in derselben Lage wie dieser. Der Grund zur Gegenseitigkeit ist damit gegeben. Der Schuhmacher gibt dem Bäcker Stiefel, um dafür von diesem

Brot zu bekommen, Schuster und Bäcker tauschen ihre Produkte ein, und können jetzt beide ihre Bedürfnisse befriedigen. So ergibt es sich, dass bei hochentwickelter Arbeitsteilung bei gänzlicher Unabhängigkeit der Produzenten voneinander und bei dem Mangel jeglicher Organisation zwischen ihnen, der einzige Weg, um die Produkte verschiedener Arbeiten allen zugänglich zu machen – der Austausch ist. Der Schuster, der Bäcker, der Landwirt, der Spinner, der Weber, der Schlosser – alle tauschen gegenseitig ihre Produkte ein und befriedigen so ihre allseitigen Bedürfnisse. Der Austausch hat somit ein neues Band zwischen den zersplitterten, vereinzelten, voneinander gerissenen Privatproduzenten geschaffen, die Arbeit und die Konsumtion, das Leben der zertrümmerten Gemeinde kann wieder losgehen, denn der Austausch hat ihnen die Möglichkeit gegeben, wieder alle füreinander zu arbeiten, d.h. er hat die gesellschaftliche Zusammenarbeit, die gesellschaftliche Produktion auch unter der Form der zersplitterten Privatproduktion wieder ermöglicht.

Aber es ist dies eben eine ganz neue eigentümliche Art und Weise der gesellschaftlichen Zusammenarbeit, und wir müssen sie uns näher betrachten. Jeder einzelne Mensch arbeitet jetzt auf eigene Faust, er produziert für eigene Rechnung, nach eigenem Willen und Ermessen. Er muss jetzt, um zu leben, Produkte herstellen, die er nicht braucht, sondern die andere brauchen. Jeder arbeitet somit für andere. Das ist an sich nichts Besonderes und nichts Neues. Auch in der kommunistischen Gemeinde arbeiteten alle füreinander. Das Besondere aber ist, dass jetzt jeder sein Produkt an andere nur im Tausch hergibt und Produkte anderer nur auf dem Wege des Tausches kriegen kann. Jeder muss jetzt also, um zu Produkten, die er braucht, zu gelangen, durch eigene Arbeit Produkte herstellen, die zum Austausch bestimmt sind. Der Schuster muss fortwährend Schuhe produzieren, die er selbst gar nicht braucht, die für ihn ganz nutzlos, weggeworfene Arbeit sind. Sie haben für ihn nur den Nutzen Zweck, dass er sie gegen andere Produkte, die er braucht, eintauschen kann. Er produziert also im Voraus seine Stiefel zum Austausch, d.h. er produziert sie als Ware. Jeder kann jetzt nur seine Bedürfnisse befriedigen, d.h. zu Produkten, die andere hergestellt haben, gelangen, wenn er seinerseits mit einem Produkt erscheint, das andere brauchen und das er zu diesem Zweck mit seiner Arbeit hergestellt hat, d.h. jeder gelangt zu seinem Anteil an den Produkten aller anderen, an dem gesellschaftlichen Produkt, wenn er selbst mit einer Ware erscheint. Das von ihm selbst für den Tausch verfertigte Produkt ist jetzt sein Forderungsrecht auf einen Teil des gesellschaftlichen Gesamtprodukts. Das gesellschaftliche Gesamtprodukt existiert jetzt zwar nicht mehr in der früheren Form wie in der kommunistischen Gemeinde, wo es direkt in seiner Masse, in seiner Ganzheit den Reichtum der Gemeinde darstellte und dann erst verteilt wurde. Das heißt: es wurde von allen gemeinschaftlich für die Rechnung der Gemeinde und unter Leitung der Gemeinde gearbeitet und was produziert war, kam also schon zur Welt als gesellschaftliches Produkt. Dann folgte erst die Verteilung des gemeinsamen Produkts an die einzelnen und dann trat das Produkt erst in den Privatgebrauch einzelner Gemeindemitglieder. Jetzt wird umgekehrt verfahren: jeder produziert als einzelner Privatmensch auf eigene Faust und erst die fertigen Produkte bilden im Austausch zusammen eine Summe, die man als gesellschaftlichen Reichtum betrachten kann. Der Anteil eines jeden, sowohl an der gesellschaftlichen Arbeit wie an dem gesellschaftlichen Reichtum, wird nun dargestellt durch die spezielle Ware, die er mit seiner Arbeit angefertigt und zum Tausch mit anderen gebracht hat. Der Anteil eines jeden an der gesellschaftlichen Gesamtarbeit wird jetzt also nicht mehr in einem gewissen Quantum ihm im Voraus zugewiesener Arbeit dargestellt, sondern im fertigen Produkt, in der Ware, die er nach seinem freien Ermessen liefert. Wenn er nicht will, braucht er gar nicht zu arbeiten, kann nur spazieren gehen, niemand wird ihn dafür schelten oder in Strafe nehmen, wie dies wohl mit den renitenten Mitgliedern der kommunistischen Gemeinde geschah, wo Faulenzer wahrscheinlich vom „Haupteinwohner", dem Haupt der Gemeinde, scharf ermahnt oder auch auf der Gemeindeversammlung der öffentlichen Verachtung preisgegeben wurden. Jetzt ist jeder Mensch sein unumschränkter freier Herr, die Gemeinde existiert nicht als Autorität. Aber wenn er nicht arbeitet, kriegt er auch nichts im Tausch von den Produkten der Arbeit anderer. Andererseits aber ist heute der einzelne gar nicht einmal sicher, wenn er noch so fleißig arbeitet, dass er zu den ihm notwendigen Lebensmitteln kommt; denn niemand ist ja gezwungen, ihm solche zu geben, auch gegen seine Produkte. Der Tausch kommt nur dann zustande, wenn ein gegenseitiges Bedürfnis vorliegt. Braucht man augenblicklich keine Stiefel in der Gemeinde, so kann der Schuster noch so fleißig arbeiten und noch so feine Ware anfertigen, niemand wird sie ihm abnehmen und ihm dafür Brot, Fleisch usw. geben, und so bleibt er ohne das Nötigste zum Leben. Hier kommt wieder ein scharfer Unterschied im Vergleich zu den früheren kommunistischen Verhältnissen in der Gemeinde zum Ausdruck. Die Gemeinde hielt sich den Schuster, weil man in der Gemeinde überhaupt Stiefel braucht. Wieviel Stiefel er anfertigen sollte, das wurde ihm von der zuständigen Gemeindebehörde gesagt, er arbeitete ja nur gewissermaßen als Gemeindediener, als Gemeindebeamter und ein jeder war genau in derselben Lage. Hielt sich aber die Gemeinde einen Schuster, so musste sie ihn selbstverständlich auch ernähren. Er kriegte seinen Anteil wie jeder andere aus dem gemeinschaftlichen Reichtum und dieser sein Anteil stand in keinem direkten Zusammenhang mit seinem Anteil an der Arbeit. Freilich musste er arbeiten und er wurde ernährt, weil er arbeitete, weil er ein nützliches Mitglied der Gemeinde war. Aber ob er gerade in diesem Monat mehr oder weniger Stiefel anzufertigen hatte oder zeitweise gar keine, deshalb kriegte er seine Lebensmittel, seinen Anteil an Gemeindemitteln genauso. Jetzt kriegt er nur in dem Maße, wie man seine Arbeit braucht, d.h. in dem Maße, wie sein Produkt im Tausch von anderen genommen wird, Zug um Zug. Jeder arbeitet also drauflos, wie er will, soviel er, woran er will. Die einzige Bestätigung, dass er das Richtige produziert hat, was die Gesellschaft braucht, dass er tatsächlich gesellschaftlich notwendige Arbeit verzichtet hat, liegt in der Tatsache, dass sein Produkt von anderen genommen wird. Also nicht jede noch so fleißige und gediegene Arbeit hat von vornherein einen Zweck und einen Wert vom gesellschaftlichen Standpunkt, nur ein Produkt, das austauschbar ist, hat Wert; ein Produkt, das von niemand in Tausch genommen wird, und mag es noch so gediegen sein, ist wertlos, weggeworfene Arbeit.

Jetzt muss also jeder, um sich an den Früchten der gesellschaftlichen Produktion, also auch an der gesellschaftlichen Arbeit zu beteiligen, Waren produzieren. Dass seine Arbeit aber als tatsächlich gesellschaftlich notwendige Arbeit anerkannt wird, sagt ihm niemand, sondern das erfährt er daraus, dass seine Ware in Tausch genommen, dass sie austauschbar wird. Sein Anteil an der Arbeit und an dem Produkt der Gesamtheit wird also nur dadurch gesichert, dass seinen Produkten der Stempel der gesellschaftlich notwendigen Arbeit ausgedrückt wird, der Stempel des Tauschwerts. Bleibt sein Produkt unaustauschbar, dann hat er ein wertloses Produkt geschaffen, dann war seine Arbeit gesellschaftlich überflüssig. Dann ist er auch nur ein Privatschuster, der zum eigenen Zeitvertreib Leder verschnitt und Stiefel pfuschte, ein Privatschuster, der gewissermaßen außerhalb der Gesellschaft steht; denn die Gesellschaft will nichts von seinen Produkten wissen, und deshalb sind ihm auch die Produkte der Gesellschaft unzugänglich. Hat unser Schuster heute seine Stiefel glücklich umgetauscht und hat er Lebensmittel dafür bekommen, so kann er nicht nur gesättigt und gekleidet, sondern auch stolz heimkehren: er ist als nützliches Mitglied der Gesellschaft, seine Arbeit als notwendige Arbeit anerkannt worden. Kehrt er aber mit seinen Stiefeln zurück, weil sie ihm niemand abnehmen wollte, dann hat er allen Grund, melancholisch zu sein, denn er bleibt ohne Suppe und zugleich hat man ihm dadurch gewissermaßen, wenn auch mit kaltem Schweigen, erklärt: die Gesellschaft braucht dich nicht, Freundchen, deine Arbeit war gar nicht notwendig, du bist also ein überflüssiger Mensch, der sich ruhig aufhängen kann. Den Anschluss an die Gesellschaft gibt unserem Schuster also jedes Mal nur ein Paar austauschbare Stiefel, allgemein gesprochen, eine Ware von Tauschwert. Aber genau in derselben Lage wie unser Schuster befinden sich der Bäcker, der Weber, der Landmann – alle. Die Gesellschaft, die den Schuster bald anerkennt, bald schnöde und kalt ausstößt, ist ja nur die Summe all dieser einzelnen Warenproduzenten, die gegenseitig für den Tausch arbeiten. Die Summe: gesellschaftliche Arbeit und gesellschaftliches Produkt, die auf diese Weise zustande kommt, gleicht jetzt deshalb gar nicht der Summe aller Arbeiten und Produkte einzelner Mitglieder, wie das früher bei der kommunistischen gemeinschaftlichen Wirtschaft der Fall war. Denn jetzt kann dieser oder jener fleißig arbeiten, und sein Produkt ist doch, wenn es keinen Abnehmer zum Tausch findet, ein weggeworfenes, zählt gar nicht. Nur der Austausch bestimmt, was für Arbeiten und was für Produkte notwendig waren, also gesellschaftlich zählen. Es ist gleichsam, als wenn alle erst Zuhause blindlings darauf losarbeiteten, dann ihre fertigen Privatprodukte auf einen Platz zusammenschleppten und hier die Sachen gesichtet würden, dann wird erst ein Stempel aufgedrückt: dies und das waren gesellschaftlich notwendige Arbeiten und werden im Tausch angenommen, jenes aber waren nicht notwendige Arbeiten, sind also null und nicht. Dieser Stempel besagt: dies und das hat Wert, jenes ist wertlos und bleibt Privatvergnügen, respektive -pech des Betreffenden.

Fassen wir die verschiedenen Einzelheiten zusammen, so ergibt sich, dass durch die bloße Tatsache des Warenaustausches, ohne jede andere Einmischung oder Regelung dreierlei wichtige Verhältnisse bestimmt werden:

1. Der Anteil jedes Mitgliedes der Gesellschaft an der gesellschaftlichen Arbeit. Dieser Anteil, nach Art und Maß, wird ihm nicht mehr von vornherein von der Gemeinde zugewiesen, sondern nur post festum, am fertigen Produkt akzeptiert oder nicht akzeptiert. Früher war jedes einzelne Paar Stiefel, das unser Schuster anfertigte, unmittelbar und im Voraus, schon auf dem Leisten, gesellschaftliche Arbeit. Jetzt sind seine Stiefel zunächst Privatarbeit, die niemanden was angeht. Dann werden sie erst auf dem Tauschmarkt gesichtet, und nur insofern sie in Tausch genommen werden, wird die auf sie verwendete Arbeit des Schusters als gesellschaftliche Arbeit anerkannt. Anders bleiben sie eine Privatarbeit und sind wertlos.

2. Der Anteil jedes Mitglieds am gesellschaftlichen Reichtum. Vorher bekam der Schuster seinen Teil der in der Gemeinde verfertigten Produkte bei der Verteilung. Dieser wurde bemessen: erstens nach der allgemeinen Wohlhabenheit, nach dem jedesmaligen Stand des Vermögens der Gemeinde, zweitens nach den Bedürfnissen der Mitglieder. Eine zahlreichere Familie musste mehr kriegen als eine wenig zahlreiche. Bei der Verteilung der eroberten Ländereien unter den germanischen Stämmen, die zur Zeit der Völkerwanderung nach Europa kamen und auf den Trümmern des Römischen Reiches sich niederließen, spielte auch die Größe der Familien eine Rolle. Die russische Gemeinde, die noch in den achtziger Jahren hie und da Umstellungen ihres Gemeinbesitzes vornahm, zog dabei die Kopfzahl, die Zahl der „Mäuler" jedes Hausstandes in Betracht. Bei der allgemeinen Herr-

schaft des Austausches fällt jedes Verhältnis zwischen dem Bedürfnisse des Gesellschaftsmitgliedes und seinem Anteil an Reichtum weg sowie zwischen diesem Anteil und der Größe des Gesamtreichtums der Gesellschaft. Jetzt wird nur das von jedem Mitglied auf dem Warenmarkt präsentierte Produkt, und nur sofern es im Tausch als gesellschaftlich notwendiges akzeptiert wird, maßgebend für seinen Anteil am gesellschaftlichen Reichtum.

3. Endlich wird durch den Mechanismus des Austausches selbst auch die gesellschaftliche Arbeitsteilung geregelt. Früher bestimmte die Gemeinde, sie brauche so und so viele Ackerknechte, so und so viele Schuster, Bäcker, Schlosser und Schmiede usw. Die richtige Proportion zwischen den einzelnen Gewerben wie die Sorge dafür, dass alle nötigen Arbeitszweige ausgeübt werden, lag der Gemeinde und ihren gewählten Beamten ob. Sie kennen auch wohl den berühmten Fall, wo die Vertreter einer Dorfgemeinde darum baten, man solle einen zum Tode verurteilten Schlosser freilassen und dafür lieber einen Schmied hängen, deren es zwei im Dorfe gab. Das ist ein glänzendes Beispiel der öffentlichen Sorge für die richtige Arbeitsteilung in einem Gemeinwesen. (Übrigens sahen wir, wie im Mittelalter Kaiser Karl ausdrücklich die Arten der Handwerker und ihre Zahl für seine Güter vorschrieb. Wir sahen auch, wie in den mittelalterlichen Städten das Zunftreglement dafür sorgte, dass die einzelnen Gewerbe im richtigen Maß ausgeübt wurden, und lud fehlende Handwerker von auswärts in die Stadt ein.) Bei freiem und unbeschränktem Austausch wird dies durch den Austausch selbst geregelt. Jetzt heißt unseren Schuster niemand schustern. Will er, so kann er Seifenblasen produzieren oder papierene Drachen. Er kann sich aber auch, wenn es ihm einfällt, statt auf Stiefelmachen aufs Weben, Spinnen oder auf die Goldschmiedekunst verlegen. Niemand sagt ihm, dass ihn die Gesellschaft überhaupt und dass sie ihn speziell als Schuster braucht. Freilich braucht die Gesellschaft im Allgemeinen Schuhwerk. Aber wieviel Schuster dies Bedürfnis decken können, bestimmt jetzt niemand. Ob also der gegebene Schuster nötig ist, ob nicht vielmehr ein Weber oder Schmied fehlt, das sagt unserem Schuster niemand. Aber was ihm niemand sagt, das erfährt er wieder einzig und allein auf dem Warenmarkt. Werden seine Schuhe in Tausch genommen, so weiß

er, dass die Gesellschaft ihn als Schuster braucht. Und umgekehrt. Er kann die beste Ware anfertigen, wenn aber andere Schuster genügend den Bedarf gedeckt haben, ist seine Ware überflüssig. Wiederholt sich das, so muss er sein Gewerbe aufgeben. Der überzählige Schuster wird von der Gesellschaft in derselben mechanischen Weise ausgeschieden, wie etwa überflüssige Stoffe aus dem tierischen Körper ausgeschieden werden; indem seine Arbeit nicht als gesellschaftliche Arbeit akzeptiert, er also auf den Austerbeetat gesetzt wird. Derselbe Zwang, austauschbare Produkte für andere als Existenzbedingung für sich zu produzieren, wird unseren ausrangierten Schuster schließlich in ein anderes Gewerbe führen, wo ein starker und nicht genügend gedeckter Bedarf existiert, sagen wir zur Weberei oder zum Rollfuhrwerk, und so wird hier der Fehlbetrag an Arbeitskräften ausgefüllt. Auf dieselbe Weise wird aber nicht nur richtige Proportion unter den Gewerben eingehalten, sondern es werden auch die Gewerbe selbst abgeschafft und neu geschaffen. Wenn ein Bedürfnis in der Gesellschaft aufhört oder durch andere Produkte wie bisher gedeckt wird, so wird das nicht etwa, wie in der früheren kommunistischen Gemeinde, von den Mitgliedern festgestellt, und es werden nicht entsprechend die Arbeitenden von einem Gewerbe zurückgezogen und anders verwendet. Es äußert sich dies einfach in der Unaustauschbarkeit der veralteten Produkte. Noch im 17. Jahrhundert bildeten die Perückenmacher ein Handwerk, das in keiner Stadt fehlen durfte. Nachdem jedoch die Mode gewechselt hat und man aufgehört hat, Perücken zu tragen, ist das Gewerbe einfach durch die Unverkäuflichkeit der Perücken eines natürlichen Todes gestorben. Mit der Verbreitung der Kanalisation in den modernen Städten und der Wasserleitungen, die jede Wohnung mechanisch mit Wasser versorgen, ist der Beruf der Wasserträger oder, wie sie in Wien hießen, Wasserer allmählich verschwunden. Jetzt nehmen wir einen umgekehrten Fall. Nehmen wir an, unser Schuster, dem die Gesellschaft durch systematische Verschmähung seiner Ware unzweideutig zu fühlen gegeben hat, dass er nicht gesellschaftlich notwendig ist, ist aber so eingebildet, trotzdem zu glauben, er sei ein unentbehrliches Glied der Menschheit, und will durchaus leben. Um zu leben muss er, wie wir wissen und wie er weiß, Waren produzieren. Und nun erfindet er ein ganz neues Produkt: sagen wir eine Bartbinde oder eine wundervolle Stiefelglanzmische. Hat er damit einen neuen gesellschaftlich notwendigen Arbeitszweig geschaffen, oder wird er, wie so viele große Entdeckergenies verkannt bleiben? Das sagt ihm wieder niemand, und das erfährt er nur auf dem Warenmarkt. Wird sein neues Produkt dauernd in Tausch genommen, dann ist der neue Produktionszweig als gesellschaftlich notwendig anerkannt, und die gesellschaftliche Arbeitsteilung hat eine neue Erweiterung erfahren. (Baumwolle hat im 19. Jahrhundert die Leinwand verdrängt.)

Sie sehen, wir haben in unserer Gemeinde, die nach dem Zusammenbruch des kommunistischen Regiments, des Gemeineigentums, nach dem Verschwinden jeglicher Autorität im Wirtschaftsleben, jeglicher Organisation und Planmäßigkeit in der Arbeit, jeglicher Bande unter den einzelnen Mitgliedern, die nach dieser Katastrophe am anderen Morgen zunächst ganz hoffnungslos aussah, allmählich wieder einen gewissen Zusammenhang, eine gewisse Ordnung erstehen lassen, und zwar auf eine ganz mechanische Weise. Ohne irgendeine Verständigung unter den einzelnen Mitgliedern, ohne Einmischung irgendeiner höheren Macht fügten sich nun schlecht oder recht die einzelnen Splitter zum Ganzen. Der Austausch selbst reguliert nun in mechanischer Weise, gleichsam wie eine Art Pumpwerk, die ganze Wirtschaft: er schafft zwischen den einzelnen Produzenten ein Band, er zwingt sie zur Arbeit, er regelt ihre Arbeitsteilung, er bestimmt ihren Reichtum und die Verteilung dieses Reichtums. Der Austausch regiert die Gesellschaft. Es ist freilich eine etwas seltsame Ordnung, die jetzt vor unseren Augen erstanden ist. Die Gesellschaft sieht jetzt völlig anders aus als früher unter dem Regime der kommunistischen Gemeinde. Damals war sie ein kompaktes Ganzes, eine Art große Familie, deren Glieder alle miteinander verwachsen waren und zäh zusammenhielten, ein fester Organismus, ja sogar ein verknöcherter, unbeweglicher und starrer Organismus. Jetzt ist das ein äußerst lockeres Gebilde, in dem die Einzelglieder alle Augenblicke auseinanderfallen und sich wieder zusammenschließen. In der Tat, wir haben gesehen, dass unserem Schuster niemand sagt, dass er arbeiten, was er arbeiten, wieviel er arbeiten soll. Niemand fragt andererseits auch, ob er Lebensmittel braucht, welche er braucht, wieviel er braucht. Niemand kümmert sich um ihn, er existiert für die Gesellschaft nicht.

Er meldet der Gesellschaft seine Existenz dadurch, dass er auf dem Warenmarkt mit einem Produkt seiner Arbeit erscheint. Seine Existenz wird akzeptiert, wenn seine Ware akzeptiert wird. Seine Arbeit wird für gesellschaftlich notwendig, er also als ihr arbeitendes Glied anerkannt, nur insofern seine Stiefel in Tausch genommen werden. Er kriegt Lebensmittel aus dem gesellschaftlichen Reichtum nur insofern seine Stiefel als Ware angenommen werden. Als Privatperson ist er also kein Gesellschaftsmitglied, ebenso seine Arbeit als Privatarbeit noch keine gesellschaftliche. Er wird Gesellschaftsmitglied nur insofern er austauschbare Produkte, Waren, anfertigt, und nur so lange er solche hat und veräußern kann. Jedes ausgetauschte Paar Stiefel macht ihn zum Gesellschaftsmitglied und jedes unverkäufliche Paar Stiefel schließt ihn wieder aus der Gesellschaft aus. Der Schuster hat also als solcher, als Mensch, keine Verbindung mit der Gesellschaft, seine Stiefel erst geben ihm Anschluss an die Gesellschaft, und dies nur, sofern sie Tauschwert haben, als Ware verkäuflich sind. Das ist also kein ständiger Anschluss, sondern ein immer erneuerter und immer wieder sich auslösender. In derselben Lage sind aber neben unserem Schuster alle anderen Warenproduzenten. Und es gibt ja niemanden in der Gesellschaft außer Warenproduzenten, denn nur im Tausch erlangt man Mittel zum Leben; um solche zu bekommen, muss also jeder mit Waren erscheinen. Das Warenproduzieren ist Lebensbedingung, und so ergibt sich ein Gesellschaftszustand, bei dem alle Menschen ihr Einzeldasein führen als ganz losgelöste Individuen, die füreinander nicht existieren, und die nur durch ihre Waren fortwährend abwechselnd Anschluss an die Gesamtheit bekommen oder aus diesem Anschluss wieder ausgeschaltet werden. Es ist dies eine höchst lockere und bewegliche, im unaufhörlichen Wirbel ihrer Einzelglieder begriffene Gesellschaft.

Wir sehen, die Abschaffung der planmäßigen Wirtschaft und die Einführung des Austausches hat eine ganze Umwälzung in den gesellschaftlichen Verhältnissen der Menschen herbeigeführt, sie hat die Gesellschaft an Topf und Glieder umgewandelt.

II.

Der Austausch als einziges wirtschaftliches Bindeglied zwischen den Mitgliedern der Gesellschaft hat aber seine großen Schwierigkeiten und läuft nicht ohne weiteres so glatt ab, wie wir es bisher vorausgesetzt haben. Sehen wir uns die Sache näher an.

Solange wir nur den Tausch zwischen zwei einzelnen Produzenten betrachteten, den Tausch zwischen dem Schuster und dem Bäcker, war die Sache ganz einfach. Der Schuster kann nicht von Stiefeln allein leben und braucht Brot; der Bäcker kann, wie schon die Heilige Schrift sagt, nicht von Brot allein leben und braucht zwar nicht das Wort Gottes, im gegebenen Fall aber Stiefel. Da hier völlige Gegenseitigkeit vorliegt, kommt der Tausch glatt zustande; das Brot wandert aus der Hand des Bäckers, der es nicht braucht, in die Hand des Schusters; die Stiefel wandern aus der Schusterwerkstatt in den Bäckerladen. Die beiden sind befriedigt in ihren Bedürfnissen, und beide Privatarbeiten haben sich als gesellschaftlich notwendig bewährt. Aber wir nehmen ja an, dasselbe passiert nicht nur zwischen dem Schuster und dem Bäcker, sondern zwischen allen Mitgliedern der Gesellschaft, d.h. zwischen allen Warenproduzenten auf einmal. Und wir haben das Recht, dies anzunehmen, ja wir sind sogar genötigt, diese Annahme zu machen. Denn alle Mitglieder der Gesellschaft müssen ja leben, müssen verschiedenartige Bedürfnisse befriedigen. Die Produktion der Gesellschaft – sagten wir früher – kann keinen Augenblick aufhören, weil die Konsumtion keinen Augenblick aufhört. Jetzt müssen wir hinzufügen: da die Produktion nunmehr in einzelne selbständige Privatarbeiten zerrissen ist, von denen keine dem Menschen allein zu genügen vermag, so kann auch – soll die Konsumtion der Gesellschaft nicht aufhören – der Austausch keinen Augenblick aufhören. Alle tauschen also fortwährend mit allen ihre Produkte aus. Wie kommt das zustande? Kehren wir zu unserem Beispiel zurück. Der Schuster braucht nicht nur das Produkt des Bäckers, sondern er möchte von jeder anderen Ware eine gewisse Menge haben. Er braucht außer Brot noch Fleisch vom Schlächter, einen Rock vom Schneider, das Zeug zu einem Hemd vom Leinweber, einen Zylinderhut vom Hutmacher usw. Alle diese Waren kann er nur erlangen auf dem Wege des Tausches; was er aber seinerseits dagegen bieten kann, sind immer nur Stiefel. Für den Schuster haben demnach alle Produkte, die er zum Leben für sich braucht, zunächst die Form von Stiefeln. Wenn er Brot braucht, macht er zuerst ein Paar Stiefel; braucht er ein Hemd, so macht er Stiefel; will er einen Hut oder Zigarren, er macht vor allem immer nur Stiefel. In seiner Spezialarbeit, für ihn persönlich hat der gesamte gesellschaftliche Reichtum, der ihm zugänglich ist, die Form von Stiefeln. Erst durch den Austausch auf dem Warenmarkt kann seine Arbeit aus der engen Stiefelform in die mannigfaltige Form der Lebensmittel verwandelt werden, die er braucht. Damit aber diese Verwandlung tatsächlich zustände kommt, damit die viele fleißige Arbeit des Schusters, von der er sich allerlei Lebensfreuden verspricht, nicht in der Stiefelform steckenbleibt, dazu ist eine wichtige Bedingung nötig, die wir schon kennen: es ist notwendig, dass gerade alle die anderen Produzenten, deren Arbeitsprodukte der Schuster braucht, auch seine Stiefel brauchen und in Tausch nehmen wollen. Der Schuster bekam alle anderen Waren nur dann, wenn sein Produkt, die Stiefel, von allen anderen Produzenten begehrte Ware wäre. Er erhielt von allen anderen Waren jederzeit so viel, als er durch seine Arbeit eintauschen kann, wenn seine Stiefel eine jederzeit von jedermann begehrte Ware, also eine unbeschränkt begehrte Ware, wären. Schon vom Schuster allein wäre es offenbar eine ziemliche Anmaßung und ein unbegründeter Optimismus, zu glauben, dass seine spezielle Ware von einer so absoluten und unbeschränkten Unentbehrlichkeit für das Menschengeschlecht wäre. Die Sache verschlimmert sich aber dadurch, dass sich genau in derselben Lage wie der Schuster auch jeder andere Einzelproduzent befindet: der Bäcker, der Schlosser, der Weber, der Fleischer, der Hutmacher, der Landmann usw. Jeder von ihnen begehrt und braucht die mannigfaltigsten Produkte, kann aber seinerseits nur ein einziges Produkt dagegen bieten. Jeder könnte seine Bedürfnisse nur dann vollauf befriedigen, wenn seine Spezialware jederzeit von jedermann in der Gesellschaft begehrt, in Tausch genommen wäre. Ein kurzes Nachdenken wird Ihnen sagen, dass dies eine pure Unmöglichkeit ist. Jedermann kann nicht jederzeit gleichermaßen alle Produkte begehren. Jedermann kann nicht jederzeit also unbegrenzt für Stiefel und Brot, und Kleider und Schlösser, und Garn und Hemden und Hüte und Bartbinden usw. Abnehmer sein. Ist dies aber nicht der Fall, dann können sich nicht alle Produkte jederzeit gegen alle austauschen. Ist aber der Austausch als ständiges allseitiges Verhältnis unmöglich, dann ist die Befriedigung aller Bedürfnisse in der Gesellschaft unmöglich, dann ist die allseitige Arbeit in der Gesellschaft unmöglich, dann ist die Existenz der Gesellschaft unmöglich. Und so wären wir wieder in der Klemme und könnten die Aufgabe nicht lösen, die wir uns gestellt haben: nämlich die Erklärung, wie aus den vereinzelten zersplitterten Privatproduzenten, die kein gemeinschaftlicher Arbeitsplan, keine Organisation, kein Band verbindet, doch eine gesellschaftliche Zusammenarbeit und eine Wirtschaft zustande kommen kann. Der Austausch hat sich uns wohl als ein Mittel erwiesen, der dies alles, wenn auch auf seltsamen Wegen, regulieren kann. Dazu muss aber doch der Austausch überhaupt erst zustande kommen, um als ein regelmäßiger Mechanismus funktionieren zu können. Jetzt finden wir aber im Austausch selbst schon beim ersten Schritt solche Schwierigkeiten, dass wir gar nicht einsehen, wie er überhaupt als ein allseitiges ständiges Geschäft vom Fleck kommen soll.

Nun, das Mittel, um diese Schwierigkeit zu überwinden und den gesellschaftlichen Austausch zu ermöglichen, ist gefunden worden. Zwar war es kein Kolumbus, der es entdeckte, aber die gesellschaftliche Erfahrung und die Gewohnheit haben unmerklich das Mittel im Austausch selbst gefunden oder, wie man sagt, „das Leben" selbst hat die Aufgabe gelöst. Wie denn überhaupt das gesellschaftliche Leben zugleich mit Schwierigkeiten immer auch die Mittel zu ihrer Lösung schafft. Alle Waren können freilich unmöglich von allen jederzeit, d.h. in unbeschränktem Maße begehrt werden. Aber es gab jederzeit und in jeder Gesellschaft irgendeine Ware, die als Grundstock der Existenz für jedermann wichtig, – notwendig, nützlich war, die er deshalb jederzeit begehrte. Eine solche dürften allerdings kaum je gerade die Stiefel gewesen sein, so eitel ist die Menschheit nicht. Aber ein solches Produkt konnte z.B. das Vieh sein. Mit Stiefeln allein kann man nicht auskommen, auch nicht mit Kleidern, mit Hüten, mit Korn allein. Aber Vieh als Grundlage der Wirtschaft sichert jedenfalls die Existenz der Gesellschaft; es liefert Fleisch, Milch, Häute, Arbeitskraft usw. Besteht doch bei den zahlreichen Nomadenvölkern der ganze Reichtum überhaupt in Viehherden. Auch jetzt leben noch oder lebten wenigstens bis vor kurzem die Negerstämme Afrikas fast ausschließlich von Viehzucht. Nehmen wir nun an, dass in unserer Gemeinde das Vieh ein vielbegehrtes Stück Reichtum sei, wenn auch nicht einziges, sondern nur ein bevorzugtes unter vielen anderen Produkten, die in der Gesellschaft hergestellt werden. Der Viehzüchter verwendet hier seine Privatarbeit auf Produktion von Vieh, wie der Schuster auf Stiefel, der Weber auf Leinwand usw. Nur erfreut sich das Produkt des Viehzüchters nach unserer Annahme von allen anderen einer allgemeinen unbeschränkten Beliebtheit, weil es allen am unentbehrlichsten und wichtigsten scheint. Vieh ist also für jedermann eine willkommene Bereicherung. Da wir dabei bleiben, dass in unserer Gesellschaft nichts und von niemand anders erlangt werden kann als im Wege des Tausches, so kann man sich offenbar auch das vielbegehrte Vieh vom Viehzüchter nicht anders verschaffen als durch den Austausch gegen ein anderes Arbeitsprodukt. Da aber, wie vorausgesetzt, jedermann gern Vieh haben möchte, so bedeutet dies, dass jedermann jederzeit seine Produkte gern gegen Vieh hingeben würde. Für Vieh kann man also auch umgekehrt jederzeit jede Art Produkte haben. Wer also Vieh hat, hat nur zu wählen, denn alles steht zu „seiner Verfügung und gerade deshalb will umgekehrt jeder sein besonderes Arbeitsprodukt gegen keine anderen mehr als gegen Vieh eintauschen; denn hat er Vieh, dann hat er alles, weil er ja für Vieh jederzeit alles kriegt. Hat sich das nach einiger Zeit allgemein klar gezeigt, und ist zur Gewohnheit geworden, dann ist das Vieh allmählich zur allgemeinen Ware geworden, d.h. zu der einzigen unbeschränkt und allgemein begehrten austauschbaren Ware. Und als solche allgemeine Ware vermittelt nun das Vieh den Austausch zwischen allen anderen Spezialwaren. Der Schuster nimmt nun für seine Stiefel vom Bäcker nicht etwa direkt Brot, sondern Vieh; denn er kann sich dann mit Vieh Brot und allesmögliche kaufen, wann er will. Auch kann ihm jetzt der Bäcker die Stiefel mit Vieh bezahlen, weil er ja für fein eigenes Produkt, das Brot, gleichfalls von anderen, vom Schlösser, Viehzüchter, Fleischer, Vieh bekommen hat. Jeder nimmt für sein eigenes Produkt von anderen

Vieh und zahlt wieder mit selbigem Vieh, wenn er die Produkte anderer haben will. So geht das Vieh von einer Hand in die andere, es vermittelt jeden Tausch, es ist das geistige Band zwischen den einzelnen Warenproduzenten. (Und je mehr, je häufiger das Vieh so als Vermittler der Tauschgeschäfte aus einer Hand in die andere geht, umso mehr befestigt sich seine allgemeine unbeschränkte Beliebtheit, umso mehr wird es zu der einzigen jederzeit begehrten austauschbaren Ware, zur allgemeinen Ware.)

Wir haben früher gesehen, jedes Arbeitsprodukt ist in einer Gesellschaft von zersplitterten Privatproduzenten ohne gemeinschaftlichen Arbeitsplan zunächst eine Privatarbeit. Ob diese Arbeit gesellschaftlich notwendig war, ob also ihr Produkt einen Wert hat und dem Arbeitenden einen Anteil an den Produkten der Gesamtheit sichert, ob es nicht vielmehr weggeworfene Arbeit war, das zeigt einzig und allein die Tatsache, dass dieses Produkt in Tausch genommen wird. Nun werden aber alle Produkte nur mehr gegen Vieh ausgetauscht. Jetzt gilt also ein Produkt nur insofern als gesellschaftlich notwendig, wenn es sich gegen Vieh austauschen lässt. Seine Tauschbarkeit gegen Vieh, seine Gleichwertigkeit mit Vieh gibt jetzt jedem Privatprodukt erst den Stempel der gesellschaftlich notwendigen Arbeit. Wir haben weiter gesehen, dass erst durch den Warenaustausch und nur durch den Warenaustausch der vereinzelte isolierte Privatmensch zum Gesellschaftsmitglied gestempelt wird. Jetzt müssen wir genauer sagen: durch Austausch gegen das Vieh. Das Vieh gilt nunmehr als die Verkörperung der gesellschaftlichen Arbeit, und somit ist das Vieh jetzt das einzige gesellschaftliche Band zwischen den Menschen.

Hier werden Sie sicher das innere Gefühl haben: nun hätten wir uns verrannt. So weit war noch alles einigermaßen fassbar und ließ sich hören. Aber zum Schluss: dieses Vieh als allgemeine Ware, Vieh als Verkörperung der gesellschaftlichen Arbeit, ja Vieh als einziges Band der menschlichen Gesellschaft – das ist schon eine verrückte Phantasie und dazu eine für das Menschengeschlecht beleidigende Phantasie! Doch Sie würden sich, wenn Sie etwas Derartiges denken, ganz grundlos beleidigt fühlen. Denn so geringschätzig und von oben herab Sie auf das arme Vieh herabblicken mögen, so ist es jedenfalls klar, dass es dem Menschen viel näher steht und ihm doch gewissermaßen ähnlich, jedenfalls unendlich ähnlicher ist als, sagen wir, ein vom Boden aufgehobener Klumpen Lehm oder ein Kiesel oder ein Stückchen Eisen. Sie müssen zugeben, dass das Vieh jedenfalls schon eher würdig wäre, das lebendige gesellschaftliche Band zwischen den Menschen darzustellen als ein toter Klumpen Metall. Und doch hat die Menschheit in diesem Fall gerade dem Metall den Vorzug gegeben. Denn in der früher beschriebenen Bedeutung und Rolle des Viehs im Austausch ist es nichts anderes als – das Geld. Wenn Sie sich nun das Geld durchaus nicht anders als in der Gestalt von gemünzten Gold- oder Silberstücken oder gar in papiernen Banknoten vorstellen können, und wenn Sie dabei finden, dass dieses metallene oder papierne Geld als allgemeiner Vermittler des Verkehrs zwischen den Menschen als gesellschaftliche Macht etwas Selbstverständliches sei, hingegen meine Darstellung, in der das Vieh diese Rolle spielte, eine Verrücktheit wäre, so beweist das nur, wie sehr Sie mit dem Vorstellungen der heutigen kapitalistischen Welt stecken. So kommt Ihnen das Bild der gesellschaftlichen Verhältnisse, die noch halbwegs vernünftig ausschauen, ganz hirnverbrannt vor, und als selbstverständlich erscheint Ihnen das, was eine vollendete Verrücktheit ist. Tatsächlich hat das Geld in der Gestalt von Vieh genau dieselben Funktionen wie das Metallgeld, und es ist nichts als Rücksicht gegen die Bequemlichkeit, die uns dazu geführt hat, das Geld aus Metall zu machen. Das Vieh lässt sich freilich nicht so gut wechseln, noch so genau in seinem Wert abmessen wie die gleichartigen metallenen Scheibchen, auch muss man zum Aufbewahren von Viehgeld ein gar zu großes Portemonnaie haben, das einem Viehstall ähnelt. Aber bevor die Menschheit auf die Idee kam, Geld aus Metall zu machen, war das Geld als unumgänglicher Vermittler des Austausches längst fertig. Denn Geld, die allgemeine Ware, ist eben jenes unentbehrliche Mittel, ohne das kein allgemeiner Austausch vom Auskommen, ohne das die aus Einzelprodukten bestehende planlose gesellschaftliche Wirtschaft nicht existieren kann.

In der Tat, sehen wir uns jetzt die vielseitige Rolle des Viehs im Austausch an. Was hat das Vieh in der von uns untersuchten Gesellschaft zum Geld gemacht? Die Tatsache, dass es ein allseitig und jederzeit begehrtes Arbeitsprodukt war. Warum war aber das Vieh allzeit und allseitig begehrt? Wir haben gesagt: weil es ein äußerst nützliches Produkt war, das die Existenz als vielseitiges Lebensmittel sichern konnte. Ja, das stimmt im Anfang. Doch nachher, je mehr das Vieh im allgemeinen Austausch als Vermittler gebraucht wurde, desto mehr trat der unmittelbare Gebrauch des Viehs als Lebensmittel in den Hintergrund. Wer nun Vieh für sein Produkt zum Austausch kriegt, wird sich hüten, es zu schlachten und aufzuessen oder in den Pflug zu spannen; das Vieh ist für ihn jetzt wertvoller als Mittel, jederzeit jede beliebige andere Ware zu kaufen. Der Empfänger von Vieh wird es also jetzt nicht als Lebensmittel verbrauchen, sondern als Tauschmittel zu weiteren Tauschgeschäften aufbewahren. Sie werden auch merken, dass der unmittelbare Gebrauch des Viehs bei der hochentwickelten Arbeitsteilung, die wir in der Gesellschaft voraussetzen, auch nicht gut angängig ist. Was soll z.B. der Schuster mit dem Vieh als solchem anfangen? Oder der Schlosser, der Weber, der Hutmacher, die keine Landwirtschaft treiben? Der unmittelbare Nutzen von Vieh als Lebensmittel wird also immer mehr außer Acht gelassen und alsdann wird das Vieh von allen jederzeit begehrt nicht mehr, weil es zum Schlachten, Melken oder Pflügen nützlich ist, sondern weil es jederzeit die Möglichkeit zum Tausch gegen jede beliebige Ware gibt. Es wird immer mehr zur spezifischen Nützlichkeit; zur Mission des Viehs, den Austausch zu ermöglichen, d.h. zur jederzeitigen Verwandlung der Privatprodukte in gesellschaftliche, der Privatarbeiten in gesellschaftliche Arbeiten zu dienen. Da das Vieh somit seinen Privatgebrauch, dem Menschen als Lebensmittel zu dienen, immer mehr vernachlässigt und sich ausschließlich seiner Funktion der ständigen Vermittlung zwischen den einzelnen Mitgliedern der Gesellschaft widmet, so hört es auch allmählich auf, Privatprodukt wie jedes andere zu sein, sondern es wird von vornherein, von Hause aus, sozusagen vom Stall aus, gesellschaftliches Produkt, und die Arbeit des Viehzüchters wird nun im Unterschied von allen anderen Arbeiten in der Gesellschaft zu der einzigen direkt gesellschaftlichen Arbeit. Alsdann wird auch das Vieh gezüchtet nicht mehr allein zum Verbrauch als Lebensmittel, sondern daneben direkt zu dem Zwecke, als gesellschaftliches Produkt, als allgemeine Ware, als Geld zu funktionieren. Freilich wird das Vieh zum geringeren Teil auch noch geschlachtet oder in den Pflug gespannt.

Aber dieser sozusagen Privatgebrauch, Privatcharakter des Viehs verschwindet immer mehr gegenüber seinem offiziellen Charakter als Geld. Und als solches spielt es nun eine hervorragende und vielseitige Rolle im Leben der Gesellschaft.

1. Es wird endgültig allgemeines und offiziell anerkanntes Tauschmittel. Nun tauscht niemand mehr Stiefel gegen Brot oder Hemden gegen Hufeisen. Wer das wollte, würde mit Achselzucken abgewiesen. Nur für Vieh kann man etwas bekommen. Dadurch aber zerfällt der frühere doppelseitige Tausch in zwei getrennte Geschäfte: in Verkauf und in Kauf. Früher, als der Schlosser und der Bäcker ihre Produkte austauschten, hat jeder durch den bloßen Händewechsel zugleich seine Ware verkauft und die des anderen gekauft. Kan und Verkauf waren ein und dasselbe Geschäft. Jetzt, wenn der Schuster seine Stiefel verkauft, so kriegt er und nimmt er auch nur dafür Vieh. Er hat zunächst erst sein eigenes Produkt verkauft. Wenn er wieder etwas kauft, was er kauft, ob er überhaupt kauft, bleibt eine Sache für sich. Genug, der Schuster ist sein Produkt losgeworden, er hat seine Arbeit jetzt aus der Stiefelform in die Viehform verwandelt. Die Viehform aber, das ist, wie wir wissen, die offizielle gesellschaftliche Form der Arbeit und in dieser kann sie der Schuster so lange aufbewahren wie er will; denn er weiß, er hat es jederzeit in der Hand, sein Arbeitsprodukt wieder aus der Viehform in jedes beliebige umzutauschen, d.h. einen Kauf zu machen.

2. Eben dadurch wird aber das Vieh jetzt auch zum Mittel, den Reichtum aufzusparen und zu sammeln, es wird zum Schatzmittel. Solange der Schuster seine Produkte nur direkt gegen Lebensmittel eintauschte, arbeitete er auch nur so viel, als er brauchte, um seine täglichen Bedürfnisse zu decken. Denn was hätte es ihm genützt, Stiefel auf Vorrat zu arbeiten oder gar große Vorräte an Brot, Fleisch, Hemden, Hüten usw. zu machen? Gegenstände des täglichen Gebrauchs werden meistens durch längeres Aufbewahren und Lagern nur beschädigt oder gar unbrauchbar gemacht. Nun aber kann der Schuster das Vieh, das er für seine Arbeitsprodukte bekommt, aufbewahren als Mittel für die Zukunft. Nun erwacht in unserem Meister auch die Sparsamkeit, er sucht so viel wie möglich zu verkaufen, hütet sich aber, alles erhaltene Vieh wieder auszugeben; im Gegenteil, er sucht

es anzusammeln, denn da das Vieh allezeit zu allem gut ist, spart und häuft er es für die Zukunft auf, und er lässt so die Früchte seiner Arbeit seinen Kindern als Erbteil.

3. Das Vieh wird zugleich auch zum Maß aller Werte und Arbeiten. Wenn der Schuster wissen will, was ein Paar Schuhe ihm im Tausch einbringen wird, was sein Produkt wert ist, so sagt er sich z.B.: Ich kriege ein halbes Rind pro Paar, mein Paar Stiefel ist ein halbes Rind wert.

4. Endlich wird das Vieh auf diese Weise zum Inbegriff des Reichtums. Nun sagt man nicht: Dieser oder jener ist reich, weil er viel Korn, Herden, Kleider, Schmucksachen, Diener hat, sondern: Er hat viel Vieh. Man sagt: Hut ab vor dem Manne, er ist 1 0000 Ochsen „gut". Oder man sagt: Armer Kerl, er ist ganz viehlos!

Wie Sie sehen, kann die Gesellschaft mit der Verbreitung des Viehs als allgemeines Tauschmittel nur noch in Viehformen denken. Man redet und träumt immerwährend von Vieh. Es bildet sich eine förmliche Viehanbetung und Viehbewunderung: ein Mädchen wird am liebsten geheiratet, wenn seine Reize durch große Viehherden als Mitgift erhöht werden, auch wenn nicht ein Schweinezüchter, sondern ein Professor, ein Geistlicher, oder ein Dichter der Freier ist. Vieh ist der Inbegriff des menschlichen Glückes. Auf das Vieh und seine wunderbare Macht werden Gedichte gemacht, um des Viehs wegen werden Verbrechen und Mordtaten ausgeübt. Und die Menschen wiederholen kopfschüttelnd: „Vieh regiert die Welt." Wenn Ihnen dieses Sprichwort unbekannt vorkommt, so übersetzen Sie's ins Lateinische; das altrömische Wort pecunia = Geld stammt von pecus = „Vieh" ab.

(In Metallgeld die Abstreifung des Gebrauchswerts vollendet.)

III.

Unsere bisherigen Untersuchungen darüber, wie sich die Verhältnisse in der kommunistischen Gemeinde nach dem plötzlichen Zusammenbruch des gemeinschaftlichen Eigentums und des gemeinschaftlichen Arbeitsplans gestalten würden, ist Ihnen als ein rein theoretisches Spintisieren und ein Mit-der-Stange-im-Nebel-herum-fahren.

In Wirklichkeit war das nichts anderes als eine abgekürzte und vereinfachte Darstellung der geschichtlichen Entstehung der Warenwirtschaft, die in ihren Grundzügen streng der historischen Wahrheit entspricht.

Einige Korrekturen müssen allerdings zu unserer Darstellung gemacht werden:

1. Der Vorgang, den wir als eine plötzlich eingetretene Katastrophe geschildert haben, die die kommunistische Gesellschaft über Nacht zertrümmert und in eine Gesellschaft freier Privatproduzenten verwandelt hat, dieser Vorgang hat in Wirklichkeit Jahrtausende gebraucht. Freilich ist auch die Vorstellung von einer solchen Verwandlung als einer plötzlichen und gewaltsamen Katastrophe durchaus nicht reine Phantasie. Die Vorstellung entspricht der Wirklichkeit überall da, wo primitive urkommunistische Völkerstämme mit anderen Völkern, die bereits auf hoher kapitalistischer Entwicklungsstufe stehen, in Berührung kommen. Solche Fälle haben wir bei den meisten Entdeckungen und Eroberungen der sogenannten wilden und halbzivilisierten Länder durch Europäer: bei der Entdeckung Amerikas durch die Spanier, bei der Eroberung Indiens durch die Holländer, Ostindiens durch die Engländer, dasselbe bei der Besitzergreifung der Engländer, Holländer, Deutschen in Afrika. In den meisten dieser Fälle war der plötzliche Einfall der Europäer in diese Länder von einer Katastrophe im Leben der dortigen primitiven Völker begleitet. Was wir als einen Vorgang von 24 Stunden angenommen haben, braucht in der Tat manchmal nur wenige Jahrzehnte. Die Eroberung des Landes durch einen europäischen Staat oder auch nur die Ansiedlung einiger europäischen Handelskolonien in diesen Ländern hat sehr bald zur Folge eine gewaltsame Abschaffung des Gemeineigentums an Grund und Boden, die Zerteilung und Zerstückelung des Grundeigentums in Privateigentum, die Wegnahme der Viehherden, die Umkrempelung sämtlicher hergebrachter Verhältnisse der Gesellschaft, nur dass das Resultat dabei meistens nicht, wie wir angenommen, die Verwandlung der kommunistischen Gemeinde in eine Gesellschaft freier Privatproduzenten mit Warenaustausch ist. Denn das ausgelöste Gemeineigentum wird nicht zum Privateigentum der Eingeborenen, sondern zum gestohlenen und geraubten Gut der europäischen Eindringlinge

gemacht und die Eingeborenen selbst, die ihrer alten Existenzformen und Existenzmittel beraubt sind, werden entweder zu Lohnsklaven oder einfach zu Sklaven der europäischen Kaufleute gemacht oder aber, wo beides nicht angängig ist, direkt ausgerottet. Für alle primitiven Völker in den Kolonialländern ist also der Übergang von den primitiven kommunistischen Zuständen zu den modernen kapitalistischen tatsächlich als eine plötzliche Katastrophe, als ein unsägliches Unglück voll furchtbarster Leiden eingetreten. Bei der europäischen Bevölkerung jedoch war es nicht eine Katastrophe, sondern ein langsamer, allmählicher und unmerklicher Prozess, der lange Jahrhunderte dauerte. Die Griechen und die Römer treten in die Geschichte noch mit dem Gemeineigentum ein. Die alten Germanen, die bald nach Christi Geburt vom Norden nach Süden dringen, das Römische Reich zerstören und sich in Europa ansiedeln, bringen noch die kommunistische Urgemeinde mit und halten sie eine Zeit lang aufrecht. Die ausgebildete Warenwirtschaft der europäischen Völker aber, wie wir sie geschildert haben, kommt erst am Ausgang des Mittelalters, im 15. und 16. Jahrhundert, auf.

2. Die zweite Korrektur, die an unseren Darstellungen zu machen wäre, ergibt sich aus der ersten. Wir haben angenommen, dass bereits im Schoße der kommunistischen Gemeinde alle möglichen Arbeitszweige spezialisiert und gesondert waren, d.h. dass die Arbeitsteilung innerhalb der Gesellschaft bis zu einem sehr hohen Grad der Entwicklung gediehen war, so dass bei dem Eintritt jener Katastrophe, die das Gemeinwesen abgeschafft und die Privatproduktion mit Austausch herbeigeführt hatte, die Arbeitsteilung als Grundlage des Austausches bereits fertig war. Diese Annahme ist geschichtlich unzutreffend. Innerhalb der primitiven Gesellschaftszustände ist, solange das Gemeineigentum besteht, die Arbeitsteilung nur sehr wenig erst keimartig entwickelt. Wir haben das an dem Beispiel der indischen Dorfgemeinde gesehen. Nur etwa 12 Personen waren aus der Masse der Gemeindeeinwohner ausgeschieden und mit besonderen Berufen betraut, darunter eigentliche Handwerker nur sechs: der Schmied, der Zimmermann, der Töpfer, der Barbier, der Wäscher und der Silberschmied. Die meisten Handwerksarbeiten, wie das Spinnen, Weben, Kleidermachen, Backen, Schlachten, Wurstmachen usw.: das alles

wurde von jeder Familie als Nebenbeschäftigung neben der landwirtschaftlichen Hauptarbeit Zuhause betrieben, wie dies auch jetzt noch in vielen Dörfern in Russland der Fall ist, insofern die Bevölkerung nicht bereits in den Austausch, in den Handel hineingezogen ist. Die Arbeitsteilung, d.h. die Absonderung einzelner Arbeitszweige als ausschließlicher Spezialberufe, kann sich nämlich erst richtig entwickeln, wenn das Privateigentum und der Austausch bereits da sind. Erst das Privateigentum und der Austausch ermöglichen die Herausbildung besonderer Spezialberufe. Denn erst, wenn ein Produzent Aussicht hat, seine Produkte regelmäßig gegen andere auszutauschen, hat es für ihn Zweck, überhaupt sich der Spezialproduktion zu widmen. Und erst das Geld gibt jedem Produzenten die Möglichkeit, die Frucht seines Fleißes aufzubewahren und aufzuhäufen und dadurch auch den Antrieb zur möglichst ausgedehnten regelmäßigen Produktion für den Markt. Andererseits aber wird dieses Produzieren für den Markt und das Aufhäufen des Geldes nur dann einen Zweck für den Produzenten haben, wenn sein Produkt und dessen Erlös sein Privateigentum sind. In der kommunistischen Urgemeinde ist aber das Privateigentum gerade ausgeschlossen und die Geschichte zeigt uns, dass das Privateigentum erst infolge des Austausches und der Spezialisierung der Arbeiten entstanden ist. So stellt es sich heraus, dass die Ausbildung der Spezialberufe, d.h. die hochentwickelte Arbeitsteilung bei Privateigentum und bei entwickeltem Austausch möglich ist. Andererseits aber ist es klar, dass der Austausch selbst nur dann möglich ist, wenn die Arbeitsteilung bereits vorhanden ist; denn welchen Zweck hätte der Austausch unter Produzenten, die alle ein und dasselbe produzieren? Erst wenn X. z.B. nur Stiefel produziert, während Y. nur Brot bäckt, hat es Sinn und Zweck, dass die beiden ihre Produkte austauschen. So stoßen wir auf einen seltsamen Widerspruch: der Austausch ist nur möglich bei Privateigentum und bei entwickelter Arbeitsteilung, die Arbeitsteilung kann aber erst infolge des Austausches und auf Grundlage des Privateigentums entstehen, das Privateigentum seinerseits entsteht erst durch den Austausch. Es ist dies, wenn Sie näher zusehen, sogar ein doppelter Widerspruch: die Arbeitsteilung muss vor dem Austausch da sein, und der Austausch soll zugleich mit der Arbeitsteilung schon da sein, ferner: das Privateigentum ist die Voraussetzung für die Arbeitsteilung und den Austausch, es kann sich aber selbst nicht anders entwickeln, als erst aus der Arbeitsteilung und dem Austausch. Wie ist eine solche Verschlingung möglich? Wir drehen uns da offenbar im Kreise, und schon der erste Schritt aus der primitiven kommunistischen Urgemeinde heraus erscheint als eine Unmöglichkeit. Die menschliche Gesellschaft war da anscheinend in einen Widerspruch eingeklemmt, von dessen Lösung der weitere Fortgang der Entwicklung abhing. Nun, die Ausweglosigkeit ist nur eine scheinbare. Ein Widerspruch ist freilich für einzelne Menschen im gewöhnlichen Leben etwas Unübersteigbares, im Leben der Gesellschaft im Ganzen jedoch finden sie bei näherem Zusehen solche Widersprüche auf Schritt und Tritt; was heute als Ursache einer anderen Erscheinung auftritt, ist morgen ihre Wirkung und umgekehrt, ohne dass dieser fortwährende Wechsel in den Beziehungen das Leben der Gesellschaft aufhält. Im Gegenteil. Der Einzelmensch kann, wo er in seinem Privatleben vor einem Widerspruch steht, keinen Schritt weiter machen. Es wird in Bezug auf das tägliche Leben sogar so sehr angenommen, der Widerspruch sei etwas Unmögliches, dass ein Angeklagter, der sich vor Gericht in Widersprüche verwickelt, dadurch schon als der Unwahrheit überführt gilt, und die Widersprüche können ihn unter Umständen ins Zuchthaus oder gar an den Galgen bringen. Die menschliche Gesellschaft im Ganzen verwickelt sich aber fortwährend in Widersprüche, sie geht aber daran nicht zugrunde, sondern tritt, umgekehrt, erst dann in Bewegung, wo sie in Widersprüchen steckt. Der Widerspruch im Leben der Gesellschaft löst sich nämlich immer in Entwicklung, in neue Fortschritte der Kultur auf. Der große Philosoph Hegel sagt: „Der Widerspruch ist das Fortleitende." Und diese Bewegung in lauter Widersprüchen ist eben die wirkliche Art der Entwicklung der menschlichen Geschichte. Auch im gegebenen Fall, der uns hier interessiert, d.h. bei dem Übergang der kommunistischen Gesellschaft zum Privateigentum mit Arbeitsteilung und Austausch hat sich der Widerspruch, den wir gefunden haben, in eine besondere Entwicklung, in einen langen geschichtlichen Vorgang aufgelöst. Dieser Vorgang jedoch war, abgesehen von den von uns angebrachten Korrekturen, im Wesen der von uns gegebenen Darstellung entsprechend.

Vor allem beginnt der Austausch tatsächlich schon in den primitiven Urzuständen mit Gemeineigentum, und zwar, wie wir es auch angenommen haben, in der Form von Tauschhandel, d.h. Produkt direkt gegen Produkt. Den Tauschhandel finden wir schon auf sehr frühen Kulturstufe der Menschheit. Da jedoch zum Austausch, wie dargelegt, das Privateigentum der beiden Austauschenden gehört, und ein solches innerhalb der primitiven Gemeinde unbekannt ist, so vollzog sich auch der erste Tauschhandel nicht innerhalb der Gemeinde oder des Stammes, sondern außerhalb, nicht zwischen den Mitgliedern eines und desselben Stammes, eines und derselben Gemeinde, sondern zwischen verschiedenen Stämmen und Gemeinden, wo sie miteinander in Berührung kamen. Und zwar ist es hier nicht etwa ein einzelnes Mitglied eines Stammes, das mit einem anderen Stammfremden handelt, sondern es sind die Stämme, die Gemeinden als ganze, die miteinander in Tauschhandel treten, wobei sie durch ihre Oberhäupter handeln. Jene landläufige Vorstellung der Gelehrten der Nationalökonomie von einem Urjäger und Urfischer, die in der ersten Morgendämmerung der menschlichen Kultur in den Urwäldern Amerikas miteinander ihre Fische und ihr Wild austauschen, ist also ein doppeltes historisches Trugbild. Nicht nur existierten in den Urzeiten, wie wir gesehen, keine isolierten, für sich lebenden und arbeitenden Individuen, sondern auch ein Tauschhandel zwischen Einzelmensch und Einzelmensch hat sich erst um Jahrtausende später herausgebildet. Zunächst kennt die Geschichte nur miteinander handeltreibende Stämme und Völker. „Wilde Völker", sagt Laffitteau in seinem Werke über die amerikanischen Wilden[46] „treiben fortwährend Tausch miteinander. Ihr Handel hat das Gemeinsame mit dem Handel des Altertums, dass er einen unmittelbaren Austausch von Produkten gegen Produkte darstellt. Jedes von diesen Völkern besitzt etwas, was die anderen nicht haben und der Handel überträgt alle diese Dinge von einem Volk zum anderen. Dahin gehören Korn, Töpferwaren, Pelze, Tabak, Decken, Kähne, wildes Rindvieh, Hausgerätschaften, Amulette, Baumwolle, mit einem Wort alles, was zum Unter-

---

46   Mœurs des sauvages américains comparées aux mœurs des premiers temps 1724, T. II, p. 322 –3. (Sieb. 245).

halt des menschlichen Lebens gebraucht wird ... Ihr Handel wird mit dem Haupt des Stammes geführt, welches das ganze Volk vertritt."

Ferner, wenn wir bei unseren früheren Darlegungen den Austausch mit einem Einzelfall – dem Tausch zwischen Schuster und Bäcker – begannen und dies als etwas Zufälliges behandelten, so entspricht auch dies der strengen historischen Wahrheit. Im Anfang ist der Austausch zwischen den einzelnen wilden Stämmen und Völkern etwas rein Zufälliges, Unabhängiges; auch hängt es von den mehr zufälligen Begegnungen und Berührungen unter ihnen ab. Deshalb sehen wir den regelmäßigen Tauschhandel am frühesten bei den Nomadenvölkern aufkommen, weil sie durch ihren häufigen Ortswechsel am häufigsten mit anderen Völkern in Berührung kamen. Solange der Austausch zufällig ist, wird auch nur der Überfluss an Produkten, das, was nach der Deckung des eigenen Bedarfs bei dem Stamme oder der Gemeinde übrigbleibt, im Tausch gegen anderes geboten. Mit der Zeit jedoch, je häufiger sich der zufällige Austausch wiederholt, umso mehr wird er zur Gewohnheit, dann zur Regel, und nach und nach beginnt man direkt für den Austausch die Produkte herzustellen. Die Stämme und Völker spezialisieren also zum Zwecke des Austausches irgendeinen oder einige Produktionszweige. Die Arbeitsteilung zwischen den Stämmen und Gemeinden entwickelt sich. Dabei bleibt der Handel noch sehr lange reiner Tauschhandel, d.h. direkter Austausch von Produkt gegen Produkt. In vielen Gegenden der Vereinigten Staaten war noch Ende des 17. Jahrhunderts der Tauschhandel verbreitet. In Maryland setzte die gesetzgebende Versammlung die Proportionen fest, in denen Tabak, Öl, Schweinefleisch und Brot gegeneinander ausgetauscht werden sollten. In Corrientes liefen noch im Jahre 1815 hausierende Jungen auf den Straßen mit dem Ausruf: „Salz für Kerzen, Tabak für Brot!" In den russischen Dörfern wurde noch bis in die neunziger Jahre, zum Teil jetzt noch von umherziehenden Hausierern, sogenannte Prasols mit den Bauern einfacher Tauschhandel getrieben. Allerlei Kleinigkeiten, wie Nadeln, Fingerhüte, Bänder, Knöpfe, Pfeifen, Seife usw., tauschen sie gegen Borsten, Daunen, Hasenfelle und dergleichen aus. Ähnlichen Handel treiben in Russland die mit ihren Wagen herumziehenden Töpfer, Blechschmiede usw., die ihre eigenen

Erzeugnisse gegen Korn, Flachs, Hanf, Leinwand usw. tauschen.[47] Mit der Häufigkeit und Regelmäßigkeit der Austauschgelegenheiten sondert sich aber schon sehr früh von selbst in jeder Gegend, bei jedem Stamme diejenige Ware aus, die am leichtesten herzustellen ist, also am häufigsten in den Tausch gebracht werden kann, oder aber umgekehrt diejenige, die am meisten fehlt, also allgemein begehrt wird. Eine solche Rolle spielt z.B. das Salz und die Datteln in der Wüste Sahara, der Zucker im englischen Westindien, Tabak in Birginien und Maryland, der sogenannte Ziegeltee (ein hartes Gemisch von Teeblättern und Fett in Form von Ziegeln) in Sibirien, das Eisenbein bei den Afrikanegern, Kakaobohnen im alten Mexiko. Somit führen schon die klimatischen und Bodenbesonderheiten der verschiedenen Gegenden zur Aussonderung einer „allgemeinen Ware", die als Grundlage des ganzen Handels und Vermittlerin aller Tauschgeschäfte zu dienen geeignet ist. Dasselbe ergibt sich mit der späteren Entwicklung aus der besonderen Beschäftigung jedes Stammes. Bei den Jägervölkern ist das Wild selbstverständlich die von ihnen für alle möglichen Produkte gebotene „allgemeine Ware". Im Handel der Hudson-Bay-Gesellschaft spielten diese Rolle die Biberfelle. Bei den Fischerstämmen sind Fische die natürlichen Vermittler aller Tauschgeschäfte. Nach der Erzählung eines französischen Reisenden wird auf den Shetlandinseln sogar beim Kauf eines Theaterbilletts der Rest in Fischen herausgegeben. Die Notwendigkeit einer solchen allgemein beliebten Ware als allgemeiner Tauschvermittlerin wird manchmal sehr empfindlich fühlbar. So beschreibt z.B. der bekannte Afrikareisende Samuel Baker[48] seinen Tauschhandel mit den Negerstämmen im Innern Afrikas: „Es wird immer schwerer, sich die Nahrungsmittel zu beschaffen. Die Eingeborenen verkaufen Mehl nicht anders als im Tausch gegen Fleisch. Deshalb verschaffen wir es uns folgendermaßen: Im Tausch gegen Kleider und Schuhe kaufen wir bei türkischen Kaufleuten eiserne ‚Hämmer' (Spaten); für Hämmer kaufen wir einen Ochsen, dieser wird in ein entlegenes Dorf geführt, geschlachtet, und das Fleisch wird ungefähr in 100 Stücke zerteilt. Mit diesem Fleisch und

---

47 Sieb. S. 246.
48 Reise zu den Nilquellen, S. 221/222.

mit drei großen Körben setzen sich meine Leute auf die Erde, die Eingeborenen kommen dann und schütten für jedes Stück Fleisch in die Körbe ein kleines Körbchen Mehl. Dies ein Beispiel des mühevollen afrikanischen Mehlhandels."

Mit dem Übergang zur Viehzucht wird das Vieh allgemeine Ware im Tauschhandel und allgemeiner Wertmaßstab. Dies war der Fall bei den alten Griechen, wie sie uns Homer beschreibt. Indem er z.B. die Ausrüstung jedes Helden genau schildert und einschätzt, sagt er, dass das Rüstzeug des Glaukus 100 Rinder kostete, dasjenige von Diomedes 9 Rinder. Neben dem Vieh dienten aber zu jener Zeit bei den Griechen auch noch einige andere Produkte als Geld. Derselbe Homer sagt, dass bei der Belagerung Trojas für den Wein aus Lemnos bald Felle, bald Ochsen, bald Kupfer oder Eisen gezahlt wurde. Bei den alten Römern war, wie gesagt, der Begriff „Geld" mit Vieh identisch; ebenso galt bei den alten Germanen das Vieh als allgemeine Ware. Mit dem Übergang zur Landwirtschaft bekommen nun die Metalle, Eisen und Kupfer, eine hervorragende Bedeutung in der Wirtschaft, zum Teil als Stoff zur Herstellung der Waffen, noch mehr aber als Stoff für landwirtschaftliche Arbeitsmittel. Das Metall wird mit seiner vermehrten Herstellung und verbreitetem Gebrauch allgemeine Ware und verdrängt das Vieh aus dieser Rolle. Zunächst wird es allgemeine Ware, eben weil es wegen seinem natürlichen Gebrauch – als Stoff für allerlei Werkzeuge – allgemein nützlich und begehrt ist. Auf diesem Stadium wird es auch als roher Stoff, in Barren und nur nach Gewicht, im Handel verwendet. Bei den Griechen war das Eisen, bei den Römern das Kupfer im allgemeinen Gebrauch, bei den Chinesen ein Gemisch von Kupfer und Blei. Erst viel später kommen in Gebrauch und auch in Handelsverkehr die sogenannten Edelmetalle: Silber und Gold. Doch auch diese werden noch sehr lange in ihrem rohen Zustande, ungemünzt, nach Gewicht, in Handel genommen. Hier ist also noch die Herkunft der allgemeinen Ware, der Geldware von einem einfachen zu irgendeinem Gebrauch nützlichen Produkt sichtbar. Das einfache Stück Silber, das heute im Handel für Mehl gegeben wurde, mochte morgen noch direkt zur Anfertigung eines glänzenden Ritterschildes verwendet werden. Der ausschließliche Gebrauch des Edelmetalles als Geld, d.h. das gemünzte Geld war weder bei den alten Hindus, noch bei den Ägyptern, noch auch bei den Chinesen bekannt. Auch die alten Juden kannten nur erst die Metallstücke nach Gewicht. So zahlte Abraham, wie es im Alten Testament heißt, als er bei Effron die Grabstätte für Sara kaufte, wohlgewogene 400 Siklen Handelssilber. Man nimmt an, dass das Geldmünzen erst im 10. oder gar im 8. Jahrhundert v. Chr. ausgekommen ist, und zwar war es zuerst von Griechen eingeführt. Von diesen lernten es die Römer, die ihre ersten Silber- und Goldmünzen im 3. Jahrhundert v. Chr. verfertigen. Mit dem Prägen von Geldstücken aus Gold und Silber erreicht die lange Jahrtausende zählende Geschichte der Entwicklung des Austausches ihre vollste und reifste, endgültige Form.

Wir haben gesagt, dass das Geld, d.h. die allgemeine Ware, bereits ganz ausgebildet war, bevor man überhaupt die Metalle zum Geldanfertigen verwendete. Schon in der Viehform z.B. hat das Geld tatsächlich genau dieselben Funktionen wie heute die Goldmünze: als Vermittler der Tauschgeschäfte, als Wertmesser, als Schatzmittel, als Verkörperung des Reichtums. Allein erst in der Form des Metallgeldes kommt die Bestimmung des Geldes auch in der äußeren Erscheinung zum Ausdruck. Wir haben gesehen: der Austausch beginnt mit dem einfachen Tausch von zwei beliebigen Arbeitsprodukten. Er kommt zustande, weil der eine Produzent – die eine Gemeinde oder der Stamm – nicht ohne die Arbeitsprodukte anderer gut auskommen kann. Sie helfen einander mit ihren Arbeitserzeugnissen aus, indem sie sie tauschen. Mit der Häufigkeit und Regelmäßigkeit solcher Tauschgeschäfte stellt sich je ein Produkt als besonders bevorzugt, weil allgemein begehrt, heraus, und dieses wird zum Vermittler aller Tauschgeschäfte, zur allgemeinen Ware. An sich könnte jedes Arbeitsprodukt zu einer solchen Ware, d.h. zum Gelde werden: Stiefel oder Hüte, Leinwand oder Wolle, Vieh oder Korn, und wir sehen auch, dass verschiedenste Waren zeitweise diese Rolle spielten. Welche Ware gerade gewählt wird, hängt nur von den besonderen Bedürfnissen oder von der besonderen Beschäftigung des Volkes ab. Das Vieh wird zunächst allgemein beliebt als nützliches Produkt, als Lebensmittel. Mit der Zeit aber wird es hauptsächlich als Geld begehrt und genommen. Denn als solches dient das Vieh jedermann dazu, die Früchte seiner Arbeit in einer solchen Form aufzubewahren, die jederzeit austauschbar gegen jedes beliebige Arbeitsprodukt der Gesellschaft ist. Das Vieh, sagten wir, ist im Unterschied von allen anderen Privatprodukten das einzige direkt gesellschaftliche, weil jederzeit unbeschränkt austauschbare Produkt. Aber im Vieh kommt doch noch die Doppelnatur der Geldware stark zum Ausdruck: ein Blick auf das Vieh zeigt, dass es doch, trotzdem es allgemeine Ware, gesellschaftliches Produkt ist, zugleich ein einfaches Lebensmittel ist, das man schlachten und verzehren kann, ein gewöhnliches Produkt der menschlichen Arbeit, der Arbeit des Hirtenvolks. In der Goldmünze hingegen ist schon jede Erinnerung an die Herkunft des Geldes von einem einfachen Produkt verschwunden. Das geprägte Goldscheibchen ist an sich zu nichts anderem tauglich, hat gar keinen anderen Gebrauch, denn als Tauschmittel, als allgemeine Ware zu dienen. Es ist überhaupt noch Ware insofern, als es auch wie jede andere Ware Produkt der menschlichen Arbeit ist, der Arbeit des Goldgräbers und des Goldschmieds, aber es hat jeden Privatgebrauch als Lebensmittel verloren, es ist eben nichts als ein Stück menschliche Arbeit ohne jede für das Privatleben nützliche und gebräuchliche Form, es hat gar keinen Gebrauch mehr als privates Lebensmittel, Nahrung, Kleidung oder Schmucksache, oder was es sei, es hat nur noch den rein gesellschaftlichen Gebrauch zum Zweck: als Vermittler im Austausch anderer Waren zu dienen. Und deshalb gerade kommt erst in dem an sich sinnlosen und zwecklosen Gegenstand: in der Goldmünze der rein gesellschaftliche Charakter des Geldes, der allgemeinen Ware zum reinsten und reifsten Ausdruck.

Die Folgen der endgültigen Ausbildung des Geldes in der Metallform sind: starke Verbreitung des Handels und Verfalls aller Gesellschaftsverhältnisse, die früher nicht auf den Handel, sondern auf den Selbstverbrauch gerichtet waren. Die alte kommunistische Gemeinde wird durch den Handel zerrüttet, denn dieser beschleunigt die Ungleichheit des Vermögens unter seinen Mitgliedern, den Zusammenbruch des Gemeineigentums und schließlich den Zerfall der Gemeinde selbst. Die kleine freie Bauernwirtschaft, die zuerst nur für sich alles produziert und nur den Überfluss verkauft, um das Geld in den Strumpf zu tun, wird nach und nach, namentlich durch die Einführung der Geldsteuern, gezwungen, schließlich ihr ganzes Produkt zu verkaufen, um hinterher nicht nur Nahrung, Kleidung,

Hausgeräte sondern sogar das Korn zur Aussaat zu kaufen. Das Beispiel einer solchen Verwandlung der Bauernwirtschaft aus einer für den Eigenbedarf produzierenden in eine für den Markt produzierende und dadurch ganz ruinierte haben wir erst vor unseren Augen in den letzten Jahrzehnten in Russland erlebt. In der altertümlichen Sklaverei bringt der Handel eine tiefe Veränderung mit sich. Solange die Sklaven nur zur Hauswirtschaft gebraucht wurden, zu landwirtschaftlichen oder Handwerksarbeiten für den Bedarf des Herrn und seiner Familie, trug die Sklaverei noch einen patriarchalischen, milden Charakter. Erst wie die Griechen und später die Römer in den Geschmack des Geldes gekommen waren und für den Handel produzieren ließen, beginnt eine unmenschliche Schinderei der Sklaven, die schließlich zu den Massenaufständen der Sklaven führten, die zwar an sich ganz aussichtslos, aber Vorboten und deutliche Zeichen waren, dass die Sklaverei sich überlebt, eine unhaltbare Ordnung geworden war. Genau dasselbe wiederholt sich im Mittelalter mit den Fronverhältnissen. Zuerst waren sie ein Schutzverhältnis, für das die Bauernschaft dem adeligen Schutzherrn eine ganz bestimmte Abgabe in Naturprodukten oder Arbeitsleistung schuldete, die zum Eigenbedarf der Herrschaft dienten. Später, als der Adel die Annehmlichkeiten des Geldes kennengelernt hatte, werden die Leistungen und Abgaben zum Zwecke des Handels immer mehr erhöht, das Fronverhältnis wird zur Leibeigenschaft, der Bauer wird geschunden bis zu den äußersten Grenzen (Kapital I S. 198 –206). Zum Schluss führt dieselbe Verbreitung des Handels und Herrschaft des Geldes zur Ablösung der Naturalleistungen aus der Leibeigenschaft in Geldabgaben. Damit hat aber auch die Stunde der ganzen überlebten Fronverhältnisse geschlagen. Endlich bringt der Handel im Mittelalter die Freien Städte zu Macht und Reichtum, führt aber dadurch auch noch die Zersetzung und den Verfall des alten Zunfthandwerks herbei· Sehr früh wird durch das Auskommen des Metallgeldes namentlich der Welthandel aufgebracht. Schon im Altertum widmen sich besonders Völker wie die Phönizier der Kaufmannsrolle zwischen den Völkern, um auf diesem Wege Geldmassen an sich zu bringen und Reichtümer in Geldform zu sammeln. Im Mittelalter fällt diese Rolle den Städten, meistens den italienischen Städten zu. Nach der Entdeckung Amerikas und des Seeweges nach Ostindien am Ende des 15. Jahrhunderts erfährt der Welthandel eine plötzliche große Erweiterung: die neuen Länder boten sowohl neue Produkte für den Handel wie neue Goldminen d.h. Geldstoff. Nach der enormen Goldeinfuhr aus Amerika im 16. Jahrhundert kommen die norddeutschen Städte – hauptsächlich die Hansastädte – durch den Welthandel zu enormen Reichtümern, dann Holland und England. Damit wird in den europäischen Städten und zum großen Teil auch auf dem flachen Lande die Warenwirtschaft, d.h. die Produktion für den Austausch zur herrschenden Form des Wirtschaftslebens. So beginnt der Austausch aus leisen unmerklichen Anfängen schon in grauer Vorzeit an den Grenzen der kommunistischen Stämme, rankt sich empor und wächst neben allen sukzessiven planmäßigen Wirtschaftsorganisationen wie freie einfache Bauernwirtschaft, orientalische Despotie, antike Sklaverei, mittelalterliches Fronverhältnis, städtisches Zunftregiment, um sie nacheinander alle zu zerfressen und zum Zusammenbruch zu bringen helfen und schließlich die völlig anarchische planlose Wirtschaft isolierter Privatproduzenten als alleinige und allgemeine herrschende Wirtschaftsform zur Herrschaft zu bringen.

IV.

Nachdem die Warenwirtschaft die herrschende Form der Produktion in Europa wenigstens in den Städten geworden war, im 18. Jahrhundert, fangen die Gelehrten an, die Frage zu untersuchen, worauf diese Wirtschaft, d.h. der allgemeine Austausch beruht. Aber Austausch wird durch das Geld vermittelt, und der Wert jeder Ware im Austausch hat einen Geldausdruck. Was bedeutet nun dieser Geldausdruck und worauf beruht der Wert jeder Ware im Handel? Das waren die ersten Fragen, die die Nationalökonomie untersuchte. In der zweiten Hälfte des 18. und im Anfang des 19. Jahrhunderts wurde nun die große Entdeckung von den Engländern Ad. Smith und David Ricardo gemacht, dass der Wert jeder Ware nichts anderes als die in ihr steckende menschliche Arbeit ist, dass sich also beim Austausch der Waren gleiche Mengen verschiedener Arbeit gegeneinander austauschen. Das Geld ist nun der Vermittler dabei und drückt im Preise nur die entsprechende Menge Arbeit aus, die in jeder Ware steckt. Es erscheint eigentlich als eine merkwürdige Sache, dass hier als von einer großen Entdeckung gesprochen werden kann, da doch, wie man glauben sollte, nichts klarer und selbstverständlicher ist, als dass der Austausch von Waren auf der in ihnen steckenden Arbeit beruht. Allein der Ausdruck des Warenwerts in Gold, der allgemeine und ausschließliche Gewohnheit geworden war, verdeckte diese natürliche Sache. In der Tat, wenn ich sage: der Schuster und der Bäcker tauschen ihre Produkte gegeneinander aus, so ist noch naheliegend und sichtbar, dass der Tausch deshalb zustande kommt, weil trotz dem verschiedenen Gebrauch das eine so gut Arbeit gekostet hat wie das andere, das eine also das andere wert ist, sofern sie gleiche Zeit in Anspruch genommen haben. Wenn ich aber sage, ein Paar Schuhe kosten 10 Mark, so ist zunächst dieser Ausdruck, wenn man ihn näher überlegt, etwas ganz Rätselhaftes. Was haben denn ein Paar Schuhe den 10 Mark gemein, worin sind sie sich denn gleich, um sich gegeneinander auszutauschen? Wie kann man so verschiedene Dinge überhaupt miteinander vergleichen? und wie kann man im Tausch gegen ein nützliches Produkt, wie die Schuhe, einen so unnützen und sinnlosen Gegenstand wie die gestempelten Gold- oder Silberscheibchen nehmen? Wie kommt es endlich, dass gerade diese unnützen Metallscheibchen die Zauberkraft besitzen, alles in der Welt in Tausch zu kriegen? Nun, alle diese Fragen ist es den großen Schöpfern der Nationalökonomie, den Smith und Ricardo, zu beantworten nicht gelungen. Die Entdeckung, dass im Tauschwert jeder Ware, wie im Gelde auch, bloß menschliche Arbeit steckt, und dass somit der Wert jeder Ware umso größer ist, je mehr Arbeit ihre Herstellung erfordert und umgekehrt, diese Entdeckung ist nämlich erst die halbe Wahrheit. Die andere Hälfte der Wahrheit besteht in der Erklärung: wieso und warum die menschliche Arbeit denn die seltsame Form des Tauschwertes und gar die rätselhafte Form des Geldes annimmt? Die englischen Schöpfer der Nationalökonomie haben sich diese letztere Frage nicht einmal vorgelegt; denn sie betrachteten es als eine angeborene, von Natur gegebene Eigenschaft der menschlichen Arbeit, dass sie Waren zum Tausch und Geld schafft. D.h. mit anderen Worten, sie nahmen an, dass ebenso natürlich, wie der Mensch essen und trinken muss, wie er auf dem Kopf Haare und im Gesicht eine

Nase hat, er auch mit seinen Händen Waren zum Handel produzieren müsse. Sie glauben dies so fest, dass Adam Smith sich z.B. in allem Ernst die Frage vorlegt, ob nicht schon die Tiere miteinander Handel treiben, und er verneint dies nur deshalb, weil man noch keine derartigen Beispiele bei Tieren bemerkt hat. Er sagt: „Sie (die Teilung der Arbeit) ist die Notwendige, obwohl sehr langsame und allmähliche Folge eines gewissen Hanges in der menschlichen Natur...: des Hanges, zu tauschen, sich gegenseitig auszuhelfen und ein Ding gegen ein anderes zu verhandeln. Ob dieser Hang einer jener ursprünglichen Triebe in der menschlichen Natur ist, von denen sich weiter keine Rechenschaft ablegen lässt oder ob er, was wahrscheinlicher ist, die notwendige Folge des Vernunft- und Sprachvermögens ist, das zu untersuchen gehört nicht hierher. Er ist allen Menschen gemeinsam und bei keiner anderen Gattung von Tieren zu finden, die weder diesen noch irgendeine andere Art von Verträgen zu kennen scheinen."[49]

Diese naive Auffassung bedeutet aber nichts anderes, als dass die großen Schöpfer der Nationalökonomie in der felsenfesten Vorstellung lebten, die heutige kapitalistische Gesellschaftsordnung bei der alles Ware ist und alles nur für den Handel produziert wird, sei die einzige mögliche und ewige Gesellschaftsordnung, die so lange dauern wird, wie das Menschengeschlecht auf Erden lebt. Erst Karl Marx, der als Sozialist die kapitalistische Ordnung nicht für die ewige und einzige mögliche, sondern für eine vergängliche geschichtliche Gesellschaftsform hielt, stellte Vergleiche zwischen den heutigen und den früheren Verhältnissen in anderen Epochen an. Es zeigte sich dabei, dass die Menschen Jahrtausende lebten und arbeiteten, ohne vom Geld und vom Austausch viel zu wissen. Erst in dem Maße, wie jede gemeinsame planmäßige Arbeit in der Gesellschaft aufhörte und die Gesellschaft sich in einen losen anarchischen Haufen ganz freier und selbständiger Produzenten mit Privateigentum auflöste, in dem Maße wurde der Austausch einzigen Mittel, die zersplitterten Individuen und ihre Arbeiten zu einer zusammenhängenden gesellschaftlichen Wirtschaft zu vereinigen. An Stelle eines gemeinsamen Wirtschaftsplans,

---

49 Aus Adam Smith, Wealth of nations, Kap. II. Der Platz des Zitates ist im Manuskript leer gelassen und das vermutliche Zitat vom Herausgeber eingesetzt.

der der Produktion vorausging, trat nun das Geld, das zum einzigen direkten gesellschaftlichen Bindemittel wurde und zwar deshalb, weil es das einzig Gemeinsame zwischen den vielen verschiedenen Privatarbeiten darstellt, als ein Stück menschlicher Arbeit ohne jeden besonderen Nutzen, also gerade dadurch, weil es ein ganz sinnloses Produkt ist, untauglich zu jeglichem Gebrauch im menschlichen Privatleben. Diese sinnlose Erfindung ist also eine Notwendigkeit, ohne die der Austausch überhaupt also, die ganze bisherige Kulturgeschichte seit der Auflösung des Urkommunismus, unmöglich wäre. Die bürgerlichen Nationalökonomen betrachten das Geld freilich auch als eine höchst wichtige und unentbehrliche Sache, aber nur vom Standpunkt der rein äußerlichen Bequemlichkeit des Warenaustausches. Man kann dies in Wirklichkeit von dem Gelde nur in dem Sinne sagen, wie man sagen kann, die Menschheit habe z.B. die Religion zur Bequemlichkeit erfunden. Tatsächlich sind Geld und Religion zwei gewaltige Kulturprodukte der Menschheit, die aber in ganz bestimmten vorübergehenden Verhältnissen wurzeln und, wie sie entstanden sind, so auch mit der Zeit überflüssig werden. Die enormen jährlichen Ausgaben für die Goldproduktion, wie die Ausgaben für den Kultus, wie auch die Ausgaben für Gefängnisse, Militarismus, öffentliche Wohltätigkeit, die heute die gesellschaftliche Wirtschaft schwer belasten, aber bei der Existenz dieser Wirtschaftsform notwendige Kosten sind, werden mit der Aufhebung der Warenwirtschaft von selbst wegfallen.

Die Warenwirtschaft, wie wir ihren inneren Mechanismus kennengelernt haben, erscheint uns als eine wunderbar harmonische und aus höchsten Prinzipien der Moral beruhende Wirtschaftsordnung. Denn erstens herrscht ja völlige individuelle Freiheit, jeder arbeitet, wie, woran und wieviel er will, ganz nach freiem Belieben; jeder ist sein eigener Herr und braucht sich nur nach dem eigenen Vorteil zu richten. Zweitens: die einen tauschen ihre Waren, d.h. ihre Arbeitsprodukte, gegen die Arbeitsprodukte anderer aus, Arbeit wird gegen Arbeit ausgetauscht, und zwar im Durchschnitt gleiche Mengen Arbeit gegen gleiche Mengen. Es herrscht also auch völlige Gleichheit und Gegenseitigkeit der Interessen. Drittens gibt es bei der Warenwirtschaft eben nur Ware gegen Ware, Arbeitsprodukt gegen Arbeitsprodukt. Wer also kein Produkt seiner Arbeit zu bieten hat, wer nicht arbeitet, wird auch nichts zu essen kriegen. Es ist also auch die höchste Gerechtigkeit. In der Tat versprechen die Philosophen und Politiker des 18. Jahrhunderts, die für den völligen Sieg der Gewerbefreiheit kämpften und für die Abschaffung der letzten Reste der alten Herrschaftsverhältnisse des Zunftreglements und der feudalen Leibeigenschaft waren, die Männer der großen französischen Revolution der Menschheit ein Paradies auf Erden, in dem Freiheit, Gleichheit und Brüderlichkeit herrschen sollten.

Ähnlicher Meinung waren auch noch manche bedeutende Sozialisten in der ersten Hälfte des 19. Jahrhunderts. Als die wissenschaftliche Nationalökonomie geschaffen und die große Entdeckung von Smith-Ricardo gemacht wurde, dass alle Warenwerte auf menschlicher Arbeit beruhen, kamen sofort einzelne Freunde der Arbeiterklasse auf die Idee, dass bei richtiger Durchführung des Warenaustausches völlige Gleichheit und Gerechtigkeit in der Gesellschaft herrschen müssten. Denn tauscht sich stets nur Arbeit gegen Arbeit in gleichen Mengen aus, so kann unmöglich eine Ungleichheit des Reichtums eintreten, höchstens die wohlverdiente Ungleichheit zwischen den Arbeitsamen und den Faulen, und der ganze gesellschaftliche Reichtum muss denjenigen gehören, die arbeiten, d.h. der Arbeiterklasse. Wenn wir also trotzdem in der heutigen Gesellschaft große Unterschiede in der Lage der Menschen, wenn wir Reichtum neben Elend sehen, und gerade Reichtum bei den Nichtarbeitenden und Elend bei denjenigen, die alle Werte durch ihre Arbeit schaffen, so muss das offenbar aus einer Unredlichkeit bei dem Austausch entstehen und zwar dank dem Umstand, dass bei dem Austausch der Arbeitsprodukte das Geld als Vermittler dazwischen springe. Das Geld verdecke die wahre Herkunft aller Reichtümer von der Arbeit, rufe beständige Preisschwankungen hervor und gibt daher die Möglichkeit zu willkürlichen Preisen, zu Prellereien und zur Ansammlung von Reichtümern auf Kosten anderer. Also fort mit dem Gelde! Dieser auf die Abschaffung des Geldes gerichtete Sozialismus kam zuerst in England auf, wo ihn schon in den zwanziger und dreißiger Jahren des vorigen Jahrhunderts sehr talentvolle Schriftsteller, wie Thompson, Bray und andere, vertraten; dann erfand nochmals diese Sorte Sozialismus in Preußen der konservative pommersche Junker und glänzende nationalökonomische Schriftsteller Rodbertus, und zum dritten Mal erfand diesen Sozialismus in Frankreich im Jahre 1849 Proudhon. Selbst praktische Versuche nach dieser Richtung wurden unternommen. Unter dem Einfluss des obengenannten Bray wurden in London und in vielen anderen Städten Englands sogenannte „Bazare für den gerechten Arbeitsaustausch" gegründet, wohin die Waren gebracht wurden, um ohne Geldvermittlung streng nach der in ihnen enthaltenen Arbeitszeit ausgetauscht zu werden. Auch Proudhon hat die Gründung seiner sogenannten „Volksbank" zu diesem Zwecke vorgeschlagen. Diese Versuche sowie die Theorie selbst machten bald Bankrott. Der Warenaustausch ohne Geld ist in der Tat undenkbar und jene Preisschwankungen, die man abschaffen wollte, sind ja das einzige Mittel, den Warenproduzenten anzuzeigen, ob sie zu wenig oder zu viel von einer Ware herstellen, ob sie weniger oder mehr als erforderlich auf ihre Herstellung Arbeit verwenden, ob sie die richtigen Waren oder nicht erzeugen. Schafft man dieses einzige Verständigungsmittel zwischen den isolierten Warenproduzenten in der anarchischen Wirtschaft ab, so sind sie ganz verloren, dann sind sie nicht nur taubstumm, sondern auch blind. Dann muss die Produktion stillstehen, und der kapitalistische Babelturm zerfällt in Trümmer. Die sozialistischen Pläne, die aus der kapitalistischen Warenproduktion eine sozialistische machen wollten durch die bloße Abschaffung des Geldes, sind also eine reine Utopie.

Allein wie steht es denn in Wirklichkeit mit der Freiheit, Gleichheit und Brüderlichkeit bei der Warenproduktion? Wie kann bei allgemeiner Warenproduktion, wo jedermann nur für ein Arbeitsprodukt etwas kriegen kann und wo nur gleiche Werte gegen gleiche Werte ausgetauscht werden, wie kann dabei Ungleichheit des Reichtums entstehen? Die heutige kapitalistische Wirtschaft zeichnet sich aber, wie jedermann weiß, gerade am meisten durch die schreiende Ungleichheit in der materiellen Lage der Menschen aus, durch ungeheure Ansammlung von Reichtümern in wenigen Händen auf der einen und durch wachsende Massenarmut auf der anderen Seite. Die weitere Frage, die sich für uns logisch aus dem Bisherigen ergibt, gestaltet sich demnach so: wie ist bei der Warenwirtschaft und dem Austausch der Waren nach ihrem Werte der Kapitalismus möglich?

5. Lohngesetz

I.

Alle Waren tauschen sich gegeneinander aus nach ihrem Wert, d.h. nach der in ihnen enthaltenen gesellschaftlich notwendigen Arbeit. Spielt das Geld die Rolle des Vermittlers, so ändert das an dieser Grundlage des Austausches der Waren nichts: das Geld ist selbst nur der nackte Ausdruck der gesellschaftlichen Arbeit, und die Menge des Werts, die in jeder Ware steckt, wird ausgedrückt durch die Menge Geld, für die die Ware verkauft wird. Auf Grund dieses Wertgesetzes herrscht zwischen den Waren auf dem Markt vollkommene Gleichheit und es würde auch unter den Warenverkäufern völlige Gleichheit herrschen, wenn nicht unter den Millionen von verschiedenen Warenarten, die überall auf dem Markt zum Austausch gelangen, eine einzige Ware von ganz besonderer Beschaffenheit wäre: die Arbeitskraft. Diese Ware wird von denjenigen auf den Markt gebracht, die selbst keine Produktionsmittel besitzen, um andere Waren zu produzieren. In einer Gesellschaft, die ausschließlich auf den Warenaustausch gegründet ist, bekommt man, wie wir wissen, nichts anders als im Wege des Austauschs. Wer keine Ware auf den Markt bringt, bekommt keine Existenzmittel. Wir haben ja gesehen, dass die von Jedermann auf den Markt gebrachte Ware der einzige Anspruchstitel dieses Menschen auf den Anteil an der gesellschaftlichen Produktenmasse ist und zugleich das Maß dieses Anteils. Jeder Mensch kriegt in beliebigen Waren nach freier Wahl genau so viel non der Masse der in der Gesellschaft geleisteten Arbeit, als er selbst an gesellschaftlich notwendiger Arbeit in Form von irgendeiner Ware liefert. Um also leben zu können, muss jeder Mensch Waren liefern und verkaufen. Das Warenproduzieren und Verkaufen ist Existenzbedingung für den Menschen geworden.

Aber zur Herstellung irgendeiner Ware gehören Arbeitsmittel, Werkzeuge und dergleichen, ferner Rohstoffe und Hilfsstoffe, desgleichen eine Arbeitsstätte, eine Werkstatt mit den erforderlichen Bedingungen der Arbeit, wie Beleuchtung usw., endlich ein gewisses Quantum Lebensmittel, um während der Dauer der Produktion und bis zum Verkauf der Ware aushalten zu können. Nur einige wenige geringfügige Waren sind ohne Auslagen an Produktionsmitteln herzustellen: z.B. die im Walde gesammelten Pilze oder Beeren, die Muscheln, die von den Bewohnern der Seeufer am Strande gesammelt werden. Aber auch hierzu sind immer noch gewisse Produktionsmittel, wie Körbe und dergleichen, nötig und jedenfalls Lebensmittel, die während dieser Arbeit die Existenz ermöglichen. Die meisten Warenarten jedoch erfordern in jeder Gesellschaft mit entwickelter Warenproduktion ganz bedeutende, zum Teil enorme Auslagen an Produktionsmitteln. Wer diese Produktionsmittel nicht hat, also keine Waren zu produzieren imstande ist, dem bleibt nichts übrig, als sich selbst, d.h. seine eigene Arbeitskraft als Ware auf den Markt zu bringen.

Wie jede andere Ware hat auch die Ware Arbeitskraft ihren bestimmten Wert. Der Wert jeder Ware wird, wie wir wissen, durch die Menge Arbeit bestimmt, die zu ihrer Herstellung erforderlich ist. Um die Ware Arbeitskraft herzustellen, ist gleichfalls eine bestimmte Menge Arbeit notwendig, nämlich die Arbeit, die den Lebensunterhalt, die Nahrung, Kleidung usw. für den Arbeiter produziert. Soviel Arbeit also erforderlich ist, um den Menschen arbeitsfähig, um seine Arbeitskraft zu erhalten, so viel ist auch seine Arbeitskraft wert. Der Wert der Ware Arbeitskraft wird also dargestellt durch die Menge Arbeit, die zur Herstellung der Lebensmittel für den Arbeiter nötig ist. Ferner: wie bei jeder anderen Ware wird der Wert der Arbeitskraft auf dem Markt im Preis, d.h. in Geld, eingeschätzt. Der Geldausdruck, d.h. der Preis der Ware Arbeitskraft, heißt Lohn. Bei jeder anderen Ware steigt der Preis, wenn die Nachfrage rascher wächst als das Angebot, und sinkt, wenn umgekehrt die Zufuhr der Ware größer ist, als die Nachfrage. Dasselbe bewährt sich auch in Bezug auf die Ware Arbeitskraft: bei steigender Nachfrage nach Arbeitern haben die Löhne im Allgemeinen die Tendenz zu steigen, nimmt die Nachfrage ab oder wird der Arbeitsmarkt mit frischer Ware überfüllt, so zeigen Löhne eine Tendenz zum Sinken. Endlich, wie bei jeder anderen Ware, wird der Wert der Arbeitskraft, also mit ihr auch schließlich der Preis größer, wenn die zu ihrer Herstellung nötige Arbeitsmenge größer wird: in diesem Fall, wenn die Lebensmittel des Arbeiters mehr Arbeit zu ihrer Produktion erfordern. Und umgekehrt führt jede Ersparnis an der Arbeit, die zur Herstellung der Lebensmittel für den Arbeiter erforderlich ist, zur Herabdrückung des Wertes der Arbeitskraft, also auch ihres Preises, d.h. des Arbeitslohns. „Vermindert die Herstellungskosten der Hüte," schrieb David Ricardo im Jahre 1817, „und ihr Preis wird schließlich auf ihren neuen natürlichen Preis herabgehen, mag auch die Nachfrage sich verdoppeln, verdreifachen oder vervierfachen. Vermindert die Unterhaltungskosten der Menschen durch Ermäßigung des natürlichen Preises der zum Leben notwendigen Nahrung und Kleidung, und ihr werdet sehen, wie die Löhne fallen, selbst wenn die Nachfrage nach Arbeitern erheblich steigen sollte."

Somit zeichnet sich die Ware Arbeitskraft aus dem Markte zunächst durch nichts von anderen Waren aus als etwa dadurch, dass sie von ihrem Verkäufer, dem Arbeiter, untrennbar ist, und dass sie deshalb kein langes Warten auf den Käufer verträgt, weil sie sonst zusammen mit ihrem Träger, dem Arbeiter, vor Mangel an Lebensmitteln zugrunde geht, während die meisten anderen Waren eine mehr oder minder lange Wartezeit bis zum Verkauf an sich gut vertragen können. Die Besonderlichkeit der Ware Arbeitskraft äußert sich also noch nicht auf dem Markt, wo nur der Tauschwert eine Rolle spielt. Sie liegt anderswo im Gebrauchswert dieser Ware. Jede Ware wird gekauft wegen des Nutzens, den sie im Gebrauch bringen kann. Stiefel werden gekauft, um als Fußbekleidung zu dienen, eine Tasse wird gekauft, damit man aus ihr Tee trinkt. Zu was kann eine gekaufte Arbeitskraft dienen? Offenbar zum Arbeiten. Aber damit ist noch gar nichts gesagt. Arbeiten konnten und mussten die Menschen zu allen Zeiten, solange die menschliche Gesellschaft existiert, und doch vergingen ganze Jahrtausende, in denen die Arbeitskraft als käufliche Ware etwas gänzlich Unbekanntes war. Andererseits stellen wir uns vor, dass der Mensch mit seiner vollen Arbeitskraft nur imstande wäre, den eigenen Lebensunterhalt für sich selbst herzustellen, so wäre der Kauf einer solchen Arbeitskraft, also die Arbeitskraft als Ware, eine

Sinnlosigkeit. Denn falls jemand eine Arbeitskraft kauft und bezahlt, sie dann mit seinen eigenen Produktionsmitteln arbeiten lässt, und schließlich im Resultat nur den Lebensunterhalt für den Träger seiner gekauften Ware, für den Arbeiter, erhält, so liefe es darauf hinaus, dass der Arbeiter durch den Verkauf seiner Arbeitskraft nur die fremden Produktionsmittel bekommt, um mit ihnen für sich selbst zu arbeiten. Es wäre dies vom Standpunkt des Warenaustauschs ein ebenso sinnloses Geschäft, wie wenn jemand Stiefel kaufen würde, um sie nachher dem Schuster als Geschenk zurückzugeben. Würde die menschliche Arbeitskraft keinen anderen Gebrauch zulassen, dann hatte sie für den Käufer keinen Nutzen und könnte also nicht als Ware auf dem Markt erscheinen. „Denn nur Produkte von bestimmtem Nutzen können als Waren figurieren. Damit also die Arbeitskraft überhaupt als Ware erscheint, genügt es nicht, dass der Mensch arbeiten kann, wenn man ihm Produktionsmittel gibt, sondern dass er mehr arbeiten kann, als zur Herstellung seiner eigenen Existenzmittel notwendig ist. Er muss nicht nur für seinen eigenen Unterhalt, sondern auch für den Kaufherrn seiner Arbeitskraft arbeiten können. Die Ware Arbeitskraft muss also im Gebrauch, d.h. bei der Arbeit, nicht bloß ihren eigenen Preis, d.h. den Lohn, ersetzen können, sondern darüber hinaus auch noch Mehrarbeit für den Käufer liefern. Die Ware Arbeitskraft hat auch tatsächlich diese angenehme Eigenschaft. Aber was heißt das? Ist es etwa eine Natureigenschaft des Menschen oder des Arbeiters, dass er Mehrarbeit leisten kann? Nun, zur Zeit, wo die Menschen jahrelang eine Axt aus Stein machten, wo sie zur Verfertigung eines einzigen Bogens mehrere Monate brauchten, oder Feuer durch stundenlanges Aneinanderreiben von zwei Holzstücken erzeugten, hätte der schlaueste und rücksichtsloseste Unternehmer keine Mehrarbeit aus einem Menschen auspressen können. Es ist also eine gewisse Höhe der Produktivität der menschlichen Arbeit erforderlich, damit der Mensch überhaupt Mehrarbeit leisten kann. Das heißt, die Werkzeuge, die Geschicklichkeit, das Wissen des Menschen, seine Herrschaft über die Naturkräfte müssen bereits eine genügende Höhe erreicht haben, damit die Kraft eines Menschen imstande ist, nicht bloß die Lebensmittel für ihn selbst, sondern noch darüber hinaus, also eventuell für andere herstellen zu können. Diese Vollkommenheit der Werkzeuge, das Wissen, die gewisse Beherrschung der Natur werden aber erst durch lange Jahrtausende qualvoller Erfahrung der menschlichen Gesellschaft erworben. Der Abstand von den ersten plumpen Steininstrumenten und der Entdeckung des Feuers bis zu den heutigen Dampf- und Elektrizitätsmaschinen bedeutet den ganzen gesellschaftlichen Entwicklungsgang der Menschheit, eine Entwicklung, die eben nur innerhalb der Gesellschaft, durch das gesellschaftliche Zusammenleben und Zusammenarbeiten der Menschen möglich war. Jene Produktivität der Arbeit also, die der Arbeitskraft des heutigen Lohnarbeiters die angenehme Eigenschaft verleiht, Mehrarbeit zu leisten, ist nicht eine von der Natur gegebene, physiologische Besonderheit des Menschen, sondern sie ist eine gesellschaftliche Erscheinung, die Frucht einer langen Entwicklungsgeschichte. Die Mehrarbeit der Ware Arbeitskraft ist nur ein anderer Ausdruck für die Produktivität der gesellschaftlichen Arbeit, die durch eines Menschen Arbeit mehrere Menschen zu erhalten vermag. Die Produktivität der Arbeit, besonders wo sie durch glückliche Naturbedingungen schon auf primitiven Kulturstufen ermöglicht wird, führt jedoch durchaus nicht immer und überall zum Verkauf der Arbeitskraft und zu ihrer kapitalistischen Ausbeutung. Versetzen wir uns für einen Augenblick in jene begnadeten tropischen Gegenden Zentral- und Südamerikas, die nach der Entdeckung Amerikas und bis Anfang des 19. Jahrhunderts spanische Kolonien waren, jene Gegenden mit heißem Klima und fruchtbarem Boden, wo die Bananen die Hauptnahrung der Bevölkerung sind. „Ich zweifle", schrieb Humboldt, „ob irgendwo auf dem Erdenrund eine andere Pflanze existiert, die gleich der Banane imstande wäre, eine so ungeheure Menge Nährstoff auf so geringer Bodenfläche zu erzeugen." „Ein halbes Hektar Boden, bepflanzt mit Bananen von größerer Gattung", berechnet Humboldt, „kann für mehr als 50 Menschen Nahrung hervorbringen, während in Europa das gleiche halbe Hektar im Jahre bei einer achtfachen Ernte kaum 576 kg Mehl liefern würde – ein Quantum, das zur Lebenserhaltung von zwei Menschen unzureichend wäre." Dabei erfordert die Banane die geringste Mühe vom Menschen, sie bedarf nur ein- oder zweimaliger leichter Aufrüttelung der Erde um die Wurzeln. „Am Fuße der Kordilleren, in den feuchten Tälern von Verakruz, Valladolid und Guadalarara", sagt weiter Humboldt, „kann ein Mensch, der nur zwei Tage leichter Arbeit wöchentlich verwendet, für eine ganze Familie Lebensmittel verschaffen." Es ist klar, dass hier die Produktivität der Arbeit an sich eine Ausbeutung wohl ermöglicht, und ein Gelehrter mit echt kapitalistischer Seele, wie Malthus, ruft auch mit Tränen bei der Beschreibung dieses irdischen Paradieses: „Welch enorme Mittel zur Produktion unendlicher Reichtümer!" Das heißt mit anderen Worten: wie herrlich ließe sich aus der Arbeit dieser Bananenfresser für rührige Unternehmer Gold schlagen, wenn man diese Faulenzer zur Arbeit anspannen könnte. Aber was sahen wir in Wirklichkeit? Die Einwohner dieser begnadeten Gegenden dachten nicht daran, für Anhäufung von Geld zu schanzen, sondern sahen nur ein bisschen hie und da nach den Bäumen, ließen sich ihre Bananen schmecken, und die viele freie Zeit lagen sie in der Sonne und freuten sich des Lebens. Humboldt sagt auch sehr bezeichnend: „In den spanischen Kolonien hört man häufig sagen, dass die Einwohner der heißen Zone nicht eher aus ihrem Zustand der Apathie herauskommen, in dem sie Jahrhundertelang verbleiben, bis die Bananenbäume auf Befehl des Königs ausgerottet werden." Diese vom europäischen kapitalistischen Standpunkt sogenannte „Apathie" ist eben der Geisteszustand aller Völker, die noch in den Verhältnissen des primitiven Kommunismus leben, in denen als Zweck der menschlichen Arbeit bloß die Befriedigung der natürlichen Bedürfnisse des Menschen und nicht die Anhäufung von Reichtümern erscheint. Solange aber diese Verhältnisse vorherrschen, kann bei der größten Produktivität der Arbeit an eine Ausbeutung der einen Menschen durch die anderen, an die Verwendung der menschlichen Arbeitskraft zur Produktion von Mehrarbeit nicht gedacht werden.

Allein der moderne Unternehmer hat diese angenehme Eigenschaft der menschlichen Arbeitskraft nicht als erster entdeckt. Tatsächlich sehen wir die Ausbeutung der Mehrarbeit durch Nichtarbeitende schon in alten Zeiten. Die Sklaverei im Altertum, wie das Fronverhältnis und die Leibeigenschaft im Mittelalter beruhen beide auf der bereits erreichten Produktivität, d.h. der Fähigkeit der menschlichen Arbeit, mehr wie einen Menschen zu erhalten. Beide sind auch bloß verschiedene Formen, in denen eine Klasse der Gesellschaft sich diese Produktivität zunutze machte, indem sie sich von der anderen Klasse erhalten ließ. In diesem Sinne sind der antike Sklave wie der mittelalterliche Leibeigene direkte Vorfahren des heutigen Lohnarbeiters. Aber weder im Altertum noch im Mittelalter wurde die Arbeitskraft, trotz ihrer Produktivität und trotz ihrer Ausbeutung zur Ware. Das Besondere im heutigen Verhältnis des Lohnarbeiters zum Unternehmer, was es von der Sklaverei wie von der Leibeigenschaft unterscheidet, ist vor allem die persönliche Freiheit des Arbeiters. Der Warenverkauf ist ja ein auf völliger individueller Freiheit beruhendes, freiwilliges, privates Geschäft des Menschen. Ein unfreier Mensch kann seine Arbeitskraft nicht verkaufen. Ferner aber ist dazu noch als Bedingung erforderlich, dass der Arbeiter keine Produktionsmittel besitzt. Hätte er solche, so würde er selbst Waren produzieren und nicht seine Arbeitskraft als Ware veräußern. Die Loslösung, die Trennung der Arbeitskraft von den Produktionsmitteln ist also neben der persönlichen Freiheit, was heute die Arbeitskraft zur Ware macht. In der Sklavenwirtschaft ist die Arbeitskraft von den Produktionsmitteln nicht getrennt, im Gegenteil, sie bildet selbst ein Produktionsmittel und gehört neben Werkzeugen, Rohstoffen usw. als Privateigentum ihrem Herren. Der Sklave ist selbst bloß ein Teil der unterschiedslosen Masse der Produktionsmittel des Sklavenhalters. In dem Fronverhältnis ist die Arbeitskraft direkt rechtlich an das Produktionsmittel, die Scholle, gefesselt; sie ist selbst nur Zubehör des Produktionsmittels. Die Fronleistungen und Abgaben werden ja gar nicht von Personen, sondern vom Grundstück geleistet; geht das Grundstück als Erbe oder dergleichen in andere Arbeitshände über, so mit ihm zugleich die Abgaben. Jetzt ist der Arbeiter persönlich frei, und weder ist er jemandes Eigentum, noch ist er an Produktionsmittel gefesselt. Im Gegenteil, die Produktionsmittel sind in einer Hand, die Arbeitskraft in anderer, und zwar stehen sich die zwei Eigentümer als selbständige und freie, als Verkäufer und Käufer gegenüber – der Kapitalist als Käufer, der Arbeiter als Verkäufer der Arbeitskraft. Endlich führen aber auch die persönliche Freiheit sowie die Trennung der Arbeitskraft von den Produktionsmitteln, auch bei hoher Produktivität der Arbeit, nicht immer zur Lohnarbeit, zum Verkauf der Arbeitskraft. Ein solches Beispiel sahen wir im alten Rom, nachdem die große Masse der freien Kleinbauern durch die Herausbildung großer adeliger Besitztümer mit Sklavenwirtschaft von ihren Grundstücken verdrängt wurden. Sie blieben persönlich freie Menschen, da sie aber keinen Grund und Boden mehr, also keine Produktionsmittel hatten, so kamen sie vom Lande her massenweise nach Rom als freie Proletarier. Indes hier konnten sie ihre Arbeitskraft nicht etwa verkaufen; denn es würde sich kein Käufer dafür gefunden haben; die reichen Grundbesitzer und Kapitalisten brauchten keine gekauften freien Arbeitskräfte, weil sie sich von Sklavenhänden erhalten ließen. Die Sklavenarbeit genügte damals vollständig zur Befriedigung aller Lebensbedürfnisse der Grundbesitzer, die für sich alles mögliche durch Sklavenhände verfertigen ließen. Mehr aber als zum eigenen Leben und Luxus konnten sie Arbeitskräfte nicht verwenden, weil nur eigener Konsum und nicht Warenverkauf Zweck der Sklavenproduktion war. Den römischen Proletariern waren somit alle Lebensquellen an eigener Arbeit verschlossen und es blieb ihnen auch nichts anderes übrig, als vom Bettel – vom Straßenbettel, von periodischen Verteilungen der Lebensmittel – zu leben. Statt der Lohnarbeit entstand also im alten Rom Massenfütterung der besitzlosen Freien auf Staatskosten, weshalb der französische Ökonomist Sismondi sagte: im alten Rom erhielt die Gesellschaft ihre Proletarier, heute erhalten die Proletarier die Gesellschaft. Wenn aber heute die Arbeit der Proletarier für eigene und fremde Erhaltung, wenn der Verkauf ihrer Arbeitskraft möglich ist, so ist es deshalb, weil heute die freie Arbeit die einzige und ausschließliche Form der Produktion ist und weil sie als Warenproduktion eben nicht auf den direkten Konsum gerichtet ist, sondern auf Herstellung von Produkten zum Verkauf. Der Sklavenhalter kaufte Sklaven zur eigenen Bequemlichkeit und zum Luxus, der Feudalherr presste dem Fronbauern Leistungen und Abgaben zu demselben Zweck ab: um in Saus und Braus mit seiner Sippschaft zu leben. Der moderne Unternehmer lässt die Arbeiter nicht Gegenstände der Nahrung und Kleidung und Luxus für den eigenen Gebrauch produzieren, sondern er lässt sie Waren zum Verkauf produzieren, um dafür Geld zu lösen. Und dieses Geschäft eben macht ihn zum Kapitalisten, wie es den Arbeiter zum Lohnarbeiter macht.

So sehen wir, dass die bloße Tatsache des Verlaufs der Arbeitskraft auf eine ganze Reihe bestimmter gesellschaftlicher und geschichtlicher Verhältnisse hinweist. Die bloße Erscheinung der Arbeitskraft als

Ware auf dem Markt zeigt an: 1. die persönliche Freiheit der Arbeiter, 2. ihre Trennung von den Produktionsmitteln sowie Ansammlung der Produktionsmittel in den Händen Nichtarbeitender, 3. einen hohen Grad der Produktivität der Arbeit, d.h. die Möglichkeit, Mehrarbeit zu leisten, 4. die allgemeine Herrschaft der Mehrarbeit in Warenform zum Verkauf als Zweck des Kaufs der Arbeitskraft.

Äußerlich vom Standpunkte des Marktes, ist der Kauf und Verkauf der Ware Arbeitskraft ein ganz gewöhnliches Geschäft, wie es zu Tausenden jeden Augenblick vor sich geht, wie ein Kauf von Stiefeln oder Zwiebeln. Wert der Ware und seine Veränderungen, ihr Preis und dessen Schwankungen, Gleichheit und Unabhängigkeit des Käufers und Verkäufers auf dem Markt, Freiwilligkeit des Geschäfts – alles ist genau so, wie bei jedem anderen Kaufgeschäft. Aber durch den besonderen Gebrauchswert dieser Ware, durch die besonderen Verhältnisse, die diesen Gebrauchswert erst schaffen, wird dieses alltägliche Marktgeschäft der Warenwelt zu einem neuen ganz besonderen gesellschaftlichen Verhältnis. Sehen wir weiter zu, was sich aus diesem Marktgeschäft entwickelt.

II.

Der Unternehmer kauft die Arbeitskraft und zahlt wie jeder Käufer ihren Wert, d.h. ihre Herstellungskosten, indem er dem Arbeiter in Lohn einen Preis zahlt, der den Unterhalt des Arbeiters deckt. Aber die gekaufte Arbeitskraft ist in der Lage, mit den durchschnittlich in der Gesellschaft gebrauchten Produktionsmitteln mehr herzustellen, als bloß die eigenen Unterhaltskosten. Dies ist bereits, wie wir wissen, eine Voraussetzung des ganzen Geschäfts, das sonst sinnlos wäre; darin besteht der Gebrauchswert der Ware Arbeitskraft. Da der Wert des Unterhalts der Arbeitskraft wie bei jeder anderen Ware durch die Menge Arbeit bestimmt wird, die zu ihrer Herstellung erforderlich, so können wir annehmen, die Nahrung, Kleidung usw., die zur täglichen Erhaltung des Arbeiters im arbeitsfähigen Zustand nötig sind, erfordern sagen wir z.B. sechs Stunden Arbeit. Der Preis der Ware Arbeitskraft, d.h. ihr Lohn, muss alsdann normal sechs Stunden

Arbeit in Geld betragen. Aber der Arbeiter arbeitet für seinen Unternehmer nicht sechs Stunden, sondern länger, sagen wir z.B. elf Stunden. Dann hat er in diesen elf Stunden erstens dem Unternehmer den empfangenen Lohn in sechs Stunden zurückerstattet und außerdem noch fünf Stunden Arbeit umsonst darauf gegeben, dem Unternehmer geschenkt. Der Arbeitstag jedes Arbeiters besteht also notwendig und normal aus zwei Teilen: einem bezahlten, worin der Arbeiter nur den Wert seines eigenen Unterhalts zurückerstattet, wo er sozusagen für sich selbst arbeitet, und einem unbezahlten, worin er geschenkte Arbeit oder Mehrarbeit für den Kapitalisten schafft.

Ähnliches war auch bei den früheren Formen der gesellschaftlichen Ausbeutung der Fall. Zur Zeit der Hörigkeit war die Arbeit des hörigen Bauern für sich und seine Arbeit für den Fronherrn sogar zeitlich und räumlich getrennt. Der Bauer wusste ganz genau, wann und wieviel er für sich arbeitete und wann und wieviel für die Erhaltung des gnädigen Herrn Adeligen oder Geistlichen. Er arbeitete erst einige Tage auf eigenem Acker, dann einige Tage auf herrschaftlichem. Oder er arbeitet vormittags auf eigenem und nachmittags auf herrschaftlichem oder er arbeitete einige Wochen durchweg nur auf eigenem und dann einige Wochen auf dem herrschaftlichen. So war z.B. in einem Dorfe der Abtei Maurusmünster im Elsass die Fronarbeit um die Hälfte des 12. Jahrhunderts folgendermaßen festgesetzt: seit Mitte April bis Mitte Mai stellte jede Bauernhufe eine Mannskraft drei volle Tage pro Woche, von Mai bis Johanni einen Nachmittag pro Woche, von Johanni bis zur Heumahd drei Tage pro Woche, zur Erntezeit drei Nachmittage pro Woche, und von Martini bis Weihnachten drei volle Tage pro Woche. Freilich wuchs im späteren Mittelalter, mit dem Fortschritt zur Leibeigenschaft, die herrschaftliche Arbeit so anhaltend, dass bald fast alle Tage in der Woche und alle Wochen im Jahre der Fronleistung gehörten, und der Bauer kaum noch Zeit mehr hatte, um den eigenen Acker zu bestellen. Aber auch dann wusste er ganz genau, dass er nicht für sich, sondern für andere arbeitete. Eine Täuschung darüber war bei dem blödesten Bauern nicht möglich.

Bei der modernen Lohnarbeit liegt die Sache ganz anders. Der Arbeiter schafft irgend nicht etwa in dem ersten Teil seines Arbeitstages Gegenstände, die er selbst braucht: seine Nahrung, Kleidung usw., um später andere Dinge für den Unternehmer zu produzieren. Im Gegenteil, der Arbeiter in der Fabrik oder auf dem Werk produziert den ganzen Tag einen und denselben Gegenstand, den er nur zum geringsten Teil oder gar nicht zum eigenen privaten Konsum braucht: etwa lauter Stahlfedern oder Gummibänder oder Seidengewebe oder gusseiserne Röhren. In dem unterschiedslosen Haufen Stahlfedern oder Bänder oder Gewebe, den er tagsüber geschaffen hat, sieht jedes Stück aufs Haar genau so aus, wie das andere, man merkt daran nicht den geringsten Unterschied, ob ein Teil davon bezahlte oder unbezahlte Arbeit ist, ob ein Teil für den Arbeiter, ein anderer für den Unternehmer ist. Im Gegenteil, das Produkt, an dem der Arbeiter arbeitet, hat für ihn gar keinen Nutzen und es gehört ihm ja davon nicht ein Stückchen; alles, was der Arbeiter produziert, gehört dem Unternehmer. Hierin liegt ein großer äußerer Unterschied zwischen der Lohnarbeit und der Hörigkeit. Der Fronbauer musste in normalen Verhältnissen unbedingt einige Zeit haben, um auf eigenen Acker zu arbeiten und das, was er für sich arbeitete, gehörte auch ihm. Bei dem modernen Lohnarbeiter gehört sein ganzes Produkt dem Unternehmer, und so sieht es aus, als hätte seine Arbeit in der Fabrik gar nichts zu tun mit seiner eigenen Erhaltung. Er hat seinen Lohn erhalten und kann damit machen, was er will. Dafür hat er zu arbeiten, was ihm der Unternehmer anweist, und alles, was er produziert, gehört dem Unternehmer. Aber der Unterschied, der dem Arbeiter unsichtbar ist, zeigt sich nachher wohl in der Rechnung des Unternehmers, wenn er den Erlös aus der Produktion seiner Arbeiter berechnet. Für den Kapitalisten ist das der Unterschied zwischen der Geldsumme, die er nach dem Verkauf des Produkts einnimmt und seinen Auslagen sowohl für die Produktionsmittel wie für die Löhne seiner Arbeiter. Das, was ihm verbleibt als Gewinn, ist eben der Wert, der von der unbezahlten Arbeit geschaffen wurde, d.h. der Mehrwert, den die Arbeiter geschaffen haben. Jeder Arbeiter produziert also, wenn er auch nur Gummibänder oder Seidenstoffe oder Gussröhren produziert, zunächst seinen eigenen Lohn, und dann geschenkten Mehrwert für den Kapitalisten. Hat er z.B. in 11 Stunden 11 Meter Seidenstoff gewoben, so enthalten 6 Meter davon den Wert seines Lohns, und 5 Meter sind Mehrwert für den Unternehmer.

Aber der Unterschied zwischen der Lohnarbeit und der Sklaven- oder Fronarbeit hat noch wichtigere Folgen. Der Sklave wie der Fronbauer lieferten ihre Arbeit hauptsächlich für den eigenen privaten Bedarf, für den Konsum des Herrn. Sie schafften für ihren Herrn Nahrungs- und Kleidungsgegenstände, Möbel, Luxussachen usw. Dies war jedenfalls das Normale, bevor die Sklaverei und das Fronverhältnis unter dem Einfluss des Handels ausarteten und ihrem Verfall entgegengingen. Die Konsumtionsfähigkeit des Menschen, auch der Luxus im Privatleben haben aber in jedem Zeitalter ihre bestimmten Grenzen. Mehr als volle Speicher, volle Ställe, reiche Kleider, ein üppiges Leben für sich und den ganzen Hofhalt, reich ausgestattete Zimmer, mehr wie das konnte der antike Sklavenhalter oder der mittelalterlich Adelige nicht brauchen. Solche Gegenstände, die zum täglichen Bedarf dienen, können ja nicht einmal in zu großen Vorräten aufbewahrt werden, da sie dabei zugrunde gehen: das Korn verfällt leicht der Fäulnis oder wird von Ratten und Mäusen gefressen, Heu- und Strohvorräte geraten leicht in Brand, Kleiderstoffe werden beschädigt usw. Milchprodukte, Obst und Gemüse lassen sich überhaupt schlecht aufbewahren. Der Verbrauch in der Sklavenwirtschaft wie in der Fronwirtschaft hatte also bei üppigstem Leben seine natürlichen Grenzen, und damit hatte auch die normale Ausbeutung des Sklaven und des Bauern ihre Schranken. Anders bei dem modernen Unternehmer, der die Arbeitskraft zur Warenproduktion kauft. Das, was der Arbeiter in der Fabrik oder auf dem Werk meistens produziert, ist für ihn selbst ganz unnütz, aber ebenso unnütz für den Unternehmer. Dieser lässt die gekaufte Arbeitskraft nicht für sich Kleider und Nahrung bereiten, sondern lässt sie irgendeine Ware herstellen, die er selbst gar nicht braucht. Er lässt die Seidenstoffe oder Röhren oder Särge produzieren, um sie so schnell wie möglich wieder loszuwerden, zu verkaufen. Er lässt sie produzieren, um durch ihren Verkauf Geld zu kriegen. Und er erhält sowohl seine Auslagen zurückerstattet wie die geschenkte Mehrarbeit seiner Arbeiter in Geldform. Zu diesem Zweck, um die unbezahlte Arbeit der Arbeiter in Geld zu schlagen, macht er ja das ganze Geschäft und kauft die Arbeitskraft. Das Geld ist aber, wie wir wissen, das Mittel der unbegrenzten Aufhäufung des Reichtums. In Geldform verliert der Reichtum durch das längste Lagern nichts an

Wert, im Gegenteil, wie wir später sehen werden, scheint der Reichtum in Geldform durch das bloße Lagern sogar zu wachsen. Und in Geldform kennt der Reichtum gar keine Grenzen, er kann wachsen ins Unendliche. Dementsprechend hat auch der Hunger des modernen Kapitalisten nach Mehrarbeit keine Grenzen. Je mehr unbezahlte Arbeit aus den Arbeitern herausgeschlagen wird, umso besser. Mehrarbeit auspressen und zwar schrankenlos auspressen – das ist der eigentliche Zweck und die Aufgabe des Kaufs der Arbeitskraft.

Der natürliche Trieb des Kapitalisten zur Vergrößerung des den Arbeitern abgepressten Mehrwerts findet vor allem zwei einfache Wege, die sich sozusagen von selbst bieten, wenn wir die Zusammensetzung des Arbeitstages betrachten. Wir sahen, dass der Arbeitstag jedes Lohnarbeiters normalerweise aus zwei Teilen besteht: aus dem Teil, wo der Arbeiter seinen eigenen Lohn zurückerstattet und aus dem anderen, wo er unbezahlte Arbeit, Mehrarbeit liefert. Um also den zweiten Teil möglichst zu vergrößern, kann der Unternehmer nach zwei Seiten vorgehen: entweder den ganzen Arbeitstag verlängern, oder den ersten bezahlten Teil des Arbeitstages, verkürzen, d.h. den Lohn des Arbeiters herabdrücken. Tatsächlich greift der Kapitalist gleichzeitig zu beiden Methoden, und daher ergibt sich bei dem System der Lohnarbeit eine ständige doppelte Tendenz: sowohl zur Verlängerung der Arbeitszeit als zur Verkürzung der Löhne.

Wenn der Kapitalist die Ware Arbeitskraft kauft, so kauft er sie wie jede Ware, um aus ihr einen Nutzen zu ziehen. Jeder Warenkäufer sucht aus seinen Waren möglichst viel Gebrauch zu ziehen. Wenn wir z.B. Stiefel kaufen, so wollen wir sie solange wie möglich tragen. Dem Käufer der Ware gehört der volle Gebrauch, der ganze Nutzen der Ware. Der Kapitalist also, der die Arbeitskraft gekauft hat, hat vom Standpunkte des Warenkaufs vollständig Recht, zu verlangen, dass ihm die gekaufte Ware solange wie möglich und so viel wie möglich dient. Hat er die Arbeitskraft für eine Woche bezahlt, so gehört ihm die Woche Gebrauch, und er hat von seinem Standpunkte als Käufer das Recht, den Arbeiter womöglich zweimal 24 Stunden pro Woche arbeiten zu lassen. Anderseits aber hat der Arbeiter als Verkäufer der Ware einen ganz umgekehrten Standpunkt. Freilich gehört dem Kapitalisten der Gebrauch der Arbeitskraft, aber dieser findet seine Grenzen in der physischen und geistigen Leistungskraft des Arbeiters. Ein Pferd kann, ohne ruiniert zu werden, nur acht Stunden tagein tagaus arbeiten. Ein Mensch muss auch, um seine in der Arbeit verbrauchte Kraft wiederzuerlangen, eine gewisse Zeit zur Nahrungsausnahme, Kleidung, Erholung usw. haben. Hat er das nicht, so wird seine Arbeitskraft nicht nur verbraucht, sondern auch vernichtet. Durch übermäßige Arbeit wird sie geschwächt und das Leben des Arbeiters verkürzt. Wenn also der Kapitalist durch schrankenlosen Gebrauch der Arbeitskraft in jeder Woche das Leben des Arbeiters um sieben Wochen verkürzt, so ist es dasselbe, als wenn er für den Lohn von einer Woche drei Wochen sich aneignen würde. Von demselben Standpunkte des Warenhandels bedeutet das also, dass der Kapitalist den Arbeiter bestiehlt. So vertreten Kapitalist und Arbeiter in Bezug auf die Länge des Arbeitstages, beide auf dem Boden des Warenmarktes, zwei genau entgegengesetzte Standpunkte und die tatsächliche Länge des Arbeitstages wird auch nur auf dem Wege des Kampfes zwischen der Kapitalistenklasse und der Arbeiterklasse als eine Machtfrage entschieden. An sich ist der Arbeitstag also an keine bestimmten Schranken gebunden; je nach der Zeit und dem Ort finden wir auch den achtstündigen, zehn-, zwölf-, vierzehn-, sechzehn-, achtzehnstündigen Arbeitstag. Und im Ganzen ist es ein jahrhundertelanger Kampf um die Länge des Arbeitstages. In diesem Kampf sehen wir zwei wichtige Abschnitte. Der erste beginnt schon am Ausgang des Mittelalters, im 14. Jahrhundert, wo der Kapitalismus kaum die ersten schüchternen Schritte macht und an dem festen Schutzpanzer des zünftlichen Regiments zu rütteln beginnt. Die normale gewohnheitsmäßige Arbeitszeit betrug zuzeiten der Blüte des Handwerks etwa zehn Stunden, wobei die Mahlzeiten, die Schlafzeit, die Erholungszeit, die Sonntags- und Festtagsruhe mit aller Behaglichkeit und Umständlichkeit wahrgenommen wurden. Dem alten Handwerk mit seiner langsamen Arbeitsmethode genügte das, den beginnenden Fabrikunternehmungen nicht. Und so ist das erste, was die Kapitalisten von den Regierungen erringen, Zwangsgesetze zur Verlängerung der Arbeitszeit. Vom 14. bis Ende des 17. Jahrhunderts sehen wir in England wie in Frankreich, wie in Deutschland lauter Gesetze über den Minimalarbeitstag, d.h. Verbote an die Arbeiter und Gesellen, weniger wie eine bestimmte Arbeitszeit, und zwar meistens zwölf Stunden täglich zu arbeiten. Der Kampf mit der Faulenzerei der Arbeiter: das ist der große Ruf seit dem Mittelalter bis ins 18. Jahrhundert. Seit aber die Kraft des alten Zunfthandwerks gebrochen war und das massenhafte Proletariat ohne alle Arbeitsmittel bloß auf den Verkauf der Arbeitskraft angewiesen, andererseits die großen Manufakturen mit fieberhafter Massenproduktion entstanden waren, seit dem 18. Jahrhundert wendet sich das Blatt. Es beginnt eine plötzliche und so schrankenlose Aussaugung Arbeiter jedes Alters, beider Geschlechter, dass ganze Arbeiterbevölkerungen in wenigen Jahren wie von einer Pest niedergemäht werden. Im Jahre 1863 erklärte ein Abgeordneter im englischen Parlament: „Die Baumwollindustrie zählt 90 Jahre ... In drei Generationen der englischen Rasse hat sie neun Generationen von Baumwollarbeitern verspeist."[50] Und ein bürgerlicher englischer Schriftsteller, John Wade, schreibt in seinem Werke über die „Geschichte des Mittelstandes und der Arbeiterklasse: „Die Gier der Fabrikanten und ihre Grausamkeit bei der Jagd nach Gewinn waren nicht übertroffen von den Grausamkeiten der Spanier gegen die Rothäute Amerikas bei ihrer Jagd nach Gold."[51] In England wurden noch in den sechziger Jahren des 19. Jahrhunderts in gewissen Industriezweigen, wie in der Spitzenfabrik, kleine Kinder von 9 bis 10 Jahren von 2, 3 und 4 Uhr des Morgens bis 10, 11, 12 Uhr nachts beschäftigt. In Deutschland sind die Zustände, wie sie bis vor kurzem, z.B. in den Quecksilberspiegelbelegen, in der Bäckerei herrschten, wie sie noch heute in der Konfektion, in der Hausindustrie durchweg herrschen, bekannt. Erst die moderne kapitalistische Industrie hat die bis dahin ganz unbekannte Erfindung der Nachtarbeit zuwege gebracht. In allen früheren Gesellschaftszuständen galt die Nacht als eine von Natur selbst zur Ruhe für den Menschen bestimmte Zeit. Der kapitalistische Betrieb erfand, dass der Mehrwert, der nachts aus den Arbeitern gepresst wird, sich durch nichts unterscheidet von dem am Tage angepressten und führte die Tag- und Nachtschicht ein. Desgleichen wurde der Sonntag, der im Mittelalter von dem Zunfthandwerk in strengster

---

50 Marx, Kap. I, S. 229.
51 Marx, Kap. I, S. 204.

Weise hochgehalten wurde, dem Mehrwerthunger des Kapitalisten geopfert und zu den übrigen Arbeitstagen geschlagen. Dazu kamen noch Dutzende von kleinen Erfindungen zur Verlängerung der Arbeitszeit: das Einnehmen der Mahlzeiten während der Arbeit ohne jede Pause, das Reinigen der Maschinen nicht während des üblichen Arbeitstages, sondern nach seiner Beendigung, d.h. während der Erholungszeit des Arbeiters usw. Diese Praxis der Kapitalisten, die in den ersten Jahrzehnten ganz frei und schrankenlos waltete, machte bald eine neue Serie von Gesetzen über den Arbeitstag nötig, diesmal nicht zur zwangsweifen Verlängerung, sondern zur Verkürzung der Arbeitszeit und zwar waren die ersten gesetzlichen Bestimmungen über den Maximalarbeitstag nicht sowohl durch den Druck der Arbeiter erzwungen, wie durch den einfachen Erhaltungstrieb der kapitalistischen Gesellschaft. Gleich die ersten paar Jahrzehnte der unumschränkten Wirtschaft der Großindustrie haben eine so vernichtende Wirkung auf die Gesundheit und Lebenszustände der arbeitenden Volksmasse ausgeübt, eine so ungeheure Sterblichkeit, Kränklichkeit, physische Verkrüppelung, geistige Verwahrlosung, epidemische Krankheiten, militärische Untauglichkeit erzeugt, dass der Bestand selbst der Gesellschaft aufs tiefste bedroht erschien.[52] Es war klar, dass, falls dem naturwüchsigen Drang des Kapitals nach Mehrwert nicht vom Staate Zügel angelegt werden, er über kurz oder lang ganze Staaten in Riesenkirchhöfe verwandeln wird, auf denen nur Knochen der Arbeiter sichtbar wären. Aber ohne Arbeiter keine Ausbeutung der Arbeiter. Das Kapital musste also im eigenen Interesse, um sich für die Zukunft die Ausbeutung zu ermöglichen, der Ausbeutung in der Gegenwart einige Schranken setzen. Die Volkskraft musste etwas

---

52 Seit der Einführung der allgemeinen militärischen Dienstpflicht verkleinert sich das mittlere Körpermaß der erwachsenen Männer und damit auch das gesetzlich vorgeschriebene Maß bei der Aushebung immer mehr. Vor der großen Revolution war das Minimum für den Infanteristen in Frankreich 165 cm, nach dem Gesetz von 1818 157 cm, seit 1852 156 cm, durchschnittlich wird in Frankreich wegen mangelnder Größe und Gebrechen über die Hälfte ausgemustert. Das Militärmaß war in Sachsen 1780 178 cm, in den sechziger Jahren nur noch 155 cm, in Preußen 157 cm. Berlin konnte 1858 sein Kontingent an Ersatzmannschaft nicht stellen, es fehlten 156 Mann.

geschont werden, um ihre weitere Ausbeutung zu sichern. Von einer unwirtschaftlichen Raubwirtschaft musste zur rationellen Ausbeutung übergegangen werden. Daraus sind die ersten Gesetze über den Maximalarbeitstag entstanden, wie die gesamte bürgerliche Sozialreform entsteht. Ein Gegenstück dazu haben wir in den Jagdgesetzen. Ebenso wie dem Edelwild eine bestimmte Schonzeit durch Gesetze gesichert wird, damit es sich rationell verbreitet und regelmäßig als Gegenstand der Jagd dienen kann, ebenso sichert die Sozialreform eine gewisse Schonzeit der Arbeitskraft des Proletariats, damit sie rationell zur Ausbeutung durch das Kapital, dienen kann. Oder wie Marx sagt: Die Beschränkung der Fabrikarbeit war diktiert durch dieselbe Notwendigkeit, welche die Landwirte zwingt, den Dünger über die Felder auszugießen. Die Fabrikgesetzgebung wird im harten jahrzehntelangen Kampf mit dem Widerstand der Einzelkapitalisten erst für Kinder und Frauen und in einzelnen Industrien Schritt für Schritt geboren. Dann folgte Frankreich, wo erst die Februarrevolution von 1848 unter dem ersten Druck des siegreichen Pariser Proletariats den zwölfstündigen Arbeitstag proklamierte, welches das erste allgemeine Gesetz über die Arbeitszeit aller Arbeitenden, auch der erwachsenen Männer in allen Arbeitszweigen, war. In den Vereinigten Staaten begann gleich nach dem Bürgerkrieg von 1861, der die Sklaverei abschaffte, eine allgemeine Bewegung der Arbeiter für den Achtstundentag, die nach dem europäischen Kontinent hinüberschlug. In Russland entstanden die ersten Schutzgesetze für Frauen und Minderjährige aus den großen Fabrikunruhen des Jahres 1882 im Moskauer Industriebezirk, und der elfeinhalbstündige Arbeitstag für erwachsene Männer aus den ersten Generalstreiks der 60 000 Textilarbeiter Petersburgs im Jahre 1826 und 1897. Deutschland hinkt jetzt mit seinen Schutzgesetzen nur für Frauen und Kinder allen anderen modernen Großstaaten nach.

Wir haben bis jetzt nur von einer einzigen Seite der Lohnarbeit gesprochen: von der Arbeitszeit, und schon hier sehen wir, wie sehr das bloße einfache Warengeschäft: der Kauf und Verkauf der Arbeitskraft eigentümliche Erscheinungen nach sich gezogen hat. Aber hier ist es notwendig, mit den Worten von Marx zu reden: „Man muss gestehen, dass unser Arbeiter anders aus dem Produktionsprozess herauskommt, als er in ihn eintrat. Auf dem Markt trat er als Besitzer der Ware Arbeitskraft anderen Warenbesitzern gegenüber, Warenbesitzer dem Warenbesitzer. Der Kontrakt, wodurch er dem Kapitalisten seine Arbeitskraft verkaufte, bewies sozusagen schwarz auf weiß, dass er frei über sich selbst verfügt. Nach geschlossenem Handel wird entdeckt, dass er ‚kein freier Agent' war, dass die Zeit, wofür es ihm freisteht, seine Arbeitskraft zu verkaufen, die Zeit ist, wofür er gezwungen ist, sie zu verkaufen, dass in der Tat sein Sauger nicht loslässt, solange noch ein Muskel, eine Sehne, ein Tropfen Blut auszubeuten sind. Zum Schutz gegen die Schlange ihrer Qualen müssen die Arbeiter ihre Köpfe zusammenrotten und als Klasse ein Staatsgesetz erzwingen, ein übermächtiges gesellschaftliches Hindernis, das sie selbst verhindert, durch freiwilligen Kontrakt mit dem Kapital sich und ihr Geschlecht in Tod und Sklaverei zu verkaufen."

Die Arbeiterschutzgesetze sind in der Tat das erste offizielle Bekenntnis der heutigen Gesellschaft, dass die formelle Gleichheit und Freiheit, die der Warenproduktion und dem Warenaustausch zugrunde liegt, bereits in die Brüche geht, in Ungleichheit und Unfreiheit umschlägt, seit die Arbeitskraft als Ware auf dem Markte erscheint.

III.

Die zweite Methode des Kapitalisten, den Mehrwert zu vergrößern, ist die Herabdrückung des Arbeitslohns. Auch der Lohn ist, wie der Arbeitstag, an sich an keine bestimmten Grenzen gebunden. Vor allem, wenn wir vom Arbeitslohn sprechen, so ist zu unterscheiden das Geld, das der Arbeiter vom Unternehmer erhält, von der Menge Lebensmittel, die er dafür bekommt. Wissen wir vom Lohn eines Arbeiters nur, dass er z.B. 2 M. täglich beträgt, so wissen wir soviel wie gar nichts. Denn für dieselben 2 M. kann man in Zeiten der Teuerung viel weniger Lebensmittel kaufen als in Zeiten der Billigkeit; in einem Lande bedeutet dasselbe Zweimarkstück eine andere Lebenshaltung als im anderen, ja fast in jeder Gegend eines Landes. Der Arbeiter kann auch mehr Geld als früher als Lohn bekommen und gleichwohl nicht besser, sondern ebenso schlecht oder gar noch schlechter leben als früher. Der wirkliche reelle Lohn ist also die Summe Lebensmittel, die der Arbeiter bekommt, während Geldlohn nur der nominelle Lohn ist. Ist also der Lohn nur der Geldausdruck des Wertes der Arbeitskraft, so wird dieser Wert in Wirklichkeit durch die Menge Arbeit dargestellt, die auf die notwendigen Lebensmittel des Arbeiters verwendet wird. Aber was sind „notwendige Lebensmittel"? Abgesehen von individuellen Unterschieden zwischen einem Arbeiter und dem anderen, die keine Rolle spielen, beweist schon die verschiedene Lebenshaltung der Arbeiterklasse in verschiedenen Ländern und Zeiten, dass der Begriff „notwendige Lebensmittel" ein sehr veränderlicher und dehnbarer Begriff ist. Der bessergestellte englische Arbeiter von heute betrachtet den täglichen Verzehr von Beefsteaks als notwendig zum Leben, der chinesische Kuli lebt von einer Handvoll Reis. Bei der Dehnbarkeit des Begriffs der „notwendigen Lebensmittel" entwickelt sich über die Größe des Arbeitslohnes ein ähnlicher Kampf zwischen Kapitalist und Arbeiter wie über die Länge des Arbeitstages. Der Kapitalist steht als Warenkäufer auf seinem Standpunkt, indem er erklärt: es ist zwar ganz richtig, dass ich die Ware Arbeitskraft wie jeder ehrliche Käufer nach ihrem Wert bezahlen muss, aber was ist der Wert der Arbeitskraft? Die notwendigen Lebensmittel? Nun wohl, ich gebe meinem Arbeiter genau so viel, wie zum Leben notwendig; was aber absolut notwendig ist, um einen Menschen am Leben zu erhalten, das sagt erstens die Wissenschaft, die Physiologie, und zweitens die allgemeine Erfahrung und es versteht sich von selbst, dass ich genau aufs Haar dieses Minimum gebe; denn würde ich einen Pfennig mehr geben, so wäre ich nicht ein ehrlicher Käufer, sondern ein Narr, ein Philanthrop, der aus eigener Tasche demjenigen Geschenke macht, von dem er eine Ware gekauft hat; ich schenke meinem Schuster oder Zigarrenhändler auch nicht einen Pfennig und suche ihre Ware so billig wie möglich zu kaufen. Ebenso suche ich die Arbeitskraft so billig wie möglich zu kaufen, und wir sind vollkommen quitt, wenn ich meinem Arbeiter das knappste Minimum gebe, womit er sich am Leben erhalten kann. Der Kapitalist ist hier vom Standpunkte der Warenproduktion vollkommen in seinem Rechte. Aber nicht minder im Recht ist der Arbeiter, der als Warenverkäufer entgegnet: Freilich habe ich nichts mehr zu beanspruchen als den tatsächlichen Wert meiner Ware

Arbeitskraft. Aber ich verlange eben, dass du mir diesen vollen Wert auch wirklich bezahlst. Ich will also nicht mehr als die notwendigen Lebensmittel. Aber was sind notwendige Lebensmittel? Du sagst, darauf gebe Antwort die Wissenschaft der Physiologie und die Erfahrung, welche sagen, was ein Mensch zum mindesten braucht, um am Leben erhalten zu werden. Du unterschiebst also bei dem Begriff „notwendige Lebensmittel" die absolute, die physiologische Notwendigkeit. Dies ist aber gegen das Gesetz des Warenaustausches. Denn du weißt so gut wie ich, dass für den Wert jeder Ware auf dem Markte die zu ihrer Herstellung gesellschaftlich notwendige Arbeit maßgebend ist. Wenn dein Schuster dir ein paar Stiefel bringt und dafür 20 M. verlangt, weil er vier Tage lang daran arbeitete, so wirst du ihm sagen: „Solche Stiefel kriege ich aus der Fabrik schon für 12 M., denn dort wird mit Maschine das Paar in einem Tag gemacht. Ihre viertägige Arbeit war also – denn es ist bereits üblich, die Stiefel maschinell zu produzieren – nicht notwendig, gesellschaftlich genommen, wenn sie auch für Sie notwendig war, weil Sie nicht mit Maschinen arbeiten. Aber ich kann dafür nichts und zahle Ihnen nur für die gesellschaftlich notwendige Arbeit, sage 12 M." Wenn du so beim Kauf von Stiefeln verfahren würdest, so musst du auch mir beim Kauf meiner Ware Arbeitskraft die gesellschaftlich notwendigen Kosten ihrer Erhaltung bezahlen. Gesellschaftlich notwendig ist aber zu meinem Leben, das alles, was in unserem Lande und im jetzigen Zeitalter als der gewohnte Unterhalt eines Mannes meiner Klasse gilt. Mit einem Wort, du musst mir nicht das physiologisch notwendige Minimum, das mich knapp am Leben erhält, wie einem Tier geben, sondern das gesellschaftlich übliche Minimum, das mir meine gewohnte Lebenshaltung sichert. Dann erst hast du als ehrlicher Käufer den Wert der Ware bezahlt, sonst kaufst du unter ihrem Wert.

Wir sehen, dass der Arbeiter vom reinen Warenstandpunkt mindestens ebenso Recht hat wie der Kapitalist. Aber diesen Standpunkt macht er erst mit der Zeit geltend; denn er kann ihn nur geltend machen – als gesellschaftliche Klasse, d.h. als Ganzes, als Organisation. Erst mit der Entstehung der Gewerkschaften und der Arbeiterpartei beginnt der Arbeiter, den Verkauf seiner Arbeitskraft zu ihrem Wert, d.h. seine Lebenshaltung als soziale und kulturelle Notwendigkeit durchzusetzen. Vor dem Auftreten der Gewerkschaften im Lande jedoch und vor ihrer Geltung in jedem einzelnen Gewerbezweig ist für die Gestaltung der Löhne die Tendenz der Kapitalisten maßgebend, die Lebensmittel auf das physiologische, sozusagen tierische Minimum herabzudrücken, d.h. die Arbeitskraft ständig unter ihrem Wert zu bezahlen. Die Zeiten der zügellosen Herrschaft des Kapitals, der noch kein Widerstand durch die Arbeiterkoalition und Organisationen entgegengesetzt wird, führten zu derselben barbarischen Degradation der Arbeiterklasse in Bezug auf Löhne wie in Bezug auf Arbeitszeit vor der Einführung der Fabrikgesetze. Es ist ein Kreuzzug des Kapitals gegen jede Spur von Luxus, Bequemlichkeit, Behaglichkeit im Leben des Arbeiters, die er auch von den früheren Zeiten des Handwerks und der Bauernwirtschaft her gewohnt war. Es ist ein Bestreben, die Konsumtion des Arbeiters auf einen einfachen öden Akt der Zufuhr eines Minimums von Futter an den Leib zu reduzieren, wie das Vieh gefüttert oder die Maschine geölt wird. Dabei werden die tiefststehenden und bedürfnislosesten Arbeiter als das Muster und Beispiel den verwöhnten Arbeitern hingestellt. Dieser Kreuzzug gegen die menschliche Lebenshaltung der Arbeiter begann – wie die kapitalistische Industrie – zuerst in England. Ein englischer Schriftsteller jammerte im 18. Jahrhundert: „Man betrachte nur die haarsträubende „Masse von Überflüssigkeiten, die unsere Manufakturarbeiter verzehren, als da sind: Branntwein, Gin, Tee, Zucker, fremde Früchte, starkes Bier, gedruckte Leinwand, Schnupf- und Rauchtabak usw." Den „englischen Arbeitern wurden damals die französischen, holländischen, deutschen als Muster der Enthaltsamkeit hingestellt. So schrieb ein englischer Fabrikant: „Die Arbeit ist ein ganzes Drittel wohlfeiler in Frankreich als in England; denn die französischen Armen (so nannte man die Arbeiter) arbeiten hart und fahren hart an Nahrung und Kleidung, und ihr Hauptkonsum sind Brot, Früchte, Kräuter, Wurzeln und getrockneter Fisch; denn sie essen sehr selten Fleisch, und wenn der Weizen teuer ist, sehr wenig Brot." Gegen Anfang des 19. Jahrhunderts verfasste ein Amerikaner, Graf Rumford, ein spezielles Kochbuch für Arbeiter mit Rezepten zur Verbilligung ihrer Nahrung. So lautete z.B. ein Rezept aus diesem berühmten Buch, das mit großer Begeisterung von der Bourgeoisie verschiedener Länder aufgenommen wurde:

„Fünf Pfund Gerste, fünf Pfund Mais, für 30 Pfg. Heringe, 10 Pfg. Salz, 10 Pfg. Essig, 20 Pfg. Pfeffer und Kräuter – Summa von 2,08 M gibt eine Suppe für 64 Menschen, ja mit den Durchschnittspreisen von Korn kann die Kost auf noch nicht 3 Pfg. pro Kopf herabgedrückt werden." Von den Arbeitern in den Bergwerken Südamerikas, deren tägliches Geschäft, das schwerste vielleicht in der Welt, darin besteht, eine Last Erz von 180 bis 200 Pfund aus einer Tiefe von 450 Fuß auf ihren Schultern zutage zu fördern, erzählt Justus Liebig, dass sie nur noch von Brot und Bohnen leben. Sie würden das Brot allein zur Nahrung vorziehen, allein ihre Herren, welche gefunden haben, dass sie mit Brot nicht so stark arbeiten können, behandeln sie wie Pferde und zwingen sie, die Bohnen zu essen, weil die Bohnen mehr zur Knochenbildung beitragen als Brot. – In Frankreich gab es schon im Jahre 1831 die erste Hungerrevolte der Arbeiter – diejenige der Seidenweber in Lyon. Aber die größten Orgien feierte das Kapital in der Herabdrückung der Löhne unter dem zweiten Kaiserreich in den sechziger Jahren, als die eigentliche Maschinenindustrie Einzug hielt in Frankreich. Die Unternehmer flüchteten aus den Städten aufs flache Land, um billigere Hände zu finden. Und sie brachten es darin so weit, dass es Frauen gab, die zu 1 Sou, d.h. etwa 4 Pfg., Taglohn arbeiteten. Allerdings dauerte diese Herrlichkeit nicht lange; denn solche Löhne konnten nicht einmal für das tierische Dasein genügen. In Deutschland führte das Kapital zunächst ähnliche Zustände in der Textilindustrie herbei, wo die selbst unter das physiologische Minimum herabgedrückten Löhne in den vierziger Jahren zu den Hungeraufständen der Weber in Schlesien und in Böhmen führten. Heute bildet das tierische Minimum der Lebensmittel die Regel für die Löhne – bei den Landarbeitern in Deutschland, in der Konfektion, in den verschiedenen Zweigen der Hausindustrie – überall, wo die Gewerkschaft ihre Wirkung auf die Lebenshaltung nicht ausübt.

IV.

Entstehung der Reservearmee

In der Heraufschraubung der Arbeitslast und der Herabdrückung der Lebenshaltung der Arbeitenden auf das tierische mögliche Maß und zum Teil erheblich über dasselbe gleicht die moderne kapitalistische Ausbeutung derjenigen in der Sklavenwirtschaft und der Leibeigenschaft während der ärgsten Ausartung der beiden letzten Wirtschaftsformen, also während sich beide ihrem Verfall näherten. Was aber die kapitalistische Warenproduktion ganz allein hervorgebracht hat, und was zu allen früheren Zeiten gänzlich unbekannt war, das ist die teilweise Nichtbeschäftigung und deshalb Nichtkonsumtion der Arbeitenden als ständige Erscheinung, d.h. die sogenannte Reservearmee der Arbeiter. Die kapitalistische Produktion hängt ab vom Markt und muss seiner Nachfrage folgen. Diese ändert sich aber fortwährend und erzeugt abwechselnd sogenannte gute und schlechte Geschäftsjahre, Saisons und Monate. Das Kapital muss sich fortwährend diesem Wechsel der Konjunktur anpassen und infolgedessen bald mehr, bald weniger Arbeiter beschäftigen. Es muss also, um in jedem Augenblick die nötige Zahl Arbeitskräfte auch für höchste Anforderungen des Marktes bei der Hand zu haben, ständig neben der beschäftigten Zahl Arbeiter eine beträchtliche Zahl unbeschäftigter zur Disposition in Reserve halten. Die nichtbeschäftigten Arbeiter kriegen als solche keinen Lohn, ihre Arbeitskraft wird ja nicht gekauft, sie liegt nur auf Lager; die Nichtkonsumtion eines Teiles der Arbeiterklasse gehört also als wesentlicher Bestandteil zum Lohngesetz der kapitalistischen Produktion. Wie diese Arbeitslosen ihr Leben fristen, geht das Kapital nichts an, jedoch weist das Kapital jeden Versuch, die Reservearmee abzuschaffen, als Gefährdung der eigenen Lebensinteressen zurück. Ein eklatantes Beispiel dieser Art hat die englische Baumwollkrise des Jahres 1863 geliefert. Als plötzlich durch den Mangel an amerikanischer Rohbaumwolle die Spinnereien und Webereien Englands ihre Produktion unterbrechen mussten und nahezu 1 Million Arbeiterbevölkerung brotlos wurde, entschloss sich ein Teil dieser Arbeitslosen, um dem drohenden Hungertode zu entgehen, nach Australien auszuwandern. Sie verlangten vom englischen Parlament die Bewilligung von 2 Millionen Pfund Sterling, um die Auswanderung von 50 000 beschäftigungslosen Arbeitern zu ermöglichen. Allein gegen dieses Ansinnen der Arbeiter erhoben die Baumwollfabrikanten einen Entrüstungsschrei. Die Industrie könne ohne Maschinen nicht auskommen und die Arbeiter sind gleichfalls Maschinen, sie müssen also vorrätig sein. „Das Land" würde einen Verlust von 4 Millionen Pfund Sterling erleiden, wenn die hungernden Arbeitslosen sich plötzlich entfernten. Das Parlament verweigerte demgemäß den Auswanderungsfonds, und die Arbeitslosen blieben an ihr Hungertuch gefesselt, um die nötige Reserve für das Kapital zu bilden. – Ein anderes drastisches Beispiel lieferten die französischen Kapitalisten im Jahre 1871. Als nach dem Fall der Kommune die Niedermetzelung der Pariser Arbeiter mit und ohne gerichtliche Form in so enormem Maße betrieben wurde, dass zehntausende Proletarier, und zwar die besten und tüchtigen, die Elite der Arbeiterschaft, hingemordet wurden, entstand in der Unternehmerschaft mitten im befriedigten Rachegefühl die Unruhe, der Mangel an vorrätigen „Händen" könnte bald dem Kapital schmerzlich werden; die Industrie ging nämlich gerade damals, nach der Beendigung des Krieges, einem lebhaften Aufschwunge des Geschäftes entgegen. Mehrere Pariser Unternehmer verwendeten sich deshalb bei den Gerichten, um die Verfolgungen der Kommunekämpfer zu mäßigen und die Arbeitshände vom Gemetzel des Säbels für den Arm des Kapitals zu retten.

Die Reservearmee hat aber für das Kapital eine doppelte Funktion: einmal für jeden plötzlichen Aufschwung des Geschäfts die Arbeitskraft zu liefern, und zweitens durch die Konkurrenz der Arbeitslosen einen ständigen Druck auf die Beschäftigten auszuüben und ihre Löhne auf ein Minimum herabzubringen.

Marx unterscheidet in der Reservearmee vier verschiedene Schichten, deren Funktion für das Kapital deren und Lebensbedingungen sich verschieden gestalten. Die oberste Schicht, das sind die periodisch beschäftigungslosen Industriearbeiter, die in allen, auch den bestgestellten Berufen stets vorhanden sind. Ihr Personal ändert sich fortwährend, weil jeder Arbeiter in gewissen Zeiten arbeitslos, in anderen beschäftigt ist; ihre Zahl fluktuiert auch stark mit dem Geschäftsgang, sie wird sehr groß zuzeiten der Krise und gering in guten Konjunkturen; sie versiegt aber nie und wächst im Allgemeinen mit dem Fortgang der industriellen Entwicklung. Die zweite Schicht, das ist das vom flachen Lande nach der Stadt strömende Proletariat unqualifizierter Arbeiter, die mit niedrigsten Ansprüchen auf dem Markt erscheinen und als einfache Arbeiter nicht an einen bestimmten Arbeitszweig gefesselt sind, sondern als Reservoir für alle aus die Beschäftigung lauern. Die dritte Kategorie, das sind die tiefstehenden Proletarier, die keine regelmäßige Beschäftigung haben und ständig auf der Suche bald nach dieser, bald nach anderer Gelegenheitsarbeit sind. Hier sind die längste Arbeitszeit, die niedrigsten Löhne zu finden und deshalb ist diese Schicht nicht nur ebenso nützlich, sondern direkt ebenso unentbehrlich für das Kapital wie die früheren höherstehenden. Diese Schicht rekrutiert sich fortwährend aus den Überzähligen der Industrie und der Landwirtschaft, namentlich aber aus dem zugrunde gehenden Kleinhandwerk und den absterbenden untergeordneten Berufen. Sie bildet die breite Grundlage für die Hausindustrie und wirkt überhaupt sozusagen hinter den Kulissen, hinter dem offiziellen Schauplatz der Industrie. Hier aber hat sie nicht nur keine Tendenz zu verschwinden, sondern wächst im Gegenteil sowohl durch zunehmende Wirkungen der Industrie in der Stadt und auf dem Lande, wie durch die stärkste Kinderzeugung.

Endlich die vierte Schicht der proletarischen Reservearmee, das sind die direkten Paupers, die Armen, zum Teil arbeitsfähige, die in Zeiten guten Geschäftsganges von der Industrie oder dem Handel teilweise beschäftigt werden, um in Zeiten der Krise als die ersten ausgestoßen zu werden, zum Teil Arbeitsunfähige: veraltete Arbeiter, die die Industrie nicht mehr brauchen kann, proletarische Witwen, Waisen und Pauperkinder, verkrüppelte und verstümmelte Opfer der großen Industrie des Bergbaus usw., endlich der Arbeit Entwöhnte: Vagabunden u. dgl. Diese Schicht kündet direkt in das Lumpenproletariat: Verbrecher, Prostituierte. Der Pauperismus, sagt Marx, bildet das Invalidenhaus der Arbeiterklasse und das tote Gewicht ihrer Reservearmee. Seine Existenz folgt ebenso notwendig und unvermeidlich aus der Reservearmee, wie die Reservearmee aus der Entwicklung der Industrie. Die Armut und das Lumpenproletariat gehören zu den Existenzbedingungen des Kapitalismus und wachsen mit ihm zusammen: je größer der gesellschaftliche Reichtum, das funktionierende Kapital und die durch es beschäftigte Arbeitermasse, umso größer auch die vorrätige Schicht der Arbeitslosen, die Reservearmee. Je größer die Reservearmee im Verhältnis zu der beschäftigten Arbeitermasse, umso größer die unterste Schicht der Armut, des Pauperismus, des Verbrechens. Mit dem Kapital und Reichtum wächst also unvermeidlich auch die Größe der Unbeschäftigten und Unentlohnten und damit auch die Lazarusschicht der Arbeiterklasse – die offizielle Armut. Dies, sagt Marx, ist das absolute allgemeine Gesetz der kapitalistischen Entwicklung.

Die Bildung einer ständigen und wachsenden Schicht von Arbeitslosen war, wie wir gesagt haben, in allen früheren Gesellschaftsformen unbekannt. In der kommunistischen Urgemeinde arbeitet selbstverständlich jeder, soweit dies zum Lebensunterhalt notwendig, zum Teil aus unmittelbarem Bedürfnis, zum Teil unter dem Druck der moralischen und gesetzlichen Autorität des Stammes, der Gemeinde. Es sind aber auch alle Mitglieder der Gesellschaft mit den zugänglichen Mitteln zum Leben versehen. Die Lebenshaltung der primitiven kommunistischen Gruppe ist freilich eine ziemlich niedrige und einfache, die Lebensbequemlichkeiten sind primitive. Aber insofern Mittel zum Leben da sind, sind sie für alle gleichmäßig da, und die Armut im heutigen Sinne, die Entblößung von den vorhandenen Mitteln der Gesellschaft, ist in jenen Zeiten ganz unbekannt. Der primitive Stamm hungert manchmal oder oft, wenn die Ungunst der Naturverhältnisse ihn verfolgt, aber sein Mangel ist dann Mangel der Gesellschaft als solcher, der Mangel eines Teils von Mitgliedern bei Überfluss eines anderen Teiles ist etwas Undenkbares; denn soweit die Lebensmittel der Gesellschaft im Ganzen gesichert sind, ist die Existenz jedes einzelnen Mitgliedes gesichert.

In der orientalischen und antiken Sklaverei sehen wir dasselbe. So sehr der ägyptische Staatssklave oder der griechische Privatsklave ausgebeutet und geschunden wird, so groß der Abstand zwischen seiner kargen Lebenshaltung und dem Überfluss seines Herrn sein mochte, diese seine Lebenshaltung war ihm jedoch durch das Sklavenverhältnis selbst gesichert. Man ließ die Sklaven nicht vor Mangel umkommen, wie man heute sein eigenes Pferd oder Vieh nicht umkommen lässt. Das nämliche in den mittelalterlichen Fronverhältnissen: die Fesselung der Bauernschaft an die Scholle und der feste Aufbau des ganzen feudalen Abhängigkeitssystems, wo jedermann Herr über andere oder eines Herrn Diener oder beides zugleich sein musste, dieses System wies jedem einen bestimmten Platz zu. Und mochte die Auspressung der Leibeigenen noch so arg sein, sie von der Scholle zu vertreiben, also sie der Lebensmittel zu berauben, hatte kein Herr das Recht, im Gegenteil: das Fronverhältnis verpflichtete den Herrn in Unglücksfällen, wie Brand, Hochwasser, Hagel usw., den verarmten Bauern zu unterstützen. Erst gegen den Ausgang des Mittelalters mit dem Zusammenbruch des Feudalismus und dem Einzug des modernen Kapitals beginnt das Bauernlegen. Im Mittelalter jedoch war durchweg die Existenz der großen Masse der Arbeitenden gesichert. Zum Teil bildete sich schon damals ein geringes Kontingent Armer und Bettler infolge von zahlreichen Kriegen oder von einzelnen Vermögensverlusten. Aber die Erhaltung dieser Armen galt als Pflicht der Gesellschaft. Schon Kaiser Karl der Große bestimmt ausdrücklich in seinen Kapitularien: „Was die Bettler betrifft, die im Lande herumstreichen, so wollen wir, dass jeder von unseren Vasallen die Armen ernährt, sei es auf dem ihm verliehenen Gut oder im Innern seines Hauses, und dass er ihnen nicht erlaubt, anderswo betteln zu gehen." Später war es ein spezieller Beruf der Klöster, die Armen zu beherbergen und ihnen, wenn sie arbeitsfähig waren, Arbeit zu verschaffen. Im Mittelalter war also jeder Bedürftige in jedem Hause der Aufnahme sicher, die Ernährung Mitteloser galt als einfache Pflicht und war keinesfalls mit dem Makel der Verächtlichkeit eines heutigen Bettlers verbunden. „Nur einen Fall kennt die Geschichte der Vergangenheit, wo eine große Schicht der Bevölkerung beschäftigungslos und brotlos gemacht wurde. Es ist dies der schon erwähnte Fall des altrömischen Bauerntums, das vom Grund und Boden verdrängt und in Proletariat verwandelt wurde, für welches keine Beschäftigung übrig war. Diese Proletarisierung der Bauern war freilich eine logische und notwendige Folge der Ausbildung der großen Latifundien sowie der Verbreitung der Sklavenwirtschaft. Aber sie war für den Bestand der Sklavenwirtschaft und des großen Grundbesitzes durchaus nicht nötig. Im Gegenteil, das unbeschäftigte römische Proletariat war bloß ein Unglück, eine neue Last für die Gesellschaft, und die Gesellschaft suchte mit allen ihr zugänglichen Mitteln: durch periodische Verteilung von Grund und Boden, durch Verteilung von Lebensmitteln, durch Regulierung einer enormen Korneinfuhr und künstliche Verbilligung des Getreides dem Proletariat und seiner Armut zu steuern. Schließlich wurde dieses große Proletariat im alten Rom schlecht und recht vom Staate direkt erhalten.

Die kapitalistische Warenproduktion ist also die erste Wirtschaftsform in der Geschichte der Menschheit, bei der die Beschäftigungslosigkeit und die Mittellosigkeit einer großen und wachsenden Schicht der Bevölkerung und direkt hoffnungslose Armut einer anderen gleichfalls wachsenden Schicht nicht bloß eine Folge, sondern auch eine Notwendigkeit, eine Lebensbedingung dieser Wirtschaft ist. Unsicherheit der Existenz der gesamten arbeitenden Masse und chronischer Mangel, zum Teil direkte Armut bestimmter breiter Schichten sind zum ersten Mal eine normale Erscheinung der Gesellschaft und die Gelehrten der Bourgeoisie, die sich keine andere Gesellschaftsform als die heutige vorstellen können, sind so von dieser Naturnotwendigkeit der Schicht der Arbeitslosen und Brotlosen durchdrungen, dass sie sie als ein von Gott gewolltes Naturgesetz erklären. Der Engländer Malthus erbaute darauf im Anfang des 19. Jahrhunderts seine berühmte Theorie der Übervölkerung, wonach die Armut daher entstehe, dass die Menschheit die üble Gewohnheit habe, rascher ihre Kinder zu vermehren als ihre Lebensmittel.

Es ist aber, wie wir gesehen, nichts anderes, als die einfache Wirkung der Warenproduktion und des Warenaustausches, die zu diesen Ergebnissen führt. Dieses Warengesetz, das formell auf völliger Gleichheit und Freiheit beruht, ergibt ganz mechanisch, ohne jede Einmischung der Gesetze oder der Gewalt, mit eiserner Notwendigkeit eine so krasse soziale Ungleichheit, wie sie in allen früheren auf direkter Herrschaft eines Menschen über den anderen beruhenden Verhältnissen vollständig unbekannt war. Zum ersten Mal wird direkter Hunger zur Geißel, die täglich das Leben der arbeitenden Masse peitscht. Und auch das erklärt man als ein Naturgesetz. Der anglikanische Pfaffe Townsend schrieb schon im Jahre 1786: „Es scheint ein Naturgesetz, dass die Armen zu einem gewissen Grad leichtsinnig sind, so dass stets welche da sind zur Erfüllung der servilsten, schmutzigsten und gemeinsten Funktionen des Gemeinwesens. Der Fonds von menschlichem Glück wird dadurch sehr vermehrt, die Delikateren sind von der Plackerei befreit und können höherem Beruf usw. ungestört nachgehen. Armengesetz hat die Tendenz, die Harmonie und Schönheit, die Symmetrie und Ordnung dieses Systems, welches Gott und die Natur in der Welt errichtet haben, zu zerstören."

„Die Delikaten", die auf Kosten anderer leben, haben übrigens schon in jeder Gesellschaftsform, die ihnen die Freuden des Ausbeutelebens sicherte, einen Finger Gottes und ein Naturgesetz gesehen. Die größten Geister entgehen dieser historischen Täuschung nicht. So schrieb mehrere Jahrtausende vor dem englischen Pfaffen der große griechische Denker Aristoteles: „Es ist die Natur selbst, die die Sklaverei geschaffen hat. Die Tiere teilen sich in Männchen und Weibchen. Das Männchen ist ein vollkommeneres Tier, und es herrscht, das Weibchen ist weniger vollkommen, und es gehorcht. Ebenso gibt es im Menschengeschlecht Individuen, die so viel tiefer stehen unter den anderen, wie der Leib unter der Seele oder das Tier unter dem Menschen steht; das sind Wesen, die nur zu körperlichen Arbeiten taugen, und die unfähig sind, etwas Vollkommeneres zu vollbringen. Diese Individuen sind durch die Natur zur Sklaverei bestimmt, weil es für sie nichts Besseres gibt, als anderen zu gehorchen ... Besteht denn schließlich ein so großer Unterschied zwischen dem Sklaven und dem Tier? Ihre Arbeiten gleichen sich, sie sind uns nur durch ihren Leib nützlich. Schließen wir also aus diesen Prinzipien, dass die Natur gewisse Menschen für die Freiheit und andere für die Sklaverei geschaffen hat, dass es also nützlich und gerecht ist, dass der Sklave sich fügt." Die „Natur", die also für jede Form der Ausbeutung verantwortlich gemacht wird, müsste jedenfalls ihren Geschmack mit der Zeit sehr verdorben haben. Denn falls es sich noch lohnen mochte, eine große Volksmasse zur Schmach der Sklaverei zu erniedrigen, um ein freies Philosophenvolk und Genies wie Aristoteles auf ihrem Rücken zu erhöhen, so ist die Erniedrigung der heutigen Millionen Proletarier zur Aufzucht ordinärer Fabrikanten und fetter Pfaffen ein wenig verlockendes Ziel.

V.

Wir haben bis jetzt untersucht, welche Lebenshaltung die kapitalistische Warenwirtschaft der Arbeiterklasse und ihren verschiedenen Schichten sichert. Aber wir wissen noch nichts Genaues vom Verhältnis dieser Lebenshaltung der Arbeiter zum gesellschaftlichen Reichtum im Ganzen. Denn die Arbeiter können z.B. in einem Falle mehr Lebensmittel, reichlichere Nahrung, bessere Kleidung wie früher haben, wenn aber der Reichtum der anderen Klassen noch viel schneller gewachsen ist, so ist der Anteil der Arbeiter am gesellschaftlichen Produkt kleiner geworden. Die Lebenshaltung der Arbeiter an sich, absolut genommen, kann also steigen, während ihr Anteil, relativ zu anderen Klassen genommen, sinken kann. Die Lebenshaltung jedes Menschen und jeder Klasse kann aber nur dann richtig beurteilt werden, wenn man sie an den Verhältnissen der gegebenen Zeit der anderen Schichten derselben Gesellschaft einschätzt. Der Fürst eines primitiven, halbwilden oder barbarischen Negerstammes in Afrika hat eine niedrigere Lebenshaltung, d.h. einfachere Wohnung, schlechtere Kleidung, rohere Nahrung als ein durchschnittlicher Fabrikarbeiter in Deutschland. Aber dieser Fürst lebt doch im Vergleich zu den Mitteln und Anforderungen seines Stammes „fürstlich", wenn der Fabrikarbeiter in Deutschland, verglichen mit dem Luxus der reichen Bourgeoisie und den Bedürfnissen der heutigen Zeit, recht armselig lebt. Um also die Stellung der Arbeiter in der heutigen Gesellschaft richtig zu beurteilen, ist es notwendig, nicht nur den absoluten Lohn, d.h. die Größe des Arbeitslohnes an sich, sondern auch den relativen Lohn, d.h. den Anteil, den der Lohn des Arbeiters am ganzen Produkt seiner Arbeit ausmacht, zu untersuchen. Wir haben in unserem Beispiel früher angenommen, der Arbeiter müsse bei elfstündigem Arbeitstag die ersten sechs Stunden seinen Lohn, d.h. seine Lebensmittel abarbeiten und dann fünf Stunden umsonst für den Kapitalisten Mehrwert schaffen. In diesem Beispiel haben wir also vorausgesetzt, dass die Herstellung von Lebensmitteln für den Arbeiter sechs Stunden Arbeit kostet. Wir haben auch gesehen, dass der Kapitalist mit allen Mitteln die Lebenshaltung des Arbeiters herabzudrücken sucht, um möglichst die unbezahlte Arbeit, den Mehrwert zu vergrößern. Nehmen wir aber an, die Lebenshaltung des Arbeiters ändere sich nicht, d.h. er sei in der Lage, sich immer dieselbe Menge Nahrung, Kleider, Wäsche, Möbel usw. zu verschaffen. Nehmen wir also an, der Lohn gehe absolut genommen nicht herunter. Wenn jedoch die Herstellung aller dieser Lebensmittel durch Fortschritte in der Produktion billiger geworden ist, und jetzt z.B. weniger Zeit erfordert, so wird jetzt der Arbeiter kürzere Zeit brauchen, um seinen Lohn abzuarbeiten. Nehmen wir an, die Menge Nahrung, Kleidung, Möbel usw., die der Arbeiter täglich braucht, erfordere nun nicht mehr sechs Stunden Arbeit, sondern nur noch fünf. Dann wird der Arbeiter bei seinem elfstündigen Arbeitstag nicht sechs, sondern bloß fünf Stunden für die Ersetzung seines Lohnes arbeiten und es bleiben ihm ganze sechs Stunden für die unbezahlte Arbeit, zur Schaffung des Mehrwerts für den Kapitalisten. Der Anteil des Arbeiters an seinem Produkt ist um ein Sechstel geringer geworden, der Anteil des Kapitalisten um ein Fünftel gewachsen. Dabei ist aber der absolute Lohn gar nicht gesunken. Ja, es kann sogar vorkommen, dass die Lebenshaltung der Arbeiter erhöht wird, d.h. die absoluten Löhne steigen, sagen wir um 10 Prozent, und zwar nicht bloß die Geldlöhne, sondern auch die reellen Lebensmittel der Arbeiter. Wenn aber die Produktivität der Arbeit in derselben Zeit oder bald darauf um 15 Prozent steigt, dann ist der Anteil der Arbeiter am Produkt, d.h. ihr relativer Lohn tatsächlich gesunken, trotzdem der absolute Lohn gestiegen ist. Der Anteil des Arbeiters am Produkt hängt also von der Produktivität der Arbeit ab. Mit je weniger Arbeit seine Lebensmittel hergestellt werden, umso geringer ist sein relativer Lohn. Werden die Hemden, die er trägt, die Stiefel, die Mützen durch Fortschritte der Fabrikation mit weniger Arbeit hergestellt wie früher, so mag er sich dieselbe Menge Hemden, Stiefel und Mützen mit seinem Lohn verschaffen können, er bekommt gleichwohl jetzt einen geringeren Teil des gesellschaftlichen Reichtums, der gesellschaftlichen Gesamtarbeit. Aber in den täglichen Gebrauch des Arbeiters gehen in gewissen Mengen alle möglichen Produkte und Rohstoffe ein. Denn nicht bloß die Hemdenfabrikation verbilligt die Lebenshaltung des Arbeiters, sondern auch die Baumwollfabrikation, die für die Hemden Stoff liefert, und die Maschinenindustrie, die die Nähmaschinen liefert, und die Garnindustrie, die das Garn verschafft. Ebenso verbilligen die Lebensmittel des Arbeiters nicht bloß die Fortschritte in der Bäckerei, sondern auch die amerikanische Landwirtschaft, die das Getreide massenhaft liefert und die Fortschritte im Eisenbahn- und Dampfschiffverkehr, die das Getreide von Amerika nach Europa schaffen usw. So führt jeder Fortschritt der Industrie, jede Steigerung der Produktivität der menschlichen Arbeit dazu, dass der Lebensunterhalt der Arbeiter immer weniger Arbeit kostet. Der Arbeiter muss also einen immer geringeren Teil seines Arbeitstages für die Ersetzung seines Lohnes verwenden, und immer größer wird der Teil, worin er unbezahlte Arbeit, Mehrwert für den Kapitalisten schafft.

Aber der ständige unaufhörliche Fortschritt der Technik ist eine Notwendigkeit, eine Lebensbedingung für die Kapitalisten. Die Konkurrenz zwischen den einzelnen Unternehmern zwingt jeden von innen dazu, seine Produkte möglichst billig, d.h. mit möglichster Ersparnis der menschlichen Arbeit herzustellen. Und hat irgendein Kapitalist in seiner Fabrik ein neues verbessertes Verfahren eingeführt, so zwingt dieselbe Konkurrenz alle anderen Unternehmer derselben Brauche gleichfalls, die Technik zu verbessern, um sich nicht aus dem Felde, d.h. vom Warenmarkt schlagen zu lassen. Dies drückt sich nach außen hin sichtbar in der allgemeinen Einführung aus des Maschinenbetriebs an Stelle des Handbetriebes und der immer rascheren Einführung neuer verbesserter Maschinen an Stelle der alten. Technische Erfindungen auf allen Gebieten der Produktion sind das tägliche Brot geworden. So ist die technische Umwälzung der gesamten Industrie, sowohl in der eigentlichen Produktion wie in den Verkehrsmitteln eine unaufhörliche Erscheinung, ein Lebensgesetz der kapitalistischen Warenproduktion. Und jeder Fortschritt in der Produktivität der Arbeit äußert sich in der Verringerung der Menge Arbeit, die zur Erhaltung des Arbeiters nötig ist. Das heißt: die kapitalistische Produktion kann keinen Schritt vorwärts machen, ohne den Anteil der Arbeiter am gesellschaftlichen Produkt zu verringern. Mit jeder neuen Erfindung der Technik, mit jeder Verbesserung der Maschinen, mit jeder neuen Anwendung von Dampf und Elektrizität in der Produktion und im Verkehr wird der Anteil des Arbeiters am Produkt kleiner und der Anteil der Kapitalisten größer. Der relative

Lohn fällt immer tiefer und tiefer, unaufhaltsam und ununterbrochen, der Mehrwert, d.h. der unbezahlte, aus dem Arbeiter erpresste Reichtum der Kapitalisten, wächst ebenso unaufhaltsam und ständig immer höher und höher.

Wir sehen auch hier wieder einen schlagenden Unterschied zwischen der kapitalistischen Warenproduktion und allen früheren Wirtschaftsformen der Gesellschaft. In der primitiven kommunistischen Gesellschaft wird, wie wir wissen, das Produkt direkt nach der Produktion zwischen alle Arbeitenden, d.h. alle Mitglieder, denn es gibt noch so gut wie keine Nichtarbeiter, gleichmäßig verteilt. Unter den Hörigkeitsverhältnissen ist nicht Gleichheit, sondern Ausbeutung der Arbeitenden durch Nichtarbeitende maßgebend. Aber es wird nicht der Anteil des Arbeitenden, des Fronbauern, an der Frucht seiner Arbeit bestimmt, sondern es wird umgekehrt der Anteil des Ausbeuters, des Fronherrn genau fixiert als bestimmte Fronbauern und Abgaben, die er vom Bauern zu bekommen hat. Was danach übrig bleibt an Arbeitszeit und an Produkt, ist Anteil des Bauern, so dass dieser in normalen Verhältnissen, vor der äußersten Ausartung der Leibeigenschaft, in gewissem Umfang die Möglichkeit hat, durch Anspannen seiner Arbeitskräfte seinen eigenen Anteil zu. Freilich wird dieser Anteil des Bauern durch die wachsenden Forderungen des Adels und der Geistlichkeit an Abgaben und Fronen mit dem Fortgang des Mittelalters immer geringer. Aber es sind stets bestimmte, wenn auch noch so willkürlich festgesetzte Normen, sichtbare, von Menschen, und seien diese Menschen auch Unmenschen festgesetzte Normen, die den Anteil des Fronbauern wie seines feudalen Aussaugers am Produkt bestimmen. Deshalb sieht und fühlt der mittelalterliche Fronbauer und der Leibeigene ganz genau, wenn ihm größere Lasten auferlegt und sein eigener Anteil verkümmert wird. Und daher ist ein Kampf gegen diese Verringerung des Anteils möglich, und er bricht auch tatsächlich, wo dies nur äußerlich möglich, als ein offener Kampf des ausgebeuteten Bauern gegen die Verkürzung seines Anteils an seinem Arbeitsprodukt aus. Unter bestimmten Bedingungen wird dieser Kampf auch von Erfolg gekrönt: die Freiheit des städtischen Bürgertums ist nicht anders entstanden, als dadurch, dass sich die anfänglich hörigen Handwerker allmählich von den mannigfachen Fronden,

Kurmeden, Besthaupt, Gewandrecht und wie die tausend Schröpfmittel der Feudalzeit hießen, eins nach dem anderen entledigten, bis sie sich den Rest – die politischen Rechte – im offenen Kampf eroberten.

Bei dem Lohnsystem existieren keine gesetzlichen oder gewohnheitsrechtlichen oder auch nur gewaltartigen, willkürlichen Bestimmungen über den Anteil des Arbeiters an seinem Produkt. Dieser Anteil wird bestimmt durch den jeweiligen Grad der Produktivität der Arbeit, durch den Stand der Technik; nicht irgendeine Willkür der Ausbeuter, sondern der Fortschritt der Technik ist es, der den Anteil des Arbeiters unaufhörlich unbarmherzig herabdrückt. Es ist dies also eine ganz unsichtbare Macht, eine einfache mechanische Wirkung der Konkurrenz und der Warenproduktion, die dem Arbeiter eine immer größere Portion seines Produkts entreißt und eine immer kleinere übriglässt, eine Macht, die still, unmerklich, hinter dem Rücken der Arbeiter ihre Wirkung vollzieht, und gegen die deshalb der Kampf ganz unmöglich ist. Die persönliche Rolle des Ausbeuters ist noch sichtbar, wo es sich um den absoluten Lohn, d.h. die reelle Lebenshaltung handelt. Eine Lohnverringerung, die eine Herabdrückung der reellen Lebenshaltung der Arbeiter herbeiführt, ist ein sichtbares Attentat der Kapitalisten gegen die Arbeiter und wird von diesen, wo die Gewerkschaft ihre Wirkung erstreckt, in der Regel mit sofortigem Kampf beantwortet, in günstigsten Fällen auch abgewehrt. Hingegen das Sinken des relativen Lohns wird anscheinend ohne die geringste persönliche Teilnahme des Kapitalisten bewirkt und gegen sie haben die Arbeiter innerhalb des Lohnsystems, d.h. auf dem Boden der Warenproduktion, gar keine Möglichkeit des Kampfes und der Abwehr. Gegen den technischen Fortschritt der Produktion, gegen Erfindungen, Maschineneinführung, gegen Dampf und Elektrizität, gegen Verbesserungen der Verkehrsmittel können die Arbeiter nicht ankämpfen. Die Wirkung aller dieser Fortschritte auf den relativen Lohn der Arbeiter ergeben sich aber ganz mechanisch aus der Warenproduktion und aus dem Warencharakter der Arbeitskraft. Deshalb sind die mächtigsten Gewerkschaften ganz ohnmächtig gegen diese Tendenz des relativen Lohns zum rapiden Sinken. Der Kampf gegen das Sinken des relativen Lohns bedeutet deshalb auch den Kampf gegen den Warencharakter der Arbeitskraft, d.h. gegen die kapitalistische Produktion im Ganzen. Der Kampf gegen den Fall des relativen Lohns ist also nicht mehr ein Kampf auf dem Boden der Warenwirtschaft, sondern ein revolutionärer, umstürzlerischer Anlauf gegen den Bestand dieser Wirtschaft, er ist die sozialistische Bewegung des Proletariats.

Daher die Sympathien der Kapitalistenklasse für die anfänglich grimmig bekämpften Gewerkschaften, nachdem der sozialistische Kampf begonnen und insofern die Gewerkschaften sich dem Sozialismus entgegenstellen lassen. In Frankreich waren alle Kämpfe der Arbeiter um die Erringung des Koalitionsrechts bis zu den siebziger Jahren vergeblich und die Gewerkschaften wurden mit drakonischen Strafen verfolgt. Bald jedoch, nachdem der Kommuneaufstand die gesamte Bourgeoisie in eine wahnsinnige Angst vor dem roten Gespenst versetzt hatte, begann ein plötzlicher schroffer Umschwung der öffentlichen Meinung. Das Leiborgan des Präsidenten Gambetta, die „Republique Francaise" und die ganze herrschende Partei der „satten Republikaner" fängt an, die Gewerkschaftsbewegung zu begönnern, ja eifrig zu propagieren. Den englischen Arbeitern wurden in den Anfängen des 19. Jahrhunderts die enthaltsamen deutschen Arbeiter als Muster vorgehalten, heute wird umgekehrt der englische Arbeiter, und zwar nicht der enthaltsame, sondern der „begehrliche", beefsteakessende Tradeunionist, als Musterknabe zur Nachahmung empfohlen. So wahr ist es, dass der Bourgeoisie auch der erbittertste Kampf um die Erhöhung des absoluten Lohns der Arbeiter als eine harmlose Kleinigkeit erscheint gegenüber dem Attentat auf das Allerheiligste – auf das mechanische Gesetz des Kapitalismus zum ständigen Herabdrücken des relativen Arbeitslohns.

VI.

Erst wenn wir alle dargelegten Folgen des Lohnverhältnisses zusammenfassen, können wir uns das kapitalistische Lohngesetz vorstellen, das die materielle Lebenslage des Arbeiters bestimmt. Es ist also dabei vor allem der absolute Lohn vom relativen Lohn zu unterscheiden. Der absolute Lohn wiederum erscheint in der doppelten Gestalt: einmal als eine Geldsumme, d.h. als nomineller Lohn, zweitens als eine Summe Existenzmittel, die der Arbeiter für dieses Geld erwerben kann, d.h. als reeller Lohn. Der Geldlohn der Arbeiter kann konstant bleiben oder auch steigen, und die Lebenshaltung, d.h. der reelle Lohn, kann dabei sinken. Der reelle Lohn hat nun die ständige Tendenz auf das absolute Minimum, auf das physische Existenzminimum zu sinken, d.h. es besteht die ständige Tendenz des Kapitals, die Arbeitskraft unter ihrem Werte zu bezahlen. Ein Gegengewicht wird dieser Tendenz des Kapitals erst durch die Arbeiterorganisation geschaffen. Die Hauptfunktion der Gewerkschaften besteht darin, dass sie durch die Erhöhung der Bedürfnisse der Arbeiter, durch ihre sittliche Hebung an Stelle des physischen Existenzminimums erst das kulturelle gesellschaftliche Existenzminimum, d.h. eine bestimmte kulturelle Lebenshaltung der Arbeiter schaffen, unter welche die Löhne nicht herabgehen können, ohne sofort einen Kampf der Koalition, eine Abwehr hervorzurufen. Darin liegt namentlich auch die große ökonomische Bedeutung der Sozialdemokratie, dass sie durch die geistige und politische Aufrüttelung der breiten Massen der Arbeiter ihr kulturelles Niveau und dadurch ihre ökonomischen Bedürfnisse erhöht. Indem z.B. das Abonnieren einer Zeitung, das Kaufen von Broschüren zu Lebensgewohnheiten des Arbeiters wird, erhöht sich dem genau entsprechend seine wirtschaftliche Lebenshaltung und infolgedessen die Löhne. Die Wirkung der Sozialdemokratie in dieser Hinsicht ist von doppelter Tragweite, insofern die Gewerkschaften eines gegebenen Landes mit der Sozialdemokratie eine offene Allianz unterhalten, weil alsdann die Gegnerschaft zur Sozialdemokratie auch die bürgerlichen Schichten zur Gründung von Konkurrenzgewerkschaften treibt, die ihrerseits, die erzieherische Wirkung der Organisation und die Hebung des Kulturniveaus in weitere Kreise des Proletariats tragen. So sehen wir, dass in Deutschland außer den freien Gewerkschaften, die mit der Sozialdemokratie liiert sind, zahlreiche christliche, katholische und freisinnige Gewerkvereine wirken. Desgleichen werden in Frankreich zur Bekämpfung der sozialistischen Gewerkschaften sogenannte gelbe Gewerkschaften gegründet, in Russland sind die heftigsten Ausbrüche der jetzigen revolutionären Massenstreiks von „gelben", regierungsfrommen Gewerkschaften ausgegangen. Hingegen in England, wo die Gewerkschaften sich vom Sozialismus fernhalten, bemüht sich die Bourgeoisie nicht, selbst in die proletarischen Schichten den Gedanken der Koalition zu tragen.

Die Gewerkschaft spielt also eine unentbehrliche organische Rolle bei dem modernen Lohnsystem. Erst durch die Gewerkschaft wird nämlich die Arbeitskraft als Ware in die Lage versetzt, zu ihrem Wert verkauft zu werden. Das kapitalistische Warengesetz wird in Bezug auf die Arbeitskraft durch die Gewerkschaften nicht aufgehoben, wie Lassalle irrtümlich annahm, sondern umgekehrt, durch sie erst verwirklicht. Der systematische Schleuderpreis, zu dem der Kapitalist die Arbeitskraft zu kaufen bestrebt ist, wird dank der gewerkschaftlichen Aktion zum mehr oder weniger reellen Preis gehoben.

Diese ihre Funktion üben die Gewerkschaften jedoch mitten unter dem Druck der mechanischen Gesetze der kapitalistischen Produktion aus, nämlich erstens der ständigen Reservearmee nicht beschäftigter Arbeiter und zweitens des beständigen Wechsels des Hoch- und Niedergangs der Konjunktur. Beide Gesetze pressen die Wirkung der Gewerkschaften in unüberwindliche Schranken ein. Der beständige Wechsel der industriellen Konjunktur zwingt die Gewerkschaften dazu, bei jedem Niedergang die alten Errungenschaften vor neuen Angriffen des Kapitals zu verteidigen, und bei jedem Hochgang erst durch Kampf den herabgedrückten Lohnstand auf das der günstigen Situation entsprechende Niveau wieder zu heben. Die Gewerkschaften werden somit stets in die Defensive verwiesen. Die industrielle Reservearmee der Arbeitslosen aber schränkt die Wirkung der Gewerkschaften sozusagen räumlich ein: der Organisation und ihrer Einwirkung ist nur zugänglich die obere Schicht der besser situierten Industriearbeiter, bei denen die Arbeitslosigkeit nur eine periodische und nach dem Marxschen Ausdruck „fließende" ist. Dagegen die tieferstehende Schicht der ständig vom flachen Lande nach der Stadt strömenden ungelernten Ackerbauproletarier, sowie aller halbländlichen unregelmäßigen Berufe, wie Ziegelfabrikation, Erdarbeiten, eignet sich schon durch die räumlichen und zeitlichen Bedingungen ihrer Beschäftigungsart sowie durch das soziale Milieu bedeutend weniger zur gewerkschaftlichen Organisation. Endlich die breiten unteren Schichten der Reservearmee: die Arbeitslosen mit unregelmäßiger Beschäftigung, die Hausindustrie, weiter die zufällig beschäftigten Armen entziehen sich ganz der Organisation. Im Allgemeinen: je größer die Not und der Druck in einer proletarischen Schicht, umso geringer die Möglichkeit der gewerkschaftlichen Einwirkung. Die gewerkschaftliche Aktion wirkt also sehr schwach in die Tiefe des Proletariats, dagegen stark in die Breite, d.h. wenn die Gewerkschaften auch nur einen Teil der obersten Schicht des Proletariats umfassen: ihre Einwirkung erstreckt sich auf die ganze Schicht, weil ihre Errungenschaften der ganzen Masse der in den betreffenden Berufen beschäftigten Arbeiter zugutekommen. Daher wirkt die gewerkschaftliche Aktion auf eine stärkere Differenzierung innerhalb der proletarischen Masse, indem sie die obere organisationsfähigen Vordertruppen der Industriearbeiter aus dem Elend emporhebt, zusammenfasst und konsolidiert. Der Abstand zwischen der oberen Schicht und den unteren Schichten der Arbeiterklasse wird dadurch größer. In keinem Lande ist er so groß wie in England, wo die ergänzende kulturelle Wirkung der Sozialdemokratie auf die tieferen, wenig organisationsfähigen Schichten ausbleibt, wie sie zum Beispiel in Deutschland stark zur Geltung kommt.

Bei der Darstellung der kapitalistischen Lohnverhältnisse ist es ganz falsch, nur die tatsächlich gezahlten Löhne der beschäftigten Industriearbeiter zu berücksichtigen, wie dies meistens auch bei den Arbeitern selbst eine von der Bourgeoisie und ihren Soldschreibern gedankenlos übernommene Gewohnheit ist. Die ganze Reservearmee der Arbeitslosen, von den vorübergehend unbeschäftigten qualifizierten Arbeitern bis hinab zu der tiefsten Armut und dem offiziellen Pauperismus, geht in die Bestimmung der Lohnverhältnisse als gleichberechtigter Faktor ein. Die untersten Schichten der schwach oder gar nicht beschäftigten Notleidenden und Ausgestoßenen sind nicht etwa ein Auswurf, der zu der „offiziellen Gesellschaft" nicht zählt, wie dies die Bourgeoisie wohlverstanden hinstellt, sondern sie sind durch alle Zwischenglieder der Reservearmee mit der obersten bestsituierten industriellen Arbeiterschicht durch innere lebendige Bande verbunden. Dieser innere Zusammenhang zeigt sich ziffernmäßig durch das jedesmalige plötzliche Wachstum der unteren Schichten der Reservearmee in Zeiten schlechten Geschäftsgangs und ihr Zusammenschrumpfen in besseren Konjunkturen, ferner durch die relative Abnahme der Zahl der zu der öffentlichen Armenunterstützung Zuflucht Nehmenden mit der Entwicklung des Klassenkampfes und dadurch der Hebung des Selbstgefühls in der proletarischen Masse. Und endlich: jeder Industriearbeiter, der bei der Arbeit verkrüppelt, oder der das Unglück hat, 60 Jahre alt zu werden, hat 50 Chancen gegen 100, selbst in die untere Schicht der bitteren Armut, in die „Lazarusschicht" des Proletariats, herabzusinken. Die Lebenslage der tiefsten Schichten des Proletariats wird also von denselben Gesetzen der kapitalistischen Produktion bewegt, auf und ab gezerrt und das Proletariat bildet erst mitsamt der breiten Schicht der ländlichen Arbeiter wie mit seiner Armee der Arbeitslosen und mit allen Schichten von den obersten bis zu den untersten ein organisches Ganzes, eine soziale Klasse, an deren verschiedenen Abstufungen der Not und des Druckes man das kapitalistische Lohngesetz im Ganzen richtig erfassen kann. Endlich aber heißt es nur die Hälfte des Lohngesetzes erfassen, wenn man bloß die Bewegungen des absoluten Lohnes erkannt hat. Das Gesetz des mechanischen Sinkens des relativen Lohnes mit dem Fortschritt der Produktivität der Arbeit vervollständigt erst das kapitalistische Lohngesetz zu seiner wirklichen Tragweite.

Die Beobachtung, dass die Löhne der Arbeiter durchschnittlich die Tendenz haben, auf dem Minimum der notwendigen Lebensmittel zu stehen, wurde schon im 18. Jahrhundert von den französischen und englischen Begründern der bürgerlichen Nationalökonomie gemacht. Sie erklärten aber den Mechanismus, durch den dieses Lohnminimum geregelt wird, in eigentümlicher Weise, nämlich durch Schwankungen im Angebot der arbeitsuchenden Kräfte. Wenn die Arbeiter größere Löhne kriegen, als absolut notwendig zum Leben, erklärten jene Gelehrten, dann heiraten sie häufig und setzen viele Kinder in die Welt. Dadurch wird wieder der Arbeitsmarkt so überfüllt, dass er die Nachfrage des Kapitals weit übertrifft. Das Kapital drückt dann, die große Konkurrenz unter den Arbeitern benutzend, die Löhne stark herab. Reichen die Löhne aber nicht zum notwendigen Lebensunterhalt, dann sterben die Arbeiter massenhaft aus, ihre Reihen lichten sich, bis nur so viel bleiben, wie das Kapital brauchen kann, und damit gehen die Löhne wieder in die Höhe. Durch dieses

Pendeln zwischen übermäßiger Vermehrung und übermäßiger Sterblichkeit in der Arbeiterklasse werden die Löhne immer wieder auf das Minimum der Lebensmittel zurückgebracht. Diese Theorie, die bis in die fünfziger Jahre in der Nationalökonomie herrschte, hat auch Lassalle übernommen und nannte sie das „eherne, unerbittliche Gesetz"...

Die schwachen Seiten dieser Theorie liegen heute bei der vollen Entwicklung der kapitalistischen Produktion auf flacher Hand. Die Großindustrie kann nämlich bei dem fieberhaften Gang der Geschäfte und der Konkurrenz mit dem Herabdrücken der Löhne nicht warten, bis die Arbeiter erst durch den Überfluss zu oft heiraten, dann zu viel Kinder in die Welt setzen, bis diese Kinder erwachsen werden und aus dem Arbeitsmarkt erscheinen, um hier die erwünschte Überfüllung herbeizuführen. Die Bewegung der Löhne hat entsprechend dem Puls der Industrie nicht die gemütliche Gangart eines Pendels, dessen jede Schwingung ein Generationsalter, d.h. 25 Jahre dauert, sondern die Löhne befinden sich in unaufhörlicher vibrierender Bewegung, so dass weder die Arbeiterklasse sich mit ihrer Fortpflanzung auf die Lohnhöhe einzurichten die Möglichkeit hat, noch die Industrie mit ihrer Nachfrage auf die Fortpflanzung der Arbeiter warten kann. Zweitens wird der Arbeitsmarkt der Industrie überhaupt in seiner Größe nicht durch die natürliche Fortpflanzung der Arbeiter bestimmt, sondern durch den beständigen Zufluss der frischen proletarischen Schichten vom flachen Lande, aus dem Handwerk und der Kleinindustrie, sowie der eigenen Frauen und Kinder der Arbeiter. Die Überfüllung des Arbeitsmarktes ist eben in der Gestalt der Reservearmee eine ständige Erscheinung und eine Lebensbedingung der modernen Industrie. Es ist somit nicht der Wechsel im Angebot der Arbeitskräfte, nicht die Bewegung der Arbeiterklasse, sondern der Wechsel: in der Nachfrage des Kapitals, seine Bewegung, die für die Lohnhöhe maßgebend ist. Die Arbeitskraft ist als eine in Überzahl vorhandene Ware stets auf Lager, sie wird besser oder schlechter entlohnt, je nachdem es dem Kapital gefällt, in einer Hochkonjunktur stark die Arbeitskraft aufzusaugen oder sie im Katzenjammer der Krise wieder massenhaft auszuspeien.

Der Mechanismus des Lohngesetzes ist also ein ganz anderer, als die bürgerliche Nationalökonomie und Lassalle annehmen. Das

Resultat jedoch, d.h. die tatsächlich daraus sich ergebende Gestaltung ist eine noch schlimmere als nach jener alten Annahme. Das kapitalistische Lohngesetz ist zwar nicht ein „ehernes", aber noch unerbittlicher und grausamer, weil es ein „elastisches" Gesetz ist, das die Löhne der beschäftigten Arbeiter in der Weise auf das Minimum der Existenzmittel herabzudrücken sucht, dass es gleichzeitig eine ganze große Schicht Unbeschäftigter an einem dünnen elastischen Schmachtseil zwischen Sein und Nichtsein zappeln lässt.

Die Aufstellung des „ehernen Lohngesetzes" mit seinem „aufreizenden revolutionierenden Charakter war nur in den Anfängen, in den Jugendjahren der bürgerlichen Nationalökonomie möglich. Von dem Augenblick, wo Lassalle dieses Gesetz zur Achse seiner Agitation in Deutschland gemacht hatte, beeilten sich die nationalökonomischen Lakaien der Bourgeoisie, das eherne Lohngesetz abzuschwören, es für falsch, für eine Irrlehre zu erklären und zu verdammen. Eine ganze Meute von ordinären bezahlten Agenten des Fabrikantentums, wie Faucher, Schulze aus Delitzsch, Max Wirth, eröffneten einen Kreuzzug gegen Lassalle und das eherne Lohngesetz und besudelten rücksichtslos die eigenen Vorfahren: die Adam Smith, Ricardo und andere große Schöpfer der bürgerlichen Nationalökonomie. Seitdem Marx das elastische Lohngesetz des Kapitalismus unter der Wirkung der industriellen Reservearmee im Jahre 1867 aufgeklärt und nachgewiesen hat, verstummten die bürgerlichen Nationalökonomen endgültig. Heute hat die offizielle Professoralwissenschaft der Bourgeoisie überhaupt kein Lohngesetz, sie zieht vor, das heikle Thema zu umgehen und nur unzusammenhängendes Geplapper über die Bedauerlichkeit der Arbeitslosigkeit und über den Nutzen gemäßigter und bescheidener Gewerkschaften vorzutragen.

Dasselbe Schauspiel in Bezug auf die andere Hauptfrage der Nationalökonomie: wie bildet sich, woher kommt der Profit des Kapitalisten? Wie über den Anteil des Arbeiters, so über den Anteil des Kapitalisten am Reichtum der Gesellschaft geben die erste wissenschaftliche Antwort schon die Begründer der Nationalökonomie im 18. Jahrhundert. Die klarste Form gab dieser Theorie David Ricardo, der scharf und logisch den Profit der Kapitalisten als die unbezahlte Arbeit des Proletariats erklärte.

VII.

Wir haben in unserer Betrachtung des Lohngesetzes mit dem Kauf und Verkauf der Ware Arbeitskraft angefangen. Dazu gehören aber bereits ein Lohnproletarier ohne Produktionsmittel und ein Kapitalist, der solche besitzt, und zwar in einem genügend großen Umfang besitzt, um eine moderne Unternehmung zu gründen. Woher sind sie auf den Warenmarkt gekommen? Bei der früheren Darstellung hatten wir nur die Warenproduzenten im Auge, d.h. lauter Leute mit eigenen Produktionsmitteln, die selbst Waren produzierten und sie austauschten. Wie kann bei dem Austausch gleicher Warenwerte aus der einen Seite Kapital und aus der anderen völlige Mittellosigkeit entstehen? Wir haben jetzt gesehen: der Kauf der Ware Arbeitskraft auch zu ihrem vollen Wert führt bei Gebrauch dieser Ware zur Bildung von unbezahlter Arbeit oder Mehrwert, d.h. von Kapital. Gewiss: die Bildung von Kapital und von Ungleichheit wird klar, wenn wir die Lohnarbeit und ihre Wirkungen betrachten. Aber dazu müssen schon vorher Kapital und Proletarier da sein! Die Frage lautet also: woher und wie sind die ersten Proletarier und die ersten Kapitalisten entstanden, wie ist der erste Sprung von der einfachen Warenproduktion zur kapitalistischen Produktion gemacht worden. Mit anderen Worten lautet die Frage: wie hat sich der Übergang von dem kleinen mittelalterlichen Handwerk zu dem modernen Kapitalismus vollzogen?

Über die Entstehung des ersten modernen Proletariats gibt uns Antwort die Geschichte der Auflösung des Feudalismus. Damit der Arbeitende als Lohnarbeiter auf dem Markt erscheinen konnte, musste er persönliche Freiheit erlangt haben. Die erste Bedingung war also die Befreiung von Leibeigenschaft und vom Zunftzwang. Er musste aber auch aller Produktionsmittel verlustig gegangen sein. Dies wurde bewerkstelligt durch das massenhafte „Bauernlegen", wodurch der grundbesitzende Adel bei Anbruch der Neuzeit seine jetzigen Güter bildete. Die Bauern wurden zu Tausenden einfach vom Grund und Boden, der ihnen seit Jahrhunderten gehörte, verjagt, und die bäuerlichen Gemeindegrundstücke wurden zu den herrschaftlichen geschlagen. Der englische Adel z.B. tat dies, als sich durch Erweiterung des

Handels im Mittelalter und Aufblühen der flandrischen Wollmanufaktur die Aufzucht von Schafen für die Wollindustrie als lohnendes Geschäft darstellte. Um den Acker in Schafweideplätze zu verwandeln, jagte man einfach die Bauern von Haus und Hof fort. Dieses „Bauernlegen" dauerte in England vom 15. bis ins 19. Jahrhundert. So wurden z.B. noch in den Jahren 1814 –1820 auf den Gütern der Gräfin von Sutherland nicht weniger als 145 000 Einwohner fortgetrieben, ihre Dörfer niedergebrannt und ihre Felder in Weide verwandelt, worauf an Stelle von Bauern 131 000 Hammel gehalten wurden. Was in Deutschland, namentlich vom preußischen Adel, an dieser gewaltsamen Fabrikation von „freien" Proletariern aus vogelfreien Bauern geleistet wurde, darüber gibt die Broschüre „Die Schlesische Milliarde" von Wolf einen Begriff. Die existenzlos gemachten vogelfreien Bauern hatten nichts anderes übrig als die Freiheit, entweder zu verhungern oder, frei wie sie waren, sich für einen Hungerlohn zu verkaufen.

6. Die Tendenzen der kapitalistischen Wirtschaft

I.

Wir haben gesehen, wie nach der stufenweisen Auflösung aller Gesellschaftsformen mit bestimmter planmäßiger Organisation der Produktion – der urkommunistischen Gesellschaft, der Sklavenwirtschaft, der mittelalterlichen Fronwirtschaft – die Warenproduktion entstanden ist. Wir haben ferner gesehen, wie aus der einfachen Warenwirtschaft, d.h. aus der handwerksmäßigen städtischen Produktion am Ausgang des Mittelalters ganz mechanisch, d.h. ohne Willen und Bewusstsein der Menschen, die heutige kapitalistische Wirtschaft herausgewachsen ist. Am Anfang haben wir die Frage gestellt: wie ist die kapitalistische Wirtschaft möglich? Dies ist ja auch die Grundfrage der Nationalökonomie als Wissenschaft. Nun, die Wissenschaft gibt uns darauf ausreichende Antwort. Sie zeigt uns, dass die kapitalistische Wirtschaft, die angesichts ihrer völligen Planlosigkeit, angesichts des Fehlens jeder bewussten Organisation, auf den ersten Blick ein Ding der Unmöglichkeit, ein unentwirrbares Rätsel ist, sich trotzdem zu einem Ganzen fügt und existieren kann. Und zwar:

durch den Warenaustausch und die Geldwirtschaft, womit sie alle Einzelproduzenten wie die entlegensten Gebiete der Erde wirtschaftlich miteinander verbindet und so die Arbeitsteilung in der ganzen Welt durchsetzt,

durch die freie Konkurrenz, die den technischen Fortschritt sichert und zugleich die kleinen Produzenten beständig in Proletarier verwandelt, womit dem Kapital die käufliche Arbeitskraft zugeführt wird,

durch das kapitalistische Lohngesetz, das einerseits mechanisch dafür sorgt, dass die Lohnarbeiter sich nie aus dem Proletarierstand erheben und der Arbeit unter dem Kommando des Kapitals entrinnen, andererseits eine immer größere Anhäufung der unbezahlten Arbeit zu Kapital und damit immer größere Ansammlung und Ausdehnung der Produktionsmittel ermöglicht,

durch die industrielle Reservearmee, die der kapitalistischen Produktion jede Ausdehnungs- und Anpassungsfähigkeit an die Bedürfnisse der Gesellschaft gestattet,

durch die Ausgleichung der Profitrate, die die ständige Bewegung des Kapitals aus einem Produktionszweig in einen anderen bedingt und so das Gleichgewicht der Arbeitsteilung reguliert, endlich,

durch die Preisschwankungen und Krisen, die teils täglich, teils periodisch einen Ausgleich zwischen der blinden und chaotischen Produktion und den Bedürfnissen der Gesellschaft herbeiführen.

Auf diese Weise, durch die mechanische Wirkung der obigen wirtschaftlichen Gesetze, die ganz von selbst, ohne jede bewusste Einmischung der Gesellschaft entstanden sind, existiert die kapitalistische Wirtschaft. Das heißt, auf diese Weise wird es ermöglicht, dass trotzdem jeder organisierte wirtschaftliche Zusammenhang zwischen den einzelnen Produzenten fehlt, trotz der gänzlichen Planlosigkeit in dem wirtschaftlichen Treiben der Menschen, die gesellschaftliche Produktion und ihr Kreislauf mit der Konsumtion vor sich geht, die große Masse der Gesellschaft an die Arbeit gehalten wird, die Bedürfnisse der Gesellschaft schlecht oder recht gedeckt werden und der ökonomische Fortschritt: die Entwicklung der Produktivität der menschlichen Arbeit, als die Grundlage des ganzen Kulturfortschritts, gesichert ist.

Dies sind aber die Grundbedingungen der Existenz jeder menschlichen Gesellschaft, und solange eine geschichtlich entstandene Wirtschaftsform diesen Bedingungen Genüge tut, kann sie ihrerseits bestehen, ist sie eine historische Notwendigkeit.

Die gesellschaftlichen Verhältnisse sind aber keine starren, unbeweglichen Formen. Wir haben gesehen, wie sie im Laufe der Zeiten vielfache Veränderungen aufwiesen, wie sie einem ewigen Wechsel unterworfen sind, in dem sich eben der menschliche Kulturfortschritt, die Entwicklung Bahn bricht. Auf die langen Jahrtausende der urkommunistischen Wirtschaft, die die menschliche Gesellschaft von den ersten Anfängen des noch halbtierischen Daseins zu einer hohen

Entwicklungsstufe der Kultur geleiten, zur Ausbildung der Sprache und der Religion, zur Viehzucht und zum Ackerbau, zur sesshaften Lebensweise und zur Dorfbildung, folgt die allmähliche Zersetzung des Urkommunismus, folgt die Ausbildung der antiken Sklaverei, die ihrerseits große neue Fortschritte im gesellschaftlichen Leben mit sich bringt, um wiederum mit dem Verfall der antiken Welt zu enden. Aus der kommunistischen Gesellschaft der Germanen in Mitteleuropa erwächst auf den Trümmern der antiken Welt eine neue Form – die Fronwirtschaft, aus der der mittelalterliche Feudalismus basierte.

Wieder nimmt die Entwicklung ihren ununterbrochenen Fortgang: im Schoße der feudalen Gesellschaft des Mittelalters entstehen in den Städten Keime einer ganz neuen Wirtschafts- und Gesellschaftsform, es bildet sich das Zunfthandwerk, die Warenproduktion und ein regelmäßiger Handel heraus, die schließlich die feudale Frongesellschaft zersetzen; sie bricht zusammen, um der kapitalistischen Produktion Platz zu machen, die aus der handwerksmäßigen Warenproduktion dank dem Welthandel, der Entdeckung Amerikas und des Seewegs nach Indien emporgewachsen ist.

Die kapitalistische Produktionsweise ist ihrerseits, schon von vornherein aus der ganzen Perspektive des historischen Fortschritts betrachtet, keine unabänderliche und für ewige Zeiten bestehende, sondern sie ist ebenso eine bloße Übergangsphase, eine Staffel in der kolossalen Leiter der menschlichen Kulturentwicklung, wie jede der vorhergehenden gesellschaftlichen Formen. Und tatsächlich führt die Entwicklung des Kapitalismus selbst bei näherem Zusehen zu seinem eigenen Untergang und über ihn hinaus. Haben wir bis jetzt die Zusammenhänge untersucht, die die kapitalistische Wirtschaft möglich machen, so ist es jetzt an der Zeit, diejenigen kennenzulernen, die sie unmöglich machen. Dazu brauchen wir die eigenen inneren Gesetze der Kapitalherrschaft nur in ihrer weiteren Wirkung zu verfolgen. Sie sind es selbst, die sich auf einer gewissen Höhe der Entwicklung gegen alle die Grundbedingungen kehren, ohne die die menschliche Gesellschaft nicht bestehen kann. Was die kapitalistische Produktionsweise vor allen früheren besonders auszeichnet, ist, dass sie das innere Bestreben hat, sich mechanisch auf die ganze Erdkugel auszudehnen und jede andere ältere Gesellschaftsordnung zu verdrängen. In den Zeiten des Urkommunismus war die ganze, der historischen Forschung zugängliche Welt gleichfalls mit kommunistischen Wirtschaften bedeckt. Allein zwischen den einzelnen kommunistischen Gemeinden und Stämmen bestanden gar keine oder nur zwischen den benachbarten Gemeinden schwache Beziehungen. Jede solche Gemeinde oder jeder Stamm lebte für sich ein geschlossenes Leben, und wenn wir auch z.B. solche auffallende Tatsachen finden, dass die mittelalterliche germanische kommunistische Gemeinde und die altperuanische in Südamerika fast gleichnamig waren, indem jene „Mark", diese „marca" hieß, so ist uns dieser Umstand bis jetzt noch ein unaufgeklärtes Rätsel, wo nicht ein bloßer Zufall. Auch zur Zeit der Verbreitung der antiken Sklaverei finden wir bloß größere oder geringere Ähnlichkeiten in der Organisation und den Verhältnissen der einzelnen Sklavenwirtschaften und Sklavenstaaten des Altertums, nicht aber eine Gemeinsamkeit des wirtschaftlichen Lebens zwischen ihnen. Desgleichen wiederholte sich die Geschichte des Zunfthandwerks und seiner Befreiung mit mehr oder weniger Übereinstimmung in den meisten Städten des mittelalterlichen Italiens, Deutschlands Frankreichs, Hollands, Englands usw.; es war dies aber meist die Geschichte der Stadt für sich. Die kapitalistische Produktion dehnt sich auf sämtliche Länder aus, indem sie sie alle nicht bloß gleichartig wirtschaftlich gestaltet, sondern sie zu einer einzigen großen kapitalistischen Weltwirtschaft verbindet.

Im Innern jedes europäischen industriellen Landes verdrängt die kapitalistische Produktion unaufhörlich die kleingewerbliche, handwerksmäßige und die kleine bäuerliche. Gleichzeitig zieht sie alle rückständigen europäischen Länder und alle Länder in Amerika, Asien, Afrika, Australien in die Weltwirtschaft herein. Das geht auf zwei Wegen vor sich: durch den Welthandel und durch die Kolonialeroberungen. Beide begannen Hand in Hand schon seit der Entdeckung Amerikas am Ausgang des 15. Jahrhunderts, dehnten sich im Laufe der folgenden Jahrhunderte weiter aus, nahmen aber besonders im 19. Jahrhundert den größten Aufschwung und dehnen sich immer weiter aus. Beide – Welthandel wie Kolonialeroberungen – wirken Hand in Hand in folgender Weise. Zuerst bringen sie die kapitalistischen Industrieländer Europas in Berührung mit allerlei Gesellschafts-formen anderer Weltteile, die auf älteren Kultur- und Wirtschaftsformen stehen: bäuerlichen Sklavenwirtschaften, feudalen Fronwirtschaften, vorwiegend aber mit urkommunistischen. Durch den Handel, in den diese Wirtschaften hineingezogen werden, werden sie rasch zerfetzt und zerrüttet. Durch die Gründung der kolonialen Handelsgesellschaften auf fremdem Boden oder durch direkte Eroberung kommt der Grund und Boden, die wichtigste Grundlage der Produktion sowie auch die Viehherden, so solche vorhanden sind, in die Hände europäischer Staaten oder der Handelsgesellschaften. Dadurch werden die naturwüchsigen Gesellschaftsverhältnisse und die Wirtschaftsweisen der Eingeborenen überall vernichtet, ganze Völker werden zum Teil ausgerottet, zum übrigen Teil aber proletarisiert und in dieser oder jener Form als Sklaven oder Lohnarbeiter unter das Kommando des Industrie- und Handelskapitals gestellt. Die Geschichte der jahrzehntelangen Kolonialkriege, die sich durch das ganze 19. Jahrhundert zieht: Aufstände gegen Frankreich, Italien, England und Deutschland in Afrika, gegen Frankreich, England, Holland und die Vereinigten Staaten in Asien, gegen Spanien und Frankreich in Amerika, – das ist der lange und zähe Widerstand der alten eingeborenen Gesellschaften gegen ihre Ausrottung und Proletarisierung durch das moderne Kapital, – ein Kampf, in dem das Kapital schließlich überall als Sieger hervorgeht.

In erster Linie bedeutet dies eine ungeheure Ausdehnung des Herrschaftsbereichs des Kapitals, eine Ausbildung des Weltmarkts und der Weltwirtschaft, in der sämtliche bewohnten Länder der Erdkugel gegenseitig füreinander Produzenten und Abnehmer von Produkten sind, einander in die Hand arbeiten, Beteiligte einer und derselben erdumspannenden Wirtschaft sind.

Die andere Seite ist aber: die fortschreitende Verelendung immer weiterer Kreise der Menschheit auf dem Erdrund und fortschreitende Unsicherheit ihrer Existenz. Indem an Stelle alter kommunistischer, bäuerlicher oder der Fronverhältnisse mit ihren beschränkten Produktivkräften und geringem Wohlstand, aber festen und gesicherten Existenzbedingungen für alle, die kapitalistischen Kolonialverhältnisse, Proletarisierung und Lohnsklaverei treten, zieht für alle betroffenen Völker in Amerika, Asien, Afrika, Australien nacktes Elend, ungewohnte und unerträgliche Arbeitslast und obendrein völlige Unsicherheit der Existenz herauf. Nachdem das fruchtbare und reiche Brasilien für Bedürfnisse des europäischen und nordamerikanischen Kapitalismus in eine riesige Öde und eintönige Kaffeeplantage ganze Massen der Eingeborenen aber in proletarisierte Lohnsklaven auf den Plantagen verwandelt worden sind, werden diese Lohnsklaven obendrein durch eine rein kapitalistische Erscheinung: die sogenannte „Kaffeekrise" plötzlich für längere Zeit der Arbeitslosigkeit und dem nackten Hunger preisgegeben. Das reiche und enorme Indien wurde durch die englische Kolonialpolitik nach jahrzehntelangem verzweifeltem Widerstand der Herrschaft des Kapitals unterworfen und seitdem sind Hungersnot und Hungertyphus, die Millionen auf einmal dahinraffen, periodische Gäste in der Gegend des Gangesflusses. Im Innern Afrikas sind durch die englische und deutsche Kolonialpolitik binnen letzter 20 Jahre ganze Völkerschaften zum Teil in Lohnsklaven verwandelt, zum Teil ausgehungert, ihre Knochen in allen Gegenden zerstreut worden. Die verzweifelten Aufstände und die Hungerepidemien in dem Riesenreich China sind die Folgen der Zermalmung der alten bäuerlichen und handwerksmäßigen Wirtschaft dieses Landes durch den Einzug des europäischen Kapitals. Der Einzug des europäischen Kapitalismus in die Vereinigten Staaten wurde begleitet erst durch die Ausrottung der eingeborenen amerikanischen Indianer und den Raub ihrer Ländereien durch die eingewanderten Engländer, dann durch die Errichtung anfangs des 19. Jahrhunderts einer kapitalistischen Rohproduktion für die englische Industrie, dann durch Versklavung von vier Millionen Afrikanegern, die von europäischen Sklavenhändlern nach Amerika verkauft wurden, um als Arbeitskraft auf den Baumwoll-, Zucker- und Tabakplantagen unter das Kommando des Kapitals gestellt zu werden.

So gerät ein Weltteil nach dem anderen, und in jedem Weltteil ein Landstrich nach dem anderen, eine Rasse nach der anderen unentrinnbar unter die Herrschaft des Kapitals, damit aber verfallen immer neue ungezählte Millionen der Proletarisierung, der Versklavung, der Unsicherheit der Existenz, kurz der Verelendung. Die Errichtung der kapitalistischen Weltwirtschaft zieht aus der anderen Seite nach sich Verbreitung immer größeren Elends, einer unleidlichen Arbeitslast und einer wachsenden Unsicherheit der Existenz auf dem ganzen Erdenrund, der die Anhäufung des Kapitals in wenigen Händen entspricht. Die kapitalistische Weltwirtschaft bedeutet immer mehr die Anspannung der ganzen Menschheit zur schweren Arbeit unter zahllosen Entbehrungen und Leiden, unter physischer und geistiger Degeneration zum Zwecke der Kapitalsanhäufung. Wir haben gesehen: die kapitalistische Produktionsweise hat das Eigentümliche, dass für die menschliche Konsumtion, die in jeder früheren Wirtschaftsform Zweck war, nur ein Mittel ist, das dem eigentlichen Zweck dient: der Anhäufung von kapitalistischem Profit. Das Selbstwachstum des Kapitals erscheint als Anfang und Ende, als Selbstzweck und Sinn der ganzen Produktion. Das Hirnverbrannte dieser Verhältnisse kommt aber in dem Maße erst zum Vorschein, als sich die kapitalistische Produktion zur Weltproduktion auswächst. Hier, auf dem Maßstabe der Weltwirtschaft, erreicht das Absurde der kapitalistischen Wirtschaft seinen richtigen Ausdruck in dem Bilde einer ganzen Menschheit, die unter furchtbaren Leiden im Joche einer von ihr selbst unbewusst geschaffenen blinden Gesellschaftsmacht, des Kapitals, stöhnt. Der Grundzweck jeder gesellschaftlichen Produktionsform: die Erhaltung der Gesellschaft durch die Arbeit, die Befriedigung ihrer Bedürfnisse erscheint erst hier völlig auf den Kopf gestellt, indem die Produktion nicht um der Menschen, sondern um des Profits willen auf der ganzen Erdkugel zum Gesetz und die Unterkonsumtion, ständige Unsicherheit der Konsumtion und zeitweise direkte Nichtkonsumtion der enormen Mehrheit der Menschen zur Regel werden.

Gleichzeitig zieht die Entwicklung der Weltwirtschaft noch andere wichtige Erscheinungen nach sich, und zwar für die Kapitalproduktion selbst. Der Einzug der europäischen Kapitalherrschaft in die außereuropäischen Länder macht, wie wir sagten, zwei Etappen durch: zuerst das Eindringen des Handels und dadurch die Hineinziehung der Eingeborenen in den Warenaustausch, zum Teil auch Verwandlung der vorgefundenen Produktionsformen der Eingeborenen in Warenproduktion, dann die Enteignung der Eingeborenen in dieser oder jener Form von ihrem Grund und Boden und damit von den Produktionsmitteln. Diese Produktionsmittel verwandeln sich in den Händen der Europäer in Kapital, während sich die Eingeborenen in Proletarier verwandeln. Den beiden ersten folgt aber in der Regel früher oder später eine dritte Etappe: die Gründung einer eigenen kapitalistischen Produktion in dem Kolonialland, sei es durch eingewanderte Europäer, sei es durch bereicherte Eingeborene. Die Vereinigten Staaten Nordamerikas, die erst durch Engländer und andere europäische Auswanderer bevölkert wurden, nachdem die eingeborenen Rothäute in langem Kriege ausgerottet wurden, bildeten erst ein agrarisches Hinterland des kapitalistischen Europas, das Rohstoffe für die englische Industrie, wie Baumwolle und Korn lieferte, dafür Abnehmer für allerlei Industrieprodukte aus Europa war. In der zweiten Hälfte des 19. Jahrhunderts ersteht aber in den Vereinigten Staaten eine eigene Industrie, die nicht nur die Einfuhr aus Europa verdrängt, sondern bald in Europa selbst und in anderen Weltteilen dem europäischen Kapitalismus harte Konkurrenz bereitet. In Indien ist dem englischen Kapitalismus gleichfalls ein gefährlicher Konkurrent entstanden in der einheimischen Textil- und sonstigen Industrie. Australien ist denselben Weg der Entwicklung vom Kolonialland zum kapitalistischen Industrieland gegangen. In Japan hat sich schon auf der ersten Etappe – aus dem Anstoß des Welthandels eine eigene Industrie entwickelt, was Japan vor der Aufteilung als europäisches Kolonialland bewahrt hat. In China kompliziert sich der Prozess der Zerstückelung und Ausplünderung des Landes durch den europäischen Kapitalismus durch die Anstrengungen des Landes, mit Hilfe Japans eine eigene kapitalistische Produktion zur Abwehr der europäischen zu gründen, wodurch für die Bevölkerung auch verdoppelte komplizierte Leiden erfolgen. Auf diese Weise verbreitet sich nicht nur die Herrschaft und das Kommando des Kapitals über der ganzen Erde durch Schaffung eines Weltmarktes, sondern es verbreitet sich allmählich auch die kapitalistische Produktionsweise auf der ganzen Erdkugel. Damit geraten aber das Ausdehnungsbedürfnis der Produktion und ihr Ausdehnungsgebiet, d.h. die Absatzmöglichkeiten in immer misslicheres Verhältnis zueinander. Es ist, wie wir gesehen, das innerste Bedürfnis und Lebensgesetz der kapitalistischen Produktion, dass sie nicht die Möglichkeit hat, stabil zu bleiben, sondern gezwungen ist, sich immer weiter, und zwar immer rascher auszudehnen, d.h. immer gewaltigere Warenmassen in immer größeren Betrieben mit immer besseren technischen Mitteln immer rascher zu produzieren. An sich kennt diese Ausdehnungsmöglichkeit der kapitalistischen Produktion keine Grenzen, weil der technische Fortschritt und damit auch die Produktivkräfte der Erde keine Grenzen haben. Allein dieses Ausdehnungsbedürfnis stößt auf ganz bestimmte Schranken, nämlich auf das Profitinteresse des Kapitals. Die Produktion und ihre Ausdehnung haben nur so lange Sinn, als dabei mindestens der „übliche", Durchschnittsprofit herauskommt. Ob dies aber der Fall ist, hängt vom Markt ab, d.h. vom Verhältnis der zahlungsfähigen Nachfrage seitens der Konsumenten und der Menge der produzierten Waren sowie ihren Preisen. Das Profitinteresse des Kapitals, das auf der einen Seite eine immer raschere und immer größere Produktion erfordert, schafft sich also selber auf Schritt und Tritt Marktschranken, die dem ungestümen Drang der Produktion zur Ausdehnung im Wege stehen. Daraus ergibt sich, wie wir gesehen haben, die Unvermeidlichkeit der Industrie und Handelskrisen, die periodisch das Verhältnis zwischen dem an sich ungebundenen, schrankenlosen kapitalistischen Produktionsdrang und den kapitalistischen Konsumtionsschranken ausgleichen und die Fortexistenz und die Weiterentwicklung des Kapitals ermöglichen.

Allein, je mehr Länder eine eigene kapitalistische Industrie entwickeln, umso größer das Ausdehnungsbedürfnis und die Ausdehnungsmöglichkeit der Produktion auf der einen Seite, umso geringer im Verhältnis dazu die Ausdehnungsmöglichkeit der Marktschranken. Wenn man die Sprünge vergleicht, in denen die englische Industrie in den sechziger und siebziger Jahren wuchs, als sie noch das herrschende kapitalistische Land auf dem Weltmarkt war, mit ihrem Wachstum in den letzten beiden Jahrzehnten seit Deutschland und die Vereinigten Staaten Nordamerikas auf dem Weltmarkt England bedeutend verdrängt haben, so ergibt sich, dass das Wachstum im Verhältnis zu früher ein viel langsameres geworden ist. Was aber das Schicksal der englischen Industrie für sich war, das steht unvermeidlich auch der deutschen, der nordamerikanischen und schließlich der Gesamtindustrie der Welt bevor. Unaufhaltsam mit jedem Schritt ihrer eigenen Fortentwicklung nähert sich die kapitalistische Produktion der Zeit, wo sie sich immer langsamer und schwieriger wird ausdehnen und entwickeln können. Freilich hat die kapitalistische Entwicklung ansich noch eine große Strecke Weges, in dem die kapitalistische Produktionsweise als solche erst noch den geringsten Bruchteil der Gesamtproduktion der Erde darstellt. Sogar in den ältesten Industrieländern Europas bestehen immer noch neben industriellen Großbetrieben sehr viele rückständige kleine handwerksmäßige Betriebe, und vor allem wird der größte Teil der landwirtschaftlichen Produktion, nämlich die bäuerliche, nicht kapitalistisch betrieben. Daneben gibt es in Europa ganze Länder, in denen die Großindustrie kaum entwickelt, die einheimische Produktion aber vorwiegend bäuerlichen und handwerksmäßigen Charakter trägt. Und südlich bilden in den übrigen Weltteilen, ausgenommen den Nordteil Amerikas, kapitalistische Produktionsstätten nur kleine, zerstreute Punkte, während ganz enorme Strecken Landes zum Teil nicht einmal zur einfachen Warenproduktion übergegangen sind. Freilich wird das wirtschaftliche Leben auch aller dieser nicht selbst kapitalistisch produzierenden Gesellschaftsschichten und Länder in Europa wie der außereuropäischen Länder vom Kapitalismus beherrscht. Der europäische Bauer mag selbst noch die primitivste Parzellenwirtschaft führen, er hängt mit Haut und Haaren von der großkapitalistischen Wirtschaft, vom Weltmarkt ab, mit dem ihn der Handel und die Steuerpolitik der kapitalistischen Großstaaten in Berührung gebracht haben. Ebenso werden die primitivsten außereuropäischen Länder durch den Welthandel wie durch die Kolonialpolitik unter die Herrschaft des europäischen und des nordamerikanischen Kapitalismus gebracht. Ansich jedoch konnte die kapitalistische Produktionsweise noch eine gewaltige Ausdehnung finden, wenn sie alle rückständigeren Produktionsformen überall verdrängen sollte. Im Allgemeinen bewegt sich auch die Entwicklung, wie wir bereits ausgeführt haben, nach dieser Richtung hin. Allein gerade bei dieser Entwicklung verwickelt sich der Kapitalismus in den fundamentalen Widerspruch: je mehr an Stelle rückständigerer Produktionen die kapitalistische tritt, umso enger werden die durch das Profitinteresse geschaffenen Marktschranken für das Ausdehnungsbedürfnis der bereits bestehenden kapitalistischen Betriebe. Die Sache wird ganz klar, wenn wir uns für einen Augenblick vorstellen, die Entwicklung des Kapitalismus sei so weit vorgeschritten, dass auf der ganzen Erdkugel alles, was von Menschen produziert wird, nur kapitalistisch, d.h. nur von kapitalistischen Privatunternehmern in Großbetrieben mit modernen Lohnarbeitern produziert wird. Alsdann tritt die Unmöglichkeit des Kapitalismus deutlich zutage.